Wolfgang Gieler, Moritz Botts (Hrsg.)

Außenpolitik europäischer Staaten

SCIENTIA BONNENSIS

Wolfgang Gieler, Moritz Botts (Hrsg.)

Außenpolitik europäischer Staaten

von Albanien bis Zypern

SCIENTIA BONNENSIS

Bibliographische Information Der Deutschen Bibliothek

Die Deutsche Bibliothek verzeichnet diese Publikation in
der Deutschen Nationalbibliografie;
detaillierte bibliografische Daten sind im Internet über
http://dnb.ddb.de abrufbar.

***

Bibliographic information published by Die Deutsche Bibliothek

Die Deutsche Bibliothek lists this publication in
the Deutsche Nationalbibliographie;
detailed bibliographic data is available in the internet at
http://dnb.ddb.de.

ISBN 978-3-940766-04-5

Bonn - Manama - Irvine 2008
Alfredo Pinto Escoval, Tibor Haunit, Boris Keller GbR
Immenburgstr. 20
53121 Bonn, Germany
Tel. 0228-42 222 15
Fax 0721-151 527 658
office-bonn@scientia-bonnensis.com
www.scientia-bonnensis.com

PRINTED IN GERMANY

INHALT

EINLEITUNG

Die geographische Ausdehnung Europas umfasst etwa 11 Millionen Quadratkilometer - damit ist Europa nach Ozeanien der zweitkleinste Kontinent. Mit einer Einwohnerzahl von rund 700 Millionen hat Europa die drittgrößte Bevölkerungszahl aller Kontinente (nach Asien und Afrika) und gehört zu den dichter besiedelten Teilen der Welt. Die durchschnittliche Bevölkerungsdichte beträgt etwa 65Einwohner/km². Vor allem in West-, Mittel- und Südeuropa ist die Bevölkerungsdichte relativ hoch, während sie weiter nach Norden und Osten stark abnimmt.

Die Außenpolitik eines jeden Staates zeichnet sich durch einen jeweils eigenen Inhalt, eine individuelle Kennzeichnung und charakteristische Stilelemente aus. Diese individuelle Akzentuierung erfahren außenpolitische Partner zumeist erst in den bilateralen Beziehungen. Politisch betrachtet gibt es derzeit 46 souveränen Staaten, die zumindest einen Teil ihres Territoriums in Europa haben. 26 davon sind Mitglied der Europäischen Union, das 27. Mitgliedsland (Zypern) zählt geographisch zu Asien, nicht zu Europa. Neben 46 Staaten sind nachfolgend Gebiete zu europäischen Staaten zu gehörend: Färöer (Hauptstadt Tórshavn) – Dänemark, Åland (Hauptstadt Mariehamn) - Finnland; Athos, Autonome Mönchsrepublik Heiliger Berg (Hauptstadt Karyes) - Griechenland; Gibraltar , Guernsey (Hauptstadt St. Peter Port) , Isle of Man (Hauptstadt Douglas), Jersey (Hauptstadt Saint Helier) - Großbritannien; Jan Mayen, Svalbard (Hauptstadt Longyearbyen) - Norwegen; Azoren (Hauptstadt Ponta Degada), Madeira (Hauptstadt Funchal) – Portugal.

Folgende Staaten liegen nur mit einem Teil ihrer Fläche in Europa:

- Russland liegt nur mit einem Viertel seiner Landmasse in Europa, dies umfasst jedoch das historische Kernland mit 75 % seiner Einwohner (über 100 Millionen Menschen). Politisch wird es deshalb als europäischer Staat betrachtet, geographisch wird jedoch die Mehrheit seines Territoriums zu Asien gerechnet, wobei die genaue Abgrenzung des europäischen vom asiatischen Teil umstritten ist.

- Die Türkei liegt nach der traditionellen geographischen Abgrenzung an Bosporus und Dardanellen nur mit 3% ihrer geographischen Gesamtfläche in Europa, der Rest in Asien. Zum europäischen Teil gehört die größte Stadt und historische Hauptstadt Istanbul. Die politischen und kulturellen Grenzen folgten in dieser Region kaum jemals der traditionellen geographischen Abgrenzung der Kontinente. Die Türkei unterscheidet sich besonders durch den Islam vom Großteil des restlichen Religionen Europas.

Politisch gehört die Türkei als Mitglied des Europarats zu Europa. Ferner hat Sie eine Zollunion mit der EU und wird bei internationalen Sport- und Kulturveranstaltungen meist Europa zugeordnet. Auf politischem Gebiet ist die Frage der Zugehörigkeit der Türkei zu Europa derzeit vor allem im Kontext der Verhandlungen über ihren Beitritt zur EU kontrovers diskutiert.

- Kasachstan liegt nach der am weitesten verbreiteten geographischen Abgrenzung am Uralfluss mit einem kleinen Teil seiner Landfläche in Europa, der Rest in Asien. Mit Ausnahme von der Mitgliedschaft in der UEFA sowie der OSZE, die es jedoch mit fünf bzw. sieben weiteren asiatischen Staaten teilt, wird das Land politisch und kulturell in der Regel zu Asien gezählt.

Diese Gebiete liegen nicht in Europa, gehören aber politisch zu einem europäischen Staat:

- Grönland gehört politisch zu Dänemark, von der Tektonik aber zum näher gelegenen Amerika und ist auch nicht Teil der Europäischen Union.
- Zu Spanien gehören die vor Afrika gelegenen Kanarischen Inseln und die an der Küste Marokkos gelegenen Hoheitsgebiete (u. a. die Enklaven Ceuta und Melilla). Geografisch sind sie Teil Afrikas.
- Zum Vereinigten Königreich gehören die Gebiete: Anguilla, Bermuda, Britische Jungferninseln, Britisches Territorium im Indischen Ozean, Falklandinseln, Kaimaninseln, Montserrat, Pitcairninseln, Sankt Helena, Südgeorgien und die Südlichen Sandwichinseln, Turks- und Caicosinseln
- Zu Frankreich gehören folgende Überseegebiete: Clipperton-Insel, Französisch-Guayana, Französisch-Polynesien, Französische Süd- und Antarktisgebiete, Guadeloupe, Martinique, Mayotte, Neukaledonien, Réunion, Saint-Pierre und Miquelon, Wallis und Futuna.
- Zu den Niederlanden gehören: Aruba sowie die Niederländischen Antillen

Einige Staaten gehören geographisch nicht zu Europa, sind aber Mitglieder europäischer Organisationen:

- Zypern liegt im östlichen Mittelmeer nahe der Küste Asiens, zu dem es deshalb geographisch gezählt wird. Geschichtlich und kulturell ist es jedoch eng mit Europa verbunden und politisch Mitglied europäischer Organisationen, seit Mai 2004 ist die Republik Zypern auch Mitglied der Europäischen Union.
- Die transkaukasischen Staaten Armenien, Aserbaidschan und Georgien werden geographisch zu Asien gerechnet. Geschichtlich und kulturell sind

jedoch die beiden mehrheitlich christlichen Staaten Armenien und Georgien mit Europa verbunden. Alle drei Staaten sind Mitglieder des Europarates und werden bei internationalen Sport- und Kulturveranstaltungen meist Europa zugeordnet.

- Israel liegt geographisch unbestritten in Asien. Bei internationalen Sport- und Kulturveranstaltungen wird es jedoch oft Europa zugeordnet.

Der Beweggrund dieser Publikation zur Außenpolitik der Staaten Europas liegt in der beim Herausgeber vorhandenen und wachsenden Empfindung eines grundlegenden Mangels. In der Literatur fehlt ein grundlegendes und einführendes Buch, das einen raschen und kompakten Überblick der Außenpolitik der europäischen Staaten insgesamt und nicht nur der EU-Mitgliedssaaten eröffnet. Thematisiert wird daher in Überblicksartikeln die Außenpolitik von insgesamt 46 Staaten. Im Mittelpunkt der Analyse steht die außenpolitische Entwicklung der jeweiligen Staaten aus deren Perspektive, vor allem damit eine grundlegende Kenntnis der zahlreichen außenpolitischen Interdependenzen dieser Staaten deutlich wird. Um eine Kompatibilität der Beiträge herzustellen wurde inhaltlich die folgende Konzeption zugrunde gelegt: Historische Grunddaten zur Außenpolitik und jeweiligen internationalen Umwelt; Bestimmungsfaktoren der Außenpolitik; Außenpolitische Entscheidungsprozesse; Sicherheitspolitik (11.09., Madrid, Terrorismus-Bekämpfung als Bestandteile außenpolitischer Konzeption) und Politik im Rahmen internationaler Organisationen; Perspektiven einer zukünftigen Außenpolitik und Literatur (verwendete und weiterführende).

Erfreulicherweise gibt es keinen Königsweg in der außenpolitischen Analyse, weshalb die einzelnen Autoren unterschiedliche Zugriffsweisen verwandt haben. Die Publikation versteht sich im Kern als ein grundlegendes und einführendes Studienbuch zur Außenpolitik der europäischen Staatenwelt. Besonders wurde auf eine interdisziplinäre Betrachtungs- und Vorgehensweise wert gelegt, dies spiegelt sich sowohl in der internationalen als auch fachwissenschaftlichen Zusammensetzung der Autoren wieder. Mein besonderer Dank gilt den Autorinnen und Autoren, welche an der Erstellung beteiligt waren und ohne deren konstruktive Zusammenarbeit dieses Buch nicht zustande gekommen wäre. Der Zeitraum für die Bearbeitung der Beiträge ist mehrheitlich in der ersten Hälfte 2007 anzusiedeln.

Wesentliche Stütze des Projektes war Moritz Botts, der bei der redaktionellen Überarbeitung der Beiträge eine ausgezeichnete Hilfe war und zum Gelingen dieses Bands entscheidend beigetragen hat. Intensiv in jeder Hinsicht wurde das Projekt durch Herrn Alfredo Pinto Escoval, Scientia Bonnensis Verlag, gefördert, was ebenfalls dankbar erwähnt werden soll.

Bonn/Istanbul im September 2007 Prof. Dr. Wolfgang Gieler

ALBANIEN

René Seidel

HISTORISCHE GRUNDDATEN

1448	Eroberung durch die Osmanen
1912	Unabhängigkeitserklärung Albaniens (vom Osmanischen Reich)
1914-1920	Besetzung durch Italien
1925	Ausrufung der Republik
1928	Ausrufung der Monarchie
1939-1944	Besetzung durch Italien, ab 1944 durch Deutschland
1948	Bruch mit Jugoslawien, Zuwendung zur UdSSR
1949-1961	Mitglied im RGW
1955	Beitritt Europarat, Beitritt UN
1955-1968	Mitglied Warschauer Pakt
1960	Bruch mit der UdSSR, Zuwendung zur VR China
1978	Bruch mit der VR China, politische Isolation
1988	Wiederaufnahme der Kontakte zu Westeuropa, Beginn der Demokratisierung
1991	Beitritt OSZE
1995	Erneuter Beitritt Europarat
1997	Bürgerkriegsähnliche Unruhen
2000	Beitritt WTO

Länderdaten

Name: Republika e Shqipërisë/ Republik Albanien, **Hauptstadt:** Tiranë/ Tirana (523.150 Einwohner (2007)), **Regierungsform:** Parlamentarische Republik (seit 1991), **Größe:** 28.748km², **Einwohnerzahl:** 3.600.523 (2007), **Landessprache:** Albanisch, **BSP pro Kopf:** 5.600 USD (2006), **Mitgliedschaft in Europäischen Organisationen:** BSEC, EAPC, EBRD, ECE, Europarat, PfP, OSZE, **Mitgliedschaft in Internationalen Organisationen:** UN, WTO

***

Historisch politische Eckdaten unter besonderer Berücksichtigung der internationalen Umwelt

Die Spitzen der albanischen Emigrantenorganisationen gründen unter der Führung von Ismail Kemal Bey Vlorë einen albanischen Nationalkongress, mit dem Ziel der Anerkennung eines autonomen Albaniens durch die Großmächte. In der Folge kam es zu Gebietsansprüchen verschiedener Staaten, und Montenegro besetzte albanische Teilgebiete. Die Großmächte Deutschland, Österreich-Ungarn, Italien, Frankreich, Russland und Großbritannien übten ein gemeinsames Protektorat über Albanien unter der Kontrolle einer internationalen Kontrollkommission aus. Am 28. November 1912 proklamierte Ismail Kemal Bey Vlorë einen unabhängigen Staat Albanien. Auf der Londoner Botschafterkonferenz wurde die Unabhängigkeit am 27. Juli 1913 gegen die Ansprüche Serbiens von den Großmächten anerkannt, woraufhin Albanien eine provisorische Übergangsregierung mit Vlorë an der Spitze errichtete. Durch die Grenzziehung verlor Albanien mehr als die Hälfte seiner ursprünglichen Landesfläche, darunter auch den Kosovo (albanisch: Kosova) und somit circa 40 Prozent seiner Bevölkerung. Die internationale Kontrollkommission erklärte den deutschen Prinzen Wilhelm zu Wied zum Herrscher von Albanien. Er trat im März 1914 die Herrschaft an, musste aber sechs Monate später infolge des inneren Widerstandes und des Ausbruchs des Ersten Weltkrieges fliehen.

Während des Krieges wurde Albanien zum Schlachtfeld für die Großmächte, und Teile des Landes waren zeitweise von Montenegro, Serbien, Österreich-Ungarn, Italien und Griechenland besetzt. Der albanische Nationalkongress wählte die einzige unbesetzte Stadt Tirana zur albanischen Hauptstadt und rief zum zweiten Mal die Unabhängigkeit aus. Nach Ende des Ersten Weltkrieges stand das Land wieder vor der Teilung. In der Pariser Friedenskonferenz von 1919 wurden jedoch die von Griechenland, Serbien und Montenegro erhobenen Ansprüche auf Albanien zurückgewiesen, und im Vertrag von Tirana erkannte am 2. August 1919 Italien zwar Albanien an, räumte aber den Süden des besetzten Landes erst 1920.

Auf dem Kongress von Lushnjë im Januar 1920 bildeten die Albaner eine provisorische Regierung und einen Regentschaftsrat. Im Dezember desselben Jahres wurde Albanien in den Völkerbund als unabhängiger Staat aufgenommen. 1921 und 1923 kam es durch den Völkerbund erneut zu Grenzkorrekturen, insbesondere zu Griechenland, das ebenso wie das spätere Jugoslawien immer wieder territoriale Ansprüche erhob. In der Folgezeit entbrannten immer wieder heftige innenpolitische Machtkämpfe. 1921 war es auch zum Aufstand der Mirditen, eines albanischen Stammes, gekommen.

Die stärkste politische Persönlichkeit des Landes war Ahmed Zogu, der 1923/24 Ministerpräsident geworden war, aber nach einem erneuten Aufstand im Juni 1924 ins Exil gehen musste. Er kehrte Ende 1924 wieder zurück und wurde erneut Ministerpräsident. Nach der Abschaffung des monarchischen Regierungssystems und des Regentschaftsrates und der Ausrufung der Republik am 22. Januar 1925 wurde er Staatspräsident, 1928 ernannte er sich zum König und als Zogu I. regierte er diktatorisch bis 1939. Zogu verstand sich als König aller Albaner, auch der albanischen Minderheiten in Griechenland und Jugoslawien. Er führte weitreichende kulturelle und wirtschaftliche Reformen durch, ging aber ein politisches und militärisches Bündnis mit dem faschistischen Italien ein (1. Pakt von Tirana vom 26. November 1926 und 2. Pakt von Tirana vom 22. November 1927). Im ersten Tiranapakt garantiert Italien den territorialen Bestand Albaniens, was für Albanien Sicherheit gegen weitere Übergriffe seitens Griechenlands und Jugoslawiens bedeutete. Der zweite Tiranapakt beinhaltet die Befristung des militärischen Beistandspaktes auf zwanzig Jahre.

Das Verhältnis zu Italien blieb aber wegen der großen wirtschaftlichen Abhängigkeit nicht ohne Spannungen. Der albanische Ministerpräsident Zogu wurde am 01. September 1928 zum König ernannt und erklärt Albanien zur Monarchie. König Zogu I. versucht in seiner Regierungszeit den italienischen Einfluss zu begrenzen und politische und wirtschaftliche Beziehungen zu Deutschland aufzubauen. Die Annährungsversuche an Deutschland scheitern am italienischen Einfluss und Albanien gerät in wirtschaftliche und politische Abhängigkeit von Italien. Italien strebte eine vollständige und direkte Herrschaft über das Land an und förderte den Aufbau einer faschistischen Jugendorganisation. Die italienische Regierung verlangt von König Zogu I. 1938 die Abtretung weiterer Souveränitätsrechte, insbesondere die der Landesverteidigung, der inneren Sicherheit und der Außenhandelsbeziehungen. Albanien war damit de facto eine italienische Provinz.

Am 07. April 1939 erfolgt die vollständige Besetzung Albaniens durch italienische Truppen und die Flucht in das Exil von König Zogu I. Die Unabhängigkeit Albaniens war damit formal beendet und Italien baute ein Groß-Albanien unter seiner Führung auf, indem Siedlungsgebiete der Albaner in Jugoslawien (Kosovo) und in Griechenland an Albanien angegliedert wurden. Der albanische Widerstand gegen die italienischen Besetzung und die faschistische Partei in Albanien nahm jedoch zu - am 17. Mai 1941 scheitert ein Attentat albanischer

Widerstandskämpfer auf den italienischen König Viktor Emanuel III., der zugleich in Personalunion als albanischer König fungiert. Gegen die italienischen Truppen, die von Albanien aus 1940 Griechenland angegriffen hatten, und die spätere deutsche Besatzung kam es zum bewaffneten Widerstand, der ab 1944 von den kommunistischen Partisanen dominiert wurde.

Die Kommunistische Partei Albaniens war im November 1941 gegründet worden und man hatte 1943 Enver Hoxha, einen jungen, westlich erzogenen Schullehrer, zum Generalsekretär gewählt. Militärisch wurde der Widerstand von der 1943 gebildeten "Albanischen Nationalen Volksbefreiungsarmee" organisiert. Im September 1943 starteten die Kommunisten eine Kampagne gegen die nationalistischen Organisationen Balli Kombëtar (Nationale Front) und Legaliteti (Legalität). In einem blutigen Bürgerkrieg wurden die Nationalisten besiegt, und im "Antifaschistischen Rat der Nationalen Befreiung", der sich 1944 konstituiert hatte, übernahmen die Kommunisten die Führung. Bis zum Oktober 1944 bildeten sie eine Übergangsregierung unter der Führung von Hoxha, einen Monat später, nach Abzug der deutschen Truppen, auch die Staatsführung.

Am 11. Januar 1946 verkündete Hoxha die Abschaffung der Monarchie und proklamierte die Volksrepublik Albanien. Im März wurde eine neue Verfassung verabschiedet und eine neue Regierung mit Hoxha als Premierminister gebildet. So genannte Säuberungsaktionen in den eigenen Reihen und vor allem beim politischen Gegner schaltete die Opposition brutal aus. Industriebetriebe und Bergwerke wurden verstaatlicht und eine Bodenreform durchgeführt. Von 1944 bis 1948 waren die außenpolitischen Beziehungen Albaniens von Spannungen zu Griechenland und den westlichen Staaten gekennzeichnet. Es gab enge Beziehungen zu Jugoslawien, selbst über einen Anschluss Albaniens an Jugoslawien wurde beraten. Nach dem Bruch zwischen der Sowjetunion und Jugoslawien 1948 stellte sich aber Albanien auf die Seite der UdSSR. Es wurde in der Folge in großem Maßstab von der UdSSR und anderen sozialistischen Ländern unterstützt. 1949 erfolgte die Aufnahme in den RGW, 1955 trat Albanien dem Warschauer Pakt bei.

Der Tod Stalins und die damit beginnende Entstalinisierung durch KPdSU-Generalsekretär Chruschtschow gefährdete die Machtposition Hoxhas. Im Zuge der Entstalinisierung baute Chruschtschow neue Beziehungen zu Belgrad auf, was Hoxha mit seiner antijugoslawischen Einstellung nicht vereinbaren konnte. Hoxha wollte sich dem Kurs Moskaus (Entstalinisierung, friedliche Koexistenz mit kapitalistischen Ländern und Annäherung an Jugoslawien) nicht anschließen. Wirtschaftlicher Druck seitens der UdSSR, wie das Unterbrechen bzw. unregelmäßige Liefern von Nahrungsmitteln, sollten Albanien zur Entstalinisierung bewegen. Albanien entzog sich immer mehr dem sowjetischen Einfluss, und bis zum Ende des Jahres 1960 hatte sich die Regierung deutlich auf eine Allianz mit Peking zu bewegt.

Die Sowjetunion und ihre osteuropäischen Verbündeten reagierten mit der Einstellung aller Hilfsleistungen für Albanien. Im Dezember 1961 brach die Sowjetunion schließlich alle diplomatischen Beziehungen zu Tirana ab. Die Volksrepublik China übernahm die Rolle der Sowjetunion als einflussreichster „Bruderstaat" und gewährte Albanien umfangreiche Wirtschaftshilfe. Diese Hilfsleistungen stärkten Albaniens Position gegenüber der Sowjetunion und ermöglichten es dem Land, seine wirtschaftliche Entwicklung weiter voranzubringen. Als Reaktion auf den Einmarsch der Sowjetunion in die Tschechoslowakei im Jahr 1968 verließ Albanien den Warschauer Pakt. Das Land normalisierte daraufhin seine außenpolitischen Beziehungen zu Griechenland und Jugoslawien und begann, auch seine Beziehungen zu einigen westlichen Staaten allmählich zu konsolidieren.

Albanien war international isoliert, boykottierte sämtliche internationalen Organisationen, mit Ausnahme der Vereinenten Nationen, und verweigert die Teilnahmen an internationalen Konferenzen. Einziger Verbündeter in politischen und wirtschaftlichen Beziehungen stellte die Volksrepublik China dar. Für die VR China wurde die albanische Regierung mit der albanischen Resolution, welche die Aufnahme der VR China in die Vereinten Nationen beantragte, noch einmal international aktiv. Am 25. November 71 billigte die UN-Generalversammlung die albanische Resolution.

Chinas außenpolitische Umorientierung in den frühen siebziger Jahren und die anschließende chinesisch-amerikanische Annäherung führten zu einer Abkühlung der albanisch-chinesischen Beziehungen. Staatsoberhaupt Enver Hoxha stellt die so genannte Zwei-Fronten-Theorie auf, die im Wesentlichen besagt, dass die USA und die UdSSR die Hauptgegner des Marxismus-Leninismus seien. Die zunehmenden Kontakte zwischen der VR China und den USA sind ausschlaggebend für den endgültigen Bruch der albanischen-chinesischen Beziehungen. Nachdem Albanien mehrmals öffentlich die Außenpolitik Chinas verurteilt hatte, stellte Peking im Juli 1978 alle Hilfsleistungen für seinen früheren Bündnispartner auf dem Balkan ein. Nach dem Bruch mit China verfolgte Hoxhas Regime eine Strategie einer eigenen, unabhängigen Wirtschaftsentwicklung. In den späten siebziger und frühen achtziger Jahren verbesserten sich auch die Beziehungen zu Griechenland und einigen westeuropäischen Staaten. Das Problem der in Albanien lebenden griechischen Minderheit (zwischen 200.000 und 400.000 Griechen) blieb jedoch virulent. Das Verhältnis zu Jugoslawien war weiterhin durch die Unterdrückung der mehr als 1,5 Millionen Kosovo-Albaner durch die belgrader Regierung schwer belastet.

Hoxha starb am 11. April 1985, Nachfolger wurde Ramiz Alia, der, beeinflusst durch die Perestroika in der UdSSR und den KSZE-Prozess, eine vorsichtige Lockerung des stalinistischen Herrschaftssystems in Albanien zuließ. Albanien war das einzige europäische Land, das zu dieser Zeit nicht am KSZE-Prozess teilnahm. Während der Demokratisierungswelle, die Osteuropa Ende der achtziger Jahre erfasst hatte, öffnete sich das Land ein wenig: das Religionsverbot wurde ebenso gelockert wie das Verbot von Auslandsreisen, Oppositionsparteien wurden zugelassen und die Beziehungen zum Westen ausgeweitet. Diplomatische Beziehungen zur Bundesrepublik Deutschland wurden 1987 aufgenommen. 1989 kam es, nachdem es in den Jahren zuvor immer wieder wegen der prekären Wirtschaftslage zu Protestkundgebungen gekommen war, in der nordalbanischen Stadt Shkodër zu größeren Unruhen unter den Studenten, so dass die Regierung den Ausnahmezustand verhängen musste.

Im Juli 1990 gingen in Tirana erneut Tausende auf die Straße; bei den Demonstrationen kam es zu Schusswechseln, und eine erste Flüchtlingswelle (6.000 Menschen flüchteten ins Ausland) setzte ein. Im Januar 1991 flohen über 5.000 Albaner griechischer Abstammung ins Nachbarland. Ende März 1991 gewannen die Kommunisten die ersten freien Parlamentswahlen. Sie verabschiedeten eine neue Verfassung und Ramiz Alia wurde zum Präsidenten gewählt. Die Kommunistische Partei hatte sich inzwischen in "Albanische Sozialistische Partei" umbenannt. Die wirtschaftliche Lage hatte sich im Lauf des Jahres erheblich verschlechtert, Albanien stand vor dem ökonomischen Kollaps - Hunderttausende demonstrierten in den Städten, und es kam zu verzweifelten Fluchtversuchen. Über 10.000 Menschen versuchten z. B. im August 1991 auf dem Frachter "Vlora" über die Adria nach Italien zu gelangen, wurden aber von den italienischen Behörden wieder in ihre Heimat zurückgeschickt. Hilfssendungen westlicher Staaten konnten nur die schlimmste Not lindern. Nach den Parlamentswahlen vom März 1992 trat im April Alia zurück, und das Parlament wählte Sali Berisha zum ersten nicht-kommunistischen Staatspräsidenten Albaniens seit dem Zweiten Weltkrieg. Es bildete sich eine Regierungskoalition mit Aleksander Meksi als Ministerpräsidenten. 1993 wurden Ramiz Alia und andere kommunistische Funktionäre beschuldigt, Gelder veruntreut zu haben. Sie wurden im Dezember 1993 schuldig gesprochen und zu einer Gefängnisstrafe verurteilt.

In der Außenpolitik kam es zu einer erheblichen Verbesserung der Beziehungen zu China. Im Mai 1992 unterzeichnete Albanien mit der Europäischen Gemeinschaft (heute EU) eine Kooperationsvereinbarung mit einer Laufzeit von zehn Jahren. In den neunziger Jahren intensivierten sich die Spannungen zwischen Albanien und Griechenland aufgrund des Minderheitenproblems. Auch die Beziehungen zu Serbien blieben wegen der Separationsbestrebungen der albanischen Bevölkerung im Kosovo angespannt. Beim Staatsbesuch des griechischen Präsidenten verständigten sich Albanien und Griechenland im März 1996 auf die Normalisierung ihrer politischen Beziehungen.

Der Zusammenbruch dubioser Anlagefirmen trieb Albanien im Februar 1997 erneut an den Rand des wirtschaftlichen Ruins. Zahlreiche Kleinanleger verloren infolge der Zahlungsunfähigkeit der Geldinstitute ihre Ersparnisse. Wochenlang kam es zu schweren Unruhen, und zehntausende Kleinanleger forderten von der Regierung ihr Geld zurück und lieferten sich mit den Sicherheitskräften Straßenschlachten. Zentren des Protestes waren die Hauptstadt Tirana und die Hafenstadt Vlorë im Südwesten des Landes. Präsident Sali Berisha beschuldigte die Opposition, die Unruhen zu schüren, um die Regierung zu stürzen. Die Pleitewelle wurde durch den Bankrott der Geldhäuser "Gjallica" und "Soudja" im Januar 1997 ins Rollen gebracht. Sie erfasste die meisten großen Firmen und betraf fast alle Bürger Albaniens. Nach der politischen Wende 1992 hatten die als "Investmentfonds" firmierenden Geldhäuser, die von der Regierung als marktwirtschaftliche Finanzierungsinstrumente angepriesen worden waren, nach dem so genannten Schneeballsystem agiert und zahllose Kleinanleger mit Renditeangeboten in Höhe von bis zu 200 Prozent pro Quartal geworben.

Nach gewalttätigen Ausschreitungen, bei denen Straßen und Eisenbahnlinien blockiert wurden und Rathäuser in Flammen aufgingen, ließ Präsident Berisha am 27. Januar 1997 Soldaten aufmarschieren. Am 8. Februar verhinderte die Polizei gewaltsam eine Demonstration des oppositionellen "Demokratieforums" in der Hauptstadt Tirana. Mehrere tausend Albaner flohen nach Italien. Im April 1997 begann die Stationierung einer internationalen Schutztruppe zur Stärkung der inneren Sicherheit im Lande. Diese Truppe umfasste etwa 6.000 Soldaten aus acht europäischen Ländern und blieb bis August 1997. Zu den Hauptaufgaben gehörten der Schutz der ausländischen Hilfsaktionen sowie die Verteilung der Güter. Die Soldaten wurden dazu in den größeren Hafenstädten und auf dem internationalen Flughafen nahe der Hauptstadt Tirana eingesetzt.

Im Juli wurde Fatos Nano zum neuen Ministerpräsidenten gewählt. Schwerpunkt des so genannten "Antikrisenprogramms" seiner Regierung war die Verbesserung der wirtschaftlichen Situation. Im Oktober 1997 verließen die letzten Soldaten der Schutztruppe "Alba" nach vier Monaten das Land. Insgesamt waren etwa 7.000 Soldaten aus acht europäischen Ländern im Einsatz gewesen, um die innenpolitische Stabilität Albaniens zu sichern. Außenpolitisch geriet das Land erneut mit seinem serbischen Nachbarn in Konflikt, da die Regierung in Belgrad jegliche Bestrebungen der Kosovo-Provinz nach mehr Autonomie unterdrückte. Im Oktober 1997 war es zu gewaltsamen Zusammenstößen zwischen Kosovo-Albanern und der serbischen Polizei und Ende Februar und Anfang März 1998 zu bürgerkriegsähnlichen Unruhen gekommen, nachdem serbische Militär- und Polizeieinheiten Dörfer im Kosovo angegriffen hatten. Der Führer der bis 1989 autonomen Kosovo-Albaner, Ibrahim Rugova, bat um ein Eingreifen der Vereinten Nationen, um weitere Zerstörungen und Vertreibungen zu verhindern. Die kosovo-albanische UÇK kontrollierte im Sommer 1998 große Teile der Kosovo und begann ihrerseits mit Vertreibungen der serbischen Bevölkerung. Die Unruhen dauerten das Jahr über an.

Am 11. Januar 1999 unterzeichneten die Balkanstaaten Albanien, Bulgarien, die Ehemalige Jugoslawische Republik Makedonien und Rumänien sowie die NATO-Länder Italien, Türkei und Griechenland in Athen ein Abkommen zum Aufbau einer eigenen multinationalen Friedenstruppe, die 4.000 Mann umfasst. Die Balkan-Friedenseinheit wird vorwiegend auf dem Balkan bei friedenserhaltenden und humanitären Operationen unter dem Oberbefehl der NATO, der UN oder der Europäischen Union eingesetzt. Im November 1998 trat nach einer Volksabstimmung eine neue Verfassung in Kraft, die sich an das deutsche Grundgesetz und die italienische Verfassung anlehnt.

Albanien nahm 1999 zahlreiche vor serbischen Truppen aus den Kosovo geflohene Albaner auf. Die hohe Zahl von Flüchtlingen stellte das Land weiterhin vor große Probleme. Am 24. Februar 2000 wurden die vor mehr als zwei Jahren geschlossenen Grenzübergänge zwischen Albanien und der jugoslawischen Teilrepublik Montenegro wieder geöffnet. Im September 2000 wurde Albanien Mitglied der Welthandelsorganisation (WTO) und 2003 begannen Verhandlungen über ein Stabilisierungs- und Assoziierungsabkommens mit der EU.

Bestimmungsfaktoren der albanischen Außenpolitik

Die politischen Ereignisse der albanischen Außenpolitik seit Beginn des 19.Jahrunderts weisen immer wiederkehrende Faktoren auf, die eine wesentliche Rolle in der zentralen Ausrichtung der albanischen Außenpolitik einnehmen. Der erste zentrale Punkt ist das Streben nach bzw. die Sicherung der albanischen Souveränität. Seit der Unabhängigkeitserklärung Albaniens 1912 kämpfte das Land gegen verschiedene Besatzer und Gebietsansprüche der Anrainerstaaten. Viele außenpolitische Unternehmungen Albaniens wie beispielsweise die Aufnahme in den Völkerbund aber auch das Bemühen um Schutz durch die Großmächte UdSSR und VR China dienten dem Ziel, die Souveränität Albaniens zu bewahren und sich vor Übergriffen anderer Staaten zu schützen. Dieser Faktor der Souveränitätserhaltung ist als treibende Kraft der außenpolitischen Entscheidungen Albaniens zu betrachten.

Die Ideologie des Kommunismus ist der zweite bedeutende Bestimmungsfaktor albanischer Außenpolitik. Das kommunistische Albanien lehnte jegliche Akzeptanz kapitalistischer Demokratien des Westens ab. Albanien erwies sich als dogmatischster kommunistischer Staat und hielt auch lange nach Stalins Tod strikt an den stalinistischen Herrschaftsmethoden fest. Den Personenkult um Stalin übernahm Albanien von der sozialistischen UdSSR und suchte ganz bewusst Anschluss an die UdSSR. Nachdem in der UdSSR in den sechziger Jahren eine Entstalinisierung stattfand, wandte sich Albanien unter der Führung Hoxhas auch außenpolitisch von der UdSSR ab, um den Stalinismus im eigenen Land zu erhalten. In der Folge suchte Albanien Anschluss an die VR China. Als aber auch hier nach der Kulturrevolution eine Annäherung an die USA begann, brach Albanien auch die außenpolitischen Beziehungen zur VR ab. In der Folge war das Land außenpolitisch isoliert, und erst nach dem politischen und ideologischen Wandel in MOE fanden auch in Albanien erste zaghafte Annäherungen an westliche Demokratien und Bündnissysteme statt.

Beeinflusst wird die albanische Außenpolitik zudem von der eigenen Wirtschaftssituation. Arm an Rohstoffen und mit nur wenig landwirtschaftlich nutzbarer Bodenfläche konnte Albanien nie den Status eines „quasi-autarken" Staates erreichen. Ein Großteil lebensnotwendiger Güter musste durch Hilfsleistungen verbündeter Staaten oder Schutzmächte zur Verfügung gestellt werden. Nach dem Tod Hoxhas war die albanische Regierung durch die schlechte wirtschaftliche Lage gezwungen, eine diplomatische Öffnung gegenüber den westlichen Demokratien einzuleiten.

Problematisch für die albanische Außenpolitik waren auch immer die in Teilen anderer Staatsgebiete lebenden albanischen Minderheiten, die zum Teil unter schwerwiegenden Repressalien zu leiden hatten und durch die albanische Regierung teils offenkundig, auch für eigene Interessen, teils indirekt unterstützt wurden. Das Verhältnis zu den Nachbarstaaten wurde zunehmend durch deren Gebietsansprüche in Albanien beeinträchtigt. Seit der Zeit der Neuorientierung 1991/1992 wird in der albanischen Außenpolitik auf drei Schwerpunkte besonderer Wert gelegt: die Annährung an internationale Organisationen insbesondere an die NATO und die Annährung an den USA, gute diplomatische Beziehungen zu islamischen Staaten, sowie der Aufbau gutnachbarschaftlicher Beziehungen zu den Balkan-Staaten.

Außenpolitische Entscheidungsprozesse

Seit dem politischen und ideologischen Umbruch in Albanien 1990 wird die Integration in euro-atlantische Strukturen angestrebt. Ein erster Schritt war dabei die Aufnahme in die OSZE 1991 sowie das Handels- und Kooperationsabkommen mit der EU. Ein Meilenstein dieser Entwicklung war die Mitgliedschaft im Europarat im Juli 1995. Die Unruhen 1997 und die Kosovokrise 1998-1999 stellten einen Rückschlag für den Friedensprozess dar. Der Zerfall der staatlichen Einrichtungen konnte nur mit massiver ausländischer Unterstützung aufgehalten und eine Fortsetzung des Demokratisierungsprozess so gesichert werden. Albanien erwies sich in dieser Zeit als besonderer Stabilitätsfaktor in dieser Region, da sich die albanische Regierung zur Haltung der internationalen Gemeinschaft gegenüber Jugoslawien bekannte und sich von Extremisten im Kosovo distanzierte. Dadurch wurde in der Folgezeit eine Integration in europäische Strukturen begünstigt und vorangetrieben. Im Jahr 2003 erfolgte die Aufnahme von Verhandlungen über ein Stabilisierungs- und Assoziierungsabkommen (SAA) mit der EU.

Der erste Schritt zur Einbindung in euro-atlantische Sicherheitsstrukturen stellte 1992 die Aufnahme Albaniens in den NATO-Kooperationsrat dar. In der Folge wurde das Rahmendokument Partnership for Peace (PfP) 1994 unterzeichnet und noch im selben Jahr die Aufnahme in die NATO bentragt. Ein Jahr später unterzeichnete Albanien ein individuelles Partnerschaftsabkommen mit der NATO und trat dem Euro-Atlantischen Partnerschaftsrat (EAPR) bei. Albanien beteiligt sich außerdem am Membership Action Plan (MAP) der NATO, mit der potenzielle Mitglieder auf ihre zukünftige Mitgliedschaft vorbereitet werden. Albanien beteiligt sich an zahlreichen Initiativen und Organisationen, so beispielsweise regional in der SEECP (Southeastern European Cooperation Process) und im Schwarzmeer-Kooperationsrat, sowie international im IWF, in der Weltbank, WTO, EBRD (Europäische Bank für Wiederaufbau und Entwicklung) und in der islamischen Konferenz (OIC).

In Albanien herrscht ein Mehrparteiensystem. Die stärkste Fraktion im Parlament stellt die Sozialistische Partei (SP), die 1991 aus der 1941 gegründeten Kommunistischen Partei der Arbeit hervorgegangen ist. Koalitionspartner der SP sind seit 2003 die Sozialdemokratische Partei (SDP), die Demokratische Allianz (DA), die Agrarpartei, die Partei zum Schutz der Menschenrechte (PBDNJ) und die Partei der sozialen Demokratie. Die Regierungskoalition strebt ein sozialdemokratisches Modell westeuropäischer Prägung an. In der Opposition befinden sich das Parteienbündnis „Union für den Sieg“, bestehend aus der Demokratischen Partei Albaniens (DP), Partei der Legalitätsbewegung (LB), die Republikanische Partei (RP), die Partei der Nationalen Front und die Liberale Union (LU) sowie das Socialist Movement for Integration (SMI) und die Neue Demokratische Partei (NDP). Trotz aller parteiübergreifender und parteiinterner (vor allem während der Kosovo-Krise) Auseinandersetzungen besteht ein breiter Konsens aller Parteien über die außenpolitische Orientierung Albaniens bezüglich seiner Stellung in der Region und seiner europäischen Integrationsbemühungen.

Die kommunistische Einheitsgewerkschaft ist in der SP-nahen „Konföderation der Gewerkschaften Albaniens“ (KSSh) aufgegangen. Die „Union unabhängiger Gewerkschaften Albaniens“ (BSPSh) steht der DP nahe. Bei den wichtigsten Medien sind im öffentlich-rechtlichen Sektor Radiotelevizioni Shqiptar (RTVSh) und die staatliche Nachrichtenagentur ATA zu nennen. Lokale und landesweite private TV- und Rundfunksender sind TOP CHANNEL, TVA, KLAN, VIZION, CLUB FM und TOP.

Die größte unabhängige Tageszeitung ist die Shekulli, es folgen Korrieri, Koha Jone, Gazeta Shqiptare neben den Parteienzeitungen Rilindija Demokratike (DP), Zeri i Popullit (SP) und Republika (RP).

Sicherheitspolitische Bestrebungen

Nach dem politischen Umsturz 1990 suchte das Land als erstes osteuropäisches Land den Anschluss an das Sicherheitsbündnis NATO. Obwohl eine Mitgliedschaft zunächst abgelehnt wurde, erfolgte 1994 die Aufnahme in das NATO-Programm PfP. Die Orientierung an den USA gerade in außen- und sicherheitspolitischen Fragen wurde während des Irak-Krieges durch die Entsendung von 200 albanischen Soldaten unter polnischem Kommando in die Krisenregion intensiviert. Albanien reiht sich bedingungslos in die „Coalition of the Willing" ein und öffnete den albanischen Luftraum für Lufteinsätze der Koalitionsstreitkräfte. Albanien gewährte außerdem die Einrichtung von amerikanischen Stützpunkten auf dem eigenen Staatsterritorium. Im Mai 2003 unterzeichneten Albanien und die USA ein Nichtauslieferungsabkommen amerikanischer Staatsbürger an den Internationalen Gerichtshof in Den Haag. Albanien erhofft sich eine amerikanische Unterstützung ihres Antrags auf NATO-Mitgliedschaft.

Perspektiven der zukünftigen Außenpolitik

Die Reformen des Wirtschaftssystems erstrecken sich ebenso auf die Verwaltungsstrukturen, besonders die Entpolitisierung des öffentlichen Dienstes und eine angestrebte Rechtsangleichung an westliche Standards. Alle Bemühungen richten sich auf die Erfüllung der Stabilisierungs- und Assoziierungsabkommen der EU. Zahlreiche, derzeit laufende international finanzierte Infrastrukturprojekte sollen den wirtschaftlichen Aufschwung des Landes unterstützen und eine EU-Mitgliedschaft ermöglichen. Die Albaner sehen dem Stabilisierungs- und Assoziierungsprozess hoffnungsvoll entgegen, obwohl nur wenige Bürger den Glauben an eine baldige EU-Vollmitgliedschaft teilen. Langfristig bleibt eine politische Westanbindung übergeordnetes Ziel, verbunden mit einer angestrebten Mitgliedschaft in der EU und der NATO.

Literatur (weiterführende & verwendete)

Bartl, Peter: Albanien: vom Mittelalter bis zur Gegenwart, Regenburg 1995.

Krech, Hans: Der Bürgerkrieg in Albanien 1997. Ein Handbuch. Berlin 1997.

Reuter, Jens: Das Kosovo-Problem im Kontext der jugoslawisch-albanischen Beziehungen. in: Altmann, Franz-Lothar (Hrsg.): Albanien im Umbruch. München/ Oldenburg 1990, S. 81-96.

Reuter-Hendrichs, Irena: Grundzüge der Albanischen Außenpolitik. in: Altmann, Franz-Lothar (Hrsg.): Albanien im Umbruch. München/ Oldenburg 1990, S. 67-80.

Schieder, Theodor: Albanien 1918-1968. in: Schieder, Theodor (Hrsg.): Handbuch der Europäischen Geschichte Bd. 7 (Europa im Zeitalter der Weltmächte), Stuttgart 1979, S. 1269-1296.

Schmidt, Fabian: Politische Transformation in Albanien. in: Jordan, Peter / Kaser, Karl/ Lukan, Walter (Hrsg.): Albanien: Geographie-Historische Anthropologie-Geschichte-Kultur-Postkommunistische Transformation. Wien/ Frankfurt am Main/ Berlin 2003, S. 315-342.

Schmidt-Neke, Michael: Zwischen Kontinuität und Wandel - Albaniens innenpolitische Situation zu Beginn der 90er Jahre. in: Altmann, Franz-Lothar (Hrsg.): Albanien im Umbruch. München/ Oldenburg 1990, S. 11-56.

ANDORRA

Rebecca Miltsch

HISTORISCHE GRUNDDATEN

1278	Paréage Verträge, Andorra wird im Kondominium regiert
1981	Verfassungsreform zu mehr Autonomie
1993	Endgültige Unabhängigkeit von Frankreich und Spanien, Beitritt UN
1994	Beitritt Europarat
1996	Beitritt OSZE
2002	Einführung des Euro (außerhalb der WWU)

LÄNDERDATEN

Name: Principat d'Andorra/ Fürstentum Andorra, **Hauptstadt:** Andorra la Vella (22.884 Einwohner (2006)), **Regierungsform:** Konstitutionelles Fürstentum (seit 1993), **Größe:** 467,76km^2, **Einwohnerzahl:** 71.822 (2007), **Landessprache:** Katalanisch, **BSP pro Kopf:** 38.800 USD (2005), **Mitgliedschaft in Europäischen Organisationen:** ECE, Europarat, OSZE, **Mitgliedschaft in Internationalen Organisationen:** UN, WTO (Beobachter)

***

Andorra, der pyrenäische Zwergstaat, geht in seinem Ursprung auf die Spanische Mark zurück. Die Marken waren von Karl dem Großen eingerichtete kleine Pufferstaaten. Sie dienten dem Zweck, die vorrückenden muslimischen Mauren aufzuhalten und einem Einfall in das christliche Frankenreich vorzubeugen. Einer Legende, die noch heute in der Nationalhymne des Landes erzählt wird, zufolge stattete Kaiser Karl die Andorraner als Gegenleistung für ihren Beitrag zur Abwehr der Mauren mit einer ansehnlichen Anzahl von Begünstigungen aus. Als sicher gilt, dass in der Folge die Herrschaft über das Lehen in den pyrenäischen Bergen sowohl die spanischen Bischöfe von Urgel, als auch französische Adelige, namentlich die Grafen von Castelbon und deren Nachfolger, die Grafen von Foix, innehatten.

Der Paréage-Vertrag von 1278 schrieb den territorialen Umfang des Landes fest und begründete erstmals die Existenz Andorras als Staatswesen. Mit Bestätigung des Papstes wurden der französische Graf von Foix und der spanische Bischof von Urgel von nun an offiziell zu Kofürsten und damit Herrschern über Andorra. Die Rechtsautorität in Andorra nahmen zwei Abgesandte der Kofürsten wahr, wovon einer den Grafen und der andere den Bischof repräsentierte. Im Jahr 1419 formierte sich erstmals ein „Counsell de la terra". Dieser Rat zielte darauf ab, die Interessen der andorranischen Bevölkerung gegenüber den Souveränen geltend zu machen. Er ist der Vorläufer des modernen andorranischen Parlaments, das noch heute als Generalrat bezeichnet wird.

In Folge der Krönung des Grafen von Foix zum König Heinrich IV. über Frankreich war das französische Staatsoberhaupt seit 1607 in Personalunion mit dem andorranischen Kofürsten. Im Jahr 1868 wurde erstmals das Recht auf die Wahl andorranischer Generalräte institutionell verankert. Zahlreiche Versuche des andorranischen Generalrates, eigenständig als außenpolitischer Akteur aktiv zu werden, scheiterten am Widerstand der Kofürsten, besonders des französischen. Dieser bestand bis in das 20. Jahrhundert darauf, alleiniger Repräsentant Andorras nach Außen zu sein. Erwartungsgemäß führte dies in der Geschichte häufig zu Auseinandersetzungen mit dem spanischen Kofürsten, dem Bischof von Urgel. Besonders problematisch für Andorra war, dass in zahlreichen Fällen nicht nur der französische Kofürst allein die Hegemonie über externe Beziehungen Andorras beanspruchte, sondern der französische Staat als solcher im Namen Andorras agierte und seine Entscheidungen, wenn überhaupt, a posteriori dem französischen Kofürsten zur Bestätigung vorlegte. Als Andorra beispielsweise im Jahr 1926 das Statut des ständigen Internationalen Gerichtshofes, einer Sonderorganisation des Völkerbundes, offiziell anerkannte, veranlasste Frankreich im Völkerbund, Andorra von der Liste teilnehmender Staaten zu streichen. In seiner Begründung verwies Frankreich auf sein alleiniges Recht Andorras Außenbeziehungen zu gestalten, da Andorra kein Staat sei. Während der Weltkriege und des Spanischen Bürgerkrieges 1936 bis 1939 blieb Andorra neutrales Gebiet. Besonders ab Mitte der Dreißiger Jahre wurde das kleine Land dank seiner Neutralität zum Zufluchtsort für eine große Zahl ausländischer Flüchtlinge.

Im Jahr 1986 gelang Spanien nach harten Verhandlungen der Eintritt in die Europäische Gemeinschaft. Das kleine Fürstentum war nun vollständig von EG-Gebieten umgeben. Andorra schloss daraufhin im Jahr 1990 ein Zollabkommen mit der EG ab. Ein Jahr später implementiert, garantierte es Andorra nicht nur den Absatz seiner Produkte auf den Märkten der EG, sondern erlaubte darüber hinaus den zollfreien Import zahlreicher Güter ins eigene Land. Zwar profitierte Andorra schon vor seinem Eintritt in die EG-Zollunion von speziellen Handelsvereinbarungen mit seinen Nachbarstaaten, doch stellte der Vertrag einen Schritt hin zu größerer, vor allem wirtschaftlicher Eigenständigkeit des Staates dar.

Das Jahr 1993 brachte eine Zäsur innerhalb der außenpolitischen Beziehungen des Fürstentums mit sich. Mit der Annahme einer am 14. März 1993 durch Volksentscheid demokratisch legitimierten Verfassung konnte man in vielerlei Hinsicht erstmals von einem souveränen Andorra sprechen. Die Verfassung definierte das Land als unabhängiges, demokratisches Fürstentum. Die neuen Beziehungen zu den angrenzenden Staaten Spanien und Frankreich legten die betreffenden Staaten im Juni 1993 in einem trilateralen Nachbarschaftsvertrag fest. In diesem Freundschafts- und Kooperationsvertrag erkannten Spanien und Frankreich die Souveränität und territoriale Integrität des Fürstentums an und bekundeten ihre Bereitschaft, die Teilnahme Andorras an internationalen Abkommen zu erleichtern. Allerdings musste das Land eine zweifache Eingrenzung seiner außenpolitischen Freiheit hinnehmen: Einerseits verpflichtete sich das Fürstentum, fundamentale Interessen seiner Nachbarländer zu respektieren und im Konfliktfall zu einer Streitschlichtung beizutragen. Andererseits musste sich Andorra bereit erklären, von Maßnahmen abzusehen, die der inneren und äußeren Sicherheit Spaniens und Frankreichs abträglich sein könnten.

Nichtsdestotrotz symbolisierte die Aufnahme Andorras in die Vereinten Nationen und zahlreiche ihrer Unterorganisationen im Jahr 1993 die Anerkennung der andorranischen Selbstbestimmung durch die internationale Staatengemeinschaft. So nahm Andorra 1995 formale diplomatische Beziehungen zu den USA auf. In den folgenden Jahren wurde das Land Mitglied in weiteren wichtigen internationalen Organisationen, wie dem Europarat, der Organisation für Sicherheit und Zusammenarbeit in Europa (OSZE) und der Europäischen Wirtschaftskommission. Nach Jahrhunderten der außenpolitischen Isolation kann man seitdem von einer zunehmenden Öffnung des Fürstentums nach Außen sprechen. Die derzeitigen Kofürsten Andorras sind der französische Staatspräsident Nicolas Sarkozy seit 2007 sowie der spanische Bischof Joan Enric Vives i Sicilia seit 2003.

Die Außenpolitik des Landes wird in wesentlichen Punkten von Andorras Eigenschaft als so genannter Zwerg- oder Mikrostaat geprägt. Diese Mikrostaaten zeichnen sich durch geringe Bevölkerungs- oder Flächenzahlen aus, im Normalfall gehen beide Faktoren Hand in Hand. Neben Liechtenstein, San Marino, dem Vatikanstaat und Monaco ist Andorra einer der fünf europäischen Zwergstaaten. Das westeuropäische Fürstentum hat mit 468 Quadratkilometern eine Ausdehnung, die die Fläche Bremens nur gering übertrifft. Seine Einwohnerzahl entspricht mit ca. 77.000 hingegen nur gut einem Zehntel der Hansestadt. Auch in der Hauptstadt Andorra La Vella leben nur ca. 25.000 Menschen. Bemerkenswert ist weiterhin, dass Andorraner in ihrem eigenen Land eine Minderheit darstellen. Nur knapp über 30 Prozent der Einwohner des Fürstentums besitzen die andorranische Staatsbürgerschaft. Spanische Einwanderer bilden den größten Ausländeranteil des Landes und übertreffen die Zahl der Einheimischen, Franzosen und Portugiesen folgen.

Andorras winzige geografische Ausdehnung verbunden mit seiner Lage inmitten der pyrenäischen, teils unwegsamen Gebirgskette, seinem fehlenden Zugang zum Meer und seiner fehlenden militärischen Stärke waren traditionell die Ursache für eine schwache außenpolitische Verhandlungsposition Andorras. Als Folge daraus ergab sich für das Fürstentum stets eine gewisse Abhängigkeit von sicherheits- und wirtschaftspolitischen Garantien der Nachbarstaaten. Auch nach dem verfassungsmäßigen Zugeständnis einer eigenen Außenpolitik ist der Staat in der freiheitlichen Ausgestaltung seiner außenpolitischen Vorhaben von gewissen Zugeständnissen seiner Staatsoberhäupter abhängig. So ist für wesentliche Handlungen noch immer die Abstimmung mit den Kofürsten erforderlich, wenngleich seit 1993 die andorranische Regierung der richtungweisende Akteur ist. Gerade seine Mikrostaatlichkeit lässt Andorra auf die (lange vorenthaltene) Anerkennung seiner Staatlichkeit sowie auf die Wahrnehmung eigener Interessen, unabhängig von denen der Nachbarstaaten, drängen.

Seiner gewachsenen internationalen Integration, allem voran dem Beitritt in die UN und der Beendigung einer gewissen außenpolitischen Isolation konnte Andorra in den letzten Jahren allerdings gewisse emanzipatorische Effekte abgewinnen. Internationales Recht trägt wesentlich zur legalen Existenzsicherung gerade von Mikrostaaten bei. Institutionalisierte Mechanismen wie Streitschlichtungsverfahren in internationalen Organisationen verringern nämlich nicht nur traditionelle Abhängigkeiten von den Nachbarstaaten, sondern stärken auch die Verhandlungsposition des Staates. Eine weitere Konstante der andorranischen Außenpolitik ist seine Neutralität im Kriegsfall. Bereits 1748 schrieb ein Manual Digest die unbedingte Neutralität Andorras im Falle eines Konfliktes der Nachbarstaaten fest. Dieses Prinzip liegt im ureigensten Interesse des Landes, könnte eine Parteinahme für eine Seite doch leicht zu einer existenzbedrohenden Zerreißprobe für den Kleinstaat werden.

Die natürlichen Ressourcen beschränken sich weitestgehend auf Eisenerzvorkommen, Blei, Holz sowie seine Wasserkraft. Darüber hinaus ist anbaufähiges Ackerland aufgrund der Gebirgslage recht knapp. Bedingt durch seine geringe Ausdehnung und seine knappen Ressourcen ist das Land äußerst abhängig von Importen. Im Jahr 1998 wurden Waren im Wert von über einer Milliarde US-Dollar importiert, darunter vor allem Konsumgüter und Nahrungsmittel. Die Exporte desselben Jahres beliefen sich nur auf einen Wert von rund 60 Millionen US-Dollar. Dabei waren Zigaretten, Bekleidung und Mobiliar wesentliche Ausfuhrgüter. Die Import- und Exportländer sind vorrangig die Nachbarländer Spanien und Frankreich.

Die Nachbarstaaten sind bekanntermaßen Mitglieder der Europäischen Union. Das Fürstentum ist somit eine Insel im EU-Gebiet. Die Nichtmitgliedschaft in der EU macht es Andorra möglich, viele Produkte wesentlich unter dem EU-Standard zu besteuern und mit Hilfe der hohen Nachfrage zahlreicher ausländischer Touristen ausländisches Kapital ins Land zu bringen. Im Jahr 2003 stellten Einnahmen aus dem Tourismus mit 1,9 Milliarden US-Dollar die größte Quelle des Nationaleinkommens dar. Der ganzjährige Fremdenverkehr schaffte in den letzten Jahren eine Vielzahl von Arbeitsplätzen in der Gastronomie, dem Hotelwesen sowie im Sportartikelverleih und Souvenirgewerbe. Der Euro, am 1. Januar 2002 parallel mit 12 EU-Staaten als Landeswährung eingeführt, vereinfacht finanzielle Transfers zusätzlich.

Darüber hinaus haben niedrige Steuersätze und ein garantiertes Bankgeheimnis seit 1990er Jahren für ein Boomen des Bankgewerbes im Fürstentum gesorgt. Dennoch machen gerade diese Bedingungen Andorra sehr anfällig für Geldwäsche und andere unsaubere Finanzgeschäfte. Andorra wurde deshalb von der OSZE als einer von 35 so genannten tax heavens aufgelistet. Der Vorwurf beinhaltet, finanzkräftiges, ausländisches Klientel durch geringe Steuersätze anzuziehen und den zuständigen Organen des Herkunftslandes relevante finanzielle Informationen zu verweigern.

Nichtsdestotrotz konnte Andorra seine Prosperität enorm steigern. Andorra ist heute eines der reichsten Länder Europas. Dieser Wohlstand ermöglicht dem Fürstentum eine zunehmende wirtschaftliche Unabhängigkeit von anderen Ländern, besonders von seinen Nachbarn, und vermag auf diese Weise, sein Verhandlungsgewicht in der internationalen Gemeinschaft zu stärken und in bescheidenem Maße auch eigenen Einfluss geltend zu machen. Andorras Verfassung, in Kraft seit dem 4. Mai 1993, ist eine Synthese aus Überresten aus dem Lehnswesen und demokratischen Werten und Strukturen. Trotzdem das ungewöhnliche Arrangement der ausländischen Kofürsten als Staatsoberhäupter Andorras beibehalten wurde, vergrößerte man in vielfältiger Hinsicht den Einflussbereich der andorranischen Regierung, stärkte die Rolle des Regierungschefs und begrenzte im Gegenzug den Spielraum der Kofürsten signifikant. Andorras internationaler Status als souveräner Staat genoss eine klare Aufwertung. Das Fürstentum erhielt ein Recht zur Aufnahme eigenständiger diplomatischer Beziehungen zu anderen Staaten. Mit dem deutlichen Bekenntnis zur Anerkennung der Menschenrechte sowie der eindeutigen Gewaltenteilung wurden moderne Anforderungen an eine demokratische Verfassung umgesetzt.

Die Legislative bildet nun der Generalrat, ein aus mindestens 28 Abgeordneten bestehendes und auf vier Jahre von der andorranischen Bevölkerung gewähltes Gremium. Eine absolute Mehrheit des Generalrates wählt den Regierungschef, den so genannten Cap de Govern. Dieser wiederum bestimmt seine Minister selbst. Das Recht wird nun nicht mehr im Namen der Kofürsten, sondern im Namen des andorranischen Volkes gesprochen. Es ist unabhängig und basiert auf andorranischem Gewohnheitsrecht, ergänzt durch römische Rechtsquellen und katalonisches Gewohnheitsrecht. Für die Gestaltung und Implementierung außenpolitischer Vorhaben ist vorrangig der Exekutivrat zuständig. Seit der letzten Wahl im April 2005 ist Albert Pintat, Mitglied der Liberalen Partei Andorras (PLA), neuer Regierungschef. Interessant ist das Verhältnis der Exekutive zu den Kofürsten.

Beiden fällt nach wie vor, gemeinsam und untrennbar, die oberste Repräsentation des Landes nach außen zu. Dem lange proklamierten Anspruch des französischen Kofürsten, andorranische Interessen allein nach außen wahrzunehmen, erteilte die Verfassung somit eine klare Absage. Die uneingeschränkten Rechte der Kofürsten belaufen sich im Wesentlichen auf ein Vetorecht in Grenzfragen, die Ernennung ihrer ständigen Repräsentanten in Andorra, sowie der Mitglieder des obersten Gerichtshofes und der Richter des Verfassungsgerichts. Darüber hinaus haben beide das Recht, unter bestimmten Umständen Verträge und Gesetze vor Bekanntgabe und Ratifikation einzusehen sowie das Begnadigungsrecht auszuüben. Wichtige Entscheidungen wie die Auflösung des Generalrates, die Ernennung des Regierungschefs, die Veröffentlichung von Gesetzen und auch die Ratifizierung internationaler Verträge obliegen zwar immer noch den Kofürsten. Jedoch verlangt die Verfassung eine Gegenzeichnung durch demokratisch legitimierte Kräfte. Gegenzeichnen kann je nach Fall der Regierungschef, der betroffene Minister oder der Ministerpräsident Andorras. Hiermit wird dem demokratischen Anspruch der Verfassung Rechnung getragen. Die mit über 70 Prozent angenommene Verfassung drückt den Willen der Bevölkerung aus, den Außenbeziehungen des Fürstentums ein stärkeres, unabhängig andorranisches Gewicht zu verleihen.

Zum Schutz der inneren Sicherheit verfügt die andorranische Regierung über eine kleine Polizei. Das Land gilt als sehr sicher. Nach außen jedoch ist die Regierung nicht in Besitz einer militärischen Streitmacht. Im Notfall konnte Andorra allerdings traditionell auf seine força armada zurückgreifen. Das Oberkommando über diese Streitkräfte oblag bis 1993 den Kofürsten, seitdem sind sie dem Regierungschef unterstellt. Traditionell bestanden die bewaffneten Kräfte Andorras aus allen wehrfähigen Männern des Landes zwischen 16 und 60 Jahren. Bemerkenswerterweise erhielten alle Mitglieder den Offizierstitel. Nichtsdestotrotz ist diese informelle Armee seit mehr als 700 Jahren nicht mehr zum Einsatz gekommen. Dieser Umstand ist natürlich vor allem Andorras Neutralität in sämtlichen großen Kriegen der Neuzeit zu verdanken. Heute verfügt jede der sieben Gemeinden Andorras über eine Einheit bewaffneter Kräfte. Deren Aufgaben beschränken sich heutzutage vorrangig auf repräsentative Einsätze.

Von wesentlicher Bedeutung für die Verteidigung des Fürstentums sind seine Nachbarstaaten. Der trilaterale Nachbarschaftsvertrag Andorras mit den NATO-Staaten Frankreich und Spanien enthält eine implizite Verteidigungszusage Frankreich und Spanien gegenüber dem Fürstentum. Im Falle der Verletzung der Souveränität, der Unanhängigkeit oder der territorialen Integrität Andorras oder deren Androhung verpflichten sich Frankreich und Spanien in Artikel drei des Vertrages, nach Konsultation mit der andorranischen Regierung militärische Mittel zur Abwehr der Bedrohungen zur Verfügung zu stellen. Im Zuge des Aufkommens des weltumspannenden Terrorismus auf der internationalen Agenda und besonders nach den Anschlägen vom 11. September 2001 verurteilte Andorra den internationalen Terrorismus als Bedrohung für die Weltsicherheit. Auch als Mitglied der UN unterstützte das Land entsprechende Vorhaben zur Eindämmung dieser Gefahren, wie die Regulationen 1373 des UN-Sicherheitsrates. Gleichwohl lagen gegen Andorra bisher keine spezifischen Bedrohungen durch terroristische Vereinigungen vor.

Seit seinem Eintritt in die Liga souveräner Staaten konnte das Land bereits von seinem gewachsenen außenpolitischen Spielraum profitieren. Mit einiger Wahrscheinlichkeit kann prognostiziert werden, dass das Land die seit Beginn der Neunziger Jahre begonnene außenpolitische Öffnung fortführt. Diese Entwicklung umfasst einerseits die Aufnahme diplomatischer Beziehungen zu weiteren Staaten, andererseits die Integration in internationales Recht durch Mitgliedschaft in weiteren internationalen Organisationen. Die so eingeleitete Öffnung erlaubt es andorranischen Interessen zum einen, sich über die Grenzen seiner Nachbarstaaten hinaus Gehör zu verschaffen. Zum anderen trägt sie dazu bei, den Staat Andorra als gleichberechtigtes Mitglied der internationalen Gemeinschaft zu präsentieren und traditionelle Abhängigkeiten von den Nachbarstaaten abzuschwächen.

Damit einher geht das Ziel einer weiteren Annäherung an die Europäische Union. Im Juni 2004 unterzeichnete Andorra mehrere Abkommen mit der EU. Man vereinbarte, die Zusammenarbeit im ökonomischen, kulturellen und sozialen Bereich zu stärken. Nur durch eine enge Kooperation mit der EU sieht Andorra seine weitere wirtschaftliche Prosperität gesichert. Inwieweit es zukünftig gelingen wird, eigene Interessen durchzusetzen, wird auch davon abhängen, ob die Kofürsten bereit sein werden, in ihrer Rolle als Staatsoberhäupter und Inhaber einer Teilgewalt unabhängig von den Interessen Spaniens und Frankreichs und effektiv im Interesse Andorras zu handeln.

LITERATUR (VERWENDETE UND WEITERFÜHRENDE)

Duursma, Jorri: Self-determination, Statehood and International Relations of Micro-States - The Cases of Liechtenstein, San Marino, Monaco, Andorra and the Vatican City. Groningen 1994.

CIA: CIA World Factbook. Andorra. http://www.cia.gov/library/publications/the-world-factbook/geos/an.html, abgerufen am 30.06.2007.

Fienhold, Constanze: Andorra. in: Gieler, Wolfgang (Hrsg.): Handbuch der Ausländer- und Zuwanderungspolitik. Von Afghanistan bis Zypern. Münster, Berlin 2003, S. 35-37.

Höll, Otmar: Small states in Europe and dependence. Wien 1983.

U.S. Department of State, Bureau of European and Eurasian Affairs: Background Note Andorra. http://www.state.gov/r/pa/ei/bgn/3164.htm, abgerufen am 30.06.2007.

Waschkuhn, Arno: Die Politische System Andorras, Liechtensteins, Monacos, San Marinos und des Vatikan. in: Ismayr, Wolfgang (Hrsg.): Die politischen Systeme Westeuropas. 3. Aufl. Opladen 2003, S. 760-764.

BELGIEN

Stefan Solle

HISTORISCHE GRUNDDATEN

1830	Unabhängigkeitserklärung Belgiens (von den Vereinigten Niederlanden), das Londoner Protokoll garantiert Unabhängigkeit und Neutralität Belgiens
1839	Verzicht auf das Großherzogtum Luxemburg und Niederländisch-Limburg
1885	König Leopold II. erwirbt den Kongo als Privatbesitz
1908-1960	Kongo ist belgische Kolonie
1914-1918	Besetzung durch Deutschland
1919	Versailler Vertrag, Belgien gewinnt Eupen und Malmedy von Deutschland
1919-1962	Ruanda und Burundi sind belgische Kolonien
1921	Belgisch-Luxemburgische WWU
1940-1944	Besetzung durch Deutschland
1945	Beitritt UN
1948	Gründung Benelux
1949	Beitritt Europarat, Beitritt NATO
1958	Gründungsmitglied EWG, Brüssel wird einer der Sitze des Europäischen Parlaments
1961	Beitritt OECD
1967	Verlegung des NATO-Hauptquartiers nach Brüssel
1993	aufgrund der Differenzen zwischen Flamen und Wallonen wird Belgien Bundesstaat
1995	Beitritt WTO
2002	Einführung des Euro
2006	Ratifizierung der EU Verfassung

LÄNDERDATEN

Name: Royaume de Belgique - Koninkrijk Belgie/ Königreich Belgien, **Hauptstadt:** Brussel - Bruxelles/ Brüssel (1.018.029 Einwohner (2006)), **Regierungsform:** Föderale Parlamentarische Monarchie (seit 1831), **Größe:** 32.545km^2, **Einwohnerzahl:** 10.392.226 (2007), **Landessprache:** Niederländisch, Französisch, Deutsch, **BSP pro Kopf:** 31.800 USD (2006), **Mitgliedschaft in Europäischen Organisationen:** Benelux, EAPC, EBRD, ECE, EEA, ESA, EU, Europarat, WWU, **Mitgliedschaft in Internationalen, Organisationen:** NATO, OECD, UN, WTO

***

Die Geschichte Belgiens ist sehr eng mit der der Niederlande verknüpft. Mit dem Wiener Kongress 1815 wurden die südlichen Niederlande zum ersten Mal seit 1579 wieder mit den nördlichen Provinzen zu einem Staat vereint, womit in gewisser Weise der seit dem ausgehenden 14. Jahrhundert bestehende burgundische Staat revitalisiert wurde. Allerdings bestand dieses Vereinigte Königreich der Niederlande unter der Regentschaft von König Wilhelm I. von Holland nur anderthalb Jahrzehnte, denn bereits im August 1830, nur wenige Tage nach der Julirevolution in Frankreich, kam es zu einem von Brüssel ausgehenden Aufstand der Belgier gegen die niederländische Dominanz im Staatsverband. Diese Vorgänge führten zur belgischen Unabhängigkeitserklärung am 4. Oktober 1830 - welche aber von den Niederlanden nicht anerkannt wurde.

Um die Krise zwischen Belgien und den Niederlanden zu lösen, wurde in London eine Konferenz der europäischen Großmächte einberufen, wo sich auf die Auflösung der Vereinigten Niederlande verständigt und damit am 3. Februar 1831 der souveräne Staat Belgien völkerrechtlich anerkannt wurde. Im Sinne des Erhalts des europäischen Mächtegleichgewichts wurden dem neu gegründeten Staat jedoch einige Bedingungen auferlegt. Dazu zählte die Verpflichtung Belgiens zu dauernder Neutralität, bei Garantie der Integrität des Staatsgebietes durch die europäischen Großmächte. Weiterhin wurde die Errichtung einer konstitutionellen Monarchie als Staatsform für den neuen Staat verlangt. König Wilhelm I. konnte sich nicht zur Anerkennung dieser Revision der Bestimmungen des Wiener Kongresses durchringen und sandte Invasionstruppen in das Gebiet der belgischen Rebellen, die erst mit Hilfe französischer Truppen zurückgedrängt werden konnten. Hierauf suchte die Konferenz der Großmächte in London nach einem Kompromiss mit den niederländischen Forderungen. Demzufolge verlor Belgien den östlichen Teil der Provinz Limburg an die Niederlande und einen Teil der Provinz Luxemburg zugunsten des gleichnamigen Großherzogtums.

Doch selbst nach diesem Entgegenkommen dauerte es weitere acht Jahre, bis die Niederlande die Unabhängigkeit Belgiens offiziell anerkannten. Dessen ungeachtet wurde bereits 1831 von einer verfassungsgebenden Nationalversammlung eine für damalige Verhältnisse sehr liberale Verfassung auf den Weg gebracht, mit der die konstitutionelle Monarchie in Belgien begründet wurde. Die Krone wurde Leopold von Sachsen-Coburg-Gotha übertragen - einem deutschen Vertreter des Hochadels, der über sehr enge Verbindungen zum englischen Königshaus verfügte. Während der 1840er und 1850er Jahre verfolgte König Leopold I. eine sehr erfolgreiche Heiratspolitik, die zu dynastischen Verbindungen mit Frankreich, Portugal und Österreich führten, was wiederum den Einfluss der belgischen Krone in Europa vergrößerte.

Die belgische Unabhängigkeit wurde 1867 durch französische Ambitionen, Belgien oder das Großherzogtum Luxemburg zu annektieren, massiv bedroht - diese Gefahr konnte jedoch hauptsächlich durch das Veto Preußens, welches das europäische Mächtegleichgewicht zu erhalten suchte, abgewendet werden. Leopold II., der 1865 den belgischen Thron bestieg, war stark an der Erforschung und Erschließung des afrikanischen Kontinents interessiert. 1876 wurde er der Präsident der Internationalen Afrika-Gesellschaft. Deren Ziele bestanden im Wesentlichen darin, den Sklavenhandel abzuschaffen und Zentralafrika zu „zivilisieren“. Das große Engagement des belgischen Königs in Afrika zahlte sich 1884 auf der Berliner Konferenz aus, wurde hier der freie Staat Kongo unter der Oberherrschaft Leopolds II. gegründet. 1908 wurde die Souveränität von der belgischen Krone auf den Staat übertragen, womit Belgien als Mutterland über ein 80mal so großes Gebiet verfügte. Demzufolge gelang es Belgien trotz seiner geringen Größe und der auferlegten Neutralität, innerhalb kürzester Zeit zu einer bedeutenden Kolonialmacht zu werden.

Am 2. August 1914 wurde der belgischen Regierung ein Ultimatum übersandt, in dem die Durchmarscherlaubnis deutscher Truppen durch Belgien gefordert wurde. Zwei Tage nach der Ablehnung dieses Ultimatums kam es unter Verletzung der international vereinbarten und garantierten Neutralität des Staates zu einem Angriff deutscher Truppen auf Belgien. Daraufhin erklärte Großbritannien, eine der Garantiemächte Belgiens, dem Deutschen Kaiserreich den Krieg. Die Erfahrung der militärischen Besatzung ließ die belgische Exilregierung die bisherige strikte Neutralitätshaltung überdenken. So leisteten belgische Truppen nicht nur in den nicht besetzten Gebieten erbitterten Widerstand, sondern nahmen darüber hinaus an britischen Militäroperationen in der deutschen Kolonie Ost-Afrika, dem heutigen Tansania, teil. Mit dem Ende des Ersten Weltkrieges rechnete sich Belgien - als eine der Siegermächte - große Chancen auf territoriale Zugewinne auf Kosten Deutschlands aus.

Diese Hoffnungen erfüllte der Versailler Friedensvertrag von 1919 jedoch nur teilweise. Belgien wurden mit Eupen und Malmedy zwei kleinere deutsche Grenzgebiete zugesprochen. Zusätzlich avancierte Belgien zur Verwaltungsmacht über die beiden ehemals deutschen, seit dem Weltkrieg unter der Schutzherrschaft des Völkerbundes stehenden und zudem an den Kongo grenzenden Kolonien Burundi und Ruanda, was die kolonialen Besitzungen Belgiens arrondierte. Des Weiteren wurde die über 80 Jahre bestehende Verpflichtung Belgiens zur Neutralität aufgehoben. Dies führte zu einem völlig neuen außenpolitischen Kurs Belgiens in der Zwischenkriegszeit. Deutlich wird diese neue Ausrichtung zunächst an der Bindung Belgiens an Frankreich durch die 1920 geschlossene Militärallianz. 1923 beteiligten sich belgische Truppen an der französischen Besetzung des Ruhrgebietes, nachdem von deutscher Seite den Reparationsforderungen nicht in vollem Maße nachgekommen wurde.

Weitere Belege für die neue außenpolitische Ausrichtung Belgiens waren die Gründung der Belgisch-Luxemburgischen Wirtschaftsunion (BLEU) im Jahr 1921 und die Unterzeichnung des Locarno-Paktes 1925. 1936 kündigte Belgien die Allianz mit Frankreich auf und wurde im Folgejahr ebenfalls von den Verpflichtungen des Locarno-Paktes entbunden, womit Belgien außenpolitisch zur Neutralität zurückkehrte - nun unter dem Vorzeichen der bewaffneten Neutralität. Die Unversehrtheit Belgiens wurde von Großbritannien, Frankreich und Deutschland garantiert. Allerdings hielt dieses Versprechen von Seiten Deutschlands nicht sehr lange: Bereits drei Jahre später, am 10. Mai 1940, griff Deutschland Belgien erneut an. Die folgenden vier Jahre verbrachte die belgische Exilregierung erneut in London, während Belgien von einer deutschen Militärregierung verwaltet und König Leopold III. als Gefangener festgehalten wurde. Nach der Befreiung Belgiens durch die Alliierten konnte die Exilregierung am 8. September 1944 nach Brüssel zurückkehren.

Als Staat, der in beiden Weltkriegen besetzt worden war, musste Belgien auf drastischste Weise erfahren, dass weder Neutralität noch Selbstverteidigung das Land wirksam schützen konnten. Damit ist die völlige Umorientierung der belgischen Außenpolitik nach 1945 zu erklären, hin zu enger Zusammenarbeit in Europa. Vor diesem Hintergrund ist auch der Fakt zu sehen, dass Belgien in dem Wissen, dass die Integration Deutschlands ein essentieller Bestandteil der europäischen Einigung darstellen wird, nach dem Zweiten Weltkrieg (verglichen mit der Einstellung nach 1918) eine deutlich versöhnlichere Position gegenüber Deutschland vertrat. Generalisierend kann festgehalten werden, dass belgische Außenpolitik nach 1945 sehr eng mit der Genese der Europäischen Gemeinschaft verknüpft war - Belgien gehörte u.a. zu den Gründungsmitgliedern der EG. Da für Belgien im Bereich der internationalen Beziehungen die höchste Priorität traditionell auf der Außenwirtschaft liegt, wurde das Ziel europäischer Zusammenarbeit vorrangig auf dem Weg wirtschaftlicher Kooperation verfolgt. Demzufolge war und ist Belgien einer der entschiedensten Befürworter der wirtschaftlichen Integration Europas. Dank der weit zurückreichenden liberalen Traditionen erkannte Belgien die gewaltigen Möglichkeiten der Etablierung einer Freihandelszone in Europa sehr früh. In diesem Zusammenhang muss allerdings auch auf die starke wirtschaftliche Orientierung Belgiens auf seine Nachbarstaaten hingewiesen werden.

Konsequenterweise wurde bereits während des Zweiten Weltkrieges eine Zollunion zwischen Belgien, Luxemburg und den Niederlanden vereinbart. Am 1. Januar 1948 wurde diese Vision durch die Gründung der BeNeLux-Zollunion realisiert. Diese beinhaltete die Abschaffung sämtlicher Zolltarife und mengenmäßiger Beschränkungen innerhalb der BeNeLux und das in Kraft treten gemeinsamer Außenzölle. 1960 wurde die Zollunion zu einer Wirtschaftsunion ausgeweitet. Die Entwicklung der BeNeLux-Union kann als frühes Beispiel oder gar Vorreiter für den Prozess der sich vertiefenden europäischen wirtschaftlichen Integration gesehen werden. Aber Belgien, Gründungsmitglied der EGKS, der EWG und von EURATOM, strebte die Integration Europas nicht nur in wirtschaftlichen Bereichen an: bereits 1948 wurde mit dem Brüsseler Vertrag, der die Basis für die 1954 gegründete WEU bildete, die militärische und staatliche Zusammenarbeit zwischen den BeNeLux-Staaten, Großbritannien und Frankreich besiegelt. Nichtsdestotrotz scheiterten weitergehende Integrationsbemühungen, wie die Gründung der Europäischen Verteidigungsgemeinschaft (EVG) und der Europäischen Politischen Zusammenarbeit (EPZ) während der 1950er Jahre. Dennoch konnten auch diese Rückschläge die Dynamik des europäischen Einigungsprozesses nicht stoppen, wie beispielsweise die Erweiterungen der EG/EU belegen.

1975 legte der damalige belgische Ministerpräsident, Leo Tindemans, einen viel beachteten Bericht zur zukünftigen Ausgestaltung der Europäischen Gemeinschaft vor, der als „Tindemans-Bericht“ in die Geschichtsbücher einging. Besonders seit den 1990er Jahren ist eine neue Qualität der Integration zu verzeichnen - so endete beispielsweise die belgische Präsidentschaft im Europäischen Rat 2001 mit dem Gipfel von Laeken, der vor allem die Zukunft Europas auf der Agenda hatte. Dies führte zur Gründung eines Konventes, der die Ausarbeitung eines Europäischen Verfassungsvertrages zur Aufgabe hatte. Allerdings wurde der Verfassungsgebungsprozess 2005 durch das „Non“ und das „Nee“ der Referenden in Frankreich und den Niederlanden empfindlich getroffen.

Der außenpolitische Kurs Belgiens in der Nachkriegszeit wurde entscheidend von Paul-Henri Spaak geprägt, der nicht nur auf belgischem, sondern auch auf internationalem Parkett eine große Rolle spielte, schließlich war Spaak nicht nur Premier- und in mehreren Regierungen Außenminister, sondern wird auch als einer der Väter der EG bezeichnet und war von 1957 bis 1961 NATO-Generalsekretär. Damit sind wir beim zweiten Kernelement belgischer Außenpolitik nach 1945 angelangt, dem „Atlantizismus“. Der Einfluss der USA in Europa wurde von kleineren Staaten wie Belgien als notwendiges Gegengewicht zu den größeren Staaten Europas begrüßt. Dies erklärt die große Bedeutung der NATO für Belgiens Außenpolitik. Das Land gehörte 1950 zu den Gründungsmitgliedern der NATO, und die Allianz erfuhr einen beachtlichen Input von belgischer Seite, wie beispielsweise der Harmel-Bericht von 1967 dokumentiert. Dieser Bericht stellte eine Agenda für die Zukunft der NATO unter der Prämisse der Entspannungspolitik auf. Harmel, damals belgischer Außenminister, setzte sich für ein besseres Verhältnis zu den Staaten Mittel- und Osteuropas und der UdSSR ein. Weiterhin belegt der Umstand, dass mit Paul-Henri Spaak und Willy Claes bereits zwei der bisher elf NATO-Generalsekretäre Belgier waren und der 1967 erfolgte Umzug des europäischen NATO-Hauptquartiers von Frankreich nach Brüssel, welche Bedeutung nicht nur die NATO für Belgien, sondern auch Belgien für die NATO hat.

1991 nahm Belgien am Golfkrieg teil, indem es die US-amerikanisch geführte Militäroperation hauptsächlich durch medizinische Hilfe unterstützte, aber auch einige belgische Kriegsschiffe wurden in die Region entsandt. Parallel zu dieser Aktion betonte Belgien die Notwendigkeit des Aufbaus einer Europäischen Verteidigungsgemeinschaft unter dem Dach der NATO. Dies verdeutlicht, wie eng die beiden außenpolitischen Kernelemente Belgiens, Atlantizismus und Europäische Integration, miteinander verflochten sind.

Ein völlig anderes Bild zeigt die Haltung Belgiens bezüglich des Irak-Kriegs im Jahr 2003: zusammen mit Frankreich und Deutschland gehörte das kleine Land zu den lautesten Kritikern der US-amerikanischen Außenpolitik und verurteilte die Militäraktion der USA gegen den Irak ohne UN-Mandat. Das Verhältnis zu den USA wurde zusätzlich durch ein in Belgien verabschiedetes Gesetz belastet, nach welchem Nicht-Belgier für den Bruch von internationalem Recht strafrechtlich verfolgt werden können. Nach Beschwerden mehrerer US-Politiker übte sich auch der US-Verteidigungsminister Donald Rumsfeld in harter Kritik an dem belgischen Gesetz und drohte gar mit dem Umzug des NATO-Hauptquartiers. Obwohl das Gesetz daraufhin geändert wurde, sorgte das insgesamt als äußerst selbstbewusst zu wertende Auftreten Belgiens auf internationalem Parkett in den traditionell guten transatlantischen Beziehungen für Verstimmung, Dennoch kann keineswegs von einer langfristigen Abkehr vom Konzept des „Atlantizismus“ gesprochen werden.

Das Mandat über Burundi und Ruanda wurde 1946 von der neu gegründeten UNO durch die Bildung einer belgischen Treuhänderschaft bestätigt, womit die Kolonialpolitik fortgeführt werden konnte. 1958 formierte sich in Kongo eine antikoloniale Bewegung, die die Unabhängigkeit des Landes propagierte, welche am 30. Juni 1960 proklamiert wurde. Zehn Jahre später brach in dem Land ein Bürgerkrieg aus, woraufhin Belgien zur Wiederherstellung der öffentlichen Sicherheit in der ehemaligen Kolonie keine andere Möglichkeit sah, als mit Truppen zu intervenieren. Diese Ereignisse machten einerseits deutlich, dass Belgien den Kongo nicht ausreichend auf die Unabhängigkeit vorbereitet hatte, was weltweit massive Kritik an dem mangelnden kolonialen Verantwortungsgefühl Belgiens zur Folge hatte. Auf der anderen Seite kam es zu Spannungen zwischen den belgischen Truppen und den vom Kongo um Hilfe gerufenen UN-Friedenstruppen, wodurch sich die Beziehungen zwischen Belgien und der UNO spürbar verschlechterten.

Vor diesem Hintergrund kommt man nicht umhin, den Verlauf der Unabhängigkeitswerdung Kongos als Desaster zu bezeichnen. 1962 erlangten auch Ruanda und Burundi ihre politische Unabhängigkeit, was das Ende der belgischen Kolonialzeit markierte. Doch auch deren Unabhängigkeit wurde von tragischen Ereignissen überschattet, brach doch in beiden Staaten immer wieder ethnische Gewalt zwischen den Hutus und den von den Belgiern mit speziellen Privilegien ausgestatteten Tutsis aus, was 1994 in Ruanda in dem von Hutus an Tutsis verübten Genozid gipfelte. Auch nach der Dekolonisation blieben die auswärtigen Beziehungen Belgiens zu seinen früheren kolonialen Besitzungen sehr eng, wie die folgenden Zahlen zeigen. Bezüglich staatlicher Entwicklungshilfe muss zwar konstatiert werden, dass Belgien das 1970 von der UNO in der Resolution 2424 aufgestellte Ziel von 0,7 Prozent des Bruttosozialprodukts nie erreichte, dennoch gehört Belgien mit beispielsweise 0,54 Prozent im Jahr 1984 zu den fünf größten westlichen Geberländern. Belgien unterstützt heute etwa 50 Entwicklungsstaaten in Asien, Lateinamerika und Afrika, wobei circa 70 Prozent der Entwicklungshilfe an Staaten Zentralafrikas fließen - ein Tribut an die koloniale Vergangenheit Belgiens.

Nicht nur die Entwicklungshilfe zeigt das noch immer vorhandene Verantwortungsgefühl Belgiens gegenüber den Entwicklungsländern, sondern auch der Einsatz für die Einhaltung von Menschenrechten und die Unterstützung von Demokratisierung wurden zu bedeutenden Elementen belgischer Außenpolitik. So sind belgische Truppen in friedenssichernden Einsätzen der UNO rege beteiligt, wie beispielsweise bei den Blauhelm-Einsätzen in Somalia und auf dem Balkan.

Im 19. Jahrhundert spielte der König zweifelsfrei die zentrale Rolle in der Außenpolitik, wie das sehr unabhängige Vorgehen Leopolds II. bezüglich des Kongos demonstriert. Diese Dominanz der Krone in auswärtigen Angelegenheiten nahm im Laufe der ersten Hälfte des 20. Jahrhunderts zugunsten der Regierung sukzessive ab. In diesem Zusammenhang ist auch die 1950 erfolgte Königsfrage („koningskwestie“/ „question royale“) zu erwähnen, bei der in einem Referendum darüber abgestimmt wurde, ob Leopold III., dem die Kollaboration mit den deutschen Besatzern im Zweiten Weltkrieg vorgeworfen wurde, auf den belgischen Thron zurückkehren sollte. Nur 57 Prozent der Belgier stimmten für den König, wobei in Flandern deutlich für den König votiert wurde (72 Prozent), während sich die Wallonen mehrheitlich (zu 58 Prozent) gegen die Rückkehr des Königs entschieden. Aufgrund dieses schlechten Ergebnisses dankte Leopold III. zugunsten seines Sohnes Baudouin ab. Damit wurde die Staatsform der

Monarchie zwar bewahrt, aber ihre Stellung im Staat zugleich signifikant geschwächt.

Dennoch muss angemerkt werden, dass die Macht des belgischen Außenministeriums nach dem Zweiten Weltkrieg ebenfalls begrenzt war. Die dominante Position großer Persönlichkeiten wie Spaak oder van Zeeland im politischen Entscheidungsfindungsprozess in den 1950er Jahren wich allmählich einer eher kollektiven Verantwortlichkeit der Kabinettsmitglieder. Bereits 1946 wurden beispielsweise Angelegenheiten, die die Außenwirtschaft betrafen, vom Zuständigkeitsbereich des Außenministeriums abgekoppelt und dem Ministerium für Außenwirtschaft und Wiederaufbau übertragen. Zudem ist ein Prozess der Kontrollübernahme externer Kräfte über die belgische Wirtschaft zu konstatieren, die wachsende Interdependenz in der Wirtschaft ließ die bestimmende Rolle des Einzelstaates zurücktreten. 1968 wurde fast ein Drittel des belgischen Exports von ausländischen, hauptsächlich amerikanischen, Unternehmen kontrolliert. 1990 wurden bereits 62 der 100 größten Unternehmen in Belgien von multinationalen Konzernen geleitet Damit gehört Belgien heute zu den offensten Wirtschaftssystemen Europas. Ein weiterer Faktor ist die Föderalisierung des ehemals zentral regierten Staates. Dieser Prozess begann 1970 mit mehreren Verfassungsänderungen. Der jetzt föderal organisierte Staat besteht aus drei Regionen (regios/ regions), namentlich Flandern, Wallonien und Brüssel sowie drei Gemeinschaften (gemeenschapen/ communautés), der französischsprachigen, der niederländischsprachigen und der deutschsprachigen Gemeinschaft.

Diese Regionen und Gemeinschaften haben eigene Parlamente und eigene Regierungen. Seit 1988 haben die belgischen Regionen und Gemeinschaften auch das Recht, innerhalb ihrer Kompetenzbereiche internationale Verträge abzuschließen - ein Meilenstein in der belgischen Föderalisierung. Damit haben die Regionen die Möglichkeit, ihre eigene Exportpolitik zu bestimmen. Diese Entwicklung wurde 1992 weitgehend abgeschlossen, als die Kompetenzen der Gemeinschaften auf dem Gebiet der auswärtigen Beziehungen und die Befugnisse der Regionen im Außenhandel erweitert wurden. Flankiert wurde dieser Prozess von einer Institutionalisierung der Teilhabe der Regionen an der Entscheidungsfindung auf EU-Ebene.

Zu Beginn der 1990er Jahre war das Mitbestimmungsrecht in auswärtigen Angelegenheiten weitgehend auf wirtschaftliche und gewerbliche Themen beschränkt. Aber in diesem Bereich ist eine andauernde Tendenz der Erweiterung dieser Kompetenzen zu verzeichnen, wie insbesondere Flandern deutlich macht. Gerade diese Region weist ein starkes eigenes Bewusstsein auf, das sich in dem Einsatz für ein „Europa der Regionen" und für ein noch stärkeres Selbstbestimmungsrecht der Außenpolitik manifestiert. Aufgrund dieses äußerst komplexen Systems kann festgehalten werden, dass belgische Außenpolitik von vielen Faktoren beeinflusst wird, weshalb die Möglichkeiten einer nationalen Außenpolitik ungewöhnlich stark begrenzt sind.

Der Politikwissenschaftler Rik Coolsaet ist über die Zukunft Belgiens im Rahmen der EU beunruhigt. Er ist überzeugt davon, dass die wirtschaftliche Integration in Europa von der belgischen politischen Elite nicht in Frage gestellt wird, aber bezüglich der politischen Integration und einer supranationalen Ausgestaltung der EU eine bedeutend weniger übereinstimmende Haltung vorherrscht. Mit anderen Worten, die dominierende Haltung der Belgier stimmt mit formalen Aspekten wie der Ausweitung der gemeinsamen Entscheidungsfindung in Bereichen wie Verteidigung oder Äußeres überein, jedoch nicht notwendigerweise mit den Zielen des Prozesses

Darüber hinaus kann festgehalten werden, dass Belgien nicht unbedingt darauf abzielt, Konflikte mit anderen Staaten um jeden Preis zu vermeiden. Diese kritische Position wurde im Irak-Konflikt 2003 deutlich, aber auch in der unnachgiebigen Haltung bezüglich Sanktionen gegen Österreich nach dem Regierungseintritt der rechts-nationalistischen FPÖ. Dieser äußerst selbstbewusste Charakterzug belgischer Außenpolitik könnte möglicherweise die guten Beziehungen unter den EU-Staaten trüben. Andererseits, zieht man die Kontinuitätslinien belgischer Außenpolitik während der letzten 160 Jahre in Betracht, zeigt sich, dass gerade die liberalen wirtschaftlichen Traditionen in dem Projekt der EU aufgegriffen wurden. Belgien hat - wie gezeigt werden konnte - die engere Zusammenarbeit der europäischen Staaten während der gesamten zweiten Hälfte des 20. Jahrhunderts auf verschiedenste Weise unterstützt. Zusammenfassend kann Belgien mit Fug und Recht als Pionier des europäischen Integrationsprozesses bezeichnet werden. Bezieht man weiterhin die überdurchschnittliche generelle Zustimmung der Belgier zur EU ein, erscheint die Annahme gerechtfertigt, dass Belgien auch in Zukunft eine der wichtigsten Stützen der wirtschaftlichen und darüber hinaus auch politischen Einigung Europas bleiben wird.

Literatur (verwendete & weiterführende)

Blom, J.C.H/ Lamberts, E.: History of the Low Countries. New York 1999.

Boudart, Marina/ Boudart, Michel/ Bryssinck, René:Modern Belgium, Brussels 1999.

Cook, Bernard A.: Belgium. A History. New York 2002.

Coolsaet, Rik: België en zijn buitenlandse politiek 1930-1990. Leuven 1998.

Criekemann, David: Het Vlaams buitenlands beleid anno 2002: voortrekkersrol of onderbenut potentieel?, Congres „Buitenlandse politiek in Belgie“. Gent, 27.März 2002.

Huggett, Frank E.: Modern Belgium. London 1998.

Luykx, Th./ Platel, M.: Politieke Geschiedenis van België. Antwerpen 1985.

Pas, Wouter: Der belgische Föderalismus: Die Verfassungen von Flandern und Wallonien, in: Diesner, Gerald/Rochtus, Dirk (Hrsg.): Verfassungsgebungsprozesse im Vergleich. Leipzig 2000.

Rochtus, Dirk: Die belgische "Nationalitätenfrage als Herausforderung für Europa. Bonn 1998.

Rochtus, Dirk: Belgien in: Neu, Michael/ Gieler, Wolfgang/ Bellers, Jürgen (Hrsg.): Handbuch der Außenwirtschaftspolitiken, Staaten und Organisationen. Münster 2004, S. 629-633.

Warrin, Frank Lord Jr.: The Neutrality of Belgium. Washington D.C. 1918.

BOSNIEN-HERZEGOWINA

Christian Johannes Henrich

Historische Grunddaten

1463-1483	Eroberung durch die Osmanen
1878-1918	Besetzung durch Österreich-Ungarn
1918	Vereinigung mit Kroatien, Slowenien und Serbien
1929	Gründung des Königreichs Jugoslawien
1941-1944	Besetzung durch Deutschland, Vereinigung mit Kroatien
1945	Bosnien-Herzegowina wird Teil der Sozialistischen Föderalen Republik Jugoslawien
1992	Unabhängigkeitserklärung Bosnien-Herzegowinas (von Jugoslawien), Beitritt OSZE, Beitritt UN
1992-1995	Bürgerkrieg zwischen Bosniaken, Kroaten und Serben
1995	Daytoner Abkommen, Besetzung durch internationale Einheiten, faktische Teilung in Bosniakisch-Kroatische Föderation und Serbischer Republik
1996	erste freie Wahlen nach Kriegsende
2002	Beitritt Europarat

Länderdaten

Name: Republika Bosna i Hercegovina/ Republik Bosnien und Herzegowina, **Hauptstadt:** Sarajevo (308.558 Einwohner (2005)), **Regierungsform:** Republik (seit 1992), **Größe:** 51.129km^2, **Einwohnerzahl:** 4.552.198 (2007), **Landessprache:** Bosnisch-Kroatisch-Serbisch, **BSP pro Kopf:** 5.500 USD (2006), **Mitgliedschaft in Europäischen Organisationen:** CEI, EBRD, ECE, Europarat, OSZE, **Mitgliedschaft in Internationalen Organisationen:** Bewegung blockfreier Staaten (Beobachter), UN, WTO (Beobachter)

Unabhängigkeitserklärung und Krieg in Jugoslawien

Mit dem Zusammenbruch des Ostblocks begann in Jugoslawien das sozialistische System zu zerfallen und die seit dem Zweiten Weltkrieg unter gemeinsamer Herrschaft lebenden Nationen auseinanderzustreben. Als 1990, bei den ersten freien Wahlen in Jugoslawien seit dem Zweiten Weltkrieg, der bisherige Präsident Slobodan Milošević annähernd zwei Dritteln der abgegebenen Stimmen auf sich vereinigen könnte, war die politische Stimmung im Vielvölkerstaat bereits sehr angespannt. Den Unabhängigkeitsbestrebungen in Slowenien und in Kroatien setzte er mit aller Entschlossenheit die Jugoslawische Volksarmee entgegen. Dennoch traten am 25. Juni 1991 Kroatien und Slowenien aus dem Staatenbund aus.

Bosnien-Herzegowina rief am 9. Januar 1992 die Republik aus und vollzog damit faktisch die Loslösung von Jugoslawien. „In einem von den Serben boykottierten Referendum vom 1. März 1992 stimmten die rund 65 Prozent der Stimmberechtigten Bosnien-Herzegowinas, die an der Abstimmung teilnahmen (was dem Bevölkerungsanteil der Muslime und Kroaten entspricht), für die Unabhängigkeit. Wie schon in Kroatien, warnten auch in Bosnien-Herzegowina die Serben vor einem Blutbad, falls dieser Weg beschritten werde“ (Hubert 1992). Die Europäische Gemeinschaft, unter Federführung der Bundesrepublik Deutschland, sowie die Vereinigten Staaten von Amerika reagierten auf das Referendum Anfang April mit der völkerrechtlichen Anerkennung Bosnien-Herzegowinas. „Nachdem die EG am 6. April 1992 die Unabhängigkeit Bosnien-Herzegowinas anerkennt, beginnt der Bosnienkrieg“ (Heinrich-Böll-Stiftung 2005). Der Bosnienkrieg dauerte drei Jahre und endete gemeinsam mit dem Kroatienkrieg mit der Unterzeichnung des Daytoner Abkommens am 14. Dezember 1995 in Paris durch die drei Präsidenten der Krieg führenden Nationen: Slobodan Milošević (Serbien), Franjo Tuđman (Kroatien) und Alija Izetbegović (Bosnien-Herzegowina).

Staatsaufbau nach dem Krieg

Nach der Unterzeichnung des Friedensabkommens begannen der Wiederaufbau und die Normalisierung in dem zerrütteten Land. Der Präsidentschaft, die sich laut Verfassung aus je einer Personen der drei Volksgruppen zusammensetzt, obliegt laut Artikel V Absatz 3a der Verfassung die Ausübung der Außenpolitik. Diese veranlasste gleich nach dem Vertragsschluss von Dayton die Gründung des Außenministeriums. Damit war das Ministerium für Auswärtige Angelegenheiten das erste Ministerium überhaupt in Bosnien und Herzegowina. Der Außenminister vertritt zwar Bosnien und Herzegowina nach außen, er führt die Amtsgeschäfte und verhandelt bilaterale Verträge, wichtige Entscheidungen nimmt jedoch die Präsidentschaft vor. Auch die Botschafter werden, auf Vorschlag des Außenministers, von der Präsidentschaft ernannt und entsandt.

Die ersten internationalen Kontakte der Nachkriegszeit bestanden zur Europäischen Union und der NATO. Die NATO entsandte im Dezember 1995 auch die unter ihrem Kommando stehenden IFOR-Truppen (peace implementation forces), die die seit Februar 1992 in Bosnien-Herzegowina stationierten UNPROFOR-Kontingente (United Nation protection force) der Vereinten Nationen ablösten. Nach nur einem Jahr wurde die IFOR durch die SFOR (stabilisation force) ersetzt. Das SFOR-Mandat lief nach acht Jahren im Dezember 2004 aus. Der Rat der Europäischen Union hat mit Beschluss vom Juli 2004 im Rahmen der Gemeinsamen Außen- und Sicherheitspolitik (GASP) und der Europäischen Sicherheits- und Verteidigungspolitik (ESVP) die militärische Operation EUFOR ALTHEA genehmigt. Diese Mission begann im Anschluss an das SFOR-Mandat und dauert aktuell an.

Bosnien-Herzegowina ist u.a. Mitglied der Vereinten Nationen (UN), des Europarats, der OSZE, des Mitteleuropäischen Freihandelsabkommen (CEFTA), der Welthandelsorganisation (WTO), des Internationalen Währungsfonds (IWF) und der Weltgesundheitsorganisation (WHO). Außerdem ist der Balkanstaat dem Stabilitätspakt für Südosteuropa beigetreten.

AUßENPOLITISCHE DOKTRIN

Am 14. September 2001 hat die Präsidentschaft die Grundlagen der Außenpolitik Bosnien-Herzegowinas in Sarajevo veröffentlicht. Demnach ist die oberste Priorität der Außenpolitik der Regierung Bosnien-Herzegowinas die „Bewahrung und Schutz der Unabhängigkeit, Souveränität und territoriale Integrität [...] im Rahmen international anerkannter Grenzen“ (Artikel II Abs. 1). Neben diesem Selbstschutz ist auch die „völlige und konsequente Umsetzung des Allgemeinen Friedensabkommens“ (Artikel II Abs. 2) eine unverrückbare Position der Außenpolitik. Weitere Ziele sind die vollständige Einbeziehung des Landes in den europäischen Integrationsprozess, insbesondere der Beitritt zum Stabilisierungs- und Assoziierungsabkommen (SAA) und die angestrebte Mitgliedschaft in der Europäischen Union, eine fruchtbare Nachbarschaftspolitik, eine aktive Beteiligung des Landes an multilateralen Missionen im Rahmen der Vereinten Nationen und der Organisation für Sicherheit und Zusammenarbeit in Europa (OSZE), dies schließt ausdrücklich die Teilnahme Bosnien-Herzegowinas an Friedensoperationen in Krisengebieten ein.

Regional gesehen fordert Sarajevo eine Einbindung in die Sicherheitsarchitektur des Balkans. Sie möchten selber eine aktive und konstruktive Rolle in der Stabilisierung der Region spielen. Damit kommen sie auch einer Forderung der EU nach, die regionalen Kooperationen zu intensivieren. Dabei tritt Bosnien und

Herzegowina in der wichtigsten Regionalinitiative, dem „South East European Cooperation Process (SEECP)“, besonders positiv auf. Zwischen 2003 und 2004 hatte Bosnien-Herzegowina den Vorsitz dieser Initiative inne. Darüber hinaus wird ein Engagement im NATO-Programm „Partnership for Peace“ (PfP) und eine spätere Vollmitgliedschaft in der NATO angestrebt. Dieses Bestreben nach einer starken Annäherung oder gar Eingliederung in die europäischen und atlantischen Strukturen, ist zugleich die außenpolitische Doktrin der Regierung sowie Konsens aller politischen Parteien und Bevölkerungsgruppen.

Im November 2003 berichtet die europäische Kommission an den Rat der EU über die Fähigkeit Sarajevos eine SAA mit der EU zu schließen. In dieser so genannten Machbarkeitsstudie werden sechzehn Kriterien genannt, die erfüllt sein müssen, bevor mit den Verhandlungen über das SAA begonnen werden kann. Eines der größten Hindernisse dieser Prioritätenliste der EU-Kommission „sind jedoch noch die ausstehende Festsetzung gesuchter Kriegsverbrecher [...]“ (Marischka 2007). Es wird die uneingeschränkte Zusammenarbeit mit dem Kriegsverbrechertribunal in Den Haag erwartet. Die Kommission zeigte sich in ihrer abschließenden Beurteilung jedoch zuversichtlich, dass die Reformprogramme der Regierung bereits ab 2004 zum tragen kommen.

Im November 2005 begann die EU mit den Verhandlungen über das SAA mit Bosnien-Herzegowina. Als Verhandlungszeitraum veranschlagte die EU zunächst ein Jahr, allerdings gerieten die Verhandlungen ins Stocken, da die Verfassungsreform, die Polizeireform und die Zusammenarbeit mit dem Kriegsverbrechertribunal der UN nicht schnell genug vorankommen. Das Stabilisierungs- und Assoziierungsabkommen wird das vertragliche Rahmenwerk zwischen der EU und Bosnien-Herzegowina in Zukunft bestimmen. Dieses Abkommen ist für Bosnien-Herzegowina ein wichtiger Schritt auf dem angestrebten Weg zur Vollmitgliedschaft in der EU.

Ähnlich wie bei der Europäischen Union ist auch bei der NATO die mangelnde Unterstützung des UN Kriegsverbrechertribunals ein wesentliches Kriterium, weshalb Bosnien-Herzegowina noch nicht in das PfP-Programm aufgenommen worden ist. Die Teilnahme am PfP-Programm gilt als Vorstufe zu einer Vollmitgliedschaft in dem Militärbündnis. Der NATO-Generalsekretär Jaap de Hoop Scheffer hat bereits Ende 2005 dem bosnischen Ministerpräsidenten Adnan Terzić eine Mitgliedschaft zum NATO-Gipfel 2008 in Aussicht gestellt, sollten die Reformen weiter vorankommen. Die Außenpolitik Bosnien-Herzegowinas wird aber auch vom fortschreitenden demokratischen Wandel in den beiden Nachbarländer Kroatien und Serbien nachhaltig verändert. Bestimmten noch in den ersten Jahren nach dem Krieg die engen Bindungen der bosnischen Kroaten und der bosnischen Serben zu ihren „Mutterländern“ die zwischenstaatlichen Beziehungen, so sind es nun offizielle bilaterale Verträge, die den Rahmen der Beziehungen zu Zagreb und Belgrad festlegen. Nicht zuletzt weil die muslimische Wohnbevölkerung mit 40 bis 48 Prozent die mit Abstand größte religiöse Gruppe stellt, pflegt die Regierung in Sarajevo auch gute Kontakte zu islamisch geprägten Staaten. Diese gehören in Bosnien-Herzegowina zu den größten Investoren in die aufstrebende Wirtschaft.

„Der Krieg gegen Terror"

Besonders in der Zeit nach dem 11. September 2001 und dem von US-Präsident George W. Bush initiierten „Krieg gegen den Terror" dominierte die Zusammenarbeit mit den USA die bosnische Außenpolitik. Die bosnische Regierung arbeitet sehr intensiv mit amerikanischen Streitkräften und dem CIA zusammen. Während des Ende 2005 aufgekommenen Skandals über geheime CIA-Flüge in Europa war es Bosnien-Herzegowina, welches als erstes Land Verfehlungen eingestand. Am 17. Januar 2002 wurden vier Bosniaken und zwei Algerier illegal in Sarajevo verhaftet und der amerikanischen Armee überstellt. Diese hatte die sechs Personen ohne Gerichtsverfahren und rechtliche Garantien in dem Gefangenlager Guantánamo auf Kuba interniert.

Das Europäische Parlament verurteilt in einer Entschließung vom 6. Februar 2007 dieses völkerrechtswidrige Verhalten Bosnien-Herzegowinas. Das Europäische Parlament verwies allerdings auch darauf, dass „die Behörden von Bosnien und Herzegowina einem bislang einmaligen Druck von Seiten der US-Regierung ausgesetzt waren, die damit drohte, ihre Botschaft zu schließen, jegliches Personal abzuziehen und die diplomatischen Beziehungen mit Bosnien und Herzegowina einzustellen, wenn die Regierung von Bosnien und Herzegowina die sechs Männer nicht unverzüglich mit der Anschuldigung der terroristischen Betätigung festnehmen würde" (Europäisches Parlament 2007).

Das jüngste Beispiel der Rechtsbeugung in Bosnien-Herzegowina zugunsten guter diplomatischer und wirtschaftlicher Beziehungen zu den USA ereignete sich im April 2007, als der Innenminister auf Druck der amerikanischen Regierung 367 bosnischen Muslimen durch den Justizminister die Staatsbürgerschaft entziehen ließ, weil sie der Mitgliedschaft in einer terroristischen Vereinigung bezichtigt wurden. „Ein Vorgang, der zwar mit Rechtsstaatlichkeit nichts zu tun hat, den Interessen der internationalen Gemeinschaft jedoch voll entspricht" (Marischka 2007).

Perspektiven der zukünftigen Außenpolitik

Die Perspektiven der zukünftigen Außenpolitik sind bestimmt vom Erfolg der begonnenen Reformen in Bosnien-Herzegowina. Die rasche Anbindung an die NATO und die EU sind die obersten Ziele der außenpolitischen Doktrin der

Regierung. Mittelfristig scheint die Einbindung Bosnien-Herzegowinas in das PfP-Programm der NATO realisierbar. Auch der Abschluss des Stabilisierungs- und Assoziierungsabkommens mit der EU ist in einigen Jahren durchaus vorstellbar. Beides steht und fällt mit der Bereitschaft der Regierung die Reformen weiter voranzubringen und mit Nachdruck die Zusammenarbeit mit dem Kriegsverbrechertribunal in Den Haag zu intensivieren und zu verbessern. Die NATO wie die EU setzen dies voraus, um über eine mögliche Intensivierung der Beziehungen verhandeln zu können. Die Vollmitgliedschaft in der NATO scheint derzeit eher möglich, als die Mitgliedschaft in der Europäischen Union. In beiden Fällen kann aber lediglich über eine langfristige Annäherung die Aufnahme vollzogen werden. Bis dahin scheinen sich die Hauptaktivitäten der Außenpolitik auf die regionale Zusammenarbeit der Nachfolgestaaten Jugoslawiens und der anderen Nachbarländer zu liegen.

Bosnien-Herzegowina kann die Bereitschaft zu einer wirklichen Stabilisierung der Region durch konstruktive Mitarbeit in den regionalen Initiativen wie z.B. dem Kooperationsprozess Südosteuropas, der Mitteleuropäischen Initiative, der Kooperationsinitiative in Südosteuropa und der Adriatisch-Ionischen Initiative unter Beweis stellen. Bosnien-Herzegowina verleiht dadurch dem eigenen Wunsch, in den euro-atlantischen Raum durch eine Mitgliedschaft in EU und NATO eingebunden zu werden, mehr Nachdruck.

LITERATUR (VERWENDETE & WEITERFÜHRENDE)

Auswärtiges Amt (Hrsg.): Deutsche Außenpolitik 1995. Auf dem Weg zu einer Friedensregelung für Bosnien und Herzegowina: 53 Telegramme aus Dayton. Bonn 1998.

Auswärtiges Amt: Bosnien und Herzegowina: http://www.auswaertiges-amt.de/diplo/de/Laender/BosnienUndHerzegowina.html, abgerufen am 30.06.2007.

Burg, Steven L.; Shoup, Paul S. (Hrsg.): The war in Bosnia-Herzegovina Ethnic conflict and international intervention. New York 1999.

Cascone, Gabriele/ Molina, Joaquin: Vertiefung der Beziehungen. Aus: NATO Brief. Frühjahr 2006.

CEFTA (Hrsg.): Agreement on amendment of and accession to the Cnetral European Free Trade Agreement. Brüssel 2006.

CIA (Hrsg.): World Factbook 2007. https://www.cia.gov/library/publications/the-world-factbook/geos/bk.html, abgerufen am 30.06.2007.

EUFOR: EUFOR. http://www.euforbih.org/, abgerufen am 30.06.2007.

Europäisches Parlament (Hrsg.): Nutzung europäischer Staaten durch die CIA für die Beförderung und das rechtswidrige Festhalten von Gefangenen. Entschließung des Europäischen Parlaments zu der behaupteten Nutzung europäischer Staaten durch die CIA für die Beförderung und das rechtswidrige Festhalten von Gefangenen (2006/2200(INI)). P6_TA-PROV(2007)0032.

Fischer, Martina: Peacebuilding and civil society in Bosnia-Herzegovina. Berlin 2006.

Glaeßner, Gert-Joachim/ Sühl, Klaus (Hrsg.): Auf dem Weg nach Europa. Europäische Perspektiven nach dem Ende des Kommunismus. Opladen 1994.

Heinrich-Böll-Stiftung (Hrsg.): Srebrenica. Erinnerung für die Zukunft. 2005.http://www.boell.de/downloads/vkal5/ScrebenicaAusstTexttafelnA4.pdf , abgerufen am 30.06.2007.

Hubert, Hans-Peter: Krieg in Jugoslawien. Interessen und mögliche Folgen. Münster 1992. http://www.uni-muenster.de/PeaCon/wuf/wf-92/9230301m.htm, abgerufen am 23.06.05.

Kommission der Europäischen Gemeinschaften (Hrsg.): Bericht der Kommission an den Rat über die Fähigkeit Bosniens und Herzegowinas zur Aushandlung eines Stabilisierungs- und Assoziierungsabkommens mit der Europäischen Union. KOM (2003) 692.

Kommission der Europäischen Gemeinschaften (Hrsg.): Commission staff working document. Bosnia and Herzegovina 2006 progress report. COM (2006) 649.

Marischka, Christoh: Bosnien: EU-Mitgliedschaft per Dekret. Perspektivlos und gespalten gen Westen. In: IMI-Magazin, Juni 2007, S. 24-31.

Ministarstvo Vanjskih Poslova Bosna i Hercegovina (Ministerium für Auswärtige Angelegenheiten Bosnien-Herzegowina): Ministry of Foreign Affairs. http://www.mfa.gov.ba/index_eng.htm, abgerufen am 30.06.2007.

Rat der Europäischen Union: Council Joint Action 2004/570/CFSP of 12 July 2004 on the European Union military operation in Bosnia and Herzegovina. http://www.eurlex.europa.eu/pri/en/oj/dat/2004/l_252/l_25220040728en00100014.pdf, abgerufen am 30.06.2007.

Stefanov, Nenad/ Werz, Michael (Hrsg.): Bosnien und Europa. Frankfurt 1994.

UNPROFOR: UNPROFOR. http://www.un.org/Depts/dpko/dpko/co_mission/unprofor.htm, abgerufen am 30.06.2007.

Wittkowsky, Andreas: Der Stabilitätspakt für Südosteuropa und die „führende Rolle“ der Europäischen Union. In: Aus Politik und Zeitgeschichte B29-30, 2000.

BULGARIEN

Moritz M. Botts

Historische Grunddaten

1396	Eroberung durch die Osmanen
1878	Unabhängigkeitserklärung Bulgariens (vom Osmanischen Reich)
1885	Annexion Ostrumeliens
1909	Endgültige Unabhängigkeit
1915-1918	Teilnahme am Ersten Weltkrieg auf Seiten der Mittelmächte
1941-1944	Teilnahme am Zweiten Weltkrieg auf Seiten der Achsenmächte
1949-1991	Mitglied im RGW
1955	Beitritt UN
1955-1991	Mitglied Warschauer Pakt
1973	Beitritt OSZE
1989	Ausreise von 300.000 türkischen Bulgaren
1989-1991	Demokratisierung Bulgariens
1992	Beitritt Europarat
1996	Beitritt WTO
1997	Bindung des Lev an die DM (ab 1999 Euro)
1999	formelle Anerkennung der FYROM
2004	Beitritt NATO
2007	Beitritt Europäische Union

LÄNDERDATEN

Name: Republika Bălgarija/ Republik Bulgarien, Hauptstadt: Sofija/ Sofia (1.200.000 Einwohner (2006)), **Regierungsform:** Republik (seit 1990), **Größe:** 110.994km^2, **Einwohnerzahl:** 7.332.858 (2007), **Landessprache:** Bulgarisch, **BSP pro Kopf:** 10.400 USD (2006), **Mitgliedschaft in Europäischen Organisationen:** BSEC, CEFTA, CEI, CERN, EAPC, EBRD, ECE, EU, Europarat, OSZE, PfP, WEU (assoziiert), **Mitgliedschaft in Internationalen Organisationen:** NATO, UN, WTO

***

Nach rund 500 Jahren Existenz als wirtschaftlich und politisch unterentwickelte Provinz des Osmanischen Reiches erreichte Bulgarien 1878 mit Hilfe russischer Soldaten die Unabhängigkeit. Im selben Jahr wurden durch den Vertrag von Berlin die Grenzen der neu entstandenen Balkanstaaten ohne Mitsprache der betroffenen Länder festgelegt. Bulgarien hatte hiermit konfligierende Gebietsansprüche, vor allem im als historisch urbulgarisch empfundenen Mazedonien sowie Ostrumelien im Süden des Landes und der südlich der Donau liegenden Dobrudža. 1885 gelang jedoch die Vereinigung mit dem bisher osmanischen Ostrumelien, und 1909 wurde die vollständige Unabhängigkeit als Königreich Bulgarien ausgerufen.

Die Unzufriedenheit mit dem als Diktat aus Westeuropa empfundenen territorialen Grenzen führte zu Beteiligungen an den zwei Balkankriegen. Im Ersten Weltkrieg schloss sich das Königreich Bulgarien mit den Überresten des Osmanischen Reiches den Mittelmächten an, in der Hoffnung sein Territorium auf Kosten Griechenlands und Serbiens zu vergrößern.

Nach der Niederlage und den folgenden wirtschaftlichen Schwierigkeiten sowie Verlusten erheblicher Teile des Staatsgebiets, grenzte Bulgarien an mehrere Staaten - Rumänien, Jugoslawien und Rumänien - die in den Folgejahren danach strebten, Bulgarien international zu isolieren. In den Zwischenkriegsjahren wurde Bulgarien von verschiedenen autoritären Regimes beherrscht, die mit Hilfe Deutschlands eine friedliche Angliederung der Region Süd-Dobrudža von Rumänien erreichten. Bulgarien begab sich nach Druck Deutschlands auf Seiten der Achsenmächte in den Zweiten Weltkrieg, in dessen Verlauf Teile Jugoslawiens, vor allem Mazedonien, für einige Jahre unter bulgarische Kontrolle fielen. Mit dem Siegeszug der roten Armee in Mittel- und Osteuropa wurde Bulgarien 1944 von russischen Truppen und bulgarischen Partisanen besetzt. In Abstimmung mit den 1944 auf der Konferenz von Jalta von den Alliierten beschlossenen politischen Einflusssphären der Siegermächte in Europa wurde somit am 15. September 1946 als Volksrepublik Bulgarien ein kommunistischer Satellitenstaat der UdSSR.

Unter Todor Živkov (1954-1989) fand eine bedingungslose Bindung an die UdSSR statt, so dass Bulgarien nach Eintritt in den Rat für Gegenseitige Wirtschaftshilfe (1949) und den Warschauer Pakt (1955) der Ostblockstaat war, der wirtschaftlich und politisch am stärksten von Moskau abhängig war. Das zuvor größtenteils agrarisch organisierte Land wurde rücksichtslos zentralisiert und industrialisiert, wirtschaftliche und soziale Unruhepotentiale wurden durch einen nationalen Kommunismus unterdrückt. Alle Einwohner Bulgariens sollten zu einer homogenen, kommunistischen Nation verschmelzen. Dies führte unter anderem dazu, dass die größte ethnische Minderheit Bulgariens, die Türken, mit politischen Repressionen wie der Slawisierung der Familiennamen zur Assimilation gedrängt wurde bzw. teilweise in Abstimmung mit der Türkei große Kontingente der türkischen Bevölkerung in das Nachbarland übergesiedelt wurden (circa 300.000 zwischen 1950 und 1989 sowie circa 360.000 im letzten Jahr von Živkovs Regime). Mit den Roma und anderen Minoritäten wurde ähnlich verfahren, wobei hier keine Ausweichmöglichkeiten vor Repressionen existierten

1968 beteiligte sich Živkov bereitwillig an der Niederschlagung des Prager Frühlings durch Warschauer Pakt Truppen. Während sich die UdSSR in den folgenden Jahren jedoch zunehmend für Reformen öffnete und in den 1980ern mit Perestroika und Glasnost auf ein Ende des Kommunismus zusteuerte, hielten bulgarische Parteieliten unbeirrbar an ihrem Kurs fest. Als nach Jahren von verdeckter oppositioneller Arbeit 1989 in vielen Ländern Mittel- und Osteuropas in friedlichen Revolutionen der Kommunismus beendet wurde, zögerte man die „Wende" in Bulgarien hinaus. Bezeichnenderweise war es der Außenminister Petăr Mladenov, der mit seinem Rücktritt am 24. Oktober 1989 den Stein ins Rollen brachte. Zwar wurde Živkov kurz darauf durch die eigene Partei gestürzt, ein klarer Wandel zu einer marktwirtschaftlich organisierten Demokratie ist aber erst im Verlauf der 1990er erkennbar geworden. Entsprechend verhalten waren auch die Erwartungen Westeuropas auf eine „Europäisierung" Bulgariens.

Mit der Verfassung von 1991 wurde eine pluralistische, demokratische Republik nach westeuropäischem Vorbild gebildet. Staatsoberhaupt ist der auf fünf Jahre gewählte Präsident (Predsedatel na Republikata), dessen Aufgaben die Einberufung handlungsfähiger Regierungen und ein Vetorecht bei Gesetzen umfassen. Neben diesen eher repräsentativen Aufgaben ist er auch der Oberbefehlshaber der Streitkräfte und kann außenpolitische Kompetenzen übernehmen. Dies kann zu Spannungen zwischen Außenminister und Staatspräsident führen, was in der Vergangenheit vor allem vor Wahlen zu opportunistischem Handeln geführt hat.

Die Minister der Republik Bulgarien werden von der 240 Abgeordnete zählenden Nationalversammlung gewählt. Sie bilden zusammen mit dem Ministerpräsidenten und dessen Stellvertretern die Regierung - den Ministerrat. 1997 hob

Staatspräsident Stojanov im Zuge des Zusammenbruchs der bulgarischen Wirtschaft mit Hyperinflation und Versorgungsmängeln den Kandidaten der konservativen Union der demokratischen Kräfte (Săjuz na Demokratičnite Sili, SDS), Stefan Sofijanski, über die Nationalversammlung hinweg ins Amt. Um die Währung zu stabilisieren setzte dieser auf einen klaren Westkurs und band das monetäre System an den IWF. Dies sollte nicht nur die Inflation stoppen sondern durch einen Vertrauensgewinn zu verstärkten Investitionen aus dem Ausland führen. Auch wenn keine mit Mitteleuropa vergleichbaren Erfolge erzielt wurden, konnte doch zumindest die bulgarische Wirtschaft weitestgehend stabilisiert werden. Der Preis war der Verlust der finanzpolitischen Autonomie, u.a. durch die Bindung des bulgarischen Lev and DM bzw. Euro. Ein anderer Schachzug Sofijanskis war die sicherheitspolitische Ausrichtung Bulgariens in Richtung eines baldigen NATO-Beitritts. Diese Westausrichtung und Abkehr vom historischen Bündnispartner Russland ist vor allem von der postkommunistischen BSP scharf kritisiert worden.

Im Zuge der zunehmenden europäischen Integration bildete die Nationalversammlung einen Ausschuss, dessen Aufgabe einzig der Vorbereitung des EU Beitritts bestand, und die Regierung beriet mindestens zweimal monatlich über den Fortschritt dieser Bemühungen. Eine besondere Rolle kommt hierbei dem Außenministerium zu. Derzeitiger Außenminister ist Ivajlo Kalfin (BSP), welcher seit August 2005 im Amt ist. Beachtenswert ist auch, dass es im Zuge des EU-Beitritts einen neuen Ministerposten für „Europäische Angelegenheiten" gibt, Ministerin ist Meglena Kuneva (NDSV), die außerdem seit 2007 EU Kommissarin für Verbraucherschutz ist. Die derzeitige Regierung Bulgariens setzt sich aus einer Koalition der postkommunistischen Bulgarischen Sozialistischen Partei (Bălgarska Socialističeska Partija, BSP), der liberal-konservativen Nationalen Bewegung Simeon II. (Nacionalno Dviženie Simeon Vtori, NDSV), sowie der Partei der türkischen Minderheit, der Bewegung für Rechte und Freiheiten (Dviženie za Prava i Svobodi, DPS), zusammen. Hierbei ist die DPS nicht unumstritten, da die bulgarische Verfassung Parteien mit religiös oder ethnisch motivierten Hintergründen verbietet. Eine befürchtete autoritärere Ausrichtung Bulgariens unter dem Ministerpräsidenten Simeon Sakskoburggotski (2001-2005), dem ehemaligen Zaren Simeon II. von Sachsen-Coburg-Gotha und Gründer der NDSV, blieb aus, da die nach dem überwältigenden Wahlsieg mit 42,7 Prozent der Wählerstimmen gestellten Erwartungen der Wähler nicht erfüllt werden konnten.

Die Bindungen an die EU und NATO werden von allen größeren Parteien unterstützt, wobei Unterschiede in der gewünschten Geschwindigkeit der Integration existieren und die bis 2001 NATO-skeptische BSP Volksentscheide über zukünftige Beitritte verlangt. Innerhalb der Bevölkerung wird die Entwicklung generell positiv beurteilt. Bereits 1990 vereinbarte Bulgarien erste Handelsabkommen mit der damaligen EG. 1992 wurde Bulgarien Mitglied im Europarat, dessen Vorsitz es 1993 innehatte. Diese Mitgliedschaft wurde als Indikator für eine Zuwendung zu Demokratie und der Gewährleistung von Menschenrechten verstanden. Das Land war zwar der letzte europäische RGW Staat, der ein Freihandelsabkommen mit der EU abschloss (1994), aber schon unter dem ersten postsozialistischen Staatspräsident Želju Želev (SDS, 1990-1997) wurde eine Mitgliedschaft in der EG bzw. EU zu einem zentralen außenpolitischen Ziel. Das für die Anbindung an die EU bedeutsame Assoziierungsabkommen trat bereits im Februar 1995 in Kraft. Im zunehmenden Maße erforderte dies die Angleichung der bulgarischen Gesetzte an die europäischen Normen.

Als Land außerhalb der Zone des Schengener Abkommens machte Bulgarien ab 1997 die Einreise für EU Bürger ohne Visum möglich, so dass die Wirtschaft zunehmend vom Tourismus profitieren konnte, was vor allem den Hafenstädten am Schwarzen Meer zugute kommt. Ab 1999 wurden konkrete Aufnahmegespräche mit der EU geführt. Auch wenn, begleitet von einer allgemeinen EU-Euphorie, erhofft wurde, zusammen mit den Mitteleuropäischen Staaten 2004 der EU beitreten zu können, wurde die Vollmitgliedschaft aufgrund langsamerer wirtschaftlicher Konvergenz auf den 01. Januar 2007 verschoben. Derweil profitierte Bulgarien durch Programme wie PHARE (seit 1990), so dass 2006 von der EU 545 Mio. Euro zur Integration der bulgarischen Wirtschaft in das Land flossen. Der von Thessaloniki in Griechenland aus verwaltete Stabilitätspakt für Südosteuropa, dem Bulgarien angehört, soll auf der einen Seite Demokratie und Marktwirtschaft in der Region fördern, hat aber auch konkretere Handlungsfelder, wie die grenzübergreifende Kooperation im Ausbau der Infrastruktur wie Energienetzen, Donauübergängen oder Eisenbahnverbindungen.

Diese scheinbaren Erfolge werden durch Bulgariens wirtschaftliche Entwicklung konterkariert. So ist Land der erste Staat der EU, dessen BIP pro Kopf unter einem Drittel des EU-Durchschnitts liegt. Der IWF, dem Bulgarien seit September 1990 angehört, hat ebenso wie die WTO (1996) eine starke politische Position im Land. Es wird vermutet, dass Bulgarien auch als EU-Mitglied eine schnelle Anbindung an den Euro benötigen wird, damit nicht erneut monetäre Verwerfungen auftreten. Eine Kritik am IWF ist jedoch, dass die Institution nicht nur Einfluss auf finanzpolitische Entscheidungen hat, sondern auch Druck auf andere wirtschaftspolitische Ebenen ausübt, wie der Anhebung der Energiepreise auf Weltmarktniveau im Juli 2002 mit unabsehbaren sozialen Folgen.

Die Sicherheitspolitik Bulgariens besteht vor allem aus einer klaren Ausrichtung zu euro-atlantischen Bündnissen, was auch in dem 1999 durch die Nationalversammlung verabschiedeten sicherheitspolitischen Konzept festgelegt wurde. Schon vor dem Eintritt in die EU folgt Bulgarien der gemeinsamen europäischen Sicherheits- und Außenpolitik. Die Rolle als nichtständiges Mitglied des UN Sicherheitsrates von 2002-2003 und die OSZE Präsidentschaft 2004 wurden deshalb auch hauptsächlich als Vorbereitung für die Eintritte in NATO und

WEU verstanden. Mit dem Ende des Kalten Krieges folgte 1990 der erste bulgarische Besuch im NATO Hauptquartier in Brüssel durch den Außenminister Ljuben Gozev. Nach der Auflösung des Warschauer Paktes und mit den Konflikten im westlichen Balkan setzte Bulgarien unmissverständlich auf eine NATO Mitgliedschaft, wobei die BSP die Entwicklung anfänglich bremste. Der Weg zur NATO führte über das Partnership for Peace (PfP) Programm (1994) zu der Vollmitgliedschaft im März 2004. Unabhängig davon unterstützte Bulgarien, u.a. als Mitglied des UN Sicherheitsrates, den „Krieg gegen den Terror" der USA, was im Bezug auf die „Koalition der Willigen" im Irak zu Unstimmigkeit mit mehreren EU-Staaten führte. Die im Irak stationierten bulgarischen Soldaten sind 2005 wieder abgezogen worden.

Zur Lösung regionaler sicherheitspolitischer Problemstellungen wurde nach Aktivitäten von außerhalb, der Royaumont Platform der EU (1995) und dem Shifter Plan der USA (1996), eine eigenständige südosteuropäische Außenministerkonferenz eingerichtet. Diese von dem bulgarischen Ministerpräsidenten Videnov (BSP) und seinem Außenminister Pirinski im Juni 1996 zum ersten mal ausgerichtete Initiative, der Southeast European Cooperation Process (SEECP), mündete schließlich in einer Charta zur guten Nachbarschaft, die von Bulgarien, Albanien, Griechenland, Mazedonien, Rumänien und der Türkei im Februar 2000 unterzeichnet wurde. Zusätzlich gründeten die Verteidigungsminister dieser Staaten zusammen mit Italien im September 1998 eine multinationale Friedenstruppe für Südosteuropa, welche von der UN oder der OSZE mandatierten NATO- oder WEU-Einsätzen zur Verfügung stehen soll. Bulgariens Interesse an diesem Bündnis zeigt sich nicht nur an dem mit über 25 Prozent hohen Anteil an den Kosten, sondern auch am ersten Sitz des Hauptquartiers in der bulgarischen Großstadt Plovdiv.

Weitere bedeutende Mitgliedschaften in regionalen Zusammenschlüssen sind seit 1998 das Central European Free Trade Agreement (CEFTA), welches als eine Vorbauorganisation der EU in Mittel- und Osteuropa verstanden werden kann, sowie aufgrund der Lage am Schwarzen Meer die Black Sea Economic Cooperation (BSEC), die 1992 in Istanbul zur Kooperation der Anrainerstaaten gegründet wurde. Bulgarien ist seit 1993 Mitglied der Organisation Internationale de la Francophonie (OIF), um die kulturellen Bindungen mit Frankreich und anderen frankophonen Staaten auszubauen.

Auch wenn Bulgarien 1991 begann, sich allen europäischen Staaten freundschaftlich zu nähern, ist die besondere Rolle der Nachbarstaaten im Balkan hervorzuheben. Nach dem Ende des Sozialismus und dem Entstehen einer reihe neuer Staaten in Mittel- und Osteuropa bestand die Angst vor einem „zweiten Jugoslawien" auf der Balkanhalbinsel. Schon das erste postsozialistische Staatsoberhaupt, Želju Želev, verstand es aber, Bulgarien aus der bipolaren Blockpolitik des Kalten Krieges zu lösen und eine außenpolitische Balance durch Annäherungen an die Nachbarstaaten (Rumänien, Serbien, Mazedonien, Griechenland, Türkei) und Europa zu erreichen. Weitere bedeutende politische und wirtschaftliche Partner sind die USA und Russland.

Neben einem klaren Verzicht auf territoriale Forderungen war der Beginn der Vertrauen schaffenden Politik Bulgariens die Kontakte mit den südlichen Nachbarn, den NATO Mitgliedern Griechenland und Türkei, die inzwischen zu den wichtigsten Handelspartnern Bulgariens zählen. Bei den Beziehungen zu der Türkei darf die politische Vertretung der türkischen Minderheit in Bulgarien, der DPS, nicht unberücksichtigt bleiben, deren Lage zumindest von der Türkei als Gradmesser für freundschaftliche Beziehungen gesehen wird. Schon unmittelbar nach Ende des Kommunismus kam es zu bilateralen Gesprächen zwischen der Türkei und Bulgarien, unter anderem aufgrund der starken Militärpräsenz der Türkei in ihrem europäischen Teil. Nachdem Bulgarien in den 1980ern aufgrund der damaligen Rivalitäten mit Jugoslawien und der Türkei gute Kontakte zu Griechenland aufgebaut hatte, kühlten diese nach der Annäherung an die Türkei zuerst ab. Inzwischen kann Bulgarien aber vor allem aufgrund der zunehmenden Integration in regionale und gesamteuropäische Organisationen eine gute Beziehung zu seinen südlichen Nachbarstaaten konstatiert werden.

In Bezug auf die Länder des ehemaligen Jugoslawiens ist die frühe Anerkennung der neuen Staaten hervorzuheben. So war Bulgarien im Januar 1992 der erste Staat der Welt, der die Unabhängigkeit Mazedoniens und Bosnien-Herzegowinas akzeptierte. Dies geschah von Seiten des Staatspräsidenten über den Kopf des Außenministers hinweg, welcher Vorbehalte aufgrund der Positionen von USA und EU hatte. Einschränkend ist zu erwähnen, dass Mazedonien zwar als Staat aber nicht als Nation anerkannt wird, da viele Bulgarien davon ausgehen, dass es sich bei den Einwohnern Mazedoniens um Bulgaren handelt. So wird zum Beispiel mazedonisch nicht als eigenständige Sprache anerkannt, was linguistisch gesehen berechtigt sein mag, jedoch ähnlich wie „Serbo-Kroatisch“ eine politische Dimension hat. Trotz der anfänglichen Neutralität in den Kriegen im ehemaligen Jugoslawien aufgrund guter wirtschaftlicher Beziehungen und einer kulturellen Verbundenheit zu Serbien (ähnliche Sprache, christlich-orthodoxe Religion, gemeinsame Geschichte) führte die zunehmende Bindung Bulgariens an die EU und NATO dazu, diese aufzugeben. Überflugrechte für NATO-Kampfflugzeuge wurden gewährt und logistische Unterstützung geleistet. Gleichzeitig führten die Kriege zu erheblichen wirtschaftliche Verluste, u.a. aufgrund unterbrochener Handelswege, und sogar zu Kriegsschäden durch fehlgeleitete NATO-Raketen im Kosovo Krieg.

Die langsame Einbindung in die europäischen und weltweiten Organisationen im Vergleich zu den mitteleuropäischen postsozialistischen Staaten lassen sich in Bulgarien anhand politischer und wirtschaftlicher Disparitäten zum restlichen ehemaligen Ostblock erklären. Zum einen war die Abhängigkeit von der UdSSR wesentlich ausgeprägter, so dass 1989 kaum wirtschaftliche, politische und persönliche Kontakte zum Westen existierten. Außerdem war der wirtschaftlich schwächer entwickelte Staat, der in seiner Geschichte noch keine demokratische Regierung nach westlichem Muster gehabt hatte, weniger auf die gewaltigen gesellschaftlichen Transformationen vorbereitet als zum Beispiel Polen oder Tschechien. Beispielhaft für das Nachholen der Entwicklung mögen die rasanten Fortschritte Bulgariens in Richtung EU und NATO nach der Überwindung der Wirtschaftskrise 1997 sein. Der Republik Bulgarien ist nach einem beschwerlichen Weg in den vergangenen Jahren eine umfassende Integration in internationale Bündnisse gelungen, auch wenn wirtschaftliche und soziale Probleme weiterhin ungelöst bleiben.

LITERATUR (VERWENDETE & WEITERFÜHRENDE)

Bulgarisches Außenministerium: Chronology of Bulgaria - EU Relations, http://www.evroportal.bg/article_view.php?id=720724, abgerufen am 30.06.2007.

Ministry of Foreign Affairs: http://www.mfa.government.bg/, abgerufen am 30.06.2007.

Härtel, Hans-Joachim/ Schönfeld, Roland: Bulgarien: vom Mittelalter bis zur Gegenwart. Regensburg 1998.

Hatschikjan, Magarditsch: Die außenpolitischen Optionen Bulgariens. in: Höpken, Wolfgang (Hrsg.): Revolution auf Raten: Bulgariens Weg zur Demokratie. München 1996, S. 275-297.

Kommission der Europäischen Gemeinschaften: Umfassender Monitoringbericht der Europäischen Kommission über den Stand der Beitrittsvorbereitungen Bulgariens und Rumäniens. Brüssel 2005.

Riedel, Sabine: Bulgarien. in: Neu, Michael/ Gieler, Wolfgang/ Bellers, Jürgen (Hrsg.): Handbuch der Außenwirtschaftspolitiken, Staaten und Organisationen. Münster 2004, S. 639-643.

Das Politische System Bulgariens. in: Ismayr, Wolfgang (Hrsg.): Die politischen Systeme Osteuropas. 2. Aufl.. Opladen 2004, S. 593-636.

Stoilov, Georgi: EU, NATO and Bulgaria. Bridging the Gap between European Aspirations and Reality. in: Seidelmann, Reimund (Hrsg.): EU, NATO and the Relationship Between Transformation and External Behavior in Post-Socialist Eastern Europe. Baden-Baden 2002, S. 153-218.

Demokratie durch Sicherheit: Die zweite Runde der NATO-Osterweiterung aus der Perspektive Bulgariens. in: Predatto, August (Hrsg.): Die zweite Runde der NATO-Osterweiterung. Frankfurt am Main 2004, S. 267-275.

Warhola, James W./ Boteva, Orlina: The Turkish Minority in Contemporary Bulgaria. in: Nationalities Papers, Vol. 31, No.3. September 2003, S. 255-279.

DÄNEMARK

Jan Szemjonneck

HISTORISCHE GRUNDDATEN

1864	Dänemark verliert Schleswig-Holstein an Deutschland (in einer Volksabstimmung 1920 bestätigt)
1940-1945	Besetzung durch Deutschland
1944	Unabhängigkeit Islands
1945	Beitritt UN
1948	Faröer erhält eine höhere Autonomie
1949	Beitritt Europarat, Beitritt NATO
1951	Beitritt Nordischer Rat
1961	Beitritt OECD
1973	Beitritt Europäische Gemeinschaft, Beitritt OSZE
1992	Ablehnung der WWU
1995	Beitritt WTO

LÄNDERDATEN

Name: Kongeriget Danmark/ Königreich Dänemark, **Hauptstadt:** København/ Kopenhagen (1.832.000 Einwohner (2002)), **Regierungsform:** Parlamentarische Monarchie (seit 1953), **Größe:** 43.096 km^2, **Einwohnerzahl:** 5.468.120 (2007), **Landessprache:** Dänisch, **BSP pro Kopf:** 37.000 USD (2006), **Mitgliedschaft in Europäischen Organisationen:** CBSS, CERN, EAPC, EBRD, ECE, EIB, ESA, EU, Europarat, NC, OSZE, **Mitgliedschaft in Internationalen Organisationen:** NATO, OECD, UN, WTO

***

An den großen außenpolitischen Einfluss vergangener Jahrhunderte kann das moderne Dänemark nicht anknüpfen. Als kleiner Staat ist seine Außenpolitik seit Mitte des 19. Jahrhunderts traditionell der Neutralität und der Friedenspolitik verpflichtet. So trat Dänemark nach dem Ersten Weltkrieg dem neu gegründeten Völkerbund bei. Darüber hinaus verringerte es seine Truppenstärke bis 1932 beträchtlich. Während des Zweiten Weltkrieges versuchte Dänemark seine Neutralität zu wahren, wurde jedoch bereits im April 1940 von der deutschen Wehrmacht besetzt. Aus dieser Niederlage zog das Land nach Kriegsende zwei Konsequenzen.

Zum einen maß man der Schaffung einer internationalen Rechts- und Friedensordnung höchste Priorität bei und so gehörte Dänemark am 24. Oktober 1945 zu den 51 Gründungsmitgliedern der Vereinten Nationen. Im Rahmen dieser Organisation setzt sich das skandinavische Land seitdem für einen dauerhaften Frieden ein. Zum anderen lag jedoch der Schwerpunkt dänischer Außenpolitik auf der Erlangung einer größtmöglichen Sicherheit für das eigene Land. Nachdem die Regierung zu diesem Zweck zunächst mit den skandinavischen Nachbarn vergeblich über die Gründung einer nordischen Union verhandelt hatte, wurde Dänemark 1949 Mitglied der NATO. Da man der deutschen Übermacht während des Zweiten Weltkrieges nicht gewachsen war und nun die von der UdSSR ausgehende Gefahr fürchtete, sah man die einzige Garantie für die eigene Sicherheit in einer engen Bindung an die USA und Westeuropa im Rahmen des Nordatlantikpaktes.

Dem Konflikt zwischen Neutralität und Friedenspolitik einerseits und dem eigenen Sicherheitsinteresse andererseits versuchte Dänemark dadurch zu entgehen, dass es sein Engagement in der NATO, welche man im Übrigen als reines Verteidigungsbündnis betrachtete, auf ein Mindestmaß beschränkte. Im Jahre 1952 intensivierten dann die skandinavischen Länder ihre Zusammenarbeit mit der Gründung des Nordischen Rates. Im Rahmen der Kooperation von Regierungen und Parlamenten wurden so eine Passunion und ein gemeinsamer Arbeitsmarkt geschaffen. Wegen der unterschiedlichen Interessen während des kalten Krieges - bedingt durch die Lage Finnlands und die Neutralität Schwedens - wurde die Außen- und Sicherheitspolitik jedoch weitestgehend ausgespart und auch eine Wirtschaftsunion scheiterte Anfang der 1970er Jahre.

Daneben wurde die dänische Außenpolitik der Nachkriegszeit sehr von wirtschaftlichen Erwägungen geprägt. Dabei galt das Interesse des kleinen und rohstoffarmen Staates der Schaffung einer größtmöglichen Handelsfreiheit in Europa. Zunächst war dabei Großbritannien der wichtigste Handelspartner Dänemarks und so trat das Land 1960 der EFTA bei und gemeinsam mit den Briten 1972 der EWG Diese ökonomische Zusammenarbeit war auch für die Bevölkerung ausschlaggebend. Geprägt wude diese Zusammenarbeit durch eine starke europaskeptisch, was 1992 schließlich in ein Nein beim Referendum über den Maastricht-Vertrag mündete. Erst nach dem Gipfel von Edinburgh und vier dänischen Vorbehalten (so genannten „opt-outs“) zum EU-Vertrag konnte dieser 1993 nach einem zweiten, erfolgreichen Referendum ratifiziert werden und in

Kraft treten. Bei dem Referendum über den Vertrag von Amsterdam gelang es der dänischen Regierung dann, die dänische Handschrift im Vertrag so in den Vordergrund zu rücken, dass die Bevölkerung zustimmte. Beim Vertrag von Nizza wählte man die Strategie, sich sehr aktiv für lediglich institutionelle Änderungen einzusetzen, die kein Referendum erforderten. Auch hier hatte die dänische Strategie Erfolg. Trotz der dänischen Vorbehalte bezüglich der politischen Integration gehört das Land zu jenen, die am schnellsten und vollständigsten das Gemeinschaftsrecht umsetzen und ist von daher Musterschüler der europäischen Einigung. Auch die dänische Außenpolitik ist mit wenigen Ausnahmen mittlerweile immer stärker mit den Partnern in Europa abgestimmt und somit Teil einer gemeinsamen europäischen Außenpolitik.

Noch euroskeptischer als die Dänen auf dem Kontinent zeigten sich die Grönländer, welche außenpolitisch von Dänemark vertreten werden. Bei dem Referendum über den EWG-Beitritt stimmten sie mehrheitlich mit Nein. Dennoch wurde Grönland als Teil Dänemarks zunächst in die Europäischen Gemeinschaften aufgenommen. Innenpolitisch reagierte man jedoch und so wurde ein Selbstverwaltungsgesetz ausgearbeitet, welches 1979 in Kraft trat und Grönland eine große politische Autonomie gewährte. Nach einem Referendum 1982 zog sich Grönland dann ein Jahr später aus der Europäischen Gemeinschaft zurück. Die außen- und sicherheitspolitische Vertretung wie auch die der Färöer-Inseln obliegt jedoch weiterhin der dänischen Regierung.

Jene Inseln im Atlantik hatten bis zum Selbstverwaltungsgesetz von 1948 dänischen Kreisstatus. Durch besagtes Gesetz wurden die Färinger dann zu einer selbstverwalteten Volksgemeinschaft innerhalb des dänischen Königreichs mit eigener Landesregierung (Landsstyre), einem eigenen Parlament (Lagting) und der eigenen Sprache als Amtsprache. Der Wunsch nach vollständiger Unabhängigkeit ist zwar sehr präsent, doch eine Durchsetzung noch nicht in Sicht. Dennoch wurden erste Erfolge errungen - die Inseln wurden nicht mit Dänemark zusammen Mitglied der Europäischen Gemeinschaften, man konnte eigene Vertretungen in einigen europäischen Hauptstädten einrichten und die Regierung kann mit und ohne Teilnahme des dänischen Außenministeriums Verträge, vor allem über Fischereifragen, aushandeln. Bezüglich einer anderen Insel im Kennedy-Kanal bei Grönland gab es eine Auseinandersetzung mit Kanada. Streitig war seit 1973, in wessen Territorium die Hans-Insel fällt. Seit September 2005 wird das vollkommen vegetationslose und unbewohnte Eiland nun von beiden Staaten gemeinsam verwaltet.

In jüngerer Zeit konnte Dänemark während seiner EU-Ratspräsidentschaft im zweiten Halbjahr 2002 der zwei Jahre später erfolgte EU-Erweiterung entscheidend den Weg bereiten. Zum auf den 27. September 2005 terminierten Referendum über den EU-Verfassungsvertrag kam es allerdings nicht. Nachdem die

Bevölkerungen in Frankreich und den Niederlanden diesen bereits abgelehnt hatten, suspendierte die dänische Regierung ihr Vorhaben auf unbestimmte Zeit.

Generell lässt sich die dänische Außenpolitik anhand von vier konzentrischen Kreisen veranschaulichen. Zum engsten Kreis gehört dabei die nordische Zusammenarbeit sowie seit dem Fall des Eisernen Vorhangs auch die Kooperation mit den baltischen Staaten, für deren Integration in die EU Dänemark sich mit Nachdruck eingesetzt hat. Die nordische Identität gehört seit jeher zu den prägenden Faktoren dänischer Außenpolitik und ist ebenfalls tief im Bewusstsein der Bevölkerung verankert. Als bis 1995 einziger skandinavischer Staat in der EU sah Dänemark seine Rolle als Brückenbauer zwischen EU und seinen nordischen Nachbarn.

Den nächstgrößeren Kreis bildet der Kontinent Europa und die vielfältige Zusammenarbeit innerhalb von EU und Europarat. Dabei standen in der Vergangenheit für Dänemark vor allem die wirtschaftliche Union und der gemeinsame Binnenmarkt im Vordergrund. Die politische Integration und die Aufgabe von Souveränität wurden eher mit Skepsis betrachtet. So lassen sich sowohl die gescheiterten Referenda und die vier „opt-outs" aus zentralen Politikfeldern der EU erklären. Vor allem die Parteien vom rechten und linken Rand sammeln Wähler hinter sich, indem sie die lange Geschichte der dänischen Souveränität und die von der EU ausgehende Gefahr für die nationale Identität des kleinen Landes beschwören. Dennoch lässt sich hier mittlerweile ein Sinneswandel erkennen, wie etwa positive Umfrageergebnisse bezüglich des EU-Verfassungsvertrages und der schwindende Widerstand gegen den Euro belegen. Demgemäß spielen dänische Politiker auch bereits mit dem Gedanken, die seit 1993 gewährten Vorbehalte aufzugeben und so in allen europäischen Fragen mit entscheiden zu können.

Noch bemerkenswerter ist jedoch der Politikwechsel im nächsten Kreis, der atlantischen Zusammenarbeit innerhalb der NATO und der strategischen Partnerschaft Dänemarks mit den USA. Aus den einstigen Alliierten unter Vorbehalt sind mittlerweile aktive Partner in der internationalen Krisenbewältigung geworden. Während des Kalten Krieges versuchte Dänemark durch größtmögliche Zurückhaltung ein Gleichgewicht zwischen Neutralität und Partnerschaft mit dem westlichen Verteidigungsbündnis zu halten. So durften offiziell keine amerikanischen Truppen und Waffen in Dänemark stationiert werden und man betonte immer wieder, dass die NATO ein reines Verteidigungsbündnis sei. Dennoch erlaubte ein Geheimabkommen mit den USA, dass diese die Thule-Basis in Grönland seit den 1950er Jahren für die Stationierung von Atomwaffen nutzen, was offiziell von Dänemark immer strikt abgelehnt wurde. Diese Reserviertheit gab man in den neunziger Jahren langsam auf und so beteiligten sich dänische Truppen am Krieg 1999 im Kosovo und am Einsatz in Afghanistan nach den Anschlägen des 11. September 2001.

Noch entscheidender war allerdings der Eintritt in den Dritten Golfkrieg auf Seiten der USA und ihrer Verbündeter im Frühjahr 2003. Der rechtsliberale Premierminister Fogh Rasmussen unterzeichnete mit weiteren vier EU-Mitgliedern und drei damaligen Beitrittskandidaten eine Solidaritätserklärung bezüglich der harten Linie der USA. Diese Erklärung führte zu einer Spaltung Europas und der dänischen Öffentlichkeit. Während sich die EU nicht auf eine einheitliche und klare Erklärung einigen konnte, war die dänische Öffentlichkeit zumindest zur Hälfte für den Militäreinsatz. Darauf gestützt wurde die Entsendung von Soldaten in den Krieg nicht wie sonst in Dänemark üblich im Einvernehmen entschieden, sondern von der Regierungskoalition allein beschlossen. Traditionell werden außenpolitische Fragen in Dänemark über die Parteigrenzen hinweg zwischen Regierung und Opposition abgestimmt. Nach Ende des Golfkrieges kehrte man zu dieser Konsenspolitik zurück und beschränkte das Engagement im Irak auf das Nötigste.

Als äußerster Wirkungskreis dänischer Außenpolitik kann man das Engagement innerhalb der Vereinten Nationen und anderer internationaler Institutionen beschreiben. Trotz der Teilnahme an zwei vom Weltsicherheitsrat nicht gebilligten Kriegen, setzt die Politik des UN-Gründungsmitglieds Dänemark von jeher auf die friedliche Beilegung von Konflikten im Rahmen der Vereinten Nationen. Man misst der UN-Politik eine hohe Priorität bei und versucht auf dem Wege internationaler Zusammenarbeit aktiv für die Durchsetzung der eigenen Werte einzutreten. Bei mehr als der Hälfte aller Friedensmissionen der Vereinten Nationen war Dänemark mit eigenen Soldaten beteiligt und 1992 hat das Land die Aufstellung einer stehenden internationalen Truppe für solche Einsätze initiiert. Für die Zwei-Jahres-Periode 2005/ 2006 wurde der skandinavische Kleinstaat von der UN-Vollversammlung zum nicht-ständigen Mitglied des UN-Sicherheitsrates gewählt.

Neben dem Engagement in den Vereinten Nationen betreibt Dänemark auch sehr aktiv direkte Entwicklungspolitik. Als einer der wenigen Staaten stellen die Skandinavier dafür etwa 0,8 Prozent ihres Bruttoinlandsproduktes zur Verfügung. Mehr als die Hälfte dieses Geldes fließt nach Afrika.. Seit den Anschlägen vom 11. September 2001 und einer Umschichtung und Kürzung der Entwicklungshilfe liegt das besondere Augenmerk auf der Bekämpfung von Armut und Terrorismus und der Unterstützung von stabilen Regierungen, die die Menschenrechte achten.

Außenpolitik gehört in Dänemark wie in den meisten Staaten zunächst einmal zum Bereich der exekutiven Befugnisse. Es ist jedoch festzustellen, dass in wenigen anderen Ländern der Einfluss des Parlaments so groß ist wie der des dänischen Folketing. So liegt auch in Dänemark die Entscheidung über den Einsatz des Militärs beim Parlament (§ 19 II Grundgesetz Dänemark). Als spezielles Beratungsorgan der Regierung in außenpolitischen Fragen ist schon von der

Verfassung in § 19 III zunächst der Außenpolitische Rat (Udenrigspolitisk Nævn) vorgesehen. Seine Mitglieder sind vom Parlament zu ernennen und seine Konsultation ist in Fragen von grundsätzlicher Bedeutung obligatorisch. Darüber hinaus sieht die Geschäftsordnung des Folketing noch Ausschüsse vor, die sich ebenfalls mit Fragen des Außenpolitik befassen. Hier ist zunächst der Ausschuss für Auswärtige Angelegenheiten (Udenrigspolitisk Udvalg) zu nennen. 1972 eingerichtet, werden ihm vor und zwischen den Lesungen Gesetze zugeleitet soweit sie außenpolitische Fragen zum Gegenstand haben. Als Teil des Legislativorgans Folketing ist er somit Station im Ratifikationsprozesses von Verträgen und beschäftigt sich insbesondere mit dem Komplex der Entwicklungshilfe. Nach dem anfänglich eher eng gefassten Arbeitsfeld wurde dies 1997 auf generellere Fragen der Außenpolitik erweitert.

Seit 1962 besteht darüber hinaus in leicht veränderter Form der Marktausschuss (Markedsudvalg). Er wurde nach dem Beitrittsgesuch Dänemarks zur damaligen EG geschaffen, um den nötigen Einfluss und die Kontrolle des Parlaments zu gewährleisten. Mit dem Beitritt Dänemarks 1972 gewann er große Bedeutung. Vor Abstimmungen auf der europäischen Ebene, werden alle relevanten Fragen in diesem Ausschuss behandelt und der Regierung ein Mandat erteilt. Dabei wird zwar darauf geachtet, dass die Handlungsfreiheit der Exekutive nicht zu sehr eingeschränkt wird, doch spielt diese Vorgehensweise eine große Rolle in einem Land wie Dänemark, in dem immer wieder Minderheitsregierungen an der Macht sind. Eine solche würde anderen Falls riskieren, sich in Vorhaben, die die Mitwirkung des nationalen Gesetzgebers nötig machen, zu binden, bevor sie weiß, ob sie mit der Mehrheit im Parlament rechnen kann.

Besonders deutlich wurde der große Einfluss des Folketing in den Jahren zwischen 1982 und 1988 als sich eine Mitte-Rechts-Regierung einer eher linken Parlamentsmehrheit gegenüber sah. Gestützt auf eine starke Friedensbewegung in der Bevölkerung zwang diese alternative Mehrheit nach dem NATO-Doppelbeschluss die Regierung die Außenpolitik in ihrem Sinne zu ändern. So wurden im Rahmen der so genannten Fußnotenpolitik dänische Vorbehalte zu einigen NATO-Beschlüssen durchgesetzt.

Dem Monarchen als Staatsoberhaupt kommen schließlich nur formelle Aufgaben beim Ratifikationsprozess zu. Er bzw. sie hat keinen Einfluss auf die Ausgestaltung der Außenpolitik und nimmt dem Ausland gegenüber nur repräsentative Aufgaben wahr, empfängt die Gesandten anderer Länder und ernennt formell die dänischen Staatsdiener. Nach dem Fall des Eisernen Vorhangs und dem Ende der UdSSR stellte sich auch für Dänemark die Frage nach einer Neuausrichtung seiner Außen- und Sicherheitspolitik. Besonderes Augenmerk lag dabei zunächst auf der schnellen Integration der baltischen Staaten. Nachdem diese ihre Unabhängigkeit erlangt hatten, wurden sie von Dänemark bald durch zahlreiche Abkommen in die nordische Kooperation miteinbezogen. Außerdem wurden sie nachdrücklich bei ihren Anträgen um eine Mitgliedschaft in EU und NATO unterstützt.

Trotz guten Beziehungen zum Nachbarn Deutschland, weckte die Wiedervereinigung des nun noch größeren und mächtigeren Nachbarn im Süden auch fast 50 Jahre nach Ende der Besatzung noch Ängste in der Bevölkerung. Dennoch gehört Deutschland außenpolitisch zu den wichtigsten Partnern des Königreichs. Auch in der Verteidigungspolitik wurde die Zusammenarbeit intensiviert und etwa eine gemeinsame Truppe von dänischen, deutschen aber auch polnischen Soldaten ins Leben gerufen.

Die beschriebene Abkehr von der zurückhaltenden Sicherheitspolitik zu Zeiten des Kalten Krieges hin zu einem aktiveren Eingreifen stellt Dänemark allerdings auch vor neue Fragen. So mussten die dänischen Soldaten, die im Rahmen der NATO-Friedenseinsätze nach dem Vertrag von Dayton im ehemaligen Jugoslawien im Rahmen der SFOR-Truppe stationiert waren, Ende 2004 abgezogen werden. Grund dafür war die Übergabe der Führung von der NATO an die EU, an deren Militäreinsätzen Dänemark wegen seines „opt-outs" aus der Europäischen Sicherheits- und Verteidigungspolitik (ESVP) nicht teilnehmen darf. Auch in der WEU, die zwischenzeitlich fast vollkommen in der ESVP aufgegangen ist, hat Dänemark nur Beobachterstatus. Dies führt zu einer geradezu paradoxen Lage: Das Königreich mit seiner langen Tradition der Teilnahme an Friedenseinsätzen der Vereinten Nationen und der NATO, kann sich an Vorhaben unter EU-Führung nicht beteiligen.

Vor ein Problem ganz anderer Art wurde das kleine Land allerdings Anfang des Jahres 2006 gestellt. Eine dänische Zeitung hatte Karikaturen über den Islam und den Propheten Mohammed veröffentlich, die in Teilen der muslimischen Welt zu Ausschreitungen führten. Brennende Botschaften, Evakuierungen dänischer Staatsbürger und ein Boykott dänischer Produkte vor allem in den arabischen Ländern waren die Folge. Die dänische Regierung versuchte zwar die Wogen zu glätten, die mit der nach religiösem Gesetz verbotenen Darstellung Mohammeds entstanden waren, betonte aber auch, dass die Pressefreiheit eine Zensur nicht erlaube.

Anhand dieses Konfliktes lassen sich jedoch zwei neue Problemfelder in der Außen- und Sicherheitspolitik Dänemarks sehr gut aufzeigen. Zum einen ist das Land durch seine aktive Haltung sowohl in Afghanistan als auch im Irak stärker in den Fokus der Weltpolitik gerückt. Im Gegensatz zur allgemein hoch geachteten Entwicklungshilfepolitik hat das militärische Engagement den skandinavischen Staat erstmals zur Zielscheibe in einem internationalen Konflikt werden lassen. Innenpolitisch spielt im Hintergrund sicher das veränderte Klima nach den Anschlägen des 11. September 2001 eine Rolle. Auch Dänemark hat in der Folge versucht, mit einer Antiterrorgesetzgebung und einer grenzüberschreitenden Zusammenarbeit im Rahmen von NATO, EU und Europol Vorkehrungen gegen terroristische Anschläge zu treffen. In dem kleinen Land stellte sich die Frage nach einer neuen Regelung von Integration, Einwanderung und einer Umstrukturierung der Entwicklungshilfe. Die neue abstrakte Gefahr durch den internationalen Terrorismus für alle westlichen Staaten trifft besonders in Dänemark auf ein ausgeprägtes Bedürfnis der Bevölkerung nach Sicherheit. Damit lässt sich zum Teil auch die neuerliche Anlehnung Dänemarks an die USA und die Betonung der transatlantischen Verbindung in der dänischen Außenpolitik erklären, welche schon bei Gründung der NATO eine Rolle gespielt hat.

Für die Zukunft gibt die Lage am Anfang des neuen Jahrtausends damit die Agenda vor. In der EU, die auch Dank des Engagements Dänemarks nun 27 Mitglieder hat, muss die Stagnation überwunden und die Strukturen und Prozesse der gestiegenen Mitgliederzahl angepasst werden. Auf internationaler Ebene wiederum muss Dänemark ein Gleichgewicht zwischen klassischer Entwicklungspolitik einerseits und militärischem Engagement andererseits finden, etwas abstrakter gesagt zwischen der bisherigen Zurückhaltung und der neuen Einmischungsbereitschaft. Dabei ist zu erwarten, dass der veränderten Stimmung in der Bevölkerung zumindest auf mittelfristige Sicht Rechnung getragen wird, indem besonders die Vorbehalte bezüglich der europäischen Integration nach und nach aufgegeben werden. Immer mehr setzt sich in Dänemark die Erkenntnis durch, dass die eigenen Interessen nur mit Hilfe einer handlungsfähigen EU durchgesetzt werden können. Um dabei das Gewicht der eigenen Stimme nicht unnötig zu schmälern ist die Aufgabe der „opt-outs“ aus dem EU-Vertrag zwingend notwendig.

LITERATUR (VERWENDETE & WEITERFÜHRENDE)

Frandsen, Steen Bo: Dänemark: der kleine Nachbar im Norden/ Aspekte der deutsch-dänischen Beziehungen im 19. und 20. Jahrhundert. Darmstadt 1994.

Holm, Hans-Henrik: Factsheet Denmark - Foreign and Defence Policy, für: Dänisches Ministerium für auswärtige Angelegenheiten. Kopenhagen 2004.

Laursen, Finn: Dänemark. in: Weidenfeld, Werner/ Wessels, Wolfgang (Hrsg.): Jahrbuch der Europäischen Integration 2002/2003, Baden-Baden 2003, S. 335-346.

Dänemark. in: Weidenfeld, Werner/ Wessels, Wolfgang (Hrsg.): Jahrbuch der Europäischen Integration 2003/2004. Baden-Baden 2004, S. 319-324.

Dänemark. in: Weidenfeld, Werner/ Wessels, Wolfgang (Hrsg.): Jahrbuch der Europäischen Integration 2004/2005. Baden-Baden 2005, S. 317-320.

Nannestad, Peter: Das politische System Dänemarks. in: Ismayr, Wolfgang (Hrsg.): Die politischen Systeme Westeuropas. München 1999, S. 55-91.

Schuster, Gunnar: Der Sonderstatus Dänemarks im Vertrag über die Europäische Union.in: Europäische Zeitung für Wirtschaftsrecht, 1993, S. 177-180:

Tonra, Ben: The Europeanisation of National Foreign Policy. Manchester 2001.

Villaume, Poul: Allieret med forbehold Danmark, NATO og den kolde krig En studie i dansk sikkerhedspolitik 1949-1961. Kopenhagen 1994.

DEUTSCHLAND

Jürgen Bellers

Historische Grunddaten

1871	Gründung des Deutschen Reiches
1914-1918	Teilnahme am Ersten Weltkrieg
1919	Versailler Vertrag, Deutschland verliert Elsaß-Lothringen an Frankreich sowie Teile Preußens an Polen, Weimarer Republik
1933	Machtergreifung der NSDAP, Austritt aus dem Völkerbund
1938	Annexion Österreichs und Tschechiens
1939	Hitler-Stalin-Pakt, Beginn des Zweiten Weltkrieges
1945	Niederlage im Zweiten Weltkrieg, Besetzung durch Siegermächte (bis 1949 Truppenpräsenz bis 1991/ 1994), Deutschland verliert Gebiete östlich der Oder-Neiße-Grenze an Polen und Königsberg an die UdSSR, Teilung des Landes in westliche und östliche Einflusssphären
1948-1949	Blockade Westberlins durch die UdSSR
1949	Grundgesetz der BRD bzw. Verfassung der DDR treten in Kraft
1950	BRD: Beitritt Europarat, DDR: Mitglied im RGW (bis 1990)
1953	Arbeiteraufstand in Ostberlin
1955	Unabhängigkeit der BRD & DDR, BRD: Beitritt NATO, DDR: Mitglied Warschauer Pakt (bis 1990)
1958	BRD: Gründungsmitglied EWG
1961	BRD: Beitritt OECD, DDR: Bau der Berliner Mauer
1973	BRD & DDR: Beitritt UN
1975	BRD: Beitritt OSZE
1989	Öffnung der Berliner Mauer
1990	Vereinigung BRD und DDR
1993	Erste Beteiligung an Militäreinsätzen (Jugoslawien, Somalia) nach Ende des Zweiten Weltkrieges

1994	russische Truppen verlassen endgültig Ostdeutschland
1995	Beitritt WTO
2002	Einführung des Euro

LÄNDERDATEN

Name: Bundesrepublik Deutschland, **Hauptstadt:** Berlin (3.405.259 Einwohner (2006)), **Regierungsform:** Demokratisch-parlamentarischer Bundesstaat (seit 1949/1990), **Größe:** 357.027km^2, **Einwohnerzahl:** 82.400.996 (2007), **Landessprache:** Deutsch, **BSP pro Kopf:** 31.400 USD (2006), **Mitgliedschaft in Europäischen Organisationen:** BSEC (Beobachter), CBSS, CERN, EAPC, EBRD, ECE, EIB, ESA, EU, Europarat, OSZE, WEAG, WEU, WWU, **Mitgliedschaft in Internationalen Organisationen:** NATO, OECD, UN, WTO

***

HISTORISCHE GRUNDDATEN ZUR DEUTSCHEN AUßENPOLITIK UND IHRER INTERNATIONALEN UMWELT

Deutschland ist wegen seiner geographischen Lage mitten in Europa, wegen seiner Bevölkerungsgröße und seit 1900 wegen seiner wirtschaftlichen Potenz stets zentraler Faktor oder kriegerischer Schauplatz der internationalen Politik gewesen - von 1500 bis 1900 eher negativ betroffen, seit 1900 bis 1945 als imperialistischer Akteur, der zur Vormacht Europas zu werden versuchte. Das scheiterte offensichtlich 1945, weil Deutschland zu klein und schwach ist, um ein europäischer Hegemon (wie früher Rom) zu werden, aber auch wiederum zu stark und zu groß, damit seine Nachbarn, insbesondere Polen und Frankreich, keine Angst vor ihm haben.

1815 suchte man dieses Problem dadurch zu lösen, dass man das Reich in 48 Kleinstaaten auflöste („Deutscher Bund") und so erheblich schwächte. Bismarck einte zwar 1870/71 Deutschland (ohne Österreich-Ungarn), ihm gelang jedoch, diesen mitteleuropäischen Klotz derart in das Konzert der europäischen Mächte friedlich einzugliedern, dass Krieg (von und gegen Deutschland) verhindert wurde. Er nahm deutsche Machtansprüche zurück („Deutschland ist saturiert") und spielte alle anderen Mächte gegeneinander aus (Österreich-Ungarn gegen Russland, Frankreich gegen England, Russland vs. England), so dass sie sich nicht (wie dann 1914 und 1939/41) gegen das Reich verbünden konnten. Das deutsche Sonderbündnis seit 1900 mit Österreich-Ungarn und dem Osmanischen Reich (und die Distanzierung von den anderen Großmächten) isolierte das Land natürlich und trug mit zum Ersten Weltkrieg bei. In weitaus schlimmerer Weise führte Hitler in seinem manischen Krieg vor allem gegen Russland das Land in die Isolation und die desaströse, auch moralische Niederlage.

Von 1945 bis heute ist daher ein Grundprinzip des verkleinerten Deutschlands und der europäischen und deutschen Außenpolitik, die „deutsche Frage“ auch nach dessen Vergrößerung (Wiedervereinigung 1990) durch die intensive Einbindung Deutschlands in den europäischen Integrationsprozess zu lösen: die EU-Staaten (inkl. Deutschland) geben Souveränität an die Europäische Union ab, und die Bundesrepublik wird so zugleich kontrolliert, sowie sie auch in Europa gleichberechtigt mit Frankreich und England mitbestimmen kann, so wie diese natürlich auch kontrolliert werden. Das hat nun in (West- und Mittel-)Europa seit 60 Jahren den Frieden gesichert, zumal es den deutschen Bundesregierungen bisher (meist) gelang, zu allen EU-Staaten und zu den Flügelmächten USA und Russland mehr oder weniger gute Beziehungen zu unterhalten. Allerdings führte das deutsche Streben nach Wiedervereinigung der getrennten Teilgebiete: Bundesrepublik und „DDR“, dem von der UdSSR erhaltenen, sozialistischen ostdeutschen Diktatur, zu erheblichen Spannungen mit der UdSSR.

Bestimmungsfaktoren der deutschen Außenpolitik

Konrad Adenauer und Willy Brandt haben die Doktrinenbündel der deutschen Außenpolitik seit 1949 klassisch formuliert. Adenauer wollte die Wiedervereinigung durch die (wirtschaftliche und militärische) Stärke des Westens (Nato) erreichen, d.h. je mehr die BR Deutschland fest integriert in dieses Bündnis stark und der Westen insgesamt durchsetzungsfähig werde, um so eher würde der kommunistische Totalitarismus in Moskau die „DDR“ freiwillig und friedlich preisgeben. Das gelang auch schließlich, bedenkt man, dass Gorbatschow infolge der erheblichen Aufrüstung der USA unter Präsident Reagan in den 1980ern die DDR zur Wiedervereinigung freigab. Die Stärkung des Westens, d.h. die deutsche Integration in den Westen (nachdem es zuvor zumindest zeitweise immer zwischen Ost und West zu pendeln versuchte und sich damit überschätzte) erfolgte in mehreren Etappen.

- Die Gründung der und Beitritt zur Europäischen Gemeinschaft für Kohle und Stahl (EGKS, Montanunion) 1951 zwischen Deutschland, Frankreich, den Benelux-Staaten und Italien – Kern der späteren EWG, EG und EU: Schaffung eines zollfreien gemeinsamen Marktes zwischen den Sechs zum Austausch von Kohle und Stahl. Dies ist wichtig, da Frankreich Erze (die Deutschland kaum hat) und Deutschland Kohle besitzt, und beides zur Stahlproduktion friedlich zusammengebracht werden muss. Die vorherigen Versuche, die französischen Erzgebiete bzw. das deutsche Ruhrgebiet (1923) zu erobern, waren gescheitert. Damit wurden analoge Kooperationsprojekte der westlichen Besatzungsmächten in

Deutschland (Internationale Ruhrbehörde, OEEC) auch von der (halb-) souveränen Bundesrepublik des Jahres 1951 fortgesetzt, seitens Frankreichs vor allem deshalb, um einem westdeutschen, englischen und amerikanischen Zusammengehen (ggf. Gegen Frankreich) zuvorzukommen.

- Im Jahre 1955 erfolgte der Beitritt Westdeutschlands zur NATO (statt der EVG); Stationierung von amerikanischen Atomwaffen zur Sicherung der freien Welt und zur Abwehr kommunistischer Angriffe. Nach Scheitern der Europäischen Verteidigungsgemeinschaft (EVG) (einem Militärbündnis der Sechs) Errichtung der Europäischen Wirtschaftsgemeinschaft (EWG) mit dem Ziel der Schaffung eines zollfreien Binnenmarktes für alle Produkte.

- Deutsch-französischer Freundschaftsvertrag zwischen Adenauer und de Gaulle von 1963, z.T. mit antiamerikanischer Tendenz, da beide Staatsmänner die Entspannungspolitik des demokratischen US-Präsidenten Kennedy (1961 - 63) als Einknicken vor der kommunistischen Expansion (in Vietnam z.B.) und als feige Preisgabe des Zieles der deutschen Wiedervereinigung betrachteten. Man nannte das den „deutschen Gaullismus" von Adenauer, Strauß, von Guttenberg und der CSU – im Gegensatz zu den „Atlantikern" um Erhard, Schröder, Brandt, SPD und FDP, die weiter bevorzugt mit den USA zusammenarbeiten wollten und deren Entspannungspolitik mehr oder weniger zu akzeptieren bereit waren, z.T. sogar die kleineuropäische EWG nur aus sechs Staaten zugunsten einer weltweiten Wirtschaftskooperation z.B. über das GATT aufgeben wollten.

- 1951 Beitritt zum freihändlerischen Welthandelsvertrag (GATT), in dem Westdeutschland. Eine ebenso liberalistische Position hinsichtlich Zollsenkungen im Industrieproduktbereich einnahm (um exportieren zu können), nicht aber im Agrarsektor.

- Keine Anerkennung der ostdeutschen SED-Diktatur („Banditen-Herrschaft"), keine Kooperation mit ihm, um alsbald die Bevölkerung befreien zu können. Zu jedem Staat, der diesen SED-Staat anerkennt, wurden zur Strafe die diplomatischen Beziehungen abgebrochen. (sog. Hallstein-Doktrin)

- Auf Druck der USA hin: seit Anfang der 1960er Jahre zur Bekämpfung des weltweiten Kommunismus: Aufbau entwicklungspolitischer Institutionen:

    - Bundesministerium für wirtschaftliche Zusammenarbeit

- Staatsbank „Kreditanstalt für Wiederaufbau“ mit einer entwicklungspolitischen Abteilung zur (Kredit- oder Zuschuss)Finanzierung von Entwicklungsprojekten
- Zu Beginn der 1970er unter Entwicklungsminister Eppler (SPD): die staatseigene Gesellschaft für Technische Zusammenarbeit (GTZ GmbH) zur Durchführung der Projekte
- Deutsche Stiftung für Internationale Entwicklung zur Ausbildung von Entwicklungshelfern und von Personal aus den Entwicklungsländern
- Deutscher Entwicklungsdienst: Entsendung von Personal in Entwicklungsländer
- Kirchliche Organisationen: Brot für die Welt (evangelisch) und Misereor (katholisch) mit staatlichen Zuschüsse
- Freiwilligenorganisationen
- Hermes-Kreditversicherung: staatliche Rückversicherung von Krediten für Exporte in den Süden und nach Osteuropa (das z.T. auch in die Entwicklungshilfe einbezogen wurde.)
- Goethe-Institute: Förderung der deutschen Sprache
- Aufnahme von Studierenden aus Entwicklungsländern an deutschen Universitäten und Fachhochschulen (rd. 10%)

Adenauers Kurs der Westintegration, wie er dann 1960 von der SPD z.T. übernommen wurde (was die NATO betrifft) hatte weitere Motive:

- kein Pendeln mehr zwischen Ost und West (wie das noch Wilhelm II. und Stresemann in der Weimarer Republik versuchten)
- Ausgleich mit dem „Erbfeind“ Frankreich (wie schon Stresemann: Politik von Locarno 1926, deutscher Verzicht auf Elsaß-Lothringen)
- Sicherung der Demokratie und Marktwirtschaft in Deutschland durch Kooperation mit den Demokratien und Marktwirtschaften des atlantischen Raumes (im Gegensatz zum traditionell asiatischen und autoritären Russland, bis heute unter Putin)
- Überwindung des europäischen Nihilismus, wie er im Nazitum und Stalinismus zum Ausdruck kam, durch erneute Fundierung in der Idee des christlichen Abendlandes zusammen mit dem katholischen Frankreich und Italien.

- lebensnotwendige Auslandsmärkte des geschrumpften Deutschlands (ohne die Agrargebiete Schlesiens usw.) im restlichen Europa, um dort die deutschen Industrieprodukte abzusetzen und um von dort die erforderlichen Nahrungsmittel zu beziehen: Frieden durch wirtschaftliche Zusammenarbeit, wie das schon Kant vorgeschlagen hatte.
- Außenpolitische Zusammenarbeit der ehemaligen Kolonialmächte zur Wiedergewinnung des weltpolitischen Einflusses (so vor allem Frankreich)

Die SPD der 1950er Jahre (und teilweise die FDP) war eher neutralistisch eingestellt, spätestens nach dem Tod des SPD-Vorsitzenden Schumacher 1951, der noch sehr antikommunistisch war. Dessen Nachfolger suchte bis 1960, für eine Nichtmitgliedschaft der Bundesrepublik in der NATO von Moskau die Wiedervereinigung auszuhandeln. Hier spielten zwei Noten von Stalin eine Rolle, der gerade das anscheinend versprach - aber wirklich wollte er es nicht. Er wollte weiterhin die Teilung Deutschlands und zugleich eine Neutralisierung Westdeutschlands außerhalb der NATO. Adenauer lehnte daher die Stalin-Noten ab und sah die Gefahr, dass die Bundesrepublik so nur wieder Misstrauen und Distanz im verbündeten Westen hervorgerufen hätte - wie schon einmal im Vertrag von Rapallo 1922, als sich das Deutsche Reich dem leninistischen Russland näherte und damit nur eine Verhärtung der west-alliierten Positionen in der Frage der von Deutschland zu zahlenden Reparationen bewirkte.

Die Zeit der 1960er Jahre war bestimmt von der Frage, inwieweit man Sowjet-Russland entgegenkommen wollte, um die innerdeutschen Verhältnisse zu erleichtern (z.B. Besucheraustausch zwischen West- und Ostdeutschland). Außenminister Schröder errichtete so z.B. in der Mitte der 1960er Handelsmissionen in den osteuropäischen Staaten unterhalb der Ebene von Botschaften, Brandt nahm als Außenminister der Großen Koalition (1966-69) diplomatische Beziehungen zum kommunistischen Rumänien auf, obwohl dieses die DDR anerkannt hatte und diplomatische Beziehungen zu ihm unterhielt. Aber die DDR als Staat wollte man nicht anerkennen, weil man in der Zweistaatlichkeit eine Gefahr für die Wiedervereinigung sah. In der westdeutschen Weigerung, die unterbewertete DM aufzuwerten - wie der Westen forderte -, zeigten sich sogar nationale Tendenzen, da eine Aufwertung deutsche Exporte verteuert hätte. Die anderen Staaten sollten sparen um so die Überbewertung deren Währung zu verringern.

Brandt formulierte dann 1969/70 als Kanzler der SPD-FDP-Koalition den zweiten großen Doktrinen-Strang deutscher Nachkriegsaußenpolitik, der bis heute - sieht man von der gelösten Wiedervereinigungsfrage ab - gültig ist:

- Ausgleich mit dem kommunistischen Osten, auch Ostdeutschland (nach der Wiedervereinigung auch Russland)

- Seit 1975 Intensivierung des gesamteuropäischen politischen, wirtschaftlichen und menschenrechtlichen Austausches über die Konferenz für Sicherheit und Zusammenarbeit in Europa (KSZE, heute OSZE unter Einschluss der USA und Russlands), auch über den Europarat und dessen Gerichtshof für Menschenrechte sowie über die Wirtschaftskommission der UN für Europa.

- Erweiterung der EG insbesondere um GB, um deren Abschließung gegenüber Drittstaaten zu verhindern und um weitere Exportmärkte zu erschließen

- Enge, vor allem militärische Kooperation mit den USA, die Westdeutschland alleine gegen die russische Übermacht verteidigen konnte. Daher auch Unterstützung

- Gemeinsame Außen- und Entwicklungspolitik in der EG, insbesondere in französichem und britischem exkolonialen Interessen

- Forcierte Entwicklungspolitik, auch über multilaterale Organisationen (EG, UN), um u.a. in aller Welt außenpolitische Freunde und Handelspartner zu gewinnen (rd. 5 Mrd. EUR Entwicklungshilfe z.B. 2005)

- Beitritt zur UN seitens BRD und „DDR“, dort Finanzier und kooperativer Akteur, z.B. Ende der 1980er Jahre, als es um die Unabhängigkeit des auch von Deutschen besiedelten Namibias ging, um die Zustimmung der dortigen Deutschen zu diesem Prozess zu erlangen.

- Insbesondere dann unter SPD-Kanzler Helmut Schmidt: aktives Mitmanagement (als drittgrößte Industrienation) weltwirtschaftlicher Krisen über IWF, Weltbank und G7/8, um eine erneute Weltwirtschaftskrise wie 1929 infolge von Ölpreiserhöhungen, Spekulationen, Zollkriegen und Abwertungswettläufen zu verhindern.

- Vor allem unter Brandt: faktisch endgültige völkerrechtliche Anerkennung der Oder-Neiße-Grenze gegenüber Polen im Moskauer und Warschauer Vertrag von 1970, 1990 in einem deutsch-polnischen Vertrag durch das wiedervereinigte Deutschland bestätigt.

- Im Grundlagenvertrag von 1973: staatsrechtliche Anerkennung der DDR durch die BRD, allerdings nicht Anerkennung als Ausland; parallel dazu und durch Junktims verbunden damit: Abkommen zur Sicherung der durch die DDR führenden und stets früher gefährdeten Landwege zum freien, westdeutschen West-Berlin seitens der vier Weltkriegsalliierten, die teilweise noch als vormalige Besatzungsmächte über Deutschland als Ganzes verfügen und entscheiden konnten und daher auch der Wiedervereinigung 1990 zustimmen mussten.

- Weiterverfolgung des Wiedervereinigungszieles trotz Anerkennung der DDR, indem die innerdeutschen Beziehungen auf der menschlichen Ebene (Besuche) intensiviert werden und man so hoffte, ein Gefühl für die deutsche Nation und gemeinsame Staatlichkeit zu erhalten (was sich allerdings nur in Ostdeutschland - aus anderen Gründen - so entwickelte.)

- Kredite an die marode DDR (auch später unter CDU-Kanzler Kohl in den 1980er Jahren), angeblich, um die Lage der Ostdeutschen zu verbessern. Auch Röhrenlieferungen in den Ostblock und Bezug von Erdgas dorther.

Kanzler Kohl (1981-98) und Außenminister Genscher führten im teilweisen Gegensatz zu den USA die Entspannungspolitik gegenüber dem Osten fort - wenn auch unter forcierter Betonung der Menschenrechtsfrage vorrangig in der DDR - und empfingen so 1987 den SED-Chef Honecker 1987 in Bonn. Allerdings wurden auch 1983 die US-Pershing-Raketen in Westdeutschland stationiert, die Helmut Schmidt noch zur Schließung der Mittelstreckenraketenlücke gegenüber der UdSSR gefordert hatte, womit er sich aber in der tendenziell pazifistischen SPD unter Brandt als Vorsitzendem und gegenüber der linksradikal geprägten Friedensbewegung nicht durchsetzen konnte und u.a. daher nun von der FDP unter dem freidemokratischen Außenminister Genscher (1974-92) gestürzt wurde, was zur CDU/CSU-FDP-Koalition 1981-98 führte.

Infolge des sich anbahnenden wirtschaftlichen Kollapses der UdSSR, infolge der Reformen der KPdSU unter KP-Chef Gorbatschow und infolge der umfangreichen Abrüstungen zwischen den USA und der UdSSR wurden die Raketen 1987 wieder abgebaut; was die Langstreckenwaffen betrifft, z.T. gegen den Willen der CSU und dem rechten Flügel der CDU um Dregger, die befürchteten, dass die BRD gegenüber dem Ostblock erpressbar würde, wenn sie nicht mehr durch die Interkontinentalraketen der USA geschützt würde und nur noch auf kurzstreckige Waffen zurückgreifen könne, wenn überhaupt. (Dregger: „Je kürzer die Waffen, um so töter die Deutschen.“) Ein Krieg mit Kurzstreckenwaffen würde nur auf deutschem Territorium stattfinden und die Deutschen töten, die Supermächte könnten sich auf ihren Kontinenten zufrieden und passiv zurücklehnen.

Die von Kohl gemeisterte Wiedervereinigung brachte ihn und seine Nachfolger zunehmend in eine neue Lage:

SICHERHEITSPOLITIK SEIT DER WIEDERVEREINIGUNG

- Auch und erst das wiedervereinigte Deutschland bleibt voll mit seiner Bundeswehr in der NATO integriert, untersteht faktisch deren Kommando.

- Weitere EU-Integration: Einführung des Euro, vor allem auf Drängen Frankreichs, Verlust der währungspolitischen Souveränität, Nord- und Osterweiterung der EU, Reform der EU-Institutionen, Vorantreiben des EU-Verfassungsprojektes

- verstärktes weltpolitisches Engagement der Bundeswehr in Krisengebieten in aller Welt über die EU und über die NATO, z.T. auch über die UN (Mit-Finanzierung des UN/USA-Krieges zur Befreiung Kuwaits 1991 von den irakischen Eroberern, Vermittlungen in den Kriegen im ehemaligen Jugoslawien, z.T. taktisch motiviert so seitens von Außenminister Genscher, der vor der EG Kroatien noch 1991 als eigenständigen Staat völkerrechtlich anerkannte, um den Bürgerkrieg zu verhindern, wohl aber auch, um die alte Freundschaft zu diesem Staat wiederzubeleben; Kosovo-Krieg der SPD/ Grünen-Regierung Schröder und der NATO – ohne Zustimmung des UN-Sicherheitsrates, Beteiligung am UN-Einsatz zum Sturz des Taliban in Afghanistan 2001 gegen Widerstände des linken Flügels der SPD und von Teilen der Grünen; allerdings offene und offensiv betriebene Ablehnung von Gerhard Schröder/ Joseph Fischer gegenüber dem Irak-Krieg der USA u.a. 2003. Dadurch wurden die deutsch-amerikanischen Beziehungen erheblich gestört, zumal persönliche Animositäten dazu kamen und die Bundesregierungen in den anderen Krisenherden eher nur entwicklungspolitisch. und nicht militärisch aktive deutsche Soldaten einzusetzen bereit ist, was von den anderen Nato-Staaten als Feigheit interpretiert wird. Erst unter der christdemokratischen Kanzlerin Merkel entspannte sich die Lage gegenüber den USA wieder, die sich vermehrt auch in der internationalen Umweltpolitik engagierte, die EU-Umsetzung des Kyoto-Protokolls von 1997 zur Reduzierung der CO_2-Gase mitbewirkte und nun Kyoto-Folgeabkommen auf den Weg bringen will .- und dazu sogar den sehr zögerlichen US-Präsidenten George W. Bush ansatzweise bewegen konnte.

- engere, auch militärpolitische, z.T. antibritisch und antiamerikanisch motivierte Kooperation mit Frankreich im Rahmen der EU und der NATO, weil Frankreichs Machtstellung als Atommacht nach dem Untergang der UdSSR 1991 und dem Bedeutungsverlust von Atomwaffen überhaupt reduziert und die der Deutschen analog dazu gewachsen war.

- Aufbau einer EU-Eingreiftruppe von 60.000 Mann seit 2000 (erster Einsatz z.B. im Kongo-Bürgerkrieg im Jahre 2005/06)

- verstärktes Streben nach weltpolitischer Mitsprache im UN-Sicherheitsrat durch den zuweilen auftrumpfenden „grünen“ Außenminister Joseph Fischer (1998-2005), der vergeblich einen ständigen deutschen Sitz im UN-Sicherheitsrat durchsetzen wollte und ebenso vergeblich im Nahost-Konflikt zu vermitteln können meinte. Erst der Nachfolger Steinmeier als Außenminister schlug hier wieder einen realistischen Kurs ein.

- Kooperationen in der Terrorabwehr mit fast allen Staaten, bis in die zentralasiatische Staatenwelt hinein, z.T. über die Innenministerkonferenz der EU gemäß dem Maastrichter Vertrag von 1994, der die außen-, innen- und migrationspolitische Zusammenarbeit in der EU stark ausbaute, wenn auch weitgehend ohne Mehrheitsentscheidungen (u.a. Errichtung der europäischen Polizeibehörde EUROPOL, die aber keine exekutive Polizeifunktionen hat und nur Daten austauschen darf.); auch über die OSZE und andere internationale Organisationen und über eine intensivierte Kooperation der Geheimdienste.

Außenpolitische Entscheidungsprozesse

Das deutsche Regierungssystem ist insbesondere in der Außenpolitik durch die Bestimmungen des Grundgesetzes sehr auf den Kanzler zentralisiert, der zumindest noch mehr als der Außenminister hier aktiv ist, unter anderem weil das eine parteipolitisch wichtige Profilierungsmöglichkeit ist und weil nur der Kanzler auf den EU- und G8-Gipfeln vertreten ist. Das ist jedoch je nach Persönlichkeiten unterschiedlich: Außenminister Brandt war fast so stark wie Kanzler Kiesinger, während Brandt als Kanzler weitaus einflussreicher war als Außenminister Scheel von der FDP. Hier war sogar der Brandt-Beauftragte E. Bahr eine zentrale Kraft, einer Art von grauer Eminenz, der auch 1970 die Verhandlungen in Moskau führte. In Krisensituationen zentralisiert sich der Entscheidungsprozess noch mehr. Adenauer realisierte seine Politik der Westintegration am Kabinett und am Bundestag vorbei, anders wäre er nicht so erfolgreich gewesen, denn nur einheitlich konnte man mit den westlichen Alliierten verhandeln. Die wichtigen Entscheidungen der Ostpolitik 1969-1973 wurden von Brandt, Bahr, Scheel und Duckwitz getroffen. Ähnlich ist es heute, die Wiedervereinigung wurde von Kohl und Genscher gemanagt.

Das ist allerdings nur deshalb möglich, weil unter allen großen deutschen Verbänden (BdI, DGB) und Parteien, auch der FDP, ein breiter Konsens über die Westintegration besteht. Deutschland lebt vom Export, und braucht daher überall Freunde und offene Märkte. Die Grünen, die CSU und die Linke, aber auch Rechtsradikale sind allerdings z.T. globalisierungskritisch, weil sie durch weltwirtschaftliche Verflechtungen die nationale Selbstbestimmung gefährdet glauben. Die CSU drohte sogar 1997 damit, den Euro abzulehnen, was durch den Einsatz des CSU-Finanzministers Waigel verhindert wurde. Die Bevölkerungsmehrheit ist zwar der Westbindung gegenüber nicht abgeneigt, neigt aber vor allem in Ostdeutschland und seit den 1950ern traditionell unter Protestanten zum Pazifismus. Daher wird auch eine Berufsarmee diskutiert (wohl aber nicht verwirklicht werden.) Deutschland wird auch in Zukunft angesichts seiner Exportinteressen und der Freundschaft zum Westen diesen Kurs nicht verlassen können und wollen, wobei es allerdings darauf ankommen wird, Russland stets einzubinden und nicht zu verprellen.

LITERATUR (VERWENDETE & WEITERFÜHRENDE)

Bellers, Jürgen: Deutschland. in: Neu, Michael/ Gieler, Wolfgang/ Bellers, Jürgen (Hrsg.): Handbuch der Außenwirtschaftspolitiken: Staaten und Organisationen, Afrika, Amerika, Asien, Europa, Ozeanien, Teilband 2. Münster 2004, S. 648-655.

Behring, Rainer: Demokratische Außenpolitik für Deutschland: die außenpolitischen Vorstellungen deutscher Sozialdemokraten im Exil 1933 – 1945. Düsseldorf 1999.

Bettuege, Reinhard (Hrsg.): Außenpolitik der Bundesrepublik Deutschland. Dokumente von 1949 bis 1994. herausgegeben aus Anlass des 125. Jubiläums des Auswärtigen Amts. Köln 1995.

Bierling, Stephan: Die Außenpolitik der Bundesrepublik Deutschland. Normen, Akteure, Entscheidungen. München 2005.

Bredow, Wilfried: Die Außenpolitik der Bundesrepublik Deutschland. Eine Einführung. Wiesbaden 2006.

Cieslik, Thomas: Die DDR - nur ein Spielball der Sowjetunion? Analyse der internationalen Beziehungen zwischen Ostberlin und Moskau. in: Timmermann, Heiner (Hrsg.): Die DDR in Europa - zwischen Isolation und Öffnung. Münster 2005, S. 100-115.

Foth, Rolf-Barnim: Die Sowjetdeutschen im Spannungsfeld von Innen- und Außenpolitik der UdSSR und der Bundesrepublik Deutschland. Etappen einer gescheiterten Nationalitätenpolitik. Berlin 1996.

Kilian, Werner: Die Hallstein-Doktrin. Der diplomatische Krieg zwischen der BRD und der DDR. Berlin 2001.

Lehmann, Hans-Georg: Deutschland-Chronik 1945-1995. Bonn 1995.

Maull, Hans W.: Die prekäre Kontinuität. Deutsche Außenpolitik zwischen Pfadabhängigkeit und Anpassungsdruck. in: Schmidt, Manfred G./ Zohlnhöfer, Reimut (Hrsg.): Deutschland, Innen- und Außenpolitik seit 1949. Wiesbaden 2006, S. 1-28.

Muth, Ingrid: Die DDR-Außenpolitik 1949-1972. Berlin 2000.

Oppelland, Torsten: Federal Republic of Germany. in: Gieler, Wolfgang/ İnat, Kemal/ Kullmann, Claudio (Hrsg.): Foreign Policy of States, A Handbook on World Affairs, Istanbul 2005, S. 176-188.

Rosenthal, Claudius: Deutschland. in: Bellers, Jürgen/ Benner, Thorsten/ Gerke, Ines M. (Hrsg.): Handbuch der Außenpolitik - von Afghanistan bis Zypern. München 2001, S. 53-66.

Schöllgen, Gregor: Die Außenpolitik der Bundesrepublik Deutschland. Von den Anfängen bis zur Gegenwart. 3. erweiterte und akt. Aufl. München 2004.

Scholtyseck, Joachim: Die Außenpolitik der DDR. München 2003.

Die DDR und Europa. in: Timmermann, Heiner (Hrsg.): Die DDR in Europa – zwischen Isolation und Öffnung. Münster 2005, S. 88-99.

ESTLAND

Wolfgang Gieler & Konstanze Löffler

Historische Grunddaten

1721	Eroberung durch Russland
1918	Unabhängigkeitserklärung Estlands (von Russland), kurzzeitige Besetzung durch Deutschland
1934	Diktatur unter Päts
1940	Besetzung durch die UdSSR
1941-1944	Besetzung durch Deutschland
1988	Souveränitätserklärung
1991	Unabhängigkeitserklärung Estlands (von der UdSSR), Beitritt OSZE, Beitritt UN
1993	Beitritt Europarat
1994	russische Truppen verlassen endgültig das Land
1996	Endgültige Grenzfestlegung zu Russland scheitert an Frage des Minderheitenschutzes im Land
1999	Beitritt WTO
2004	Beitritt Europäische Union, Beitritt NATO

Länderdaten

Name: Eesti Vabariik/ Republik Estland, **Hauptstadt:** Tallinn/ Reval (396.000 Einwohner (2006)), **Regierungsform:** Republik (seit 1991), **Größe:** 45.227km^2, **Einwohnerzahl:** 1.315.912 (2007), **Landessprache:** Estnisch, **BSP pro Kopf:** 19.600 USD (2006), **Mitgliedschaft in Europäischen Organisationen:** CBSS, EAPC, EBRD, ECE, EU, Europarat, PfP, OSZE, WEU, **Mitgliedschaft in Internationalen Organisationen:** NATO, UN, WTO

Nach Jahrhunderten der russischen Besatzung erklärte Estland am 28. Februar 1918 seine politische Unabhängigkeit. In den darauf folgenden Jahren wurde die Integrität der jungen Republik von deutschen und russischen Kampftruppen herausgefordert. Während des Freiheitskrieges von 1919 - 20 konnte die estische Armee die russischen und die deutschen Regimenter besiegen. Am 2. Februar 1920 ließ die UdSSR die Ansprüche auf Estland fallen und akzeptierte die Grenzen (Friedensvertrag von Tartu). Im Jahre 1920 konzentrierten sich die estischen Politiker auf innerstaatliche Angelegenheiten, wie die Nationenbildung und die wirtschaftliche Konsolidierung. Dennoch gab es Bemühungen eine regionale Zusammenarbeit aufzubauen.

Zusammen mit Polen, Finnland und Lettland unterzeichnete Estland 1922 einen Vertrag über die Aufnahme engerer Sicherheitsverbindungen, aber diese Bestrebungen schlugen fehl, da Finnland diesem Vertrag nicht zustimmte. Dennoch versuchten die baltischen Staaten 1930 erneut ihre Beziehungen zu verbessern und eine Entente zu bilden. Die maßgebliche Absicht war allerdings, eine Verteidigungszone gegen die UdSSR zu errichten. Jedoch hatten die baltischen Kooperationen damals keinen Erfolg. Die Bedrohungen durch die UdSSR und Deutschland waren zu groß, so dass jedes Land versuchte, seine eigenen Übereinkünfte mit der UdSSR oder Deutschland zu treffen. Natürlich wusste keines dieser Länder von den geheimen Vorkehrungen des Hitler-Stalin Pakts von 1939.

Im Jahre 1940 verlor Estland seine Eigenständigkeit, als es letztendlich durch den Einmarsch der Roten Armee mit der UdSSR vereinigt wurde. Diese Vorkommnisse wurden von den USA und großen Teilen Westeuropas nicht wahrgenommen. 1941 besetzten deutsche Truppen Estland bis sie 1944 von der Roten Armee besiegt wurden. Die außenpolitischen Richtlinien der Estischen Sozialistischen Sowjetrepublik wurden mehr oder weniger ganz von Moskau aus kontrolliert. Außerdem hatte ein Prozess der umfassenden Russifizierung, einschließlich der Unterdrückung der estischen Sprache und Kultur sowie eine erhebliche Einwanderung von Russen stattgefunden. Die UdSSR brauchte die baltischen Staaten nicht nur deren Territorien wegen und um verstärkt Einfluss im Baltikum ausüben zu können, sondern sie sahen auch eine Möglichkeit darin, von den bereits bestehenden industriellen Strukturen der baltischen Staaten zu profitieren. Besonders die nord-östlichen Teile Estlands sind noch heute als russische Enklaven bekannt, bspw. sind in den Städten Narva oder Siljamäe 90 Prozent der Bevölkerung Russen. Der Anteil der russischen Bevölkerung stieg in den 1970er und 1980er Jahren erneut an als auch freiwillige Einwanderer nach Estland kamen.

Im August 1987 kamen in Tallinn erste politische Proteste auf. Darauf folgte die „singende Revolution“ - ermöglicht durch die Glasnost- und Perestroika-Politik von Michail Gorbatschow. Die institutionelle Lockerung von Moskau begann im November 1988, einschließlich der Souveränitätserklärung und der Gründung des estischen Kongress. Estland erklärte letztlich am 24. August 1991 seine politische Unabhängigkeit, gefolgt von einer umfassenden internationalen Anerkennung (Russland am 24. August und die UdSSR am 6. September). Die letzten russischen Truppen verließen Estland im August 1994.

Die neu erreichte Unabhängigkeit führte dazu, dass Estland seine eigentliche Zugehörigkeit überdachte. Estland gehört weniger stark zum russischen „kulturellen Einflussbereich" als andere ehemalige Sowjetrepubliken; die Periode kommunistischer Herrschaft wird von vielen Esten noch immer als Inbesitznahme angesehen. Selbst heute gibt es noch Diskussionen über die Beschaffenheit Estlands: ist es ein nordisches Land wie bspw. Schweden und Finnland oder ist es wie Lettland und Litauen ein baltisches Land? Das Land hat jedoch entschieden, den europäischen Weg zu gehen mit der Zielsetzung einer umfassenden institutionellen Integration. Infolgedessen war die Mitgliedschaft in der GUS nie ein Thema in Tallinn.

Auf Grund der estischen Geschichte haben immer enge Beziehungen zu Skandinavien, besonders zu Schweden und zu Deutschland bestanden. Im letzten Jahrzehnt sind diese Beziehungen wieder neu entdeckt worden. Die so genannte „nordische Ausdehnung" der EU war eine finnische Initiative um die Aufmerksamkeit der EU auf die Region am baltischen Meer zu lenken. Diese Entwicklung wurde von Estland willkommen geheißen, da Estland sich sehr verbunden zu Schweden und Finnland fühlt. Besonders Finnland wird als „ausgereifter Bruder" angesehen, der zudem Estlands wichtigster Geschäftspartner ist. Die nordischen EU Länder unterstützten die estischen Bemühungen sich in die europäischen Institutionen zu integrieren, wodurch Estland auch als erster baltischer Staat EU Beitrittskandidat wurde.

Obwohl unterzeichnete Zusammenarbeitsvereinbarungen mit Lettland und Litauen bestehen sind die Beziehungen zwischen den Ländern eher durch Konkurrenzkampf denn von Zusammenarbeit gekennzeichnet. Obgleich die Regierungen und Parlamentarier der drei baltischen Staaten sich regelmäßig treffen um gemeinsame Probleme und Angelegenheiten zu besprechen. Es besteht zunehmend auch eine beachtlich ausgeprägte militärische Zusammenarbeit (BALTRON, BALNET). Nachdem Estland seine Unabhängigkeit und Souveränität wieder gewonnen hatte wurden die Beziehungen zu Russland gelockert. Estlands Außenpolitik richtet sich hauptsächlich auf den Norden Europas und die EU. Die estische Wirtschaft hat ebenfalls begonnen sich auf die EU auszurichten.

Darüber hinaus litten die Beziehungen zu Russland unter zwei Hauptproblemen. Erstens waren die Grenzen zwischen den beiden Ländern nicht endgültig festgelegt. Estland besteht auf die Grenzziehung wie sie 1920 im Tartuer Friedensabkommen vereinbart wurde, wohingegen Moskau diesen Anspruch verweigert, weil das bedeuten würde Teile des russischen Territoriums an Estland abzutreten. Russland verweigert bis heute die Unterzeichnung und Bestätigung der im Dezember 1996 gemeinsam beschlossenen Grenzvereinbarung. Hinzu kommt, dass die Sicherheit an der russisch-estischen Grenze ein weiteres Problem für die Beziehungen darstellt. Organisierte Kriminalität, illegale Einwanderung und Drogenschmuggel - ausgehend von Russland - sind die Hauptbelange der Sicherheitspolitik, besonders was die Sicherheit der EU-Grenzen und die zukünftige Einbeziehung Estlands in das Schengen Regime anbelangt.

Das zweite Problem bezieht sich auf die in Estland lebende russische „Minderheit" und die Frage der Staatsbürgerschaft. Die Angst vor der russischen kulturellen und politischen Vorherrschaft ist seit dem Ende des 19. Jahrhunderts präsent. Dieses kulturelle Bewusstsein könnte den grundlegenden Argwohn der Esten gegenüber den Russen erklären, genau wie die starke politische Orientierung in Richtung Westen. Die Beziehungen zwischen Moskau und Tallinn sind auch heute noch beeinflusst von den unterschiedlichen Meinungen bezüglich der Integration der russisch sprechenden „Minderheit" in Estland. Dennoch versucht Estland die gut - nachbarschaftlichen Beziehungen zu Russland, genau wie die anderen ehemaligen Sowjetrepubliken, wie die Ukraine und Weißrussland, aufrechtzuerhalten.

Nachdem die UdSSR die Estische Unabhängigkeit im Jahre 1991 anerkannt hatte, wurde das Land im selben Jahr in die UNO aufgenommen. 1993 wurde Estland ein Mitglied im Europarat. Bereits 1992 wurde die CBSS gegründet. Diese zwischenstaatliche Organisation beschäftigt sich mit allgemeinen Problemen der Region am baltischen Meer und bemüht sich die regionalen Zusammenarbeiten voranzubringen. Der Rat hat auch die Absicht mit NGOss zusammenzuarbeiten, insbesondere mit den Umwelt- und Kulturorganisationen. CBSS war ein wichtiges Forum für die Diskussion der Angelegenheiten von Minderheiten zwischen Russland und den baltischen Staaten. Außerdem erleichtert die Organisation die nördliche Ausdehnung der EU (die EU-Kommission besitzt einen Zuschauerstatus).

Jedoch sind die wichtigsten internationalen Institutionen für Estland die EU und die NATO. Die Unterhandlungen mit der EU haben im Jahre 1992 bereits mit dem Ergebnis einer Partnerschaft und Zusammenarbeitsvereinbarung begonnen. Darauf folgten eine Freihandelsvereinbarung im Jahre 1994 und eine Interessensvereinigung im Juni 1995. Im selben Jahr beantragte Estland eine vollständige EU-Mitgliedschaft. 1997 schlug die EU Kommission Estland als einen Kandidaten für die zukünftige EU-Erweiterung vor. Der schnelle politische und wirtschaftliche Wechsel waren ein Grund für die gute Ausgangsposition Estlands bei der EU-Erweiterung. 2004 wurde Estland letztlich ein Mitglied der EU. Obwohl die Mehrheit der Bevölkerung 2003 den Beitritt in einem Referendum unterstützte, sind die Menschen nur in Maßen optimistisch. Außerdem herrscht das grundlegende Gefühl, keine andere Wahl zu haben. Des Weiteren ist der Unterschied zwischen den Esten und der russischen Minderheit bezeichnend. Die Esten sind skeptisch, die Russen hingegen begrüßen den Beitritt, weil sie sich durch die EU eine Unterstützung ihrer Rechte erhoffen.

Die estischen Ausländerbeauftragten betonen die Unterscheidung zwischen sanften und strengen Sicherheiten, wobei die EU als Verfechter von sanfter Sicherheit und die Nato-Mitgliedschaft als strenge Sicherheit gilt. Ähnlich wie andere Ost- und Süd-Osteuropäische Länder hat Estland in Sicherheitsfragen seinen Hauptaugenmerk immer auf die NATO gelegt. Obwohl das Land sich an der ESVP beteiligt, ist diese Größe der EU den transatlantischen Bindungen deutlich untergeordnet. Infolgedessen versucht Estland jede Überschneidung von NATO und ESVP-Strukturen zu vermeiden. Estlands Integration in die NATO begann im Februar 1994, als das Land dem Bündnis des PfP-Programms beitrat. Im November 2002 lud die NATO Estland zu Beitrittsverhandlungen ein. Das Land wurde letztlich am 29. März 2004 in das Bündnis aufgenommen. Diese Erweiterung führte zu reichlich Diskussionsstoff, besonders in Russland. Für Estland bedeutet eine NATO- Mitgliedschaft Schutz des eigenen Territoriums und die Unabhängigkeit, zudem die definitive Emanzipation von Russland. In diesem Zusammenhang zeigte Estland viele Sympathien für die USA und unterstütze 2003 die USA bei der Invasion des Iraks - ferner unterschrieb Estland den „Vilnius 10", welcher viel Kritik von Seiten der EU mit sich zog, besonders von Frankreich und Deutschland.

Der Außenpolitische Entscheidungsfindungsprozess ist durch einige rechtsstaatliche Institutionen festgelegt. Das „Riigikogu", das estische Parlament, ist die beschlussfasende Institution, besonders im Bezug auf die diplomatischen Beziehungen. Es umfasst etliche Ausschüsse die sich mit auswärtigen Angelegenheiten befassen. Die Regierung Estlands ist eine weitere wichtige Institution im außenpolitischen Entscheidungsfindungsprozess; der Premierminister hat die Befugnis, Richtlinien festzulegen. Letztlich repräsentiert jedoch der Präsident die Nation im Ausland und hat deshalb auch die Befugnis, eine Kriegserklärung in die „Riigikogu" einzubringen.

In Zukunft werden sowohl die EU als auch die NATO weiterhin die Hauptfaktoren in Estlands Außenpolitik sein. In naher Zukunft wird sich Estland wahrscheinlich darauf konzentrieren, seine Position in diesen Organisationen zu stärken. Obwohl das Land seine Hauptkriterien des acquis communautaire erreicht hat, muss es sich in einigen Bereichen noch etwas weiter entwickeln. Es erscheint schwierig zu prognostizieren wie Estland die Wichtigkeit von NATO und ESVP abwägen wird. Eine andere perspektivisch zentrale Angelegenheit wird die Grenzsicherheit sein - Estland hat es bisher nicht geschafft, sich dem Schengen Abkommen anzugliedern. Letztlich scheint es jedoch offensichtlich, dass Estland - als eines der kleinsten EU Mitgliedsstaaten - versucht die regionale (nordische sowie baltische) Zusammenarbeit anstatt der Ausweitung seines Einflusses in den EU Institutionen auszubauen.

Literatur (verwendete & weiterführende)

Aalto, Pami: Constructing Post-Soviet Geopolitics in Estonia. London 2003.

Angelstock, Feliks: Estonia. in: Giessmeier, Hans/ Gustenau, Gustav (Hrsg.): Security Handbook 2004: The Twin Enlargement of NATO and EU. Baden-Baden 2004, S. 121-46

Fawn, Rick: Ideology and National Identity in Post-Communist Foreign Policies. London 2003.

Hiden, John/ Salmon, Patrick: The Baltic Nations and Europe: Estonia, Latvia and Lithuania in the Twentieth Century, London 1995.

Kramer, Mark: NATO, the Baltic States and Russia: A Framework For Sustainable Enlargement. New York 2002.

Lieven, Anatol: The Baltic Revolution: Estonia, Latvia, Lithuania and the Path to Independence. London 1994.

Medijainen, Eero/ Made, Vahur: Estonian Foreign Policy at the Cross-Roads. Helsinki 2002.

Moshes, Arkady: The Double Enlargement, Russia and the Baltic States. http://www.dupi.dk/webtxt/http://www.dupi.dk/webdocs/wp200204.pdf, abgerufen am 30.06.2007.

FINNLAND

Florian Feigs

HISTOIRSCHE GRUNDDATEN	
1917	Unabhängigkeitserklärung Finnlands (von Russland)
1918	Bürgerkrieg zwischen bürgerlichen „Weißen“ und sozialistischen „Roten“, Sieg der „Weißen“
1918-1920	Krieg mit Russland
1939-1940	Finnisch-Sowjetischer Krieg
1941-1944	Teilnahme am Zweiten Weltkrieg auf Seiten der Achsenmächte
1945	Kriegserklärung an Deutschland
1948-1992	Finnisch-Sowjetischer Freundschaftsvertrag
1955	Beitritt UN, Beitritt Nordischer Rat
1969	Beitritt OECD, Initiierung der späteren OSZE
1973	Beitritt OSZE, Gaststatus beim RGW
1989	Beitritt Europarat
1995	Beitritt Europäische Union, Beitritt WTO
2002	Einführung des Euro

LÄNDERDATEN

Name: Suomen Tasavalta/ Republik Finnland, **Hauptstadt:** Helsinki (560.905 Einwohner (2005)), **Regierungsform:** Republik (seit 1919), **Größe:** 338.144km^2, **Einwohnerzahl:** 5.238.460 (2007), **Landessprache:** Finnisch, Schwedisch, **BSP pro Kopf:** 32.800 USD (2007), **Mitgliedschaft in Europäischen Organisationen:** CBSS, CERN, EAPC, EBRD, ECE, EIB, ESA, EU, Europarat, NC, OSZE, PfP, WEAG, WEU (Beobachter), WWU, **Mitgliedschaft in Internationalen Organisationen:** UN, WTO

Seit der Unabhängigkeit von Russland 1917 stand Finnland bis 1992 im Spannungsfeld der Großmächte. Die moderne Geschichte des jungen Nationalstaates lässt sich überblicksartig in vier Abschnitte einteilen. Die Außenpolitik kann gerade in der ersten Phase der Unabhängigkeit nicht ohne elementare innenpolitische Aspekte benannt werden, weswegen einige Verweise zu dieser notwendig erschienen. Die Unabhängigkeitserklärung durch den bürgerlichen Politiker Svinhufvud am 6. Dezember 1917 machte Finnland zum ersten Mal in seiner modernen Geschichte selbstständig. Bis zu diesem Zeitpunkt wurde es entweder vom Königreich Schweden (1150-1809) oder vom russischen Zarenreich regiert (1809-1917).

Nach zahlreichen inneren Aufständen zwischen „Roten" und „Weißen" Garden, jeweils die Arbeiter- und die Bürgerklasse repräsentierend, setzten sich die „Weißen", als Vertreter der bürgerlichen Schicht, unter General Mannerheim mit ihren Forderungen nach Selbständigkeit und Unabhängigkeit durch. Hierbei muss erwähnt werden, dass die bürgerliche Bewegung eine nicht unentscheidende militärische Unterstützung aus dem kaiserlichen Deutschland unter Führung von General von der Goltz erhielt. Die Jahre 1917/18 werden bisweilen als Bürgerkriegsjahre bezeichnet, in denen der Konflikt zwischen „Weißen" und „Roten" gewalttätig ausgetragen wurde. Zwar wurde Finnland vom Russischen Zarenreich politisch unabhängig, dennoch blieb die Bedrohung eine Konstante, vor allem bei der Positionierung Finnlands in der Außenpolitik. Die Loslösung Finnlands aus dem Zarenreich steht im direkten Zusammenhang mit dem Niedergang des Zarenreiches und der Russischen Revolution, somit der schwachen Position der UdSSR in ihren Anfangsjahren.

Die Konsolidierung einer parlamentarischen Demokratie erfolgte relativ schnell, vor allem mit Hinblick auf die bürgerkriegsartigen Zustände 1917/18. Auch wenn die Arbeiterbewegung in den ersten Jahren zur stärksten Partei wurde und den einflussreichen Ministerpräsidenten Väinio Tanner stellte, koalierte sie mit den konservativen Kräften um Mannerheim und Paasikivi. Dennoch gab es an den extremen Positionen des politischen Spektrums Kräfte, die erst Ende der 1920er Jahre aufhörten, eine Gefahr für das demokratische System zu sein. Hierzu zählt die Kommunistische Partei, vor allem aber die rechtsextreme „Lapua" Bewegung (benannt nach dem Gründungsort).

Die Bedrohung, von der UdSSR annektiert zu werden, bestimmte seit der Unabhängigkeit die Außenpolitik. Durch die Völkerbundsmitgliedschaft ab 1920 und der Teilnahme am skandinavischen Ministertreffen wurde die Position Finnlands zwar bestärkt, dennoch blieb Finnland eine vertragliche Absicherung durch die Großmächte Frankreich und Großbritannien versagt. Ein Friedensvertrag mit der UdSSR 1920 und der Aufbau der Armee mit Unterstützung Deutschlands in den folgenden Jahren dienten dazu, die Position gegen die UdSSR zu stärken.

Im geheimen Zusatzprotokoll des deutsch-sowjetischen Nichtangriffspaktes von 1939 wurde Finnland der sowjetischen Einflusssphäre zugerechnet. Am 20. November 1939 griff die UdSSR Finnland an und verstieß hiermit gegen internationales Völkerrecht. Obwohl Finnlands Armee im Vergleich recht schwach ausgestattet und zahlenmäßig der Roten Armee unterlegen war, konnte sie dem Angriff lange standhalten, den Krieg aber nicht gewinnen. Internationale Hilfe kam lediglich in humanitärer und finanzieller Form durch die skandinavischen Länder, besonders von Schweden. In diesem so genannten „Winterkrieg" intervenierten Frankreich und Großbritannien trotz angeforderter Hilfe im Völkerbund nicht, allerdings konnte auf internationaler diplomatischer Ebene dennoch der Ausschluss der UdSSR aus dem Völkerbund erwirkt werden. Im Friede von Moskau 1940 wurden die östlichen Gebiete durch die UdSSR annektiert, sowie die Errichtung wichtiger Militärstützpunkte ausgehandelt. Massive Flüchtlingsbewegungen aus den abgetretenen Gebieten Richtung Westen verursachten soziale Ungleichgewichte in der ländlich dominierten Gesellschaft Finnlands.

Beim Angriff auf die UdSSR, dem so genannten Unternehmen „Barbarossa", trat Finnland an die Seite Nazi-Deutschlands, wodurch die im „Winterkrieg" verlorenen Gebiete unter der Führung des Marschalls Mannerheim zurückerobert wurden. Die Anwesenheit deutscher Truppen in Finnland verhinderte aber einen angestrebten Austritt aus dem Kriegsgeschehen. Die im „Winterkrieg" abgetretenen Gebiete, wurden mit dem Angriff der Roten Armee 1944 endgültig der UdSSR zugesprochen. Am 9. September 1944 wurde der Waffenstillstand in Moskau unterzeichnet, in dem Finnland sich verpflichtete, 300 Mio. USD an Reparationsleistungen an die UdSSR zu zahlen.

Die unmittelbare Nachkriegszeit wurde vornehmlich durch die Konsolidierung der finnisch-sowjetischen Beziehungen bestimmt. Die real existierende Bedrohung, das gleiche Schicksal wie die mittel- und osteuropäischen Staaten zu erleiden, ein Satellitenstaat der UdSSR zu werden, war die größte Herausforderung in der Außenpolitik der Nachkriegszeit. Im April 1948 wurde ein Freundschaftsvertrag von Stalin und Paasikivi unterzeichnet, der einerseits die Neutralität und unabhängige Existenz Finnlands garantierte, aber andererseits auch eine wirtschaftliche Unterstützung durch die Westmächte untersagte. Dieser Freundschaftsvertrag bildete die existenzielle Grundlage für die finnisch-sowjetischen Beziehungen, die bis 1991 in dieser Form erhalten blieb. Er sah u.a. diplomatische und militärische Konsultationen in Konfliktfall vor, was nicht ohne Komplikationen blieb. Auch wenn sich die Beziehungen zur UdSSR durch diesen Freundschaftsvertrag maßgeblich stabilisierten, kam es dennoch 1958/59 und 1961 zu zwei ernsthaften Krisen. Auf die Hintergründe der Neutralitätspolitik, der so genannten „Paasikivi-Kekkonen- Linie" wird im Folgeabschnitt näher eingegangen.

Obwohl die finnisch-sowjetischen Beziehungen eine existenzielle Priorität hatten, versuchte Finnland die Beziehungen im Rahmen des von Moskau Geduldeten zu erweitern. So trat Finnland schon 1949 dem GATT-Abkommen (General Agreement on Tariffs and Trade) bei und wurde 1955 Mitglied im Nordischen Rat, sowie Mitglied der Vereinten Nationen im selben Jahr. Die Einbindung in eine gemeinsame europäische Wirtschaftspolitik wurde durch eine assoziierte Mitgliedschaft im europäischen Freihandelsabkommen EFTA von 1961 gesichert. Allerdings sei vermerkt, dass Finnland einen Sonderstatus zugesprochen wurde, der nur durch Zustimmung der UdSSR erwirkt werden konnte. Die Mitglieder der EFTA, inklusive Finnland, unterzeichneten 1973 einen Vertrag zur Europäischen Wirtschaftsgemeinschaft EWG. Finnland wurde dann 1989 auch in den Europäischen Rat aufgenommen, was die Marschrichtung in Richtung EG/ EU deutlich anzeigt. Dies wurde allerdings nur durch die reformorientierte Haltung Gorbatschows möglich. Die Einbindung in die europäischen Verträge und Abkommen hatten einen nicht unerheblichen positiven Einfluss auf die rasche sozi-ökonomische Entwicklung Finnlands in den 1950-1970er Jahren, von einer agrarisch dominierten Gesellschaft hin zu einer Industrie und Dienstleistungsgesellschaft.

Um das Gleichgewicht zum Beitritt der europäischen Wirtschaftsgemeinschaft 1973 auch auf Seiten der finnisch-sowjetischen Beziehungen herzustellen, unterzeichnete Finnland den Vertrag zur Gegenseitigen Wirtschaftshilfe RGW, in dem die sozialistischen Staaten unter der Führung der UdSSR in einem Wirtschaftsverbund zusammen gefasst waren, noch im selben Jahr. Bei den Wirtschaftsbeziehungen stand die UdSSR als wichtigster Handelspartner an erster Stelle noch vor Schweden, Großbritannien, der BRD und den USA, deren Bedeutung jedoch ab Mitte der 1980er Jahre stetig anwuchs.

Als Rückrad der finnisch-sowjetischen Beziehungen diente bis 1991 der dreimalig verlängerte Freundschaftsvertrag mit der UdSSR von 1948, der auch nach dem Rücktritt Kekkonens 1983 noch um zwanzig Jahre verlängert, dann aber nach dem Zusammenbruch der UdSSR 1992 umgeschrieben wurde. Finnland war als einziges Land Europas in dieser Mittelposition, höchstes Vertrauen bei gleichzeitiger existenznotwendiger Bindung an die UdSSR zu genießen und sich dem europäischen Integrationsprozess nicht zu entziehen. Diese Position diente nicht zu letzt auch der Stabilisierung des Friedens im Norden Europas während des Kalten Krieges.

Mit dem Zusammenbruch der UdSSR 1991 änderten sich die Prioritäten der finnischen Außenpolitik fundamental - eine Umorientierung hin zur europäischen Integration findet seitdem statt. Die Neutralitätspolitik, das Schweben zwischen den Einflusssphären, wurde nun obsolet. Der Freundschaftsvertrag mit der UdSSR wurde 1992 zu einem Nachbarschaftsvertrag mit Russland umgeschrieben, womit der über 44 Jahre lang die Außenpolitik bestimmende Vertrag mit der UdSSR hinfällig wurde. Allerdings hatten die Auflösung des Rates für gegenseitige Wirtschaftshilfe und der Zusammenbruch der russischen Wirtschaft für Finnland dramatische wirtschaftliche Auswirkungen. Hohe Arbeitslosigkeit, Handels- und Finanzkrise waren, neben innenpolitisch bedingten Finanzschwierigkeiten, auch eine verzögerte Folge des Wegfallens eines der wichtigsten Handelspartner. Dies bedeutete einerseits eine kurzfristige Gefährdung des Wohlfahrtsstaats, bot aber nach der Umorientierung Richtung Westen eine Chance den Integrationsprozess zur Europäischen Union zu beschleunigen.

Durch die schon bestehende Einbindung in die europäischen Verträge wurde eine gute Ausgangsbasis für den Beitritt geschaffen. 1994 votierten die Finnen mit einer knappen Mehrheit von 57 Prozent für den Beitritt zur Europäischen Union. Die Finanz- und Bankenkrise in den Jahren 1992/93 wurde überwunden, sodass die finnische Wirtschaft stabil genug war, um dem Europäischen Währungssystem 1999 beizutreten. Die Rolle der skandinavischen Staaten innerhalb der EU wird als eher „...traditionell und kompliziert"beschrieben, was auf die starken Souveränitätsbestrebungen innerhalb der Union abzielt. Nach dem Zusammenbruch der UdSSR konnte Finnland eine echte eigenständige Außenpolitik betreiben, was bei der akzentuierten Unterstützung der europäischen Integration deutlich wird. Die Schwerpunkte der europäischen Integrationspolitik liegen vor allem bei der Befürwortung der 2004 erfolgten Osterweiterung und einer europäischen Sicherheits- und Verteidigungspolitik.

Wenn man die Paradigmen der Außenpolitik charakterisiert, dann bilden die Neutralitätspolitik und die Sicherheitspolitik schon seit 1948 zwei wesentliche Elemente. Die Integration in die westlichen Bündnissysteme wird ab den 1970ern mit zunehmender Wichtigkeit vor allem im europäischen Kontext verfolgt. Die Existenz Finnlands ist vor allem in den Anfangsjahren des Kalten Krieges vom Wohlwollen der UdSSR determiniert. Sowohl Juho Paasikivi, der Finnische Präsident 1946-1956, als auch sein langjähriger Nachfolger Urho Kekkonen (1956-1983) verfolgten eine Außenpolitik, bei der die Gefahr einer sowjetischen Okkupation durch eine Annäherung an die UdSSR mittels Freundschaftsverträgen gebannt werden sollte.

Wie schwierig dieser Balanceakt war, zeigt sich paradoxerweise darin, dass Finnland sich mit einem solchen Vertrag, erstmalig ab 1948, immer mehr Freiraum für eine eigenständige und westlich integrative Außenpolitik erwarb. Die UdSSR hatte weitreichenden Einfluss in die finnische Politik nach dem Sieg der Roten Armee 1944. Zwei elementare Krisen 1958/59 und 1961 in den finnisch-sowjetischen Beziehungen zeigten, wie groß diese sowjetische Einflussnahme war. 1958/59 kam es bei Parlamentswahlen zu einer Koalition, die einen Kritiker der Sowjetpolitik zum Ministerpräsidenten wählte. Nikita Chruschtschow setzte den Präsidenten Kekkonen unter Druck, sodass dieser das Parlament auflösen lies. Diese so genannte „Nightfrost-Crisis" ist allerdings auch im Zusammenhang mit der NATO Erweiterung zu sehen. Für die UdSSR war Finnland in den 1950er Jahren Verhandlungsmasse, die dem sich erweiternden NATO-Bündnisses entgegengestellt wurde. Diese Bedrohung für die UdSSR wurde durch den Beitritt Dänemarks und Norwegens zur NATO ausgelöst. Der zweite, als „Note-Crisis" bezeichnete Konflikt in den finnisch-sowjetischen Beziehungen ereignete sich 1961, als militärischer Beistand, wie im Freundschaftsvertrag von 1948 festgehalten, durch die sowjetische Regierung gefordert wurde.

Beide Krisen zeigen, in welcher Lage sich Finnland in den 1950er und 1960er Jahren befand. Die Schwierigkeit bestand darin, unter Annäherung an die UdSSR, eine gewisse Unabhängigkeit von ihr zu erlangen. Das Zitat Paasikivis zur angebotenen Hilfe durch das amerikanische Aufbauprogramm des Marshall-Plans nach Ende des Zweiten Weltkrieges macht dies deutlich: „The Marshall Plan was designed to save Europe from communism, but Finland may have saved herself from communism by saying no to the Marshall Plan". Durch eine solche Unabhängigkeit wurde eine aktivere Rolle bei der Integration in westliche Bündnisse erst möglich. Es wird darüber debattiert, ob diese erste Phase der finnischen Außenpolitik, die durch die Priorisierung der finnisch-sowjetischen Beziehungen bestimmt war, überhaupt als Neutralitätspolitik zu werten ist.

Dass Finnland einen neutralen, also einen zwischen den Großmächten stehenden Kurs, anpeilte, wurde dann Ende der 1960er und Mitte der 1970er sehr deutlich. Einerseits die Mitgliedschaft in der Europäischen Wirtschaftsgemeinschaft und andererseits der den Ausgleich markierende Beitritt zum RGW verdeutlichen eine Neutralitätspolitik. Diese Haltung wurde vor allem bei westlichen Politikern nicht immer anerkannt. Sowohl J. F. Dulles, amerikanischer Staatssekretär 1954, als auch J. F. Kennedy, amerikanischer Präsident 1961, kritisierten die finnische Haltung zwischen den Bündnissystemen zu stehen. Franz Joseph Strauß, deutscher CSU Politiker, prägte hierzu den negativ aufgeladenen Begriff der „Finlandisierung". Die Gegner dieser Neutralitätspolitik führten das Argument ins Feld, dass es in diesem Kalten Krieg keine neutrale Haltung geben könne. Mit dieser Appeasementpolitik würde eine klare Zusage an den Kommunismus gemacht werden.

Einzigartig blieb die Position Finnlands bei diesem Spiel der Kräfte dennoch. So kam es in Folge dieser Neutralitätspolitik beispielsweise zu der Anerkennung sowohl der BRD als auch der DDR. Nach dem Zusammenbruch der UdSSR veränderte sich die Priorisierung der außenpolitischen Ziele drastisch. Zwar ist Russland weiterhin ein Schwerpunkt der finnischen Außenpolitik, tritt allerdings hinter anderen Schwerpunkten deutlich zurück. Finnland versucht, seine geographische Lage im Kontext der Europäischen Union zu nutzen, um die Beziehungen zwischen der EU und Russland zu vertiefen. „So kann Finnland als Kenner der lokalen Bedingungen besser als andere westliche Länder Hilfe zum Aufbau in Russland leisten...". Vor allem im Bildungs-, Kultur- und Umweltbereich sind diese von Bedeutung. Zwar ist Finnland wieder ein wichtiger Handels- und Finanzpartner, die heutige Orientierung Finnlands liegt aber eher in der ökonomischen Integration in westlichen Märkten.

Ein weiterer Schwerpunkt der finnischen Außenpolitik war und ist es, eine aktive Rolle in der internationalen Sicherheitspolitik einzunehmen. Schon Mitte der 1960er Jahre setzte sich Finnland für einen Atomwaffenteststopp ein und stellte ein Konzept einer nordischen nuklearwaffenfreien Zone vor, welches allerdings an der NATO-Mitgliedschaft Norwegens und Dänemarks scheiterte. Das Engagement bezüglich einer Sicherheitspolitik schloss auch Initiativen zur Nichtverbreitung von Nuklearwaffen (1968) und die Aufspürung von biologischen Waffen (1971) ein.

Die Konferenz für Sicherheit und Zusammenarbeit in Europa (KSZE) 1975 in Helsinki kann als ein weiterer Meilenstein einer aktiven europäischen Sicherheitspolitik gesehen werden. Die Sicherheitspolitik als Schwerpunkt innerhalb der Außenpolitik Finnlands ist weiterhin, auch nach dem Zusammenbruch der UdSSR, aktuell. Die Herausforderungen und Aufgaben in diesem Feld haben sich, nicht zuletzt nach den Kriegen im Balkan der 1990er und Terroranschlägen des 11. September 2001, auch für Finnland fundamental gewandelt. Die Spielräume, aktiv Außenpolitik auch im Bereich der Sicherheitspolitik zu betreiben, sind durch den Zusammenbruch der UdSSR deutlich erweitert worden.

Das Engagement, die Verbreitung von Massenvernichtungswaffen zu kontrollieren, hatte seine Wurzel bereits in den 1960er und 1970er Jahren. Auch in einem 2004 veröffentlichten Strategiepapier Finnlands finden sich Schwerpunktsetzungen zu diesem Thema. Seit Mitte der 1990er Jahre ist eine Zunahme an militärischen Operationen im Kontext von UN-Blauhelmeinsetzten zu verzeichnen. Ebenso bildet ein dauerhaftes Engagement in Südosteuropa im Rahmen des Kfor Einssatzes einen Schwerpunkt. Es sei hierbei vermerkt, dass Finnland bisher kein Vollmitglied der NATO ist, sich lediglich im NATO Partnership for Peace (PfP) Programm stark an die NATO-Einsätze anlehnt. Hier gibt es immer wieder Diskussionen, ob eine NATO-Mitgliedschaft gewünscht ist. Die Haltung der finnischen Bevölkerung ist demgegenüber sehr skeptisch, diese wurde nicht zu letzt durch die NATO Luftangriffe auf dem Balkan währen der Kriege im ehemaligen Jugoslawien geformt.

Seit den Terroranschlägen am 11. September 2001 wurde die Notwendigkeit deutlich, im internationalen Vorgehen gegen den Terrorismus verstärkt Kapazitäten aufzubauen und sich international einzubringen In diesem Kontext ist auch die Beteiligung am ISAF-Einsatz in Afghanistan zu sehen. Dennoch hat die Bekämpfung des internationalen Terrorismus für Finnland keine oberste Priorität, sondern ordnet sich den traditionellen Schwerpunkten der Verhinderung oder der Eindämmung von Konflikten unter: „Finland emphasizes the responsibility of the international community in preventing crisis and humanitarian disasters and in protecting the civilian population".

Im Europäischen Kontext spielt Finnland zusammen mit Schweden in der Sicherheitspolitik eine entscheidende Rolle, verstärkt vor allem wenn es um Fragen eines Stabilen Friedens in Nordeuropa geht. Diese aktive Rolle wurde vor allem durch eine Initiative mit Schweden zur gemeinsamen europäischen Sicherheits- und Verteidigungspolitik (ESVP) 1999 eingenommen. Kohärent hierzu ist die Europäische Union wichtigster Akteur, wenn es um sicherheitspolitische Fragen geht, gefolgt von den Beziehungen zu den USA, der NATO und Russland. Konkret gibt es z.B. ein aktives Engagement in der Gestaltung des zivilen Krisenmanagements der EU. An dieser Reihenfolge der Partner lässt sich die heutige Bedeutung der Europäischen Union festmachen, in der Finnland seit 1995 volles Mitglied ist.

Der Prozess der Integration wurde bereits in den 1960er Jahren angelegt worden, wobei der Handlungs- und Integrationsspielraum bis 1991 stets durch die Priorisierung der finnisch-sowjetischen Beziehungen bestimmt war. Die Spielräume einer europäischen Integration erweiterten sich stetig dann ab den 1970er Jahren, konnten aber erst Ende der 1980er Jahre unter Glasnost und Perestroika aktiv und unabhängig vertieft werden. Die Schwerpunkte dieses Integrationsprozesses liegen vor allem in den wirtschaftlichen Bereichen. Die frühen Beitritte zur Europäischen Wirtschaftsgemeinschaft 1973 und zur europäischen Währungsunion 1999 zeigen deutlich, auf welchen Feldern die Integration besonders hoch ist. Eine solche Integration ist allerdings immer unter der Berücksichtigung der eigenen Souveränität zu deuten: „Finland must be able to guarantee the coutry's independent capability in all situations.". Diese Wahrung der Unabhängigkeit ist aus der historischen Perspektive verständlich, limitiert freilich eine voranschreitende supranationale Integration der EU.

Diese Position drückt sich auch in der skeptischen Haltung der Finnen zur EU aus. Schon beim Beitritt bestand nur eine knappe Mehrheit, nun werden die EU-kritischen Stimmen, vor allem aus der Landwirtschaft, lauter. Dass die Schwerpunkte der Integration besonders im Bereich der Wirtschaft liegen, zeigt sich nicht zuletzt bei der besonderen Befürwortung des Beitrittes der Baltischen Staaten zur EU, die 2004 dann auch erfolgte. In diesem Sinne werden auch die regionalen Initiativen im Ostseeraum, wie z.B. der Ostseerat, der die Koordinierung der Hilfestellung in wirtschaftlichen, politischen, sozialen und Umweltangelegenheiten zum Ziel hat, unterstützt. In diesem Ostseerat werden im zunehmenden Maße aber auch gemeinsame Sicherheitspolitiken zwischen den nordischen Staaten (Norwegen, Dänemark, Island, Schweden und Finnland) koordiniert.

Die Überregionale Initiative „Northern Dimension", bei der EU und Anrainerstaaten des nördlichen Europas sich zusammengeschlossen haben, verbindet sozio-ökonomische Entwicklungsziele mit Sicherheits- und Umweltaspekten.

Diese Initiative wurde vor allem durch Finnland und Schweden unterstützt. Verabschiedet wurde dieses Programm während der finnischen EU-Ratspräsidentschaft 1999. Einerseits dient sie dazu, die EU-Politiken in den nördlichen EU-Ländern umzusetzen, andererseits soll die Koordination und Kooperation auch den Anrainerstaaten, v.a. Russland, vorangetrieben werden. Dieses Instrument der „Northern Dimension“ kann auch im Kontext des Ausgleichs sozio-ökonomischer Disparitäten zu Russland angesehen werden. Somit ist diese Initiative im nordeuropäischen Kontext ein Instrument gemeinsamer EU-Außenpolitik bei dem insbesondere Finnland eine aktive Rolle einnimmt.

Bei der zunehmenden EU-Integration wird im besonderen Maße die Frage nach den Kompetenzen der Außenpolitik deutlich, wer also institutioneller Entscheidungsträger der Außenpolitik ist. Traditioneller Weise entscheidet der Präsident über außenpolitische Belange, dessen Befugnisse Urho Kekkonen zu seiner Amtszeit stark ausgebaut hatte. So wurden in seiner Regierungszeit die Kompetenzen des Präsidenten weiträumig auf Kosten der Regierung ausgebaut. Die Diskussion um die Einflussnahme bei der Außenpolitik wurde nach der Präsidentschaftszeit Kekkonens neu entfacht. Es lässt sich in den letzten Jahren eine Machtverschiebung hin zum Ministerpräsidenten beobachten, besonders in europapolitischen Fragen. Diese Machtverschiebung hin zu einer „...Art Kanzlerdemokratie deutschen Typus'...“ verändert die traditionelle Rolle des Präsidenten in Richtung Repräsentationsfunktion.

Wenn man die finnische Außenpolitik seit dem Zweiten Weltkrieg zusammenfasst, lässt sich eine deutliche Umorientierung von der traditionellen Neutralitätspolitik hin zu einer eigenständigen, aktiven, europäisch orientierten Außenpolitik feststellen. „...es gelang Finnland, während der Ära des Kalten Krieges eine westeuropäische Identität und ein freiheitliches, parlamentarisches System aufrechtzuerhalten und zu entwickeln, obwohl es gleichzeitig enge Beziehungen zur Sowjetunion unterhielt.“. Die gleichzeitige Integration in internationale Bündnisse unter der Anbindung an die UdSSR ist eine bemerkenswerte Position während des Kalten Krieges in Europa. Die Wende hin zu einer eigenständigen Außenpolitik vollzog sich dann mit dem Zusammenbruch der UdSSR. Konsequenterweise wird heute nicht mehr von einer Neutralitätspolitik gesprochen.

Seit 1995 ist Finnland nun vollständiges Mitglied der EU, behält dennoch einen eigenen Standpunkt bei, der die Souveränität des Landes als oberstes Ziel festsetzt. Diese eigenständige Haltung äußert sich nicht zu letzt durch eine nur assoziierte Partnerschaft zur NATO, bei der zwar mehrfach eine Erweiterung diskutiert wurde, die aber zunehmend von der Bevölkerung abgelehnt wurde. Auch im Kontext der nordischen Länder bezieht Finnland eine eigene Rolle. Durch die historisch gewachsenen Beziehungen zur UdSSR und Russland fügt sich Finnland nicht völlig in die Reihe der skandinavischen Länder ein, kooperiert wirtschaftspolitisch dennoch am engsten mit Schweden, ist außerdem seit 1955 Mitglied im Nordischen Rat. Die Zusammenarbeit mit Schweden, Norwegen und Dänemark ist traditionellerweise stark, trat in den letzten Jahren jedoch hinter der EU Politik zurück.

Der gestiegene Handlungsspielraum in einer aktiven Außenpolitik wird in Zukunft eine Kontinuität in den Bereichen der Sicherheits- und Verteidigungspolitik und in der Initiative der ‚Northern Dimension" finden. Auch die Vermittlerrolle Finnlands zu Russland im Rahmen der EU-Russland Beziehungen wird weiterhin von hoher Wichtigkeit sein. Auch diese Aufgabe übernahm Finnland in der ab Juli 2006 angetretenen EU-Präsidentschaft aktiv.

LITERATUR (VERWENDETE & WEITERFÜHRENDE)

Auffermann, Burkhard: Die Außenpolitik Finnlands 1944-1991 - Ein Sonderfall europäischer Ost-West Beziehungen in der Ära des Kalten Krieges. Berlin 1994

Das politische System Finnlands. in: Wolfgang Ismayr (Hrsg.): Die Politischen Systeme Westeuropas. Opladen 1999, S. 183-216

European Commission: Commission Working Document. The Second Northern Dimension Action Plan, 2004-2006. Brüssel 2003.

Gehler, Michael: Finnlands Neutralität? Historische und politische Aspekte im europäischen Vergleich: Irland, Finnland, Schweden, Schweiz und Österreich. Bonn 2001.

Jakobson, Max: Finnland: Mythos und Wirklichkeit. Helsinki 1987.

Klinge, Matti: Geschichte Finnlands im Überblick. Helsinki 1987.

Luckas, John: Finland vindicated. in: Foreign Affairs vol. 72 1992, S. 50-63.

Paasikivi, Juho Kusti: Am Rande einer Supermacht - Behauptung durch Diplomatie, Hamburg 1966.

Prime Minister's Office: Finnish Security and Defence Policy 2004. Helsinki 2004.

Ojanen, Hanna/ Græger, Nina/ Larsen, Henrik: The ESDP and the Nordic Countries - Four Variations on a Theme. Helsinki 2002.

Ojanen, Hanna: Conclusions: Northern Dimensions: Fuel for the EU External Relations. in: Ojanen, Hanna (Hrsg.): Northern Dimension: Fuel for the EU? Helsinki 2001, S. 217-236.

Palosaari, Teemu: Comment: Northern Dimensions as a Tool for Building Grey Zones between Membership and Non-Membership. in: Ojanen, Hanna (Hrsg.): Northern Dimension: Fuel for the EU? Helsinki 2001, S. 209-216.

Pesonen, Pertti/ Riihinen, Olavi: Dynamic Finland.The political System and the Welfare State. Tampere 2002.

Singelton, Fred: A Short History of Finland, Cambridge 2002.

Stålvant, Carl-Einar: The Barents Euro-Arctic Council, Arctic Council, Nordic Council and National Soft Security Policy. in: Moroff, Holger (Hrsg.), European Soft Security Policies. Helsinki 2002, S. 281-307.

Sundberg, Jan: Skandinavien, in: Weidenfeld, Wolfgang (Hrsg.): Europa-Handbuch. Gütersloh 1999, S. 196-207.

Wergin, Niels-Erik: Finnland. in: Bellers, Jürgen/ Brenner, Thorsten/ Gerke, Ines M. (Hrsg.): Handbuch der Außenpolitik, München 2001, S. 67-76.

FRANKREICH

Constanze Fienhold

HISTORISCHE GRUNDDATEN

1870-1940	Dritte Republik
1914-1918	Teilnahme am Ersten Weltkrieg auf Seiten der Entente, Frankreich gewinnt Elsaß-Lothringen von Deutschland
1939	Eintritt in den Zweiten Weltkrieg auf Seiten der Alliierten
1940-1944	Besetzung durch Deutschland
1944-1946	Vierte Republik
1945	Beitritt UN
1946-1954	Niederlage im Indochinakrieg
1951	Gründung der Europäischen Gemeinschaft für Kohle und Stahl auf Initiative Frankreichs
1956-1962	Unabhängigkeit afrikanischer Kolonien
1949	Beitritt Europarat, Beitritt NATO
1958	Gründungsmitglied EWG, Fünfte Republik
1961	Beitritt OECD
1968	Generalstreik und Studentenunruhen
1973	Beitritt OSZE
1995	Beitritt WTO
2002	Einführung des Euro
2003	Verfassungsreform gewährt Überseeterritorien mehr Autonomie
2005	Scheitern des Volksentscheids für die EU-Verfassung

LÄNDERDATEN

Name: République Française/ Republik Frankreich, **Hauptstadt:** Paris (2.138.551 Einwohner (2005)), **Regierungsform:** Republik (seit 1875), **Größe:** 543.965km^2, **Einwohnerzahl:** 63.713.926 (2007), **Landessprache:** Französisch, **BSP pro Kopf:** 30.100 USD (2006), **Mitgliedschaft in Europäischen Organisationen:** BSEC (Beobachter), CERN, EAPC, EBRD, ECE; EIB, EMU, ESA, EU, Europarat, OSZE, WEAG, WEU, WWU, **Mitgliedschaft in Internationalen Organisationen:** NATO, OECD, UN, WTO

***

Seit dem Ausbruch der Französischen Revolution 1789 durchlebte Frankreich eine stetig wechselnde geschichtliche Entwicklung mit mehr als zwanzig verschiedenen politischen Ordnungen. Nachdem zwei Regierungen gescheitert waren, gelang in der Dritten Republik (1871-1940), nach der Bildung einer machtvollen kolonialen Herrschaft, der Aufstieg zu einer europäischen Großmacht. Jedoch wurde das Ende der Republik weder durch die Uneinigkeit der Parteien noch die Unfähigkeit zu Regieren oder die Unbeliebtheit des politischen Systems hervorgerufen, sondern durch den Einfall der deutschen Truppen 1940 und die darauf folgende Besetzung, die bis zur Befreiung im November 1944 andauerte.

Bereits im September dieses Jahres begann General Charles de Gaulle in seinem Exil in London eine Regierung der nationalen Einiheit zu bilden. Später wurde er Staatsoberhaupt einer Übergangsregierung, trat jedoch bereits im Januar 1946 wieder zurück, da er mit dem Entwurf der neuen Verfassung unzufireden war. Im Oktober 1946 wurde die Vierte Republik gebildet. Die neue Verfassung beinhaltete die Gründung der „Union Française", die darauf abzielte, die Kolonien an das Mutterland auf längere Dauer zu binden. Jedoch blieb auch dieses politische System instabil. Die auswärtige Politik der Vierten Republik war gekennzeichnet von Sicherheitsmaßnahmen gegenüber Deutschland und den Ängsten vor sowjetischen Angriffen. Deshalb gründete Frankreich zusammen mit Großbritannien und den Beneluxstaaten den „Brüsseler Vertrag" im März 1948 - ein militärisches Bündnis gegen die UdSSR. Darüber hinaus trat Frankreich der NATO bei und trug aktiv zum Anfangsprozess der europäischen Integration bei. Die beiden französische Politiker Robert Schuman und Jean Monnet setzten die Gründung des Europarates 1949 und der europäischen Kohle- und Stahlgemeinschaft 1951 in Gang.

Frankreich entwickelte auch die Idee eines gemeinsamen Marktes in Europa. So unterzeichnete das Land 1957 das Abkommen von Rom, das unter anderem für die Europäische Wirtschaftsgemeinschaft, dem Vorläufer der Organisation der modernen EU, bestimmt war. Gleichzeitig trat Frankreich der europäischen Atomgemeinschaft bei, die die allgemeine Entwicklung der Nuklearindustrie der

Vertragspartner vorantreiben sollte. Diese Bestrebungen offenbarten ein wichtiges Grundprinzip in der Politik Frankreichs. Aufgrund der schrecklichen Erfahrungen aus dem Zweiten Weltkrieg und dem beginnenden Kalten Krieg sahen französische politische Entscheidungsträger keine andere Alternative, als vielseitige Strukturen in Europa zu erschaffen, mit dem Ziel dauerhaft Frieden, Stabilität und Wohlstand zu erreichen. Mögliche Großmachtbestrebungen der Deutschen mussten eingedämmt werden, die Bedrohung durch die UdSSR abgewehrt werden und Frankreichs Position, auch wenn das Erlangen einer Großmachtstellung nicht möglich gewesen wäre, so doch zumindest gestärkt werden.

Das Ende der Vierten Republik kam nicht nur wegen der andauernden inländischen Finanzkrisen, sondern auch durch den Beginn des Niedergangs des französischen Kolonialreiches. Die Unabhängigkeitskriege in Indochina und Algerien, die von 1946 bis 1962 andauerten, versetzten das Land in schweren Aufruhr. Der Zerfall des französischen Kolonialreiches begann schon in den 1930er Jahren durch die Auswirkungen der weltweiten Wirtschaftskrise und den ersten Unabhängigkeitsversuchen der Kolonien. Dementsprechend erlangten Syrien und Libanon 1941 und 1943, gefolgt von Laos und Kambodscha (1949), Tunesien (1955) und Marokko (1955), ihre politische Unabhängigkeit. 1960 bewilligte Frankreich Dahome, Cote d'Ivoire, Gabun, Kamerun, dem Kongo, Brazzaville, Mali, Mauretanien, Niger, Obervolta, Senegal, Togo, dem Tschad und Zentralafrika die politische Unabhängigkeit. Paris erkannte auch die Unabhängigkeit Guineas an. Infolgedessen erzielten beinahe alle transatlantischen und afrikanischen Kolonien von Frankreich die politische Unabhängigkeit.

Die Dekolonialisierung schritt also weiter voran, ausgenommen der französischen Somaliaküste, dem heutigen Djibouti. Um den ökonomischen Nutzen der Beziehungen zu den abhängigen Ländern zu erhalten, beschloss Paris ein Abkommen über wirtschaftliche Zusammenarbeit mit fast allen Ländern bevor es der Unabhängigkeit zustimmte. Als dann letztendlich Algerien am 1. Juli 1962 in die Unabhängigkeit trat, kennzeichnete dies das Ende des französischen Kolonialreiches. Am Ende dieses Dekolonialisierungsprozesses kontrolliert Frankreich weiterhin noch Guadeloupe, Martinique, Guyana und Réunion, die als DOMs (überseeische Départements) zum französischen Mutterland und somit auch zur EU gehören, genauso wie die TOMs (überseeische Territorien) von Neukaledonien, Französisch-Polynesien, die Wallis und Futuna Inseln, die antarktischen und südlichen Gebiete und die gemeinschaftlichen Gremien von Mayotte, Saint Pierre und Miquelon.

Nach einem militärischen „Coup d'État" 1958 wurde Charles de Gaulle zum Regierungschef ernannt und mit besonderen Befugnissen ausgestattet. Er entwarf auch eine neue Verfassung, die besagt, dass der Präsident die vorherrschende Person in der Politik sei. Er hat diese Position definitiv für sich bestimmt. Dementsprechend wurde in den Wahlen im Dezember 1958 de Gaulle zum Präsident gewählt. Sein Programm war klar angeführt von der Vormachtstellung der Außen- und Verteidigungspolitik. Hauptziele seiner Politik waren es, das Algerienproblem zu lösen, die Dekolonialisierung Afrikas zu beenden und die Wirtschaft neu zu organisieren. Verfolgt man das Streben de Gaulles nach „grandeur", ist zu erkennen, daß es seine grundlegende Absicht war, für Frankreich die Position einer Weltmacht in der internationalen Politik und der führenden Nationen in Europa (wieder) zu erlangen.

Der Erwerb der nuklearen „force de frappe" 1960, der seit dieser Zeit nicht nur ein Standbein in der Verteidigungspolitik und der Entwicklung eines nationalen Abschreckungsprinzips darstellte, sondern auch den Beginn der militärischen Ausdehnung der NATO 1966 bedeutete, kann als ein Symbol betrachtet werden, das für die Freiheit Frankreichs, eine eigene Verteidigungspolitik festzulegen und somit seine Selbständigkeit und Legitimität zu erhalten, stand. Frankreich sah sich außerdem als eine ausgleichende Macht in der internationalen Politikals eine verbundene Schutzmacht in Deutschland, und sah sein Anrecht, ein ständiges Mitglied des UN-Sicherheitsrates zu werden. Um die Vorherrschaft der USA in der europäischen und in der NATO-Politik einzuschränken, versuchte Paris ein System europäischer Staaten zu entwickeln, das eng in der Außen- und Verteidigungspolitik zusammenarbeitete, aber diese Pläne scheiterten wegen des Widerstandes der Niederlande und Belgiens. Allerdings kehrten französische Truppen nicht zur NATO zurück und somit blieb das Verhältnis zu den Organisationen gespalten. Dennoch blieb Frankreich ein vertrauenswürdiger und zuverlässiger Bündnispartner und wurde durch die Anwesenheit amerikanischer Truppen sowie durch den amerikanischen Nuklearschirm beschützt. Während des Kalten Krieges bemühte sich das land um eine sachliche Beziehung zur UdSSR und den anderen Ländern des Warschauer Paktes zu bilden, da de Gaulle die politischen Herrschaftsansprüche der beiden Supermächte nicht akzeptierte. Durch das Konzept von „détente, entente et cooperation" wurde Frankreich zum bevorzugten Partner der UdSSR und den anderen östlichen Staaten.

De Gaulle plante auf europäischer Ebene eine „Union der Nationalstaaten" ohne Einfluss in politischen Fragen; sie sollte nur eine starke wirtschaftliche Zusammenarbeit betreffen. Während er Veto gegen die Aufnahme Großbritanniens und anderer europäischer Länder in die Europäische Gemeinschaft einlegte, beschleunigte er - zusammen mit dem deutschen Bundeskanzler Konrad Adenauer - die französisch-deutsche Versöhnung, die letztendlich 1963 das Elysée-Abkommen über französisch-deutsche Zusammenarbeit zur Folge hatte. Im Allgemeinen lehnte de Gaulle das Konzept eines internationalen Europas ab, obwohl er das Abkommen von Rom als solches niemals in Frage stellte. Die „Krise des leeren Stuhls" (das bedeutet, dass Frankreich einfach nicht an den Treffen der Europäischen Gemeinschaft teilnahm), die er von Juli 1965 bis Januar 1966 ausgelöst hatte, wurde hervorgerufen, um die Vergrößerung der Macht der Europäischen Kommission auf Kosten der Nationalstaaten zu verhindern, während die gemeinschaftliche Agrarpolitik auf Kosten Frankreichs entwickelt wurde.

Als de Gaulle 1969 nach inländischen Unruhen und einer finanziellen Krise abdankte, entwarf er grundlegende Strukturen gleichzeitiger französischer Außen- und Verteidigungspolitik. Seine Nachfolger wandelten kaum irgendeine seiner Strategien ab, betonten aber immer wieder Frankreichs Bekenntnis zur NATO und zur Europäischen Wirtschaftsgemeinschaft. Speziell die Präsidenten George Pompidou und Valéry Giscard d'Estaing legten ihre Bemühungen auf die europäische Integration. Obwohl de Gaulle das supranationale Prinzip ablehnte und die internationale Zusammenarbeit in den Mittelpunkt seiner europäischen Gemeinschaftspolitik stellte, handelten seine Nachfolger genau nach dem Gegenteil.

Unter der Präsidentschaft von Pompidou traten 1973 das Vereinigte Königreich, Dänemark und Irland in die Europäische Gemeinschaft ein. Einige bedeutende Schritte, wie die Bildung des Europäischen Konzils 1974 und die erste Wahl des Europäischen Parlaments mit absolutem Wahlrecht 1979, wurden in der Giscard-Ära auf den Weg gebracht. Giscard, und danach der deutsche Bundeskanzler Helmut Schmidt, schlugen auch das Europäische Währungssystem vor, das am 1. Januar 1979 gebildet wurde. Dieses neu gebildete System verband die Währungen der Mitgliedsstaaten um hohe Wechselkursschwankungen zu verhindern und somit den ausländischen Geldwechsel zu stabilisieren. Außerdem unterstützten das französische Parlament und die Präsidenten in den darauf folgenden Jahrzehnten (1980-2000) die Förderung der Europäischen Gemeinschaften und ihrer Institutionen. Dementsprechend gewann Frankreich eine führende Rolle und unterstützte aktiv alle Schritte für eine endgültigere Kooperation, wie zum Beispiel die EU/EG-Erweiterungen 1981, 1986, 1995, 2004 und 2007, die Vollendung des Projektes des gemeinschaftlichen Marktes, die Europäische Währungsunion und die Verhandlungen über eine EU-Verfassung. Als ein Gründungsmitglied verteidigte Frankreich immer das vielseitige System der UN. Und als ein ständiges Mitglied der Sicherheitsrates der Vereinten Nationen ist das Land eines der einflussreichsten Mitglieder dieser Organisation. Frankreich pflichtete der zentralen Berechtigung bei, auf globaler Ebene in Konflikte einzugreifen. Das Land trug zu zahlreichen militärischen und zivilen Einsätzen der UN bei und stellte Hilfsmittel bereit.

Nach den Anschlägen vom 11. September 2001 unterstützte Frankreich den Kampf gegen den internationalen Terrorismus, lehnte aber stark den militärischen Einsatz gegen die Regierung unter Saddam Hussein im Irak ab und gab diesbezüglich kein einziges UN-Mandat ab. Zusammen mit vielen anderen europäischen Ländern, im Besonderen mit Deutschland, setzte sich Frankreich für eine diplomatische Lösung ein. Diese unterschiedliche Politik sowie die aufgeheizte Rhetorik auf beiden Seiten spannte die Beziehung zwischen Paris und

Washington speziell 2003 besonders an. Seitdem behielt Frankreich seine kritische Haltung gegenüber Washingtons Irakpolitik, drückte aber auch den Willen aus, zur Stabilisierung und Rekonstruktion des Landes beizutragen.

Diese Politik entsprang hauptsächlich aus der speziellen (wirtschaftlichen) Beziehung zwischen Frankreich und der Region. Heute setzt sich Frankreich für eine Reform der UN-Institutionen, einschließlich für den Anstieg friedenserhaltender Maßnahmen, für die Ausweitung des Sicherheitsrates durch Staaten wie Deutschland und Japan und für eine stärkere Berücksichtigung der Interessen der Entwicklungsländer ein. Neben aktiven Beiträgen zu UN-Einsätzen, wie dem Kongo-Einsatz der EU-Truppen im Jahr 2006, ist Frankreich weiterhin interessiert daran, Demokratie und Menschenrechte weltweit zu fördern. Zusätzlich versucht das Land zu erreichen, dass die Schulden von Entwicklungsländern erlassen und die Preise für Rohmaterial stabilisiert werden. Neben der beidseitigen Entwicklungshilfe, die sich stark auf den afrikanischen Raum südlich der Sahara konzentriert, beteiligt sich Frankreich auch an Entwicklungshilfeprojekten der UN.

Ein besonderes Kriterium der französischen Auslandsbeziehungen ist die Zusammenarbeit in der OIF, die alle französischsprachigen Länder der Erde vereint, einschließlich diejenigen, die Französisch als offizielle Zweitsprache besitzen, genauso wie die Länder, in denen französischsprachige Minderheiten leben. Nach dem Einschluss von Staaten wie Moldau und Bulgarien entwickelte sich die Organisation von einem reinen kulturellen und sprachlichen Forum zu einer Organisation, die auch wirtschaftliche und politische Themen anspricht. Die Zusammenarbeit wird vom Hohen Rat der französischsprachigen Länder gelenkt, unter der Leitung des französischen Präsidenten und der „Agence intergouvernementale de la Francophonie“, die Programme für die Bildung, Umweltpolitik, Kultur, Menschenrechte, Kommunikation und ähnliche Gebiete erstellt. Seit 1987 wurde ein gemeinsames universitäres Netzwerk gebildet und es wurden zahlreiche Bildungseinrichtungen, Kulturzentren und Bibliotheken eingerichtet. Seit 1997 hat ein Generalsekretär den Vorsitz der Organisation, der gleichzeitig Sprecher und symbolische Figur der Gemeinschaft ist. Das letzte staatliche Gipfeltreffen fand 2006 in Bukarest statt.

Mit Ausnahme der Zeit der Kohabitation, das bedeutet, dass der Präsident und der Premierminister verschiedenen politischen Richtungen angehören, beschließt der französische Ministerpräsident die grundlegenden Strategien in der Außen- und Verteidigungspolitik. De Gaulle sah diese speziellen „domaines reservés“ (besetzte Gebiete) für den Präsidenten vor, indem die Autoritäten des Parlaments und die des Premierministers vermindert werden. Die Nachfolger de Gaulles haben diese „domaines reservés“ nicht nur aufgegriffen, sondern sie auch erweitert. So beherrscht der Präsident klar die Außenpolitik, wohingegen Parlament und Regierung rein als Hilfsorgan für die politische Durchführung fungieren. Dennoch bieten sich dem Parlament einige Möglichkeiten den Präsidenten zu kontrollieren, selbst wenn es in Phasen politischer Instabilität und beim Scheitern von Verfassungsinstitutionen des Präsidenten politisch eingeschränkt ist. Ungeachtet dessen sind sich alle Präsidenten bewusst darüber, dass die Zusammenarbeit mit Parlament und Regierung die Legitimität und die Effizienz außenpolitischer Entscheidungen anhebt. Die dritte Kohabitation von 1997 zwischen dem Neo-Gaullisten Jacques Chirac und der sozialistischen Regierung von Lionel Jospin wies klare Trends zur Aufgliederung und Pragmatisierung des außenpolitischen Entscheidungsprozesses auf. Der außenpolitische Sekretär Hubert Védrine zum Beispiel unterschied sich methodisch von seinen Vorgändern, da er sich mehr auf Verhandlungen, Bündnisse und öffentliche Beziehungen als auf Übergriffe und Auseinandersetzungen konzentrierte.

Nach dem Ende des Kalten Krieges verfolgte Frankreich außerdem neogaullistischen Strategien, um den Status einer Weltmacht zurück zu gewinnen. Einige der außenpolitischen Initiativen, wie die Entwicklung des Eurocorps 1991, die Identität des Europäischen Raumentwicklungskonzepts innerhalb der NATO und der französisch-deutschen Sicherheitsarbeit, genauso wie Frankreichs wieder belebte Mittelmeerpolitik von 1990, können auf diese Weise interpretiert werden. Des Weiteren kann die Zusammenarbeit und die engere Beziehung mit der NATO während des Krieges in Bosnien-Herzegowina (1991-1995) als eine Erlaubnis zum Handeln als Weltmacht gedeutet werden.

Zu Beginn des neuen Jahrtausends präsentiert sich Frankreich selbst als eine moderne Nation, die sich selbst in eine zentrale europäische Macht umgewandelt hat. Nur ein paar Überseegebiete sind noch übrig und nach der jüngsten EU-Erweiterung sieht sich das Land selbst in einer geografischen Grenzposition. Immerhin zieht Frankreich weltweiten Gewinn aus der Wechselbeziehung zu seinen Überseegebieten, in denen mehr als zwei Millionen Menschen leben und die als logistische Grundlage für weltweite militärische Präsenz dienen. Zusammenfassend kann gesagt werden, dass Frankreich gegenwärtig ein hohes nationales Profil besitzt, in dem die gaullistischen Richtlinien, die selbstständige Kontrolle des Militärs, insbesondere die Atomenergie, die aktive Rolle in der Welt, die die Bereitschaft zur militärischen Bindung enthält, und eine bevorrechtigte Beziehung zu vielen Entwicklungsländern einen bleibenden Eindruck hinterlassen haben.

Literatur (verwendete und weiterführende)

Cogan, Charles: French Negotiating Behaviour: Dealing with La Grande Nation. Washington D.C.2003.

Davis, Jaquelyn: Reluctant Allies & Competitive Partners: U.S.-French Relations at the Breaking Point. New York 2003.

Drake, Helen: French Relations with the European Union. London 2005.

Houben, Mark: International Crisis Management: The Approach of European States. New York 2005.

Keating, Tamara: Constructing the Gaullist Consensus: A Cultural Perspective on French Policy toward the United States in NATO, 1958-2000. Baden-Baden 2004.

Kresl, Peter Karl/ Gallais, Sylvian: France Encounters Globalization. Cheltenham 2002.

Miller, John J./ Molesky, Mark: Our Oldest Enemy: A History of America's Disastrous Relationship with France. New York 2004.

Rocheron, Yvette/ Rolfe, Christopher: Shifting Frontiers of France andFrancophonie Oxford 2004.

Uterwedde, Henrik: Frankreich in: Neu, Michael/ Gieler, Wolfgang/ Bellers, Jürgen (Hrsg.): Handbuch der Außenwirtschaftspolitiken, Staaten und Organisationen. Münster 2004, Teilband 1.S. 662-669.

Williams, Francis: French presidents of the Fifth Republic: Their Impact on-French Foreign Policy toward the United States. Illinois 1982.

GRIECHENLAND

Christian Johannes Henrich

HISTORISCHE GRUNDDATEN

1453	Eroberung durch die Osmanen
1830	Unabhängigkeitserklärung Griechenlands (vom Osmanischen Reich)
1917-1919	Teilnahme am Ersten Weltkrieg
1922-1923	Krieg mit Türkei endet in Niederlage, Griechenland verliert Ostthrakien und kleinasiatische Gebiete
1941-1944	Besetzung durch Deutschland
1944-1949	Bürgerkrieg zwischen Bürgerlichen und Kommunisten, Sieg der Bürgerlichen
1945	Beitritt UN
1949	Beitritt Europarat (1967-1974 suspendiert)
1952	Beitritt NATO (1974-1979 ausgeschieden)
1960-1964	zunehmende Spannungen zwischen Griechen und Türken auf Zypern
1961	Beitritt OECD
1967-1974	Diktatur unter Papadopoulos
1973	Beitritt OSZE
1974	Zypern-Krise
1981	Beitritt Europäische Gemeinschaft
1995	Beitritt WTO, Normalisierung der Beziehungen zu Mazedonien
1997	Normalisierung der Beziehungen zur Türkei
2002	Einführung des Euro

LÄNDERDATEN

Name: Ellinikí Dimokratía/ Hellenische Republik, **Hauptstadt**: Athina/ Athen (720.979 Einwohner (2007)), **Regierungsform:** Parlamentarische Republik (seit 1973), **Größe:** 131.957km^2, **Einwohnerzahl:** 10.706.290 (2007), **Landessprache:** Griechisch, **BSP pro Kopf:** 23.500 USD (2006), **Mitgliedschaft in Europäischen Organisationen:** BSEC, CERN, EAPC, EBRD, ECE, EIB, EU, Europarat, OSZE, WEAG, WEU, WWU, **Mitgliedschaft in Internationalen Organisationen:** NATO, OECD, UN, WTO

***

Griechenland befindet sich am Rande des europäischen Kontinents und stellt eine bedeutende Nahtstelle zwischen Europa, Kleinasien und Nordafrika dar. Abgesehen von den skandinavischen Ländern ist Griechenland das einzige Mitgliedsland der Europäischen Union, das keine Festlandgrenzen zu anderen Mitgliedsstaaten besitzt. Auch der Beitritt der zehn neuen Mitgliedsstaaten zur EU am 01. Mai 2004 änderte weder etwas an dieser Situation noch vermochte er die Kluft zwischen Griechenland und den übrigen Mitgliedsstaaten zu überbrücken. So betrachtet Griechenland seine eigene Rolle in verschiedener Hinsicht als Doppelrolle: Selbstverständlich versteht es sich selbst als Mitgliedglied der EU. Zusätzlich ist Griechenland Teil des konfliktreichen Balkans und fungiert aufgrund seiner geographischen Lage als Brücke zwischen Europa und dem Mittleren Osten. In der langen Partnerschaft von Griechenland und EU ist es immer wieder zu Differenzen und Verstimmungen gekommen.

Seit dem Ende des Bürgerkrieges von 1944-1949 und mit dem Beitritt zur NATO im Jahre 1952 fiel Griechenland mehr oder weniger deswegen die Aufgabe zu, die süd-östliche Flanke der westlichen Hemisphäre zu sichern, weil in der griechischen Politik der gesamten 1990er Jahre der Schutz der eigenen nationalen Souveränität als naturgegebene Aufgabe höchsten Ranges angesehen werden konnte. Die aufkommenden gewalttätigen Konflikte auf dem Balkan (d.h. Miloševićs Traum von Großserbien), der Kosovo-Krieg sowie der unterschwellige und doch allgegenwärtige Wunsch vieler Albaner, ein Großalbanien zu erhalten, die Eigenständigkeit Mazedonien, die fortgesetzte Auseinandersetzung mit der Türkei über Zypern und der türkische Wunsch, der EU beizutreten, können ebenso als bestimmende Faktoren griechischer Außen- und Sicherheitspolitik angesehen werden wie die unmittelbare Nähe zu der aktuellen Krisenregion im Mittleren Osten.

Nach der Befreiung von den Deutschen 1944 können die Entwicklungsstufen wie folgt beschrieben werden: Zuerst galt die Aufmerksamkeit Griechenland den eigenen Angelegenheiten. Geschwächt durch die Besetzung und innerlich zerrüttet wurde das Land zum Schauplatz eines Bürgerkrieges, in dem sich die pro-westlich und pro-östlich eingestellten Kräfte von Dezember 1944 bis 1949 gegenüberstanden. Selbstverständlich konnte dies, nachdem der Bürgerkrieg schließlich beendet war, nicht ohne Einfluss auf die Außenpolitik bleiben, da die kommunistischen Kombattanten maßgeblich durch die angrenzenden sowjetischen Satellitenstaaten unterstützt worden waren, in welche sie auch nach ihrer Niederlage vermehrt auswanderten. Das Verhältnis zu den meisten direkten Nachbarstaaten war demnach von Anfang an angespannt

Von 1949 bis 1960 wurden die USA zum engsten Verbündeten. Ein sichtbares Ergebnis dieser Entwicklung war die Aufnahme Griechenlands in die NATO. Aber diese uneingeschränkte, einseitige und weitestgehend konfliktfreie Allianz hatte nicht allzu lange Bestand. Ein Grund hierfür war das starke Verlangen Zyperns nach Unabhängigkeit vom Vereinigten Königreich und der Wunsch der zypriotischen Griechen, politisch mit dem griechischen „Mutterland“ verbunden zu sein. Dies führte zu ernstzunehmenden Auseinandersetzungen mit dem türkischen Nachbarn, der die zypriotischen Türken aufgrund ihrer Angst vor Vertreibung oder Diskriminierung durch die griechische Vorherrschaft in Not sah. Ein verhältnismäßig einfacher Konflikt griechisch- und türkischstämmiger Zyprioten entwickelte sich zu einem Konflikt zwischen der Türkei und Griechenland.

Zusätzlich wurde der Konflikt Mitte der 1950er Jahre noch durch eine Auseinandersetzung über Fischfangrechte in der Ägäis verstärkt. Die Zeit vom Anfang bis Ende der 1960er Jahre kann als ein Versuch der Loslösung von den USA beschrieben werden, nachdem die USA von den Griechen als Schutzmacht der Türkei angesehen wurden. Griechenland näherte sich der Europäischen Wirtschaftsgemeinschaft an, wurde 1962 assoziiertes Mitglied der EWG und konnte so nicht nur seine wirtschaftlichen Beziehungen mit Europa ausbauen, sondern sich vor allem wirksam von den USA als einziger Schutzmacht lösen.

Die Militärrevolte im Jahre 1967 manövrierte Griechenland nichtsdestotrotz in eine fast komplette Isolation. Die Machtübernahme der Obristen führte zu einer Kündigung des EG-Assoziationsvertrages und zu einem vorläufigen Ende der wirtschaftlichen und finanziellen Hilfe Europas. Darüber hinaus verhängten die USA ein Waffenembargo gegen das Land, das nun von einem Diktator regiert wurde. Bis heute glauben viele Griechen, dass diese Politik nichts als ein Alibiverhalten der US-Amerikaner und jener hinter den Kulissen darstellte, was schließlich die griechische Militärjunta dazu brachte, die NATO zu unterstützen. Skepsis im Hinblick auf diese politischen Umstände schaffte Vorbehalte gegen die USA und die NATO. Das Ende der Ära der Obristenherrschaft erscheint zudem wenig rühmlich.

Nach Beendigung der Militärdiktatur gelangte Griechenland unter der Führung von Konstantin Karamanlis (1974 bis 1981) wieder in ruhigeres Fahrwasser. Diese neue Epoche war geprägt durch den Beitritt Griechenlands als zehnter Mitgliedsstaat zur EU im Jahre 1981, der Kooperation auf dem Balkan, einer Politik der Entspannung mit der UdSSR und der Aufnahme diplomatischer Beziehungen zu den arabischen Staaten, ohne dabei gleichzeitig die USA oder die NATO als potentielle Partner aufzugeben. Allerdings sind die Griechen zu jeder Zeit entschlossen gewesen, die Zypernfrage und das politische Verhältnis zur Türkei aufzugreifen. Sie kritisierten fortwährend die Einstellung der USA, der Europäischen Gemeinschaften und der NATO, die in den Augen der Griechen alle die Türken entweder offiziell oder nur unterschwellig durch ihr Verhalten unterstützten, ohne dabei die griechischen Interessen zu berücksichtigen. Andreas Papandreou (PASOK), der die Regierungsgeschäfte 1981 übernahm, stellte diesen Aspekt deutlich heraus, indem er sich aufbauschender anti-europäischer und anti-amerikanischer Rhetorik bediente, allerdings ohne dass diesen Worten Taten gefolgt wären. Im Bezug auf die Außenpolitik hatte Griechenland keine Alternative zur Kooperation mit der EG (später EU) und/oder der NATO, um sich selbst vor der absoluten Isolation zu bewahren.

Die angespannten Beziehungen zwischen der Türkei und Griechenland stellen sich als eine Art unendliche Geschichte dar. Die Außenpolitiken beider Länder hängen voneinander ab und bedingen sich wechselseitig. So scheint es zumindest. Die jeweilige Politik der Nachbarländer zielt darauf ab, die Position des jeweils anderen zu schwächen, wo und wann auch immer sich eine Gelegenheit dazu bietet. Tatsächlich zogen die Griechen in diesem Wettstreit einen Vorteil aus ihrer EG-Mitgliedschaft. So erschwerte Griechenland der Türkei den Zugang zur EG oder später der EU so lange wie möglich und mit allen verfügbaren Mitteln. Aber was ist der Hauptstreitpunkt dieser fast ewigen Auseinandersetzung zwischen den Nachbarländern? Sieht man von Zypern einmal ab, dann werden die beiden Staaten durch starke wirtschaftliche und territoriale Interessen entzweit. Im Gebiet der Ägäis sind vier Punkte besonders wichtig: das Kontinentalriff, die territorialen Gewässer, die Kontrolle des Flugverkehr und der Status der Inseln in der Ost-Ägäis. Der wichtigste Streitpunkt besteht aber nichtsdestoweniger im Hinblick auf die Minderheiten beider Staaten.

Griechenland war der einzige Mitgliedsstaat der NATO, der in der Lage war, Luftschläge der Allianz auf Serbien während des Kosovo-Krieges auszuführen, aber in seiner Bevölkerung offenbarte sich in einer Vielzahl öffentlicher Proteste ein ungewöhnlich starker Widerstand gegen die NATO und es fanden sogar proserbische Demonstrationen statt. Diese Umstände zeigten, wie eng die Griechen bis heute emotional mit dem Balkan verbunden sind und welchen starken Interessen Griechenland auf dem Balkan nachgeht. Aus griechischer Sicht bedeutet das nichts weniger als die nördlichen Grenzen zu entlasten und Verbündete gegen die Türkei zu gewinnen. Auf diese Weise erklärt sich die jüngste Entspannung in der seit dem Aufkommen der Nationalstaaten immer schwierigen Beziehung zu den nördlichen Nachbarn von selbst. Griechenland gelang es, diese traditionellen Konflikte in den 1970er und 1980er Jahren so weit wie möglich beizulegen.

Bis in die späten 1960er Jahre noch stellten die Griechen selbst die territoriale Souveränität Albaniens in Frage. Nach der Niederlage im Ersten Weltkrieg hörte das Osmanische Reich faktisch auf zu existieren. In dieser Zeit der Neuorientierung der Türken wollten die Griechen das mehrheitlich von Griechen bevölkerte Nordepirus (Südalbanien) annektieren. Sie konnten sich jedoch nicht durchsetzen und Nordepirus wurde Albanien zugesprochen. Einzig Mazedonien, früher ein Teil Jugoslawiens, das seine Unabhängigkeit erklärt hat, stellt ein ungelöstes Problem in den Beziehungen zwischen Griechenland und dem Balkan dar.

Nachdem die mazedonische Seite eine nationalistische Politik der Abtrennung von Belgrad betrieb, fühlte Griechenland sich nicht nur übergangen, sondern in besonderem Maße in seiner eigenen territorialen Integrität gefährdet. Griechenland protestierte verschiedentlich deutlich sowohl gegen den Gebrauch griechischer Symbole (z.B. den Stern von Vergina in der mazedonischen Fahne) durch mazedonische Nationalisten als selbstverständlich auch gegen territoriale Ansprüche aus Skopje. Auf der klärenden Konferenz des Jahres 1991, wurden Rumänien, Bulgarien und Serbien zu Verhandlungen eingeladen. Serbien war zwar bereits durch Miloševićs Kriegspolitik international isoliert, die griechische Regierung setzte sich dennoch mit Serbien an einen Verhandlungstisch und beharrte zudem auf eine unbedingte Garantie, dass Jugoslawien ungeteilt bleiben solle. Dies unterstreicht einmal mehr die griechischen Interessens auf dem Balken und das Bestreben, eine tragende Führungs- und Vermittlerrolle in dieser Region einzunehmen. Es dauerte bis in das Jahr 1995, bis Erfolge in den meisten Punkten der Verhandlungen zwischen Athen und Skopje eine Einigung erzielt werden konnten. Beide Seiten strebten nach einer Deeskalation und Entspannung auf dem Balkan sowie nach verbesserten bilateralen und nachbarschaftlichen Beziehungen.

Im Hinblick auf den Zypernkonflikt variierte die Politik Athens zwischen Schirmherrschaft, Anerkennung und Ablehnung zypriotischer Selbstverwaltung. Athen ging dabei immer von der „Theorie mit der nationalen Mitte“ aus. Diese Politik wurde während der gesamten 1960er Jahre angewandt und führte zu einer Verschärfung des Konfliktes mit der Türkei. Da seit diesem Zeitpunkt eine militärische Auseinandersetzung zwischen den beiden NATO-Partnern Griechenland und Türkei nicht mehr ausgeschlossen werden konnte, wird seit 1964 die Demarkationslinie zwischen beiden Teilen der Insel von UN-Truppen (UNFICYP - United Nations Peace-keeping Force in Cyprus) bewacht.

Der Militärputsch durch Oberst Georgios Papadopoulos am 21. April 1967 löste ein Umdenken beim zypriotischen Präsidenten Makarios III. in Bezug auf die Enosis (Anschluss Zyperns an Griechenland) aus. Der ehemalige Freiheitskämpfer und überzeugter Verfechter des Anschlusses an Griechenland sieht nun die Zukunft Zyperns in der Selbständigkeit. Der Militärputsch in Griechenland kann daher zweifelsohne als Wendepunkt in den griechisch-zypriotischen Beziehungen gesehen werden. Auch die Doktrin Griechenlands in Bezug auf Zypern änderte sich nach der Machtübernahme durch das Militär. Jegliche Interessen Athens auf Zypern bezogen sich lediglich auf den südlichen, griechischen Teil. Dadurch wurde die Türkei als weitere Beteiligte des Zypern-Konflikts unweigerlich gestärkt, zudem der Konflikt zunehmend internationalisiert wurde.

Am 15. Juli 1974 kam es auf Zypern zu einem Militärputsch griechischer Nationalisten gegen Präsident Makarios, den die Republik Türkei für eine militärische Intervention (Kıbrıs barış harekatı - Friedensoperation Zypern) im Norden Zyperns nutzte. Sie trennte das nördliche, mehrheitlich von Türken besiedelte Gebiet ab und teilten dadurch die Insel in zwei Teile. Zur Schaffung eines einheitlichen türkischen Siedlungsgebietes wurden die griechischen Zyprioten aus dem besetzten Gebiet vertrieben. Am 15. November 1983 erklärte der Norden seine Unabhängigkeit als „Türkische Republik Nordzypern". Eine völkerrechtliche Anerkennung erfolgte lediglich aus Ankara. Auf internationaler Ebene räumt man der Regierung in Nikosia einen unbestreitbaren Alleinvertretungsanspruch Zyperns ein. D.h. der griechische, südliche Teil Zyperns ist Zypern.

Der Republik Zypern wurde daher die Möglichkeit offeriert, Mitglied der Europäischen Union zu werden. Dies ist auch als außenpolitischer Erfolg Athens zu werten. Der von Athen und Ankara unterstützte Kompromissvorschlag des UN-Generalsekretärs Kofi Annan (Annan-Plan) scheiterte im schweizerischen Luzern am 31.03.2004 an den griechischen Zyprioten. Auch das Scheitern des Referendums über die Wiedervereinigung am 24. April 2004 ist als Rückschlag anzusehen. Für die Wiedervereinigung nach 30 Jahren Teilung bedurfte es einer Zustimmung in beiden Teilen. Im griechischen Teil befürwortete jedoch nur knapp ein Viertel das Referendum, lediglich im türkischen Teil konnte mit einer Zustimmung von fast zwei Dritteln ein breiter Wunsch nach einer Wiedervereinigung festgestellt werden. Die Europäische Union nahm zwar am 1. Mai 2004 die Republik Zypern auf, dennoch wird die „green line" zwischen beiden Staaten von der Europäischen Union nicht anerkannt und ist daher auch nicht als EU-Außengrenze anzusehen. Da die EU die Türkische Republik Nordzypern völkerrechtlich nie anerkannt hat, ist de jure die gesamte (wenn auch geteilte) Insel der EU am 1. Mai 2004 beigetreten. Lediglich das EU-Regelwerk besitzt aufgrund der besonderen Umstände im Norden der Insel keine Gültigkeit.

Griechenland ist sich bewusst, dass sich die außenbpolitische Situation nach dem 11. September 2001 grundlegend geändert hat. Grenzen verlieren an Bedeutung und Entfernungen spielen kaum noch eine Rolle. Zu den ungelösten Problemen der Vergangenheit gesellen sich neue Herausforderungen - hauptsächlich internationaler Terrorismus. Um diese Probleme anzugehen, bedarf es internationaler Bemühungen, Initiativen und Zusammenarbeit. Dies ist der Grund, aus dem die Griechen sich sehr stark in internationalen Organisationen wie der NATO und der EU engagieren.

Als die amerikanische Regierung nach den Anschlägen auf das World Trade Center (WTC) den „War on Terror“ (Krieg gegen Terror) proklamierten, fanden sie weltweit breite Unterstützung, vor allem auch unter den Mitgliedstaaten der Europäischen Union. Nachdem am 7. Oktober 2001 die Operation „Enduring Freedom“ (Andauernde Freiheit) mit amerikanischen und britischen Bombardements auf Afghanistan begann, waren deutsche, französische, italienische, spanische und eben auch griechische Kriegsschiffe und Kampfjets weltweit im Einsatz. Sie zeichnen sich für Luft- und Seeüberwachungsoperationen aus. Unterbindung und Abhörung von Kommunikationswegen zwischen den Al-Qaida-Anführen, sowie das Aufbringen von Schiffen für Kontrollen gehört ebenso zu den Aufgaben der amerikanischen Partner im Krieg gegen den Terrorismus. Griechenland stellte zudem seinen Luftraum sowie eine Basis zum Auftanken den alliierten Flugzeugen zur Verfügung. Sie erhöhten ihr Kontingent im Kosovo um 300 Soldaten auf insgesamt 1.900 Mann. Dadurch konnten amerikanische Soldaten nach Afghanistan verlegt werden. Nachdem „peace-enforcement“ Einsatz in Afghanistan beteiligte sich Griechenland mit umfangreichen humanitären Hilfen an den „peace-making“ und „peace-keeping“ Operationen.

Am 1. Januar 2003 übernahm die Hellenische Republik den Vorsitz im Europäischen Rat. Zunächst sah es nach einer ruhigen EU-Präsidentschaft für den griechischen Ministerpräsidenten Kostas Simitis aus. Diese Ruhe schlug am 20. März 2003 rapide um. Unter der Führung der Vereinigten Staaten beteiligten sich 48 Staaten an dem Krieg gegen den Irak. Diese von den USA genannte „Koalition der Willigen“ brachte Unruhe in die Europäische Union. Die erst zwei Jahre zuvor in Nizza manifestierte gemeinsame Außen- und Sicherheitspolitik (GASP) und die Europäische Sicherheits- und Verteidigungspolitik (ESVP) wurden erstmals auf ihre wirkliche „Gemeinsamkeit“ geprüft. Griechenland sah sich als Vorsitzende einer drohenden Spaltung Europas gegenüber. Auf der einen Seite, die pro-amerikanischen Kriegsbefürworter wie zum Beispiel Großbritannien, Italien, Spanien und Polen, auf der anderen Seite die Gegner eines Angriffkrieges wie Deutschland, Frankreich,Belgien und Griechenland selbst. Und dann noch die EU-Bürger, die mehrheitlich einen Krieg im Irak ablehnten. Im November 2003 gab die EU-Kommission eine Studie unter den Bürgern der EU-15 in Auftrag, die diese Kriegsablehnung mit 68 Prozent beziffert. Mit 96 Prozent war die Ablehnung in Griechenland am höchsten. Der Erfolg der griechischen Ratspräsidentschaft liegt vor allem in dem Gelingen des EU-Sondergipfels in Athen. Griechenland vermittelte zum einen zwischen den Staaten des „alten“ und des „neuen“ Europas in der Frage des Irakkrieges, zum andern wurden die Beitrittsverträge der größten Erweiterung der Europäischen Union unterzeichnet.

Die gemeinsame Erklärung der europäischen Staats- und Regierungschefs beinhaltet die Forderung nach einer zentralen Rolle der Vereinten Nationen bei der Gestaltung der Nachkriegsordnung im Irak. Diese Erklärung fand neben den EU

15-Staaten auch bei den zehn neuen Mitgliedern, sowie den Beitrittskandidaten Bulgarien, Rumänien und der Türkei Unterstützung. Ein wesentlicher Punkt der neueren griechischen Außenpolitik ist die Haltung Athens zum türkischen EU-Beitritt. Am 14. April 1987 beantragte die Republik Türkei die Aufnahme in die Europäische Gemeinschaft. Seitdem ist dieses Ansinnen eng mit dem Verhältnis zu Griechenland verbunden. Sei es wegen der Streitigkeiten in der Ägäis oder des Zypernkonflikts - die Rolle Griechenlands ist für den türkischen Beitritt von größter Bedeutung.

Anfang der 1990er Jahre zeichnete sich eine Modifizierung der griechischen Außenpolitik in Bezug auf die Türkei ab. Griechenland nahm eine positive Haltung zur europäischen Annäherung Ankaras ein. Griechenland verband mit der europäischen Perspektive des Nachbarn eine wesentliche Verbesserung der sicherheitspolitischen Aussichten für Europa. Faktoren für diesen Politikwechsel waren zum einen im US-amerikanischen Einfluss auf den damaligen Außenminister Georgios Papandreou und damit auf die gesamte Regierung, zum anderen in dem Bestreben der jüngeren Griechen aller politischen Richtungen, die Interdependenzen beider Staaten zum beidseitigen Vorteil zu nutzen. Die Regierung in Athen stimmte 1995 der Vollendung der Zollunion mit der Türkei zu. Im Gegenzug erhielt Griechenland das Zugeständnis Ankaras, dass die EU Beitrittsverhandlungen mit Zypern aufnehmen dürfe. Im Dezember 1999 sprachen die europäischen Staats- und Regierungschefs auf dem EU-Gipfel in Helsinki der Türkei den offiziellen Status eines Beitrittskandidaten zu. Georgios Papandreou erwartet von einer Mitgliedschaft der Türkei mehr Sicherheit und Stabilität in Südosteuropa. Außerdem erwartete er dadurch eine deutliche Verbesserung der wirtschaftlichen Entwicklungen, der Demokratisierungen sowie der bilateralen Beziehungen der Staaten in dieser Region.

Einen weiteren Wendepunkt in den griechisch-türkischen Beziehungen stellen die Parlamentswahlen 2004 dar. Am 7. März 2004 gewann der Kandidat der liberal-konservativen Nea Dimokratia (Neue Demokratie) Kostas Karamanlis und beendete die Regierungszeit der sozialistischen PASOK (Panhellenische Sozialistische Bewegung). Dieser Regierungswechsel hatte auch einen programmatischen Richtungswechsel zur Folge. Athen unterstützte nun wesentlich aktiver die Reformbemühungen und die Mitgliedschaftsbestrebungen der Türkei in die Europäische Union. Der griechische Außenminister Petros Molyviatis bezeichnete die Aufnahme der Beitrittsverhandlungen am 3. Oktober 2005 als „besonders wichtigen Erfolg". Die griechische Regierung sieht in dem Verhandlungsbeginn einen Meilenstein zur Normalisierung der Beziehungen zwischen Griechenland, der Türkei und Zypern.

Griechenland will ein starkes Europa und setzt sich für ein föderales Europa ein, das auf Solidarität ihrer Mitglieder gestützt sein wird. Für einen Konsens unter den Mitgliedsstaaten (auch mit einem möglichen Mitgliedsstaat Türkei) wird sich eingesetzt um auch die eigenen besonderen Interessen sichern. Eine starke und glaubwürdige europäische Sicherheits- und Verteidigungspolitik ist angestrebt. Griechenland forciert die Idee einer „defensiven Euro-Zone“ und fordert eine vertraglich festgelegte Klausel für Solidarität und gegenseitiger Unterstützung. Im gleichen Augenblick sehen die Griechen die Beteiligung ihres Landes an den grundsätzlichen Veränderungen auf dem Balkan als strategisches Ziel an. Der Balkan, wie auch die Türkei-Integration sind für Athen wesentliche Eckpfeiler der Eigenen, aber auch der europäischen Außen- und Sicherheitspolitik. Daher bemüht sich das Land um eine aktive Rolle in der europäischen Sicherheitspolitik in der Zukunft einzunehmen.

LITERATUR (VERWENDETE UND WEITERFÜHRENDE)

Axt, Heinz-Jürgen: Griechenland als Stabilitätsfaktor auf dem Balkan, Chancen der Konfliktbeilegung durch ökonomische und politische Kooperation. in: Südosteuropa-Mitteilungen 41, 2001, S. 141-153.

Bacia, Horst: EU-Beitritt. Vier Jahrzehnte nur leere Versprechen? in: FAZ, 16.12.2004.

Clogg, Richard: Greece 1940-1949: occupation, resistance, civil war; a documentary history. Basingstoke 2001.

Close, David: Greece since 1945: politics, economy and society. London 2002.

Dimitrakopoulos, Dionyssis G./ Passas, Arggris G.: Greece in the European Union. London 2004.

Europäische Kommission: Iraq and Peace in the World. Full Report. Brüssel 2004.

Featherstone, K./ Ifantis, K.: Greece in a changing Europe- Between European integration and Balkan disintegration? Manchester 1996.

Griechische Botschaft Berlin: Außenpolitik. http://www.griechische-botschaft.de/ueber_gr/Welt/Aussenpolitik.htm, abgerufen am 30.06.2007.

Henrich, Friedrich Jörg / Montag, Robert-Martin Hellenic Republic. In: Gieler, Wolfgang/ İnat, Kemal/ Kullmann, Claudio (Hrsg.): Foreign Policy of States. A Handbook on World Affairs. Istanbul, S. 200-203. 2005

Hill, C.: The Actors in Europe's Foreign Policy. London 2000.

Ioakimidis, Panayotis: The Europeanisation of Greece's Foreign Policy: Progress and Problems. in: Mitsos, Achileas/Mossialos, Elias (Hrsg.): Contemporary Greece and Europe. Ashgate 2000, S. 359-372.

Kavakas, D.: Greece. in: Manners, I./Whitman, R (Hrsg.): The Foreign Policies of European Union Member States. Manchester 2000.

Kazakos, Panos/ Kazakos, Gerd: Die Türkei-Debatte im griechischen Parlament 1996-2003. http://www.unikonstanz.de/FuF/SozWiss/fgsoz/agwis/JSVersion/mitarbeit/giannakopoulos/EU/berichte/KAZAKOS%20Bericht%20Final.pdf, abgerufen am 30. 06.2007.

Keetman, Jan: EU-Beitritt sorgt für Zeitdruck, in: Neues Deutschland, 24. 03. 2004.

Kemal, İnat: Republic of Turkey. in: Gieler, Wolfgang/ İnat, Kemal/ Kullmann, Claudio (Hrsg.): Foreign Policy of States. A Handbook on World Affairs. Istanbul 2005, S. 499-506.

Moustakis, Fotios: The Greek- Turkish relationship and NATO. London 2003.

Papandreou, George: Greek Views on the EU Common Foreign and Security Policy. in: The Brown Journal of World Affairs, Winter/Spring -Volume IX, Issue 2, 2003, S. 49-62.

Rill, Bernd: Griechenland: Politik und Perspektiven. München 1999.

Stavridis, Stelios: The international role of the Cypriot Parliament and Cyprus´Accession to the EU. in: Foukas, V./Richter, H. (Hrsg.): Cyprus and Europe- The Long Way Back. Mannheim 2003, S. 173-203.

Tözen, Coşkun: Zypern - Eine geteilte Insel als EU-Mitglied. Und was nun?: http://trend.infopartisan.net/trd1004/t061004.html, abgerufen am 30.06.2007.

Tziampiris, Aristotle: Greece European political cooperation and the Macedonian question. Aldershot 2000.

Veremis, T.: Greece's Balkan Entanglement. Athens 1995.

GROßBRITANNIEN

Friedrich Jörg Henrich & Jessica Caroline Henrich

HISTORISCHE GRUNDDATEN

1914-1918	Teilnahme am Ersten Weltkrieg auf Seiten der Entente
1922	Unabhängigkeit Irlands
1939	Eintritt in den Zweiten Weltkrieg auf Seiten der Alliierten
1945	Beitritt UN
1947	Unabhängigkeit Indiens, Gründung des Commonwealth
1949	Beitritt Europarat, Beitritt NAT0
1957-1968	Unabhängigkeit der afrikanischen Kolonien
1968-1969	Unruhen in Nordirland
1961	Beitritt OECD
1973	Beitritt OSZE
1973	Beitritt Europäische Gemeinschaft
1982	Falklandkrieg mti Argentinien
1991	Unterstützung der USA im Golfkrieg
1993	Beginn der irisch-britische Kooperation in der Nordirlandfrage
1995	Beitritt WTO
1997	Rückgabe Hongkongs an die VR China, Einführung von Regionalparlamenten in Schottland und Wales
1998	Friedensabkommen in Nordirland
2003	Beteiligung am Angriff auf den Irak
2005	Terroranschlag in London durch Islamisten

LÄNDERDATEN

Name: United Kingdom of Great Britain and Northern Ireland/ Vereinigtes Königreich von Großbritannien und Nordirland, **Hauptstadt:** London (7.554.236 Einwohner (2007)), **Regierungsform:** Parlamentarisch-demokratische Monarchie (seit 1921), **Größe:** 242.910km^2, **Einwohnerzahl:** 60.776.238 (2007), **Landessprache:** Englisch, **BSP pro Kopf:** 31.400 USD (2006), **Mitgliedschaft in Europäischen Organisationen:** CERN, Commonwealth, EAPC, EBRD, ECE, EIB, ESA, EU, Europarat, OECD, WEAG, WEU, **Mitgliedschaft in Internationalen Organisationen:** NATO, OECD, UN, WTO

***

Der Globalismus ist eine tief verwurzelter Idee in der Geschichte des Großbritanniens, der die außenpolitischen Entscheidungen entscheidend prägt. Das Prinzip, sich in Übersee zu engagieren, geht bis auf das Mittelalter zurück. Starkes Wirtschaftswachstum in Verbindung mit der Seeherrschaft sowie dem zugrundeliegenden Gefühl rassischer Überlegenheit ermöglichte es den Briten, ihr Empire zu errichten, das sowohl Siedlergesellschaften als auch Kolonialstaaten, die ausgebeutet werden konnten, umfasste. Obwohl das Empire und damit der britische Weltmachtstatus im 20. Jahrhundert in Stücke fiel, gibt es beständig starke politische, wirtschaftliche und sogar kulturelle Bindungen zwischen den britischen Inseln und weiten Teilen der Welt. Trotz der Mitgliedschaft des Vereinigten Königreiches in der EU ist der wirtschaftliche Austausch mit den ehemaligen Überseeterritorien nach wie vor von enormer Bedeutung.

Der britische Globalismus der Vergangenheit machte die englische Sprache zur „lingua franca“ der gesamten Welt; die britischen Ideen von Politik, Wirtschaft, Recht und Kultur haben weltweit Standards gesetzt - oft durch die unwiederbringliche Zerstörung alter Kulturen. Heute wird zum Beispiel Cricket in Indien als das „indischste Spiel aller Spiele“ betrachtet. Schließlich gibt es sogar im Zusammenhang der EU-Entwicklungspolitik von britischer Seite starke Verpflichtungen in Bezug auf Entwicklungsprogramme, die die ehemaligen Kolonien betreffen. Als Britannien sich 1973 der EWG anschloss, traten auch englischsprachige ACP-Staaten den EWG-Lomé-Verträgen zur Entwicklung der Entwicklungsländer bei.

Der globalistische Ansatz britischer Außenpolitik spiegelt sich auch in der Einbindung des Landes in internationale Organisationen wieder. Als Gründungsmitglied der UNO und als offizielle Nuklearmacht hat das Vereinigte Königreich einen ständigen Sitz im UN-Sicherheitsrat mit Vetorecht. Darüber hinaus hat das Land eine aktive Außenpolitik betrieben, was das militärische Engagement betrifft. Obwohl es eine tiefverwurzelte Bindung an friedliche Mittel der Konfliktlösung gibt, ist der Gebrauch von militärischer Gewalt in der britischen Politik weitestgehend akzeptiert als „ultima ratio“. Auch hat das Land an den meisten UN-Friedensmissionen und NATO-Einsätzen aktiv teilgenommen. Starke post-imperiale Verbindungen sind ebenfalls offenkundig im Commonwealth.

Obwohl oft durch wirtschaftlichen und politischen Nationalismus geprägt, bietet der Commonwealth dem Vereinigten Königreich eine Stimme in Angelegenheiten, die viele Entwicklungsländer angehen. Zusätzlich hilft der Commonwealth, viele Institutionen und Einrichtungen, die von britischen Erfahrungen und Modellen herrühren, wie beispielsweise die parlamentarische Demokratie, in diesen Ländern zu erhalten. Alle Mitgliedstaaten des Commonwealth erkennen die Queen als Oberhaupt der Organisation an. Zusätzlich haben viele Mitglieder verfassungsrechtliche Verbindungen zur britischen Politik beibehalten. In einigen Ländern, wie Australien und Kanada, ist die Königin noch immer das Staatsoberhaupt, andere teilen sich mit dem Vereinigten Königreich den Geheimen Staatsrat als oberstes Berufungsgericht. Darüber hinaus regiert Britannien immer noch über einige Überbleibsel des Empire, wie Gibraltar, kleine Teile Zyperns, die Falkland Inseln, die Bermudas, Saint Helena, usw. Generell kann man sagen, dass Britannien mit diesem globalen Ansatz versucht, wenigstens nominell den Status als Weltmacht aufrechtzuerhalten.

Die so genannten „Sonderbeziehungen“ zwischen dem Vereinigten Königreich und den USA ist mit dem Prinzip des Globalismus verflochten. Es hat schon immer sehr starke Beziehungen zwischen beiden Ländern gegeben. Das Vereinigte Königreich und die USA teilen sich eine Sprache und Teile ihres historischen und kulturellen Hintergrunds. In der jüngeren Geschichte sind sie zu militärischen Partnern geworden, als sie vereint gegen das nationalsozialistische Deutsche Reich kämpften. Diese Militärallianz ist praktisch bis heute in Kraft. Das Vereinigte Königreich gestattetr den USA beispielsweise, während des Kalten Krieges ferngelenkte Raketen („Cruise Missiles“) auf den britischen Inseln zu stationieren. 1986 stellte Margaret Thatcher zudem britische Flugbasen und Luftraum für den Angriff auf Libyen zur Verfügung. Prinzipiell ist es nicht übertrieben zu behaupten, dass Britannien sich in den letzten Dekaden bei militärischen Konflikten immer auf die Seite der US-Amerikaner gestellt und die Außenpolitik der USA unterstützt hat - wie insbesondere der zweite und dritte Golfkrieg offenbaren.

Trotzdem hat es Phasen der Uneinigkeit gegeben, zum Beispiel die Suez-Krise von 1956. zudem war die anfängliche Position Britanniens im Kalten Krieg Ursache für einige Differenzen mit der US-amerikanischen Supermacht. Churchill neigte dazu, zwischen der westlichen und der östlichen Welt zu vermitteln, um die britische Macht wieder herzustellen. Im Gegensatz dazu initiierte der US-Außenminister Dulles eine Konfrontationspolitik gegenüber dem aggressiven Ostblock. Später änderte sich die britische Haltung dramatisch. Als offensichtlich wurde, dass Britannien seinen Supermachtstatus verloren hatte, musste es sich um militärischen Schutz durch und Ausrichtung auf die USA bemühen. Dies vertiefte die „Sonderbeziehungen“ zu den Vereinigten Staaten von Amerika sowie Britanniens transatlantisches Engagement innerhalb der NATO erheblich. Schließlich haben die Ereignisse im Zusammenhang mit der Invasion des Iraks im Jahre 2003 gezeigt, dass London seine „speziellen Beziehung“ als weit wichtiger ansieht als die GASP der EU.

Traditionell ist die britische Außenpolitik wirtschaftspolitisch ausgerichtet. Daher ist sie auch bemüht, Konflikte mit anderen Staaten friedlich zu lösen. Das Empire war wie später auch der Commonwealth auf die Begründung und den Ausbau von Handelsbeziehungen aus, die - in weiten Zügen - heute noch bestehen. So ging denn auch die Auflösung des Empire weitgehend friedlich vonstatten (im Gegensatz zu Frankreich). Britanniens Handelspolitik ist traditionell liberal. Das Land war 1848 die erste Nation, die sämtliche Zölle auf Getreide abschaffte. Handelsinteressen haben auch das britische Engagement in Bezug auf die EG/EU beeinflusst. Bislang hat noch jede britische Regierung die EG/EU mehr oder weniger als bloße Wirtschaftsgemeinschaft gesehen - Kontinentaleuropa als Markt für britische Waren. Im Jahre 1979 konfrontierte Margaret Thatcher die EG mit ihrer berühmten „Wir wollen unser Geld zurück!“ - Politik. Danach garantierte der Gipfel des Europarates von Fontainebleu im Jahre 1984 Großbritannien eine Rückzahlung in Höhe von Zweidritteln des Saldos aus britischen Beiträgen und Unterstützungen.

Die skeptische Haltung gegenüber der EU ist in dem grundlegenden Gefühl der Andersartigkeit und der wahrgenommenen Unterschiede zu Kontinentaleuropa begründet. Der britische Zugang zu Europa ist funktional und nicht supranational. Das führt zu vielen Konflikten zwischen Großbritannien und Kontinentaleuropa. Während „der“ Kontinent in Regierungskategorien denkt, denkt Großbritannien in gesellschaftlichen Kategorien. So stellt es für die politische Elite des Landes eine große Schwierigkeit dar, Teile ihrer nationalen Souveränität auf die EU zu übertragen. Konsequenterweise hat Britannien von verschiedenen Bestimmungen des Maastrichtvertrages Abstand genommen. Das Land ist kein Vertragspartner des Schengener Abkommens, weil es traditionsgemäß auf dem Gebiet der Immigrationspolitik enger mit Irland kooperiert. Dennoch ist der bedeutendste Ausstieg Britanniens die Nichtteilnahme an der EWG, die gravierende Auswirkungen für den britischen Einfluss auf die EU-Politik mit sich brachte.

Soweit es den Entscheidungsprozess angeht, ist das Parlament - bestehend aus der Königin, dem Oberhaus und dem Unterhaus - die einzige Quelle der Souveränität und die abschließende Autorität. Da es keine geschriebene Verfassung im Vereinigten Königreich gibt, ist die Politik im Wesentlichen durch Konventionen und Traditionen bestimmt. Dementsprechend erfordert jede vom Parlament verabschiedete außenpolitische Maßnahme einer abschließenden Beschlussfassung. De facto hat das Oberhaus fast keinen Einfluss auf die Beschlussfassung in außenpolitischen Angelegenheiten. Sogar der Einfluss des Unterhauses ist eingeschränkt, da vorgesehen ist, dass der Premierminister mit seinem Kabinett eigenständig über den außenpolitischen Kurs entscheidet. Das Unterhaus kann die Politik des Premierministers lediglich durch ein Misstrauensvotum ändern - ungeachtet anderer Mittel der informellen Einflussnahme. Darüber hinaus ist es Sitte, dass bei wichtigen Fragen, beispielsweise der Übertragung von Hoheitsrechten auf die EU, Volksentscheide herbeigeführt werden. Die Pflichten der Königin beschränken sich auf die Wahrnehmung repräsentative Aufgaben. Sie steht über der Außenpolitik, repräsentiert aber wie zuvor beschrieben den globalen Zugang der Diplomatie des Vereinigten Königreiches. Indessen ist Königin Elisabeth II. trotz der Skandale und den Klatsch um die königliche Familie eine hochrespektierte Figur in Britannien und der Welt.

Finanzorganisationen und Gewerkschaften spielen in Folge der radikalen Liberalisierung unter Thatcher eine geringe Rolle. Was die Medien angeht, hat das strikte - sogar gesetzlich geduldete - Prinzips der Geheimhaltung von politischen Angelegenheiten in allen Bereichen der Politik, insbesondere denen in der Downing Street Nummer 10, schon immer eine umfassende Berichterstattung über die Entscheidungsfindung in der Außenpolitik verhindert. In der Vergangenheit hatten die Medien und die öffentliche Meinung nur wenig Einfluss. Aber in den letzten Jahren hat sich die Situation zugunsten der Medien verändert, was insbesondere auf die wachsende Zahl gewollter und nichtgewollter undichter Stellen zurückzuführen ist. Im Vorfeld des Einmarsches in den Irak im Jahre 2003 wurde ein beachtliches Maß an Misstrauen in die traditionellen Methoden der aktiven Außenpolitik in der britischen Öffentlichkeit sichtbar, weil Verdachtsmomente aufkamen, dass die Regierung in der Vorkriegsperiode gelogen haben könnte, um öffentlich anerkannte Gründe zu liefern, Truppen an den Golf zu entsenden.

Zu erwarten bleibt, dass es zu weiteren Konflikten in Bezug auf den Weg der zukünftigen Außenpolitik kommen wird. Die gegenwärtige britische Außenpolitik ist einerseits durch den traditionellen Globalismus und andererseits durch den Versuch, diese Tradition zu überwinden, bestimmt. Nichtsdestoweniger versteht das Vereinigte Königreich sich zumindest nominell noch immer als Weltmacht. Auch aus diesem Grund gibt es keinen Hinweis auf irgendeine Veränderung in der Politik der „Sonderbeziehungen“ gegenüber den Vereinigten Staaten von Amerika. Jüngst hat London begonnen, ein gewisses Maß an Integration mit Kontinentaleuropa in Erwägung zu ziehen. Dies ist im Wesentlichen auf den schwindenden Einfluss des Landes auf die Institutionen der EU zurückzuführen. Wegen seines Ausstiegs aus der EWU ist das Vereinigte Königreich zunehmend von den in Brüssel getroffenen Entscheidungen abgekoppelt. Im krassen Gegensatz dazu beeinflussen genau diese Entscheidungen weite Teile britischer Innenpolitik. Prognostiziert werden kann, dass in naher Zukunft Versuche intensivere

Bemühnungen vorgenommen werden, der EWU beizutreten, auch wenn der obligatorische Volksentscheid in dieser Angelegenheit ein Hindernis darstellen könnte. Schließlich wird die Königin weiterhin das Symbol für den Zusammenhalt des Commonwealth sein, obwohl die Bedeutung des Commonwealth ständig zugunsten weitergehender europäischer Integration abnimmt.

LITERATUR (VERWENDETE UND WEITERFÜHRENDE)

Ashcroft, Bill: The Post-Colonial Studies Reader. London 2003.

Clarke, Michael: British External Policy-Making in the 1990s. Oxford 1992.

Danchev, Alex/ MacMillan, John: The Iraq War and Democratic Politics. New York 2004.

Dockrill, Michael/ McKercher Brian: Diplomacy and World Power : Studies in British Foreign Policy, 1890-1951. Cambridge 2002.

Dockrill, Michael: British Defence since 1945. Oxford 1989.

Ferguson, Niall: Empire: The Rise and Demise of the British World Order and the Lessons for Global Power. New York 1993.

Giddings, Philip James: Britain and the European Union: Law, Policy and Parliament. New York 2004.

Hennessy, Peter: The Secret State: Whitehall and the Cold War. London 2003.

Kampfner, John: Blair's Wars. London 2003.

Little, R./ Wickham-Jones, M.: New Labour's Foreign Policy: A new moral crusade? Manchester 2000.

McLynn, Frank: 1759: The Year Britain Became Master of the World. London 2004.

Riddell, Peter: Hug Them Close: Blair, Clinton, Bush and the "Special Relationship". London 2003.

Young, John W.: Britain and European Unity. London 1993.

IRLAND

Ingvild Bode

HISTORISCHE GRUNDDATEN	
1919	Unabhängigkeitserklärung Irlands (von Großbritannien), Unabhängigkeitskrieg (bis 1921)
1922-1923	Bürgerkrieg
1949	Endgültige Unabhängigkeit, Beitritt Europarat
1955	Beitritt UN
1962	Beitritt OECD
1973	Beitritt Europäische Gemeinschaft, Beitritt OSZE
1993	Beginn der irisch-britische Kooperation in der Nordirlandfrage
1995	Beitritt WTO
2002	Einführung des Euro

LÄNDERDATEN

Name: Poblacht Na h'Éireann/ Republik Irland, **Hauptstadt:** Baile Atha Cliath/ Dublin (505.739 Einwohner (2006)), **Regierungsform:** Parlamentarische Republik (seit 1937), **Größe:** 70.273km^2, **Einwohnerzahl:** 4.109.086 (2007), **Landessprache:** Irisch, Englisch, **BSP pro Kopf:** 43.600 USD (2006), **Mitgliedschaft in Europäischen Organisationen:** EAPC, EBRD, ECE, EIB, ESA, EU, Europarat, OSZE, PfP, WEU (Beobachter), WWU, **Mitgliedschaft in Internationalen Organisationen:** OECD, UN, WTO

***

A Place Among the Nations - dieser Titel eines 1974 erschienenen Buches über irische Außenpolitik beschreibt in angemessener Weise die Richtung der Außenpolitik Irlands nach der Staatsgründung. Irland beschritt einen Weg von Abgeschiedenheit zu engagierter Teilnahme, von unsicherer Unabhängigkeit zu anerkannter staatlicher Souveränität in der Weltgemeinschaft - sowohl in seinen diplomatischen wie auch in seinen wirtschaftlichen Beziehungen. Außenpolitik in der Republik zeichnete sich lange durch die Abwesenheit einer konkreten strategischen Vision aus: das erste umfassende Weißbuch über Außenpolitik mit dem Titel Challenges and Opportunities Abroad wurde erst 1996 vom Außenministerium herausgegeben. Die Tatsache, dass für ein solches Papier bis 74 Jahre nach der Staatsgründung keine Notwendigkeit zu bestehen schien, spiegelt deutlich die geringe Signifikanz, die außenpolitischen Belangen in der Republik zukam, wider.

Mit Blick auf die Entscheidungsfindungsprozesse liegt die endgültige Gewalt beim Department of Foreign Affairs mit dem Außenminister an seiner Spitze, obwohl inter-ministerielle Zusammenarbeit in den letzten Jahren deutlich zugenommen hat: beispielsweise obliegt die Koordinierung von Irlands internationaler Umweltschutzpolitik dem Department of Envirnoment and Local Government, während die internationale Handelspolitik in der logischen Konsequenz in den Händen des Department on Enterprise, Trade and Employment liegt. Seit dem Beitritt in die EG 1973 findet der Politikbereich Außenpolitik zunehmend mehr Beachtung.

Dieses zeigt sich vor allem in der Neugründung einer Sektion über europäische und internationale Beziehungen in der Abteilung des Taoiseach (Premierminister). Der Taoiseach selbst nimmt eine zentrale Rolle im Bezug auf die grundlegende Richtung der irischen Politik ein und koordiniert die Zusammenarbeit anderer Ministerien im internationalen und europäischen Kontext. Ebenso ist zu beobachten, dass das Außenministerium in den Jahren die dem EG-Beitritt folgten einen deutlichen Zuwachs an Größe und interner Aufwertung erfahren hat. Das Ministerium ist thematisch in sechs Sektionen unterteilt: die Anglo-Irish Division, die Bilateral Economic Division, die Development Cooperation Division, die European Union Division, die Legal Division und die Political Division. Etwa ein Drittel dieser Sektionen wurden erst in den 1980ern eingerichtet. Gemäß dieser Erweiterung wurden die Ausschüsse über Außenpolitik und Europaangelegenheiten erst 1993 bzw. 1995 innerhalb des Dáil (irisches Parlament) eingerichtet. Damit wurde erstmals ein Ausschusssystem eingeführt: dieses ist zwar den meisten anderen nationalen Parlamente geläufig, jedoch den Abläufen im Dáil bis dahin fremd. Die zeitliche Nähe dieses Schritts bewirkt jedoch eine deutliche Abhängigkeit der Ausschüsse von Informationen aus dem Außenministerium.

Das bezeichnende Merkmal des politischen Systems Irlands insgesamt ist seine Machtkonzentration, wobei die Zusammenarbeit der verschiedenen Systembereiche durch gegenseitige Unterordnung gekennzeichnet ist. Im Zentrum der Macht stehen der Taoiseach und sein Kabinett, im Fall von Außenpolitik also der Außenminister. Mit der Veröffentlichung des Weißbuchs über Außenpolitik wurde die zentralistische Ausrichtung dadurch tendenziell geschwächt, dass der damalige Außenminister Dick Spring die Öffentlichkeit im Vorfeld des Entstehungsprozesses konsultierte. Das Weißbuch wurde demzufolge entscheidend durch schriftliche Vorschläge und öffentliche Diskussionen über eine große Bandbreite von außenpolitischen Themen im ganzen Land beeinflusst. Diese Entwicklungen, vergleichbar mit der Institutionalisierung des Forum on Europe - ein öffentlicher Treffpunkt für Diskussionen über Themen mit europäischer Relevanz, sind ein deutlicher Indikator für zunehmendes NGO-Engagement und suggerieren eine Demokratisierung der außenpolitischen Entscheidungsfindung.

Alle großen Parteien schlagen traditionell in der Außenpolitik eine ähnliche Richtung ein - abgesehen von themenspezifischen Abweichungen im Bezug auf die Europäische Union scheint es keine fundamentalen Unterschiede in diesem Feld zu geben. Dieser Konsens kann auf das formgebende Moment der irischen Parteienlandschaft zurückgeführt werden: im Vergleich zu anderen Parteiensystemen spielt die rechts-links Kontrastierung eine untergeordnete Rolle. Die zwei größten Parteien des Staates - Fianna Fáil (Krieger des Schicksals) and Fine Gael (Gälischer Stamm) - sind beide von konservativer Gesinnung. Sie wurden auf Basis des Ursprungskonfliktes irischer Politik - dem Anglo-Irischen Vertrag - etabliert. Während Fianna Fáil von Vertragsgegnern gegründet wurde, findet sich Fine Gael auf der Seite von Vertragsbefürwortern wieder. Dieses überdauernde Charakteristikum des irischen Parteiensystems wird teilweise abwertend mit „Bürgerkriegspolitik" betitelt.

Dies hat im internationalen Kontext, besonders im Europäischen Parlament (EP), für Differenzen gesorgt: beide Parteien wären politisch befähigt gewesen, sich der entscheidenden konservativen Gruppierung, der Europäischen Volkspartei (EVP) anzuschließen, konnten dieses aber aufgrund der notwendigen Abgrenzung auf nationaler Ebene nicht verfolgen. Während Fine Gael letztendlich der EVP beigetreten ist und dadurch ihren Wirkungs- und Einflusskreis erweitern konnte, war Fianna Fáil gezwungen sich mit den französischen Gaullisten innerhalb der Union für Europa, einer kleinen, weit weniger einfluss- und expertisereichen Gruppierung, zusammenzuschließen.

Beide großen Parteien können als pro-europäisch bezeichnet werden, während Fianna Fáil sich zum Teil etwas reservierter zeigt, jedoch in Machtpositionen immer im europäischen Interesse gehandelt hat. Es gibt zudem vier kleinere Parteien, denen eingeschränkte Bedeutung zukommt - namentlich Labour, die Progressive Democrats (PDs), die Green Party und Sinn Féin (Wir selbst). Irish Labour ist mit anderen europäischen Arbeiterparteien vergleichbar, konnte jedoch aufgrund fehlender Relevanz der Industrialisierung im irischen Kontext, und demzufolge fehlenden „Labourthemen", keinen großen Einfluss entwickeln. Labour stand der EG-Mitgliedschaft ursprünglich skeptisch gegenüber, änderte aber im Zuge ihrer Rolle als Koalitionspartner und durch die Präsidentschaft von Mary Robinson in den 1990ern ihre Position. Die Progressive Democrats wurden erst 1985 als Alternative zu den „Bürgerkriegsparteien" gegründet und sehen sich selbst als Teil der europäischen liberalen Tradition. Die PDs haben ausschlaggebend zum Erfolg des so genannten „Celtic Tiger", des irischen Wirtschaftswunders der 1990er, beigetragen und sind entschieden pro-europäisch. Die Gründung der Irish Green Party erfolgte 1981 und sie entwickelte sich, vergleichbar mit ihren europäischen Äquivalenten, von einer Randbewegung zu einer mittelgroßen Partei die bis jetzt noch keine Regierungsverantwortung übernommen hat. Im Gegensatz zu den meisten anderen europäischen Grünen tendiert die Irish Green Party zum Euroskeptizismus. Aufgrund dieser Überzeugung bilden sie eine ungewöhnliche Koalition mit Sinn Féin, Irlands ursprünglicher nationalistischer Partei welche als Einzige gleichzeitig Sitze in den Parlamenten Nordirlands und der Republik innehat. Diese Allianz zeigte sich z. B. in ihrer Kampagne gegen die Ratifizierung des Vertrages von Nizza: während die Green Party den Vertrag in dichotomischem Gegensatz zur irischen Neutralität sah, da er die Gemeinsame Außen- und Sicherheitspolitik (GASP) der Union erweiterte, lehnte ihn Sinn Feín mit dem Vorwurf des weiteren Angriffs auf Irlands nationale Souveränität ab. Obwohl beide Parteien im Dáil vertreten sind, ist ihr Einfluss eher marginal.

Grundlegende Strategien der irischen Außenpolitik fanden ihren Ursprung in der besonderen Beziehung der Republik zu Großbritannien, ihrer geographischen Position, ihrer Größe und der Abwesenheit von kritischen Rohstoffen auf der Insel. In der Frühphase des irischen Staates führte diese Position zu insularem Protektionismus, getrieben von dem Wunsch nach voller Souveränität und Freiheit von britischer Dominanz. Heutzutage bildet sie die Basis für eine Strategie des engagierten Multilateralismus, die teilweise moralischen Überzeugungen, wie z. B. dem Ideal von Frieden und freundschaftlicher Kooperationen unter den Nationen in Artikel 29 der irischen Verfassung entspringt, aber auch nationalem Interesse, da Irland vom Außenhandel und damit von einer regulierten, funktionstüchtigen internationalen Gemeinschaft abhängig ist. Dieser Multilateralismus findet seinen Ausdruck sowohl in der Mitgliedschaft in der EU und den Vereinten Nationen (UN), die zwei Pfeiler in Irlands globalen Engagements darstellen, als auch in anderen internationalen Organisationen wie dem Europarat und der Organisation für Sicherheit und Zusammenarbeit in Europa (OSZE).

Obwohl Irland versucht, in politisch bedeutsamer Weise bezüglich Themen wie Menschenrechte, Abrüstung, Konfliktprävention, Friedensmissionen und humanitärer Hilfe zu agieren, handelt es kontinuierlich entsprechend seiner neutralen Gesinnung. Diese Politik der Neutralität entwickelte sich von einer rein pragmatischen Antwort auf die Frage der Souveränität zu einem dauerhaften Wert irischer Politik, wie das Weißbuch formuliert „in den Augen vieler ist Neutralität zu einem Fixpunkt unserer gesamten Ausrichtung in den internationalen Beziehungen geworden". Neutralität, als die herausragende Strategie der irischen Außenpolitik, entstand ursprünglich als Reaktion auf Großbritanniens Einfluss und das Verhältnis zwischen Irland und Großbritannien determiniert weiterhin die Außenpolitik, besonders signifikant im Fall der noch immer ungelösten Frage um Nordirland. Die Forderung der irischen Nationalisten nach Wiedervereinigung bestimmte die politische Verhandlungsposition der Republik bis zum Karfreitagsabkommen (1998), als ein Referendum in der Republik Artikel 2 und 3 der irischen Verfassung, welche ursprünglich die Zugehörigkeit des nordirischen Territoriums zur Republik beinhaltet hatte, änderte.

In den 1940ern und 1950ern wurde die Realität der Teilung regelmäßig als Grund genannt, der Irland daran hinderte seinen rechtmäßigen Platz in der Gemeinschaft Europas einzunehmen. Diese Position fand jedoch wenig Mitgefühl auf dem europäischen Kontinent. Obwohl der Konflikt ehemals als bilaterales Problem angesehen wurde, änderte sich dieser Status mit der Teilnahme der EU und der USA am Friedensprozess und wandelte sich so in ein Problem internationalen Interesses. Das Verhältnis zum Norden nimmt immer noch hohe Priorität in der Außenpolitik ein und bildet die thematische Basis der größten und einflussreichsten Sektion des Außenministeriums. Dementsprechend beeinflusst Nordirland anhaltend die Beziehungen der Republik zum Nachbarn auf der anderen Seite der Irischen See. Selbst fast ein Jahrhundert nach dem Erlangen der Unabhängigkeit von Großbritannien ist das Verhältnis zwischen den beiden Inseln nicht ausgewogen.

Diese Entwicklung erklärt sich mit Blick auf die irische Geschichte deutlich. Irland erreichte ihre Unabhängigkeit von Großbritannien mit dem Anglo-Irischen Vertrag von 1921 welcher den Anglo-Irischen Krieg (1919-1921) mit der Gründung des Irischen Freistaates beendete. Gleichzeitig besiegelte er die Teilung der Insel indem er sechs Provinzen Ulsters Nordirland zuerkannte und damit unter die Gesetzgebung des Vereinigten Königreiches stellte. Demnach konstituiert der Anglo-Irische Vertrag nicht nur die Basis irischer Staatlichkeit, sondern auch irischer Außenpolitik für den Rest des 20. Jahrhunderts. In den folgenden Jahren war die irische Außenpolitik von ihrer Beziehung zu London im Bezug auf die Frage der vollständigen Unabhängigkeit und Nordirlands dominiert.

Der Vertrag machte Irland zwar nominal unabhängig, blieb aber weit davon entfernt, vollständige Souveränität zu gewähren: Irland blieb Teil des britischen Empire mit allen Konsequenzen – das Land unterstand der Gesetzgebung Westminsters, wurde offiziell durch einen Generalgouverneur repräsentiert und war dem König von England Untertan. Betrachtet man diese Konditionen wird offensichtlich, dass der Vertrag nicht ohne Opposition bleiben konnte. Die scharfe Spaltung in Befürworter und Gegner des Vertrags im Lager der irischen Nationalisten manifestierte sich im irischen Bürgerkrieg der zwischen 1921 und 1922 herrschte und mit einem Sieg der Befürworter endete.

Da sich Irland immer noch fest in der Hand Englands befand, war das erste und wichtigste Ziel der Regierung des jungen Freistaates seine Souveränität zu sichern und zu erweitern. Das Streben der Dominanz durch London zu entkommen zeigt sich in vielen Facetten der irischen Außenpolitik der 1920er und 1930er: in der Entsendung einer unabgängigen Delegation zum Völkerbund in Genf, in dem Ausbau irischer Repräsentation im Ausland, mit besonderem Fokus auf die Beziehung zu den USA, und im Ignorieren verschiedener Bestimmungen des Vertrages mit Großbritannien was zum Anglo-Irischen „Wirtschaftskrieg“ führte. Weitere wichtige Schritte auf dem Weg zur vollständigen Unabhängigkeit waren das Statut von Westminster (1929) das die legislative Abhängigkeit der Commonwealthstaaten vom britischen Parlament beendete und die Verfassung von 1937, die Irland als einen souveränen, unabhängigen Staat proklamierte - „a republic in all but name“.

Die Beziehung einer neutralen Position im Verlauf des Zweiten Weltkrieges bekräftigte diesen Standpunkt und stellt so für Irland die ultimative Geste nationaler Souveränität dar. Nach dem Krieg sah sich die irische Neutralität besonders von Seiten der USA und Großbritanniens wiederholt harscher Kritik ausgesetzt, da der Staat sich nicht an dem nun generell als absolut notwendig angesehenen Krieg beteiligt hatte. Das beste Beispiel für diese Kritik stellt Churchills Siegesrede dar, in der er nicht nur Irlands neutrale Stellung, sondern auch das Taoiseach und Irlands einflussreichsten Politiker seiner Tage, Eamon De Valera, beleidigte. Nichtsdestotrotz hielt Irland an seiner Neutralität auch in den Nachkriegsjahren fest: die Republik entschloss sich gegen den NATO-Beitritt - hauptsächlich aufgrund von anhaltender Teilung der Insel und der Gewichtung militärischer Neutralität. Trotz Irlands Abwesenheit in der NATO ließen Erklärungen von Seiten irischer Taoiseachs keinen Zweifel an ihrer Unterstützung der Westmächte. Obwohl sich die Republik weder direkt dem Non-Alignment Movement (der Blockfreien-Bewegung) anschloss, noch besonders enge Beziehungen zu anderen europäischen neutralen Ländern entwickelte, manifestierte sich irische Neutralität weiterhin in der unabhängigen, aktivistischen Position die Irland in den Vereinten Nationen während der 1950er und 1960er verfolgte. Die irische Delegation unterstütze keinen besonderen Block und betonte, dass sie in jedem Fall themenspezifisch entscheiden würden.

Seitdem Irland 1955 den Vereinten Nationen beigetreten war, bildeten diese einen Eckpfeiler der irischen Außenpolitik und gleichzeitig ein wichtiges internationales Forum für irische Diplomaten, in dem Irlands westeuropäische Orientierung mit unabhängigen Standpunkten verschmelzen konnte. Auf diese Weise versuchten irische Offizielle Irlands Rolle in der UN nach dem Beispiel Schwedens zu formen. Die irische Repräsentanz war besonders erfolgreich in den Feldern Anti-Kolonialismus und Abrüstung und ging so irischer Entwicklungszusammenarbeit voraus. Seit dem Greifen des irischen Hilfsprogramms 1974, verfolgte Irland eine umfassende bilaterale Strategie bezüglich der wirtschaftlich am wenigsten entwickelten Länder mithilfe des offiziellen Regierungsprogramms Development Cooperation Ireland. Auf einer Kooperationsbasis mit der lokalen Regierung und einem Budget von EUR 450 Millionen pro Jahr arbeitet Irland vor allem mit bestimmten Programmländern wie Tansania, Mozambique, Lesotho, Zambia, Uganda, Äthiopien und Timor-Leste. Irische Entwicklungsförderung betont beständig ihre Konditionslosigkeit. Durch seine Mitgliedschaft in den UN und in der EG (EU) ist Irland zudem Teil einer kohärenten internationalen Strategie, die aus den Millenium Development Goals hervorgeht. Irlands größter Beitrag zu den Vereinten Nationen liegt jedoch im Bereich der Friedensmissionen: irische Soldaten haben an fast allen friedensstiftenden Operationen der UN teilgenommen. Die Teilnahme an diesen Missionen ist von höchster Priorität und wird als Gebiet irischer Expertise gesehen. Dieses Engagement, notwendigerweise an ein Mandat des Sicherheitsrates gebunden, konstituiert damit die einzige militärische Aktivität, die als vereinbar mit der umfassenden Politik der Neutralität gilt.

Diese distinktive Mischung irischer Neutralität hat durch ihre ablehnende Haltung im Bezug auf nukleare Abschreckung, auf die militärische Konfrontation des Kalten Krieges und auf Kolonialismus weiter an Kontur gewonnen. Als Irland 1973 der EWG beitrat wurde Neutralität ausdrücklich als ein andauernder Zustand irischer Außenpolitik anerkannt. Da die Gemeinschaft langsam damit begann, eine gemeinsame Außenpolitik zu entwickeln, wiederholte sich diese Anerkennung im Ratifizierungsprozess der Einheitlichen Europäischen Akte 1987. Die Mitgliedschaft in der EG (oder später der EU) hat dabei zu einem höheren diplomatischen Status Irlands beigetragen: ein kleiner Staat an der Peripherie Europas hat nun die Möglichkeit in direkten und regelmäßigen Kontakt mit den politischen Eliten aller großen europäischen Staaten zu treten.

Zudem hat die rotierende Präsidentschaft des Rates der Europäischen Union Irland weitere Chancen eröffnet. Seit ihrem Beitritt hatte die Republik Irland bereits sechs Mal die Präsidentschaft inne: 1975, 1979, 1984, 1990, 1996 und 2004. Diese rotierende Präsidentschaft, eingeführt als eine Maßnahme die es kleineren Staaten erlauben sollte eine zentrale Rolle in der Gemeinschaftspolitik zu spielen, hat Irland außenpolitisch mit Sicherheit gut getan. Sie bot der Republik eine zentrale Bühne in der Weltpolitik und damit die Möglichkeit, Themen die für die irische Position von Bedeutung waren, sichtbar zu machen. Demnach wurde die Präsidentschaft von allen sukzessiven Regierungen sehr ernst genommen. Die Wirkung der Europäischen Union auf Irland war jedoch im wirtschaftlichen Bereich noch deutlicher ausgeprägt: Irland zog erheblichen finanziellen Nutzen aus den Strukturfonds und aus der Gemeinsamen Agrarpolitik der Gemeinschaft. Mit Blick auf diese großen Einflüsse auf das innere System der Republik wird deutlich, dass die Europäische Gemeinschaft abgesehen von den Vereinten Nationen der zentrale Einfluss irischer Außenpolitik ist - in der irischen Position weicht schließlich wenig bis fast gar nichts von offiziellen Standpunkten der EG ab.

Eine wichtige Ausnahme ist dabei Irlands besonderes Verhältnis zu den USA: als Folge der ausgesprochen hohen Anzahl irischer Emigranten bzw. Menschen, die sich auf irische Abstammung berufen, unter Bürgern der USA, setzt sich Irland als transatlantischer Vermittler im europäischen Kontext ein. Irland gründet diese Position, abgesehen von dem Bild einer geteilten Geschichte der Emigration, auf einer wachsenden ökonomischen Beziehung: in den letzten Jahren erreichten die USA im Bezug auf wirtschaftliche Bedeutung für Irland den zweiten Platz und schlossen damit die Lücke zu Großbritannien. Das wachsende Engagement der USA in Nordirland ist ebenso teilweise auf den Einfluss irischer Emigranten zurückzuführen - Bill Clinton spielte keine unerhebliche Rolle in den Verhandlungen um das Karfreitagsabkommen und seitdem fühlt sich die USA zunehmend verantwortlich für die Geschehnisse im Norden der irischen Insel. Die im Ausland lebenden Iren nehmen weiterhin eine wichtige Stellung in der irischen Außenpolitik ein: Schätzungen zufolge leben mehr als 1 Millionen Iren im Ausland während sich über 70 Millionen Menschen in aller Welt auf irische Abstammung berufen. Diese Emigranten hatten bisher großen Einfluss auf ihre neuen Heimatländer und werden von irischen Regierungen zunehmend im positiven Licht betrachtet: durch ihre anhaltenden Kontakte mit Irland können sie im Ausland dafür sorgen ein vorteilhaftes Bild der Republik voranzutreiben.

Der Zusammenbruch der UdSSR, gefolgt von fundamentalen Veränderungen in der Weltpolitik, ließ auch Irlands internationale Position nicht unbeeinflusst. Die 1990er waren ein Jahrzehnt voller entscheidender Unsicherheiten: die politische und wirtschaftliche Transformation der ehemals kommunistischen Länder im Osten Europas, das Wachstum von inner-staatlichen Konflikten und die erhebliche Ausbreitung militärischer Technologie, um nur Beispiele zu nennen. Im Gegensatz zu vergangenen Umstrukturierungen Europas in Folge des Ersten und Zweiten. Weltkrieges war die Republik Irland nun ein souveräner Staat unter Gleichen, vollständig integriert in eine Vielzahl von gut entwickelten multilateralen Institutionen, und damit wesentlich direkter als in den späten 1940ern am Entstehungsprozess globaler und regionaler Systeme beteiligt. Zu diesem Zeitpunkt war die Mitgliedschaft in der EG von besonders zentraler Bedeutung und gewann noch mehr Auftrieb, als sich die EG mit dem Vertrag von Maastricht 1993 zur Europäischen Union entwickelte und die politische Integration der Gemeinschaft in den Mittelpunkt europäischer Politik zurückkehrte.

Mit der Ratifizierung von Maastricht war Irland offiziell in die Gemeinsame Außen- und Sicherheitspolitik der Union eingebunden. Obwohl eine gemeinsame außenpolitische Position der EU noch immer von intergouvernementalen Entscheidungen geprägt ist und Irlands Neutralität nach wie vor eine besondere Stellung zukommt, stellt Maastricht doch einen signifikanten Schritt in der irischen Außenpolitik dar. Letztendlich beendet der Vertrag Irlands lang anhaltende, selbst bestimmte Ausklammerung der Verteidigungsdimension in internationalen Abkommen. Die Republik beteiligt sich weiterhin an den entstehenden Sicherheits- und Verteidigungsstrukturen auf europäischer Ebene wie sie in den Verträgen von Amsterdam und Nizza ausgearbeitet wurden. Mit Blick auf seine neutrale Position betont Irland, im Gegensatz zum Aufbau einer „europäischen Armee“, die Notwendigkeit, GASP besonders in den Bereichen der Konfliktprävention, des Krisenmanagements und der Friedensmissionen zu erweitern. Eine gemeinsame europäische Außenpolitik stellt somit einen wichtigen regionalen Partner der UN dar und kombiniert irisches Engagement in beiden Institutionen.

Diese neue Herangehensweise an irische Außenpolitik wird auch in ihrem Verhalten mit Blick auf die NATO deutlich: die anhaltende Bedeutung ihrer neutralen Gesinnung hat Irland 1999 nicht daran gehindert, etwas später als andere neutrale Staaten Europas wie Schweden, Finnland und Österreich, der NATO-Initiative Partnership for Peace (PfP) beizutreten. Partnership for Peace wurde 1994 als freiwillige und kooperative Rahmenstruktur regionaler Sicherheitspolitik zwischen NATO und individuellen nicht-NATO-Mitgliedern gegründet und stellt somit die Einbindung fast aller europäischer Staaten in eine Form militärischer Kooperation dar. Das Außenministerium publizierte in der Folge von Irlands Beitritt einen detaillierten Leitfaden über die PfP, der ihren freiwilligen Charakter ebenso betont wie das Fehlen einer Verpflichtung zu gegenseitiger Verteidigung, und so PfPs vollständige Übereinstimmung mit Irlands politischen Gesinnung der Neutralität herausstellt. Diese weiteren Bindungen zeigen jedoch deutlich Irlands Entwicklung nach dem Ende des Kalten Krieges auf: der Staat reagierte auf neue Muster der Sicherheit mit neuen Formen der sicherheitspolitischen Kooperation. Eine ebensolche Reaktion wurde in Irlands Sicherheitspolitik nach den Ereignissen des 11. Septembers 2001 und dem Erstarken des internationalen Terrorismus deutlich. Mit Blick auf ihre eigenen Erfahrungen mit Terrorismus in der Vergangenheit stimmt die Republik in die Linie der internationalen Gemeinschaft ein und stuft den globalen Kampf gegen Terrorismus als bedeutende Priorität ein. Irland gehört zwar keiner militärischen Allianz an, verhält sich dem Terrorismus gegenüber aber nicht neutral. Obwohl sich Irland deutlich nicht im Vordergrund dieses Kampfes befindet, ist es nichtsdestotrotz Teil der europäischen und internationalen Maßnahmen.

Trotz ihrer Position als „Hinterbänklerin“ reagierte die irische Regierung in ihrer Funktion als EU-Ratspräsidentin sofort auf die terroristischen Anschläge in Madrid am 11. März 2004: sie bereitete einen Aktionsplan für den Kampf gegen den Terrorismus vor. Diese Erklärung beinhaltet unter anderem die Re-Institutionalisierung einer task force gegen Terrorismus innerhalb von Europol und die Einrichtung eines EU-Terrorismus-Koordinators und bildet so die Grundlage einer umfassenden europäischen Strategie. Irische Anti-Terrorismuspolitik wird außerdem durch traditionell enge Verbindungen mit den USA und Großbritannien beeinflusst, zwei Länder die sehr stark von terroristischen Anschlägen betroffen waren. In diesem Kontext kommt zudem der Förderung von Menschenrechten besondere Aufmerksamkeit zu: an internationalen Standards wird festgehalten und die irische Republik unterstützt mit dem Internationalen Strafgerichtshof einen wertvollen Durchsetzungsmechanismus im Menschenrechtsbereich.

Mit Blick auf die Geschwindigkeit der Entwicklungen im letzten Jahrzehnt ist es schwer, die zukünftige Richtung irischer Außenpolitik genau zu ergründen. Es gibt jedoch einige Grundprinzipien die keinem Wandel ausgesetzt sein werden, zum Beispiel die Beziehungen zwischen Irland und Großbritannien. Die vollständige Durchsetzung des Karfreitagsabkommens und die Förderung eines kooperativen und respektvollen Umgangs zwischen den beiden Inseln steht wörtlich als erstes Ziel auf der Liste des irischen Außenministeriums. In letzter Zeit haben Entwicklungen, wie die offizielle Erklärung der IRA über das Ende gewaltsamen Konfliktes im Juli 2005, diesem Ziel erneut zu viel Auftrieb verholfen. Es wird weiterhin ausgesprochen interessant sein, die Rolle Irlands in der Europäischen Union auf dem Weg der Erweiterung zu verfolgen.

Irlands Ruf als Wunderkind der Europäischen Integration, was die Unterstützung durch die Bevölkerung und ökonomische Leistung betrifft, hat durch das anfänglich negative Votum im Referendum des Nizza-Vertrags erheblichen Schaden genommen. Schließlich exemplifiziert Nizza die irische Transformation von einem der größten Beitragsempfänger zu einem Beitragszahler der Union. Im Kontext des irischen „Nein" betrachteten die europäischen politischen Eliten ebenso wie die europäische Medienlandschaft die Reaktion des Landes in deutlich negativem Licht. Obwohl 2002 ein zweites Referendum mit positivem Ausgang abgehalten wurde, bleibt es fraglich, ob Irlands Unterstützung für die Europäische Union in den kommenden Jahren weiterhin wachsen wird.

Mit der Osterweiterung rückt Irland, zusammen mit anderen kleineren Staaten, zunehmend in eine defensive Position im Bezug auf die Machtverteilung innerhalb der EU-Institutionen. Irlands kürzliche EU-Ratspräsidentschaft hat jedoch nichts als Unterstützung für die Zukunft Europas offenbart: allgemein wird anerkannt, dass der erfolgreiche Abschluss der intergouvernementalen Verhandlungen um den Verfassungsvertrag im Juni 2004 größtenteils dem professionellem und engagierten Auftreten der irischen Delegation zu verdanken ist. Irland wird weiterhin eine bescheidene, entschieden neutrale Rolle in der Welt einnehmen. Die Jahre seit dem Ende des Kalten Krieges waren von erhöhter internationaler Interdependenz und Dependenz im Fall von ökonomischen und politischen Entscheidungen gekennzeichnet und konfrontierten Irland mit der Notwendigkeit sich verstärkt zu beteiligen. Unter der Annahme, dass sich diese globalen Trends in der Zukunft noch ausweiten, kann eine angemessene Anpassung Irlands erwartet werden.

LITERATUR (VERWENDETE & WEITERFÜHRENDE)

Department of Foreign Affairs:, Strategy Statement. http://foreignaffairs.gov.ie, abgerufen am 30.06.2007.

Ireland in Brief. Dublin 2003. Challenges and Opportunities Abroad: White Paper on Foreign Policy. Dublin 1996.

European Commission: Eurobarometer 63.- Public Opinion in the European Union. Brussels 2005.

Finnegan, Richard B./ McCarron, Edward T.: Ireland. Historical Echoes, Contemporary Politics. Boulder 2000.

Keatinge, Patrick/ Laffan, Brigid: Ireland: a small open polity. in: Cockley, John/ Gallaher, Michael (Hrsg.): Politics in the Republic of Ireland. London 1999, S. 320-349.

Keatinge, Patrick: The Formulation of Irish Foreign Policy. Dublin 1973.

A Place Among the Nations. Issues in Irish Foreign Policies. Dublin 1974.

Ireland and EC Membership Evaluated. New York 1991.

European Security: Ireland's Choices, Dublin 1996.

Laffan, Brigid: The European Union and Ireland. in: Neil Collins (Hrsg.), Political Issues in Ireland Today. 2. Aufl.. Manchester 1999, S. 89-105.

Lee, J.J.: Ireland 1912-1985. Politics and Society, Cambridge 1989.

Lynch, Patrick: Ireland Since the Treaty (1921-66). in: T.W. Moody & F.X. Martin (Hrsg.): The Course of Irish History. Revised Edition. Cork 1978, S. 324-341.

O'Leary, Desmond: A History of Modern Ireland 1868-1966. Dublin 2000.

Sinnott, Richard: Ireland. in: Joel Krieger (Hrsg.): The Oxford Companion to the Politics of the World. 2. Aufl. Oxford 2001, S. 436-438

ISLAND

Nicole Meingast & Stefan Solle

Historische Grunddaten

1940-1941	Besetzung durch Großbritannien
1944	Unabhänigkeit Islands (von Dänemark)
1945	Beitritt UN
1949	Beitritt NATO
1950	Beitritt Europarat
1951-2006	US-amerikanische Militärbasis auf Island
1952	Beitritt Nordischer Rat
1958-1976	Streitigkeiten mit der EG über Fischereizonen
1961	Beitritt OECD
1973	Beitritt OSZE
1995	Beitritt WTO

Länderdaten

Name: Lýðveldið Ísland/ Republik Island, **Hauptstadt:** Reykjavik (113.850 Einwohner (2007)), **Regierungsform:** Parlamentarisch-demokratische Republik (seit 1944), **Größe:** 103.000km^2, **Einwohnerzahl:** 301.931 (2007), **Landessprache:** Isländisch, **BSP pro Kopf:** 38.100 USD (2006), **Mitgliedschaft in Europäischen Organisationen:** CBSS, EAPC, EBRD, ECE, EFTA, Europarat, NC, OSZE, WEU (assoziiert), **Mitgliedschaft in Internationalen Organisationen:** NATO, OECD, UN, WTO

***

Nachdem Island Ende des 9. Jahrhunderts vor allem von norwegischstämmigen Einwanderern besiedelt wurde, verlor es zunächst in den Jahren 1262/64 seine Selbständigkeit an die norwegische Krone. 1380 fiel Island, gemeinsam mit Norwegen, unter dänische Herrschaft. Lange Zeit wurde die Entwicklung Islands durch die Handelsmonopole der Norweger, später der Dänen, blockiert. Erst im 19. Jahrhundert erstarkte das isländische Nationalbewusstsein - die Bevölkerung drängte nach staatlicher Selbständigkeit. In einem ersten Schritt zu diesem Ziel wurde Island im Jahr 1904 von Dänemark vorerst die begrenzte Selbstverwaltung gebilligt.

Durch die Wirren des Ersten Weltkrieges kam es zu Lockerungen der Bindung zu Dänemark. Island nutzte diese Gelegenheit und verkündete am 1. Dezember 1918 seine staatliche Selbständigkeit. Fortan waren Island und Dänemark zwar eigenständige Staaten, jedoch wurde in einem Unionsvertrag vereinbart, dass der dänische König Staatsoberhaupt Islands bleibt und auch für dessen außenpolitische Belange Sorge trägt. Darüber hinaus verpflichtete sich Island zu ewiger Neutralität. Gemäß des Unionsvertrags hatten beide Parteien die Möglichkeit, den Vertrag nach 1940 einseitig zu kündigen, sollten Verhandlungen über die Verlängerung der Union scheitern und deren Auflösung mittels eines Referendums bestätigt werden. Durch die deutsche Besetzung Dänemarks am 9. April 1940, kam es zum absoluten Stillstand der Verbindungen zwischen Island und Dänemark. Daraufhin kam es zu einer Volksabstimmung, die den Unionsvertrag als erloschen erklärte. Am 17. Juni 1944 schließlich proklamierte Island seine vollständige Selbständigkeit als Republik.

Die Isländische Außenpolitik ist im Wesentlichen durch Nordische Zusammenarbeit, das NATO Bündnis und Verteidigungsabkommen mit den USA gekennzeichnet. Eine weitere Rolle spielt auch die Europapolitik, obwohl Island selbst kein EU-Mitglied ist. Die Nordische Zusammenarbeit hat sowohl historische als auch kulturelle Gründe. Ungeachtet von unterschiedlichen Standpunkten in Verteidigungsfragen beteiligte sich Island an der Zusammenarbeit der Nordischen Staaten. 1952 trat das Land dem interparlamentarischen Nordischen Rat bei und 1955 dem Nordischen Passgebiet. 2001 gemeinsam mit Norwegen dem Schengener Durchführungsübereinkommen. Ziel war es, im Schengenraum die Nordische Passunion zu erhalten. Auch spielt der Nordische Rat eine entscheidende Rolle, denn er führt die Länder Norwegen, Schweden, Finnland, Dänemark und Island als Partner zusammen. Eine Interessenkoordination in vielen Politischen Bereichen wird bei jährlichen Treffen diskutiert. Island ist wie Norwegen durch die EWR an den Binnenmarkt und durch die Schengenverträge an die Grenz- und Polizeizusammenarbeit der EU angeschlossen. 1949 war Island Mitgründungsstaat der NATO, für politische und militärische Verteidigungszwecke. Das Land erlaubte den USA, einen Stützpunkt auf der Insel zu errichten - Island selbst kann sich aufgrund seiner geringen Größe keine eigenen Streitkräfte leisten. Im Ernstfall kann das Land von US-amerikanischen Soldaten verteidigt werden. Die USA hingegen reduzierten ihre Luftstreitkräfte in den 1990er Jahren auf ca. 2.000 Mann, aufgrund der zunehmenden Annährung Islands an die EU.

Eine Bewerbung als EU-Mitgliedsstaat hat Island nie getätigt. Mit einer Bewerbung ist Island sehr vorsichtig, solang die Mitgliedschaft keine praktikable Option für sie darstellt. Ursache war die gemeinsame Fischerei- und Agrarpolitik. Die Frage der Fischereigrenzen prägte die Außenpolitik einschneidend. Zum ersten so genannten Fischereikrieg kam es 1958-61 mit Großbritannien, da das Althingi (das isländische Parlament) die Ausdehnung der Fischereigrenze von 4 auf 12 Seemeilen erweitert hatte. Island brach daraufhin alle diplomatischen Beziehungen zu Großbritannien ab. Deutschland und auch Großbritannien reichten eine Klage zum Schutz ihrer Fischwirtschaft ein, der Internationale Gerichtshof erklärte die Ausweitung als völkerrechtswidrig, doch Island erkannte das Urteil nicht an. Island schaffte es seine Interessen international durchzusetzen, die Fischereigrenze durfte bis zu einer Tiefe von 200 Seemeilen errichtet werden. Europa braucht eine gemeinsame Fischereipolitik, da die Fischereibestände eine gemeinsame Quelle sind und gemeinsam genutzt werden, somit ist Island auch der Meinung, dass hierfür gemeinsame Regeln gefunden werden müssen. Zu Deutschland hält Island heute ein enges Bündnis, diplomatische Beziehungen bestehen bereits seit März 1952. Island ist eine europäische Nation und es bestehen viele gemeinsame Interessen mit dem restlichen Europa. Die EU ist weiterhin auch einer der wichtigsten Handelspartner, 1998 exportierte Island 65 Prozent in die EU und importierte 56 Prozent aus der EU. Die Beziehung zu Europa beruht auf dem 1994 geschlossenen EEA.

Seit dem 17. Juni 1944 ist Island eine Republik. Der 17. Juni ist seitdem Nationalfeiertag. Das Land hat eine semi-präsidentielle Verfassung und ist eine parlamentarische Demokratie. Der Präsident wird direkt vom Volkfür eine Amtszeit von 4 Jahren gewählt. Eine Wiederwahl ist unbegrenzt oft möglich. Der Präsident steht an der Spitze der Exekutive und übernimmt größtenteils repräsentative Aufgaben. Momentan werden 14 Ministerien von 9 Ministern geführt. Das isländische Parlament - "AlÞingi" genannt - gehört zu den ältesten Parlamenten der Welt. Es umfasst 63 Abgeordnete aus acht Wahlkreisen, die alle vier Jahre in allgemeinen, direkten und proportionalen Wahlen neu bestimmt werden. Nach der Wahl ruft der Präsident die Vorsitzenden der politischen Parteien zur Beratung zu sich. Danach gibt er einem oder mehreren nacheinander die Möglichkeit, ein Kabinett zusammenzusetzen. Das Ministerkabinett bleibt bis zu der nächsten allgemeinen Wahl im Amt. Hauptaufgabe des Parlaments ist die Beratung von Gesetzen.

In Island gab es erstmals in der Geschichte Europas eine Frau als Staatsoberhaupt. Vigdis Finnbogadottir wurde 1980 zur Präsidentin des Landes. Ihr Höhepunkt was die Außenpolitik anbelangt war die Gastgeberrolle bei dem Gipfeltreffen von Ronald Reagan mit Michail Gorbatschow auf dem Ost-West Gipfel 1986 in Reykjavik. Die aktuell wichtigsten Vertreter Islands sind Olafur Ragnar Grimsson, Staatspräsident seit 1996, Halldor Asgrimsson, Ministerpräsident seit 2004 und David Oddsson, Außenminister seit 2004. Derzeit sind fünf Parteien im "AlÞingi" vertreten, Sjálfstæðisflokkurinn (SP) Bürgerliche mit 33,7 Prozent und 22 Sitzen, Volksallianz (VA) Sozialdemokraten und Frauenallianz mit 31,0 Prozent und 20 Sitzen, Framsóknarflokkurinn (FP) Fortschrittspartei mit 17,7 Prozent und 12 Sitzen, Vinstrihreyfing-Grænt frambod (VG) Linksgrüne mit 8,8 Prozent und 5 Sitzen und die Frjálslyndi flokkurinn (FF), Liberale mit 7,4 Prozent und 4 Sitzen. Die Wahlbeteiligung in Island ist sehr hoch, durchschnittlich beteiligen sich 89 Prozent der wahlberechtigten Bürger. In Island gibt es kein Verfassungsgericht, so dass es in der Hand der einzelnen Gerichte liegt, über Gesetzte und Vorschriften zu entscheiden. Zwei Parteien haben im Parlament zusammen mehr als die absolute Mehrheit, die Unabhängigkeitspartei und die Progressive Partei. Ihre wichtigsten Ziele sind das Verhindern der weiteren Staatsverschuldung und die Öffnung Islands gegenüber ausländischen Investoren sowie Wirtschaftswachstum bei einer niedrigen Inflationsrate. Island ist und bleibt eine parlamentarische Demokratie ohne große soziale Bewegungen.

Nach Ende des Kalten Krieges entspannte sich die internationale Position für Island ein wenig. Bedingt durch seine NATO-Mitgliedschaft war Island zuvor stets der Gefahr eines sowjetischen Angriffs ausgesetzt und auf den Schutz der USA angewiesen. Nach Beendigung des Ost-West-Konflikts zogen die USA wesentliche Teile ihrer Truppen ab und Island braucht diese ehemals direkte Gefahr nicht länger zu fürchten. Auch weiterhin ist das Land an internationalen Beziehungen auf vielen Ebenen interessiert und bringt sich auch in internationalen Konflikten ein, zum Beispiel durch die Entsendung von medizinischem Fachpersonal in Krisenregionen, da das Land selbst nach wie vor keine eigenen Streitkräfte unterhält. Im aktuellen Irak-Konflikt unterstützt Island die Bemühungen, den Irak zu demokratisieren.

Obwohl Gründungsmitglied der NATO, unterhält das Land selbst keine eigenen Streitkräfte. Stattdessen sind der NATO-Vertrag und das Verteidigungsabkommen mit den USA für die äußere Sicherheit maßgeblich. Dieses Abkommen existiert seit 1951. Die USA hat ihren Militärstützpunkt in Island aufgegeben, somit muss Island wichtige Sicherheitsentscheidungen selber treffen. Gegen die zunehmende Terrorgefahr ist Island durch eine Spezialeinheit, „Viking Group", der Polizei gesichert. In Keflavik wurden US-Amerikaner stationiert, welche den Schutz des Luftraumes und die Überwachung des Nordatlantiks absichern. Die geringe Größe führt dazu, dass keine eigenen Streitkräfte unterhalten werden und im Falle eines Krieges sich das Land nicht alleine verteidigen kann. Da Island selbst kein Militär besitzt, schicken sie Ärzte und Krankenschwestern in Kriegsgebiete und helfen als „Friedenssicherer." Island das Land ohne Soldaten.

Seit 1946 ist Island Mitglied der Vereinten Nationen und anderen autonomen Organisationen vertreten. Das Land leistet umfangreiche Beiträge zu vielen Institutionen und Programmen der Vereinten Nationen, wie zum Beispiel United Nations Development Programme (UNDP), dem United Nations International

Children's Emergency Fund (UNICEF) oder auch dem United Nations High Commissioner for Refugees (UNHCR). Weiterhin operieren die UN-Programme „United Nations University" (UNU), „Geothermal Training Programme" und das „UNU Fisheries Training Programme" von Island (Reykjavik) aus.

Die Entscheidung über eine erstmalige Kandidatur für den Sicherheitsrat ist bereits gefallen, und zwar für die Periode 2009-2010. Die Wahlen hierfür finden im Jahr 2008 statt. Hauptsächlich agiert Island mit der „Nordischen Gruppe" die aus Norwegen, Finnland, Schweden, Dänemark und Island besteht. Island hat die USA während des Irakkriegs unterstützt. Menschenrechte, die Gleichberechtigung und die Unterstützung von Entwicklungsländern stehen für Island im Vordergrund. Der 11. September 2001 zeigte, dass die verschiedenen Sicherheitsbelange und die große Verwundbarkeit der Staaten auf dieser Welt im Vordergrund stehen müssen.

Island als NATO Mitglied billigte die Forderung für einen Vergeltungsschlag gegen den Terror seitens der USA. Auch Island stand den USA als Bündnispartner gegen den Terror zur Seite. Der Kampf gegen den Terrorismus entwickelt sich jedoch in den USA anders als in Europa. Island ist in Bezug auf Menschenrechte auf der Seite Europas. Weiterhin ist Island einer von derzeit 10 Mitgliedsstaaten der WEU (Versammlung der Westeuropäischen Union), ein Verteidigungsbündnis mit Sitz der Organisation in Brüssel. Kernstück des Vertrages ist die wirtschaftliche, kulturelle und soziale Zusammenarbeit, sowie die gemeinsame Verteidigung. Eine automatische Beistandsverpflichtung ist festgeschrieben, der Vertrag geht weit über den Nordatlantikvertrag hinaus. Des Weiteren setzt sich Island für Abrüstung ein und unterzeichnete auch die „Biological Weapons Convention" (1973) und die „Anti Personnel Mines Convention" (1999).

Die Mehrheit der Bevölkerung ist gegen einen EU-Beitritt. Viele befürchten, dass der Beitritt den sozialen Lebensstandard stark einschränken könnte und man in Island zunehmend mit Konkurrenz auf dem Arbeitsmarkt zu rechnen hat: Der Lebensstandard und auch das Bildungsniveau sind auf einem hohen Stand, was vielleicht durch einen EU-Beitritt nicht mehr gesichert werden kann. Ein EU-Beitrittsantrag ist vorerst nicht zu erwarten. Die eigene Unabhängigkeit steht im Vordergrund und man kann durch die Mitgliedschaft der NATP, der EEA, der EFTA und der Nordischen Gruppe die Vorteile der EU genießen. Die nächsten Wahlen bleiben abzuwarten: gewinnen die Sozialdemokraten ist eine Anbindung an die EU nicht ausgeschlossen. Seit 2007 ist der EU-Beitritt wieder ein Thema, da im Frühjahr Parlamentswahlen anstehen, welche die Weichenstellung für eine weitere europäische Integration sein könnten. Einige Mitglieder der regierenden rechtsliberalen Fortschrittspartei hatten dafür plädiert, noch vor 2007 ein Beitrittgesuch in Brüssel zu stellen. Sollte Island der EU beitreten hat dies auch Auswirkungen auf einen eventuellen Beitritt von Norwegen, da beide

Länder eine ähnliche Fischereipolitik betreiben und ein Beitritt von Island den Beitritt von Norwegen wohl auch beschleunigen könnte. Die Fortschrittspartei entschied jedoch, das Thema vorerst auf Eis zu legen und einen Parteiausschuss zur EU-Frage zu bilden.

Island möchte sich die eigene Kultur waren und über die wirtschaftlichen Ressourcen wie die Fischgründe selbst bestimmen. Weiterhin besteht die Angst, dass die Fischbestände durch andere europäische Fischflotten ausgebeutet werden könnten. Das Land bleibt vom Fisch abhängig, denn die Fischerei stellt den größten Wirtschaftszweig dar. Islands Außenpolitik ist gekennzeichnet durch ein hohes Streben nach Unabhängigkeit und nationaler Souveränität. Sie ist an internationaler Zusammenarbeit interessiert, auch wenn sie sich ihre Neutralität bewahren möchten. Die EU hat ebenfalls ein Problem mit der isländischen Politik, denn Island ist erneut der Internationalen Walfangkommission beigetreten. Erstmalig seit 1992 wurden Wale wieder zu „wissenschaftlichen Zwecken" gefangen. Die Wiederaufnahme des Walfangs wurde von den EU Ländern heftig kritisiert.

Literatur (verwendete & weiterführende)

Karlsson, Gunnar: The History of Iceland. Minneapolis 2000.

Kulturmagazin Areion: Kulturmagazin Areion Online. www.areion.de/islandc.html, abgerufen am 30.06.2007.

Murphy, Detlef: Island. in: Rascke, Joachim (Hrsg.): Die politischen Parteien in Westeuropa. Geschichte-Programm-Praxis. Ein Handbuch. Reinbeck 1978, S. 301-304.

Wilms, Carsten: Island. in : Bellers, Jürgen/ Benner, Thorsten/ Gerke, Ines M. (Hrsg.): Handbuch ...der Außenpolitik - von Afghanistan bis Zypern. Oldenbourg 2001, S. 120-124.

Island in: Neu, Michael/ Gieler, Wolfgang/ Bellers, Jürgen (Hrsg.): Handbuch der Außenwirtschaftspolitiken, Staaten und Organisationen. Münster 2004, Teilband 1,S. 687-693.

ITALIEN

Christian Johannes Henrich & David Öksel

HISTORISCHE GRUNDDATEN

1861-1870	Gründung Italiens
1870-1947	Kolonialpolitik in Afrika
1915-1918	Teilnahme Italiens auf Seiten der Entente
1922	Machtübernahme der Fachisten unter Mussolini
1939-1943	Besetzung Albaniens
1940-1943	Teilnahme am Zweiten Weltkrieg als Teil der Achsenmächte
1943-1945	Besetzung durch Deutschland
1947	Italien verliert Istrien an Slowenien und Kroatien sowie den Dodekanes und Rhodos an Griechenland
1949	Beitritt Europarat, Beitritt NATO
1955	Beitritt UN
1958	Gründungsmitglied EWG
1962	Beitritt OECD
1973	Beitritt OSZE
1992	Zusammenbruch des alten Parteisystems
1995	Beitritt WTO
2002	Einführung des Euro

LÄNDERDATEN

Name: Repubblica Italiana/ Italienische Republik, **Hauptstadt:** Roma/ Rom (2.653.000 Einwohner (2007)), **Regierungsform:** Republik (seit 1946), **Größe:** 301.336km^2, **Einwohnerzahl:** 58.147.733 (2007), **Landessprache:** Italienisch; regional Französisch, Deutsch und Slowenisch, **BSP pro Kopf:** 29.700 USD (2006), **Mitgliedschaft in Europäischen Organisationen:** BSEC (Beobachter), CEI, CERN, EAPC, EBRD, ECE, EIB, ESA, EU, Europarat, OSZE,

WEAG, WEU, WWU, **Mitgliedschaft in Internationalen Organisationen:** NATO, OECD, UN, WTO

***

Die Vereinigung Italiens (1860-1870) wurde durch einen parallelen „bottom-up“ und „top-down“ Prozess ermöglicht. Er begann im Süden, angeführt von Giuseppe Garibaldi, der als charismatischer Führer im Volk sehr beliebt war und im Bürgerkrieg „Guerra di Popolo“ für die Unabhängigkeit Italiens kämpfte (bottom-up). Sizilien kämpfte an der Seite von Garibaldi gegen Neapel. Die neapolitanische Armee wurde aus Sizilien vertrieben und nach wenigen Wochen marschierte Garibaldi in Neapel ein. Im Norden waren Giuseppe Mazzini und Camillo Benso di Cavour bedeutsam für den Zusammenschluss Italiens. Cavours diplomatisches Geschick brachte Italien in eine Allianz mit Frankreich gegen Österreich 1859-1860.

Cavour, Ministerpräsident von Piemont, schloss nach dem Sieg über Österreich die Lombardei, Parma, Modena und die Toscana an Italien an. Später dann im „Guerra Regia“ wurde die Romagna dem Königreich Sardinien-Piemont angeschlossen (top-down). Garibaldi und Cavour vereinigten daraufhin Süd- und Norditalien zum Königreich Sardinien-Piemont. 1861 wurde Victor Emanuel II. König von Italien. Zusammen mit Preußen bekämpfte Italien Österreich erneut und erweiterte das Reich um Venedig. 1870 wurde auch Rom nach einer Abstimmung angegliedert. Danach herrschte die Politik der „mani nette“, der sauberen Hände. Es wurde kein Krieg erklärt, nicht einmal um Trentino und Trient zu befreien. Dies änderte sich aber 1881, als Frankreich Tunesien annektierte. Danach begann Italien seinen Machtbereich durch Kolonialerwerbungen zu erweitern, was aber durch die Niederlage in Äthiopien 1896 ein jähes Ende fand.

1915 trat Italien gegen die Ententemächte auf Seiten Deutschlands, Österreichs und des Osmanischen Reiches in den Ersten Weltkrieg ein. Bereits zwei Jahre später mussten sie eine verheerende Niederlage in Caporetto einstecken und verloren im Krieg viele Soldaten, Ressourcen, Geld und die Unschuld ihrer Außenpolitik der „mani nette“. Durch die Schmach des verlorenen Krieges, innerlich zerschlagen und wirtschaftlich ruiniert, ergriff Benito Mussolini die Chance und marschierte mit seinen Gefolgsleuten nach Rom. Dort trat der König zurück und übergab sein Amt dem „Duce“ (Führer). Für Hitler und seine nationalsozialistische Bewegung war seine Vorgehensweise ein Vorbild.

Italien war nie eine große Staatsmacht, aber an manchen Punkten in der Geschichte verhielt sie sich so: In den beiden Weltkriegen schätzte Italien sein Gewicht im Verhältnis zu beiden Seiten falsch ein. Im Oktober 1935 startete Mussolini eine Invasion in Äthiopien, die Sanktionen durch den Völkerbund zur Folge hatte. Die Entscheidung für Italien in den Zweiten Weltkrieg einzutreten, kann Mussolini angerechnet werden, der bereits im Oktober 1936 eine zunächst nicht-militärische Allianz mit Hitler eingegangen war. Nachdem er aber Albanien 1939 angegriffen hatte, wurde am 22. Mai 1939 der Hitler-Mussolini-Pakt mit Nazi-Deutschland als militärisches Verteidigungsbündnis unterzeichnet. Italien erklärte dann 1940 Krieg gegen Griechenland, aber die Invasion scheiterte.

Mussolinis innerstaatliche Schwäche und die verlorenen Schlachten führten dazu, dass das so genannte Dritte Reich der wichtigere Partner der Achsenmächte wurde. Doch als die Alliierten 1944 auf Sizilien landeten, sah sich Italien zur Kapitulation gezwungen: Der Norden wurden von den Deutschen, der Süden von den Alliierten besetzt, in den die königliche Familie und die Regierung flüchteten. In dieser Zeit wurde die Außenpolitik Italiens von den Alliierten bestimmt, welche Italien zur Kriegserklärung gegen Deutschland zwangen. Nach dem Zweiten Weltkrieg verlor Italien durch den Pariser Friedensvertrag alle Kolonien mit Ausnahme von Somalia; dies sollte friedensstabilisierend wirken und Italien daran hindern, in Zukunft weitere Kriege zu verursachen oder sich kriegerisch zu beteiligen.

1949 war Italien eines der Gründungsmitglieder der NATO und des Europarates. Der Anschluss an diese Organisation sorgte für Stabilität in den Nachkriegsjahren. Während dieser Zeit gab es keine politischen Debatten über die Sicherheit des Landes, da sich das Land auf den Schutz der NATO verließ. Während des Kalten Krieges war Italiens Außenpolitik eng mit den USA verwoben, weil diese das Mittelmeer dominierte und als westliche Supermacht dastand. Obwohl das Pariser Friedensabkommen Italien früh als ein Mitglied der Vereinten Nationen vorsah, scheiterte die Aufnahme an dem Veto der UdSSR angesichts der politisch westlichen Ausrichtung Italiens. Erst der dritte Versuch im Jahre 1955 führte zur Aufnahme der Italienischen Republik in die Vereinten Nationen. 1957 gehörte Italien zu den sechs Gründernationen der Europäischen Wirtschaftsgemeinschaft (EWG) und der Europäischen Atomgemeinschaft (EURATOM), wobei beide Verträge in Rom unterzeichnet wurden. 1998 trat Italien der Europäischen Währungsunion bei. 1990 begann der Prozess der Liberalisierung vom innereuropäischen Kapitalfluss nach Artikel 56 des EG-Vertrages.

1999 entsandte Italien zur Schlichtung des Balkan-Konfliktes Truppen in den Kosovo. Die militärische Intervention Iwurde auch nach der Wahl der „Forza Italia“ unter Berlusconi 2001 fortgesetzt. Unter Berlusconi unterstützte das Land die USA im Irak-Krieg (2003) und beteiligte sich mit der Entsendung von 3.000 Soldaten in den Irak zum Kampf gegen den Terrorismus. Zwischen Juli und Dezember 2003 übernahm Italien den Vorsitz der Europäischen Union.

Nach dem Ende des Kalten Kriegs und der politischen Lösung des Ost-West-Konflikts durch den Zusammenbruch der UdSSR veränderte sich die außenpolitische Situation Italiens grundlegend. Das Land erstrebte eine neue, mitwirkungsvolle und damit europäisch-ausgeglichene Außenpolitik im Rahmen der

NATO und der Europäischen Union, sah Italien doch die Europäische Union zur Zeiten des Kalten Kriegs bloß als das Wirken der beiden "Zugpferde" Westdeutschland und Frankreichs an. Nach dem Zusammenbruch der UdSSR wandelte sich die Sichtweise, welches nun die Gemeinsamheiten des europäischen Staatenbundes betonte. In der europäischen Staatengemeinschaft suchte Italien außenpolitisch nach seiner Rolle; diese zu finden, war die Aufgabe der Außenpolitik während der 1990er Jahre.

Die gegenwärtigen neuen Problemen, wie ethnische Konflikte auf dem Balkan, der Tragödie des 11. September 2001, der Frage nach dem Zusammenstoß der Kulturen („clash of civilization") und der unkontrollierten Verbreitung der Nukleartechnologie haben ihre Wirkung auch auf die italienische Außenpolitik. Angesichts dieser Umstände und der dringenden Notwendigkeit der Bekämpfung des Terrorismus wird die Zusammenarbeit mit den USA für Italiens Außenpolitik immer bedeutsamer. Jedoch betont die Italienische Republik die Notwendigkeit der Annäherung der Staatengemeinschaft auf dem Weg zu mehr Wohlstand, Zusammenarbeit, stärkerem Dialog und der Unantastbarkeit der Würde des Individuums.

Der ehemalige Premierminister Berlusconi verfolgte dabei die mittlerweile traditionelle Außenpolitik der Integration in die EU, der Sicherheit und Sicherheitspolitik der NATO und mit zunehmender Bedeutung die bilateralen Beziehungen zu den USA. Die politischen Beziehungen zu Russland haben sich als Ziel gesetzt, das Land weiter in die EU und in die NATO zu integrieren. Die Freundschaft zwischen den beiden Staaten zeigt sich in regelmäßigen Staatsbesuchen, welche zu einigen politischen Verträgen führten wie dem „Freundschafts- und Kooperationsvertrag“ von 1994 und dem „Italien/Russian Joint Declaration“, welcher während Berlusconis Besuch in Moskau im April 2002 unterzeichnet wurde.

Italiens Sicherheitspolitik gründet auf der weiterführenden Integration in die NATO und schon seit Jahren auf die Unterstützung der USA in Sicherheitsfragen. Bereits zur Kuba-Krise und zum Vietnam-Krieg zeigte sich Italien als verlässlicher Partner Washingtons. Das Land ist eines von 26 NATO-Mitgliedsstaaten und engagiert sich weltweit in Friedensmissionen. Zurzeit sind mehr als 8.500 italienische Soldaten im Einsatz, z.B. in Albanien, Bosnien, Mazedonien, im Kosovo, dem Libanon, in Marokko, Pakistan und Afghanistan. Zusammengezählt ist Italien, was die Entsendung von Soldaten ins Ausland anbelangt, auf dem zweiten Platz im Rahmen der NATO tätig. Der Irak-Krieg wurde von Berlusconi mit 3.000 Soldaten unterstützt, die jedoch inzwischen wieder abgezogen wurden. Außerdem trat sein Land auch der Anti-Terror-Koalition bei. Nach dem Anschlag am 11. September 2001 wurde der Verteidungsartikel 5 der NATO zum ersten Mal seit Bestehen der Organisation in Kraft gesetzt. Um schließlich terroristischen Bedrohungen entgegenzuwirken, passte sich Italien in seiner Sicherheitspolitik umgehend an internationale Verhältnisse an.

Ein weiterer wichtiger historischer Aspekt in diesem Zusammenhang war der Prager Gipfel im November 2002, weil sich dort die beteiligten Länder darauf einigten, der Bedrohung unter Berücksichtigung der eignen Verantwortung entgegen zu wirken. Auch wenn damals die NATO während des Kalten Kriegs eine wichtige Rolle gespielt hatte, musste sie sich heute doch anderen Problemen widmen. Das „NATO Defence College", das wichtigste Trainings- und Ausbildungszentrum für deren Offiziere, befindet sich in Rom. Die Grundposition der italienischen Außenpolitik hat sich nach dem Kalten Krieg nicht sonderlich geändert. Italien ist nicht in der Lage sich selbst zu verteidigen, ist also auf die Hilfe seiner Partner in der NATO angewiesen und kann auch nur durch die Eingliederung in dieses kollektive NATO-Bündnis Sicherheit garantieren.

Die Zukunft der italienischen Außenpolitik wird stark bestimmt durch das Verhältnis zu den USA. Italiens Regierung gehört zu den engsten Verbündeten der Bush-Regierung und deren „War on Terrorism". Andererseits ist die Außenpolitik Italiens stark verzahnt mit der Sicherheits- und Außenpolitik der EU. In den nächsten zehn Jahren wird sich die EU angesichts der europäischen Integration zweier großer Projekte widmen. Zum einen die Gemeinsame Außen- und Sicherheitspolitik und zum anderen die Europäische Sicherheits- und Verteidigungspolitik. Italien und andere Mitgliedsstaaten werden im Zuge der Projekte große Teile der nationalen Selbstbestimmung aufgeben müssen. Europa wird dagegen enger zusammenwachsen und der Verantwortungsbereich der EU sich weiter ausdehnen. Die engen Verbindungen zu den USA werden Italien dabei eine wichtige Rolle im vereinten Europa zuweisen.

LITERATUR (VERWENDETE UND WEITERFÜHRENDE)

Bonvincini, Gianni: The dilemmas of Italy. in: Hill, Christopher (Hrsg.): The actors in Europe's Foreign Policy. London 1996, S. 91-105.

Duggan, Christopher: Italy in the Cold War. Politics, Culture and Society 1948-1958. Bergen 1995.

Fringo, Daniela: Politics and Diplomacy in Early Modern Italy: The Structure of Diplomatic Practice, 1450-1800. Cambridge 1990.

Hughes, Henry Stuart: United States and Italy. Cambridge (MS) 1979.

Knox, MacGregor: Common Destiny: Dictatorship, Foreign Policy, and War in Fascist Italy and Nazi Germany. Cambridge 2000.

McCarthy, Patrick: The Crisis of the Italian State: From the Origins of the Cold War to the Fall of Berlusconi and Beyond. New York 1997.

Mény, Yves/ Knapp, Andre: Government and Politics in Western Europe. Britain, France, Italy, Germany. New York 1998.

Rallo, Joseph C.: Italy, in: Murray. Douglas J.; Viotti, Paul (Hrsg.): The Defence Policies of Nations. 3. Aufl. Baltimore 1994, S. 305-328.

Stam, Arthur: The Diplomacy of the New Order: The Foreign Policy of Japan, Germany and Italy: 1931-1945. London 2003.

Vannicelli, Primo: Italy, Nato, and the European Community: The Interplay of Foreign Policy and Domestic Politics. London 1984.

KROATIEN

Wolfgang Gieler & Lisa Günther

Historische Grunddaten

1526	Eroberung durch Habsburger und Osmanen
1849	Kroatien unter österreichischer Herrschaft
1918	Vereinigung mit Bosnien-Herzegowina, Slowenien und Serbien
1928-1929	separatistische Revolte
1929	Gründung des Königreichs Jugoslawien
1941-1945	Besetzung durch Deutschland, Machtübernahme der faschistische Ustaša
1945	Kroatien wird Teil der Sozialistischen Föderalen Republik Jugoslawien
1989-1991	Unabhängigkeitsbewegung
1990-1999	autoritäre Herrschaft unter Tuđman
1991	Unabhängigkeitserklärung Kroatiens (von Jugoslawien)
1992	Beitritt OSZE, Beitritt UN, Stationierung von UN Einheiten in Kroatien
1995	Krieg mit Serbien
1996	Beitritt Europarat
2000	Beitritt WTO
2004	Kroatien wird Beitrittskandidat der EU

LÄNDERDATEN

Name: Republik Hrvatska/ Republik Kroatien, **Hauptstadt:** Zagreb (779.145 Einwohner (2002)), **Regierungsform:** Republik (seit 1991), **Größe:** 56.542km^2, **Einwohnerzahl:** 4.493.312 (2007), **Landessprache:** Kroatisch, **BSP pro Kopf:** 13.200 USD (2006), **Mitgliedschaft in Europäischen Organisationen:** CEFTA, CEI, EAPC, EBRD, ECE, Europarat, OSZE, PfP, **Mitgliedschaft in Internationalen Organisationen:** Bewegung blockfreier Staaten (Beobachter), UN, WTO

***

Die Unterzeichnung des Daytoner Abkommens 1995 brachte zwar ein Ende der kriegerischen Auseinandersetzungen zwischen der Republik Kroatien (RH), der Bundesrepublik Jugoslawien (BRJ bzw. SRJ Savezna Republika Jugoslavija; Proklamation der neuen Staatenunion Serbien und Montenegro SiCG (Srbija i Crna Gora) am 04. Februar 2004 als Staatennachfolge für die SRJ) sowie Bosnien und Herzegowina (BiH Bosna i Hercegovina), doch die gemeinsamen Probleme, wie die Flüchtlingswellen und eine Reihe alter und neuer Fragen, die der Staatszerfall der Sozialistischen Föderativen Republik Jugoslawien Anfang der 1990er Jahre mitbrachte, führten zu einer erneuten zwischenstaatlichen Konfrontation der genannten Republiken. Unter anderem betraf und betrifft dies staatsangehörigkeits- und minderheitenrechtliche Angelegenheiten, Territorial- und Eigentumsaspekte sowie Regelungen zum Außenhandel oder auch das Überschreiten der neuen Grenzen.

Der Aussöhnungsprozess, der zur Überbrückung der im Krieg entstandenen tiefen Gräben zwischen den Nationen zunächst im Vordergrund steht, und die Stabilisierung des westlichen Balkangebietes hängen von der Lösung dieser teilweise schon historisch verwurzelten Probleme ab. Besonders BiH ist von der Normalisierung der Beziehungen im Staatendreieck abhängig, da die internen Streitigkeiten in BiH von den machtpolitischen Einflüssen der damaligen SRJ und der RH gefördert wurden. Bedauerlicherweise war bis zum Jahr 2000, als in Kroatien die Regierung wechselte, von einer Kooperation nichts zu spüren. Während der Ära Tuđman kann man wohl eher von einer konfrontativen Phase der Außenbeziehungen Kroatiens zu seinen Nachbarstaaten, insbesondere zur SRJ, sprechen. Unter Tuđmans Herrschaft schwankte Kroatien vielmehr zwischen Isolation und europäischer Integration, die auf der von Tuđman mitteleuropäisch geprägten nationalen Identität gründete.

Vorrangige Ziele der internationalen Anerkennung (UN-Beitritt 1992) und die Rückgabe der Baranja und West-Sirmiums an die kroatische Regierung im Januar 1998 wurden erreicht. Die Annäherung an die EU stand unter Tuđman eher unter dem Motto „Europa ja, aber nicht um jeden Preis. [...] Schließlich sei man ja eine Art „Schweiz des Balkans"[...], die ja auch ohne EU ein hervorragendes

Auskommen habe“. Außerdem, so Tuđman, ziele der „1996 von der EU entwickelte regionale Ansatz durch die Beschränkung auf die Staaten der ehemaligen SFRJ (ohne Slowenien und mit Kosovo) [...] darauf, ein neues Jugoslawien zu schaffen.“ Diese Haltung wird auch in der Verfassung von 1997 (Verfassungsänderung 2000) deutlich, wo es im Artikel 153 (ab 2000 Art. 141 Abs. 2) heißt: „It is prohibited to initiate any procedure for the association of the Republic of Croatia into alliances with other states, if such asociation leads, or might lead, to a renewal of a South Slav state community or to any Balkan state of any kind.”

Dieser Ablehnung der Integration in die EU stand hingegen das Interesse an einer Aufnahme bilateraler Beziehungen zu den ostmitteleuropäischen Transformationsstaaten, auch Slowenien, gegenüber. Zwischen Kroatien und der SRJ kam es am 18. Oktober 1996 zur Unterzeichnung des Normalisierungsabkommens, das bereits 1994 beschlossen wurde. Ergebnis war die gegenseitige Anerkennung und die Aufnahme diplomatischer Beziehungen. Formal war die Flüchtlingsrückkehr zwar beschlossen und geregelt, die praktische Umsetzung lief aber nur halbherzig ab. Die kroatische Regierung zeigte sich hier eher zögerlich bis ablehnend.

Weiterhin sollten die Rechte der jeweiligen Nationalitäten innerhalb der beiden Staaten anerkannt und durchgesetzt werden, doch Kroatien musste sich hier den Vorwürfen der Diskriminierung der serbischen Minderheit in der praktischen Umsetzung der zugesicherten Rechte ausgesetzt sehen. Auf Seiten der SRJ wurde der Status der Kroaten nicht abschließend in der Verfassung von 1992 geklärt. Positive Fortschritte waren jedoch im Grenzverkehr zu verzeichnen, die aber auch hier in der Praxis durch die Visavergabe relativ zu beurteilen sind. Seit 1996 war es zu keinem Treffen der Regierungschefs der Kroatischen Republik und der SRJ gekommen. Das Verhältnis verhärtete sich während des Kosovo Krieges noch mehr, sodass Kroatien die Beziehungen zur SRJ komplett aussetzte.

Obwohl wegen der montenegrinischen Zugehörigkeit zur SRJ keine zwischenstaatlichen Abkommen geschlossen werden konnten, verbesserten sich die kroatischen Beziehungen zur Republik Montenegro, sodass eine Art Sonderbeziehung zwischen den beiden Staaten zustande kam, nachdem sich der montenegrinische Präsident Đukanović für die Beteiligung am jugoslawischen „Aggressionskrieg“ gegen Kroatien entschuldigte. Mit der Unabhängigkeitserklärung vom 5. April 1992 erkannte Kroatien Bosnien und Herzegowina als Staat an. Auch hier sprach die Realität wieder eine andere Sprache. Tuđman war es mehr um die in BiH lebenden Kroaten gegangen, als um zwischenstaatliche Beziehungen. Diese wollte er einerseits direkt finanziell und auf der anderen Seite indirekt durch den Ausbau der Beziehungen zur Föderation BiH (FBiH) unterstützen.

Fest zu halten ist in jedem Fall, dass während Tuđmans Regierungszeit die kroatische Außenpolitik vor dem Hintergrund „dreier teils widerstreitender nationaler Identitäten“ zu legitimieren und durchzusetzen war. Außerdem hemmte das Daytoner Abkommen teilweise die gesamtsstaatliche Zusammenarbeit dahingehend, dass es bei den „zwischenstaatlichen Beziehungen“ die Möglichkeit eröffnete, den Gesamtstaat und dessen außenpolitische Akteure mehr oder weniger auszuschließen. Die kroatischen Außenbeziehungen konzentrierten sich weitestgehend auf die regionalen Sonderbeziehungen, unter Tuđman jedoch eher international unkooperativ.

Erste Grundsteine zur Änderung dieser außenpolitischen Paradigmen legte die Regierung unter Premierminister Račan (SDP, Sozialdemokratische Partei Kroatiens) und Staatspräsident Mesić (parteilos, Austritt aus der HNS - Kroatische Volkspartei zum Amtsantritt), die im Jahr 2000 die Nachfolgeregierung nach Tuđmans Tod im Jahr 1999 antrat. Neuer Außenminister wurde der Sozialdemokrat Tonino Picula. Ein Jahr zuvor (1999) beschloss die EU, dass der bisher verfolgte Weg der regionalen Zusammenarbeit mehr oder weniger gescheitert war oder vielmehr in den Ländern Kroatien, BiH und der SRJ ohne Reaktionen ins Nichts lief und verabschiedete das Stabilisierungs- und Assoziierungsabkommen (SAA) zur Neudefinierung und Konkretisierung des europäischen Regionalansatzes auf dem Westbalkan. Als Anreiz wurde am 24. November 2000 während des EU-Gipfels in Zagreb den „Westbalkanstaaten“ die Beitrittsperspektive eröffnet und ein Katalog mit zu erledigenden Aufgaben überreicht. Dieser beinhaltete z. B. die Forderung nach guten nachbarschaftlichen Beziehungen zwischen den SAp-Staaten, aber auch anderen Staaten dieser Region sowie auch innenpolitischen und wirtschaftlichen Kriterien.

Diese Kooperationsbereitschaft spürte man bei der neuen Regierung sehr deutlich, was auf zwei Gründe im grundsätzlichen Verständnis kroatischer Außenpolitik zurück zu führen ist: erstens einer „Abschwächung der Dominanz der tradierten nationalen Identität“ und zweitens der Abwendung von der „übertriebenen Historisierung von Politik [...]“. Man wendete sich von den bisher verfolgten Bestimmungsfaktoren nationale Identität und nationalistisch-historische Politik ab und setzte nun auf Kooperation innerhalb des südmitteleuropäischen Raumes, erkannte aber auch seine geopolitische Rolle und fühlte sich verantwortlich für die Westbalkan-Region. Erste Taten sprachen für die Verfolgung dieser Ziele. So wurde BiH von der neuen kroatischen Regierung als souveräner Staat ohne Vorbehalte anerkannt, was als erster Schritt der Normalisierung der Beziehungen zwischen BiH und Kroatien zu bewerten ist. Es folgten der Verzicht auf die Sonderbeziehungen, ein Freihandelsabkommen (2000 unterzeichnet, 2001 in Kraft getreten), der Vertrag zur Anregung und zum gegenseitigen Schutz von Direktinvestitionen (1996) und ein Abkommen über Visabestimmungen (2003). Die beziehungen zwischen der Republik Kroatien und BiH sind also in erster Linie wirtschaftlich geprägt.

Zwischen Kroatien und der SRJ dauerte die schwierige Beziehung weiterhin bis 2002 an. Bis dahin wurden zwar wirtschaftliche Abkommen, ähnlich denen mit BiH, abgeschlossen, doch die Umsetzung gestaltete sich teils schwierig. Als jedoch im Dezember 2002 das Protokoll zur Klärung der offenen Fragen bezüglich der militärstrategisch und wirtschaftlich bedeutenden Halbinsel Prevlaka unterzeichnet wurde, wurde dies als Durchbruch der zwischenstaatlichen Beziehungen gefeiert. Ein bitterer Beigeschmack bleibt trotzdem, denn bei den unterschiedlichen Positionen der Verhandlungsparteien kann die Unterzeichnung als nicht mehr als ein „provisorischer Kompromiss" gewertet werden.

Auch auf trilateraler Ebene war ein erster Erfolg zu verzeichnen, der durchaus als ein Grundstein für die Stabilisierung der Region angesehen werden kann. Auf einem Gipfel in Sarajevo am 15. Juli 2002 kam es zur Verabschiedung der „Agenda for Regional Action" zwischen Kroatien, BiH und der SRJ. In der Republik Kroatien wurden diese Teilerfolge allerdings von Divergenzen auf innenpolitischer Ebene überschattet. Mit der sozialdemokratischen Regierung an der Macht, nahmen die Nationalisten die oppositionelle Position ein und genossen mit ihrer positiven Haltung gegenüber der Wahrung der nationalstaatlichen Identität teils großen Rückhalt in der Bevölkerung. Diese Art oppositioneller Politik sowie der dadurch entstandene Druck auf die Regierung und die gleichzeitige Herausforderung der Transformation und internationalen Integration brachte auch tatsächlich Erfolg: Die außenpolitischen Akteure, also Regierung und Präsident, ließen weiterhin Elemente dieser tradierten Haltung in die Gestaltung kroatischer Außenpolitik mit einfließen, wodurch eine Klärung offener Fragen bezüglich der Nachbarschaftspolitik erheblich gehemmt wurde.

Nach der Verfassungsänderung im Jahr 2000 verlagerte sich die außenpolitische Entscheidungsfindung vom Präsidenten, der nun größtenteils nur noch repräsentative Aufgaben übernahm, auf die Regierung. Während der Legislaturperiode der Regierung Mesić/Račan bedeutete dies, dass sich Ministerpräsident Račan vom außenpolitischen Kurs Mesićs distanzierte, um der Opposition nur noch geringe Angriffsfläche zu bieten. Das hatte einen sehr einfach scheinenden Grund: Die Regierung stand aufgrund der starken Opposition stets kurz vor dem (Ab-)Sturz und um dies zu verhindern, schlug Račan eher einen Weg hin zur Haltung der Opposition ein, da Staatspräsident Mesić auch als „kroatisches Gewissen" bezeichnet wurde und internationale Kontakte unter dem Motto der neuen Paradigmen hegte und pflegte.

Mit dem Regierungswechsel nach der Ära Tuđman hat sich ein Paradigmenwechsel der kroatischen Außenpolitik vollzogen, bei dem vor allem eine Grundlage geschaffen wurde: einerseits der Beginn kooperativer Zusammenarbeit zwischen den Staaten des Westbalkans und andererseits die Eröffnung der Beitrittsperspektive zur EU. So wurde das Jahr 2003 auch als „europäisches Jahr" von der Presse gefeiert. Innenpolitisch ausschlaggebend war hier vor allem die demokratische Entwicklung des Staates.

Mit den vorfristigen Wahlen (eigentlich vierjährige Legislaturperiode) am 23. November 2003 wechselte die Regierung der Republik Kroatien abermals. Stärkste Kraft wurde nun die HDZ (Kroatische Demokratische Gemeinschaft). Staatspräsident bleibt wie bisher Mesić (auch nach den Präsidentschaftswahlen im Januar 2005 im Amt bestätigt), neuer Ministerpräsident ist Ivo Sanader, Außenminister war Dr. Miomir Žužul, Minister der Verteidigung Berislav Rončević. Außerdem gab es eine Ministerin für Europäische Integration - Kolinda Grabar-Kitarović, die seit dem Rücktritt Žužuls Außenministerin Kroatiens ist.

Anfangs sah sich die neue Regierung mit einer abweisenden Haltung der internationalen Gemeinschaft konfrontiert, die das Ende der Demokratie in der kroatischen Republik kommen sahen, da sie die neue Regierung insbesondere den Ministerpräsidenten Ivo Sanader, als extreme Rechte bezeichneten. Doch sie mussten sich eines besseren belehren lassen. Schon erste Amtshandlungen Sanaders zeigten das Gegenteil. So bezog er die serbische Minderheit von Anfang an in die Regierungsgeschäfte mit ein und kündigte enge Zusammenarbeit mit dem Kriegsverbrechertribunal in Den Haag an, die immer noch auf die Auslieferung des Generals Ante Gotovina warteten und noch warten. Außerdem visierte man wieder stärker den NATO-Beitritt an und erkannte, dass dieser nicht vollkommen losgelöst von einer EU-Mitgliedschaft zu verwirklichen ist.

Die angestrebten Mitgliedschaften in den genanten Organisationen sollten vor allem die Souveränität Kroatiens vor dem Hintergrund der Globalisierung stärken sowie die ökonomischen und sozialen Entwicklungen innerhalb des Staates vorantreiben. Der Beitritt zur Europäischen Union ist spätestens bis 2008 bzw. 2010 angestrebt. Im gleichen Zeitfenster dieser zwei Jahre sollte die NATO-Mitgliedschaft vollzogen werden. Weiterhin wollte man in den Prozess der Entwicklung einer Sicherheitszone in Südosteuropa mit einbezogen werden sowie die internationalen Beziehungen zu den USA verbessern und neue Kooperationen mit der Volksrepublik China und Russland entstehen lassen.

Das Verhältnis zu den Vereinigten Staaten von Amerika war schon 2001 von besonderem Interesse, erhoffte man sich doch durch die Unterstützung der USA nach den Anschlägen vom 11. September 2001 wiederum Unterstützung bei der Umsetzung nationalstaatlicher Interessen, wie dem NATO-Beitritt. So unterstrich man seinen Willen mit der uneingeschränkten Teilnahme an der von den USA angeführten Koalition gegen den Terrorismus sowie der direkten und aktiven Unterstützung ihrer Taten.

Eine Option auf die NATO-Mitgliedschaft eröffnete sich für die Republik Kroatien mit der offiziell bestätigten Teilnahme am Membership Action Plan

(MAP) auf dem Ministertreffen in Reykjavik (Island) am 15. Mai 2002. Die Teilnahme ist ein notwendiger Schritt hin zur Vollmitgliedschaft. Auf dem darauf folgenden Treffen in Prag verkündete die NATO ihre Intention, die Politik der „offenen Tür" zu verfolgen, dies bedeutete, dass, wenn die aufgestellten Kriterien der Demokratisierung, Nutzung und Produzierung regionaler und globaler Sicherheit, guter Nachbarschaftsbeziehungen und einer ökonomischen Entwicklung, erfüllt seien, man (die NATO) nicht die Aufnahme von Beitrittsgesprächen und Prüfung der Umstände verwehren würde.

Die Annäherung an die EU und der Versuch, die üblichen acquis communitaire der Europäischen Kommission, vor allem aber die Zusammenarbeit mit dem ICTY, zu erfüllen, charakterisierte die Innen- und Außenpolitik der Republik Kroatien sehr stark. Eigentlich sollten am 17. März 2005 die Beitrittsgespräche mit Kroatien seitens der EU aufgenommen werden. Im EU-Ministerrat konnte sich jedoch keine Mehrheit (17 zu 8 Stimmen) für die Aufnahme der Beitrittsgespräche finden, lediglich die EVP-Fraktion unterstützte den Verhandlungsbeginn, was auf den Beobachterstatus der HDZ innerhalb der EVP-Fraktion zurückzuführen ist.

Auch aufgrund des von Carla del Ponte (damalige Chefanklägerin des den Haager Kriegsverbrechertribunals) abgegebenen Urteils, dass eine unzureichende Kooperation mit dem Haager Kriegsverbrechertribunal zu verzeichnen ist, wurde die anvisierte Aufnahme von Beitrittsverhandlungen bis Oktober 2005 verschoben. Kroatien äußerte sich zu diesem Bericht insoweit, als dass es trotz aller Fahndungsanstrengungen General Gotovina nicht finden könne und vermute, dass er sich gar nicht mehr im kroatischen Staatsgebiet aufhalte. So war der Fall Gotovina zum bestimmenden Maßstab für die Beurteilung von Kroatiens EU-Mündigkeit geworden. Nach einer Neubewertung der kroatischen Politik im Oktober 2005 und der Festnahme Gotovinas am 07. Dezember 2005 auf den Kanarischen Inseln ist der Staat nun aber erneut auf dem besten Weg zur EU Mitgliedschaft, die für 2009 angestrebt wird.

Zusammenfassend ist festzuhalten, dass sich während der 16 Jahre kroatischer Unabhängigkeit außenpolitisch viel veränderte. Das Jahr 2000 ist mit dem Regierungswechsel als Wendejahr zu bezeichnen. Nachdem die Außenpolitik unter Tuđmans konfrontativen Ansätzen litt, begründete die neue Regierung unter Staatspräsident Mesić und Ministerpräsident Račan neue außenpolitische Ansätze der Kooperation, vor allem mit den Nachbarstaaten. Eine Fortführung dieser doch als erfolgreich zu bezeichnenden Politik war auch unter dem neuen Ministerpräsidenten Ivo Sanader möglich, obwohl einige schon das Ende der Demokratie voraus sahen.

Literatur (verwendete & weiterführende)

European Commission: External Relations Directorate General, Directorate Western Balkans, Horizontal Issues, Cards Assistance Programme to the Western Balkans. Regional Strategy Paper 2002-2006. Brüssel 2006.

Hummer, Waldemar: Balkankonflikt. in, Woyke, Wichard (Hrsg.): Handwörterbuch Internationale Politik. Bonn 2004, S. 11-38.

Kusic, Sinisa: Kroatien nach dem Regierungswechsel. Weiterhin auf EU-Kurs? in: Südosteuropa Mitteilungen Bd. 52. 2003, S. 381-385.

Markic Boban, Aleksandra: Kroatien. Monatsbericht Hanns Seidel Stiftung e. V., März 2005. München 2005.

Kroatien. Monatsbericht Hanns Seidel Stiftung e. V., April 2005. München 2005.

Stanicic, Mladen: Croatia on its Way towards the EU. in: Kühnhardt, Klaus (Hrsg.): Schriften des Zentrum für Europäische Integrationsforschung. Center for European Integration Studies der Rheinischen Friedrich- Wilhelms- Universität Bonn. Bonn 2000.

Strategy of International Relations of Croatia. Dossier, in: Croatian International Relations Review. Ausgabe 8, Nr. 18/29, 2002, S. 1-23.

Stroh, Sabine: Neue Außenbeziehungen im Dreieck Kroatien - Bosnien und Herzegowina – Serbien und Montenegro. in: Südosteuropa Mitteilungen. Bd. 52, 2003, S. 355-380.

LETTLAND

Stefan Bauer

HISTORISCHE GRUNDDATEN

1700-1772	schrittweise Eroberung durch Russland
1914-1918	Besetzung durch Deutschland
1918	Unabhängigkeitserklärung Lettlands (von Russland)
1934	Diktatur unter Ulmanis
1940	Annexion durch die UdSSR
1941-1944	Besetzung durch Deutschland
1990	Unabhängigkeitserklärung Lettlands (von der UdSSR)
1991	Beitritt OSZE, Beitritt UN
1994	russische Truppen verlassen endgültig das Land
1995	Beitritt Europarat
1999	Beitritt WTO
2004	Beitritt Europäische Union, Beitritt NATO

LÄNDERDATEN

Name: Latvijas Republika/ Republik Lettland, **Hauptstadt:** Riga (727.528 Einwohner (2006)), **Regierungsform:** Republik (seit 1991), **Größe:** 64.589km^2, **Einwohnerzahl:** 2.259.810 (2007), **Landessprache:** Lettisch, **BSP pro Kopf:** 15.400 USD (2006), **Mitgliedschaft in Europäischen Organisationen**: CBSS, EAPC, EBRD, ECE, EU, Europarat, OSZE, PfP, WEU (assoziiert), **Mitgliedschaft in Internationalen Organisationen:** NATO, UN, WTO

***

Lettlands Geschichte ist geprägt von wechselnden Besatzungen. Bereits im 9. Jahrhundert besiedelten Letten Livland, das Gebiet des heutigen Lettlands. Die Hauptstadt Riga wurde bereits im Jahre 1201 gegründet. Lettland hatte jedoch noch keine einheitliche Regierung. Das Volk lebte bisweilen in verschiedenen lokalen Fürstentümern. Somit waren die Letten dementsprechend politisch wie auch militärisch noch handlungsunfähig, was zur Folge hatte, dass es ausländische Interessen auf sich zog - vornehmlich schwedische und polnische.

In den folgenden Jahrhunderten kam es zu wechselnden Besetzungen Lettlands seitens Polens, Dänemarks und Schwedens. Im Jahr 1629 wurde Livland dann von Schweden erobert, woraufhin der Große Nordische Krieg (1700-1721) eine erneute Zersplitterung des Gebiets mit sich brachte: Livland und Estland wurden zu russischen Provinzen deklariert. Um 1917 war Lettland besonders von russisch dominierten Letten geprägt. Das Nationalgefühl dieser Bevölkerungsgruppe erstarkte - es kam zur erneuten Umstrukturierung der Territorien. Lettland wurde im Süden das Gebiet Kurland zugesprochen, musste aber im Gegenzug seinen estischen Teil wieder an Estland abtreten.

1918, am Ende des Ersten Weltkriegs, marschierte die Rote Armee in Lettland ein und beendete dessen deutsche Besatzung. Am 18. November 1918 verkündete der lettische Volksrat die Unabhängigkeit Lettlands. Fast zwei Jahre später, am 11. August 1920, kam es zum so genannten Friedensvertrag von Riga und somit zur Anerkennung der lettischen Regierung durch die UdSSR. Es brauchte weitere zwei Jahre, bis Lettland laut Verfassung eine parlamentarisch-demokratische Republik wurde. Diese Verfassung wurde jedoch 1934 wieder verworfen, als Karlis Ulmanis mit Unterstützung der Militärs eine gemäßigte Diktatur in Lettland errichtete. Durch den Hitler-Stalin-Pakt (1939) war Lettland nun gezwungen, ein Beistands- und Stützpunktabkommen mit der damaligen UdSSR einzugehen, worauf im Folgejahr der erzwungene Anschluss Lettlands an die UdSSR folgte. 1941 kam es zur erneuten Besatzung durch deutsche Truppen, jedoch wurde Lettland 1944 durch die Rote Armee von der UdSSR zurückerobert. Nach der Kapitulation Deutschlands im Jahr 1945 zogen mehr und mehr Russen aus der UdSSR nach Lettland.

Das Land erlebte seine so genannte „Sowjetisierung“. Noch zur Zeit des Kalten Krieges wurden Mitte der 1980er Jahre erste Unabhängigkeitsforderungen laut. 1988 beginnen sich die Reformer um die Volksfront Lettland (LTF) zu sammeln. Die LTF gewann 1990 die ersten freien Wahlen. In Folge dessen erklärte das Parlament noch im selben Jahr die Unabhängigkeit von Russland, woraufhin russische Truppen das lettische Innenministerium angriffen. Es kam zu einer Volksabstimmung, nach der sich rund 74 Prozent der Letten für die Unabhängigkeit aussprachen. Daraufhin wurde die Verfassung wieder in Kraft gesetzt, die lettische Unabhängigkeit dann 1991 auch offiziell von Russland anerkannt. Ebenfalls 1991 folgte die Aufnahme der baltischen Staaten in die Vereinten Nationen (UNO) und „Konferenz über Sicherheit und Zusammenarbeit in Europa" (KSZE), bis 1995 der Vorläufer der heutigen „Organisation für Sicherheit und Zusammenarbeit in Europa“ (OSZE), sowie 1992 Handels- und Kooperationsabkommen mit der Europäischen Union (EU).

Der „Lat“ wurde im Folgejahr zur offiziellen Währung des Landes. 1994 ließ Russland seine letzten Truppenkontingente aus Lettland abziehen. Lettland wurde, im Zuge der NATO-Osterweiterung, am 2. April 2004 Mitglied der NATO. Als erster baltischer Staat wurde nur ein Jahr später die Aufnahme in die EU beantragt. Nach dem EU-Gipfel von Helsinki im Jahr 1999 bekam Lettland seitens der EU auch tatsächlich Beitrittsverhandlungen angeboten. Zum 1. Mai 2004 wurde Lettland schließlich Mitglied der Europäischen Union. Somit billigte die EU neben der Tschechischen Republik, Estland, Zypern, Litauen, Ungarn, Malta, Polen, Slowenien und der Slowakei, auch Lettland die EU-Mitgliedschaft zu. Im letzten Irak-Krieg, der am 20.März 2003 begann, stellte sich Lettland auf die Seite der USA.

Eine wichtige Rolle spielt Lettlands historische Erfahrung als unabhängiger, souveräner Staat der Zwischenkriegszeit (1928/1920 sowie 1939/1940) und dessen Zwangsangehörigkeit zur ehemaligen UdSSR bis zum Jahr 1991. Hierdurch wurde Lettland über 50 Jahre hinweg in das sowjetische Wirtschaftssystem eingebunden, wodurch das Land eine starke Migration von Minderheiten (überwiegend russischer Herkunft) erfuhr. Diese Migranten stellten schon bald einen beachtlichen Teil der lettischen Gesamtbevölkerung. Nach dem Zerfall der UdSSR gerieten diese Minderheiten mehr und mehr zum Spielball zweier Interessen: Zum einen den Bestrebungen Lettlands, in die internationale Gemeinschaft aufgenommen zu werden. Zum anderen Russlands machtpolitischen Versuchen, genau dies zu verhindern und vielleicht doch noch Einfluss auf die baltischen Staaten und somit auch Lettland haben zu können. Russland übte zu diesem Zweck politischen, diplomatischen, aber auch wirtschaftlichen Druck auf die baltischen Länder aus, wobei den Balten zum Beispiel ihre relative Abhängigkeit von russischem Öl und Gas zum Verhängnis wurde.

Eine sichere Option schien nur die Eingliederung in den Westen, in die internationale Staatengemeinschaft - auch, um sich vom Osten, respektive Russland, abzugrenzen. Der Weg in die internationale Staatengemeinschaft schien unausweichlich, politische Neutralität stand nicht länger zur Debatte. Die Anerkennung und Absicherung der eigenen Souveränität und die Aufnahme in die internationale Staatengemeinschaft, welche eine kombinierte Sicherheits- und Außenwirtschaftspolitik voraussetzte, die auch von der Aufnahme in die internationale Institutionen ausging, war nach dem Zusammenbruch der UdSSR Lettlands, wie auch Estlands und Litauens, vorrangiges außenpolitisches Ziel und Grundstrategie.

Lettland strebte zuerst die Europarats- und OSZE-Mitgliedschaft, später die Aufnahme in die EU und NATO an. Besonders die Geschlossenheit dieser drei Länder bei der Verfolgung dieser Ziele sei hervorzuheben. Die baltischen Staaten sprechen verstärkt mit einer Stimme, wenn es um ihre außenpolitische Haltung gegenüber Drittstaaten geht. Zur Behandlung innerbaltischer Fragen treffen sich die Premierminister regelmäßig im Rahmen des „Baltischen Rates“, die Parlamentarier zur „Baltischen Versammlung“. Ein weiterer Kernpunkt der lettischen, aber auch estischen und litauischen, Außenpolitik war in dieser Zeit das Bemühen, ausländische Partner zu finden, welche die außenpolitischen Interessen stärken und unterstützen sollen. Hierbei fand Lettland unter anderem in Dänemark einen hilfreichen Partner.

Die lettische Außenpolitik wird vom Außenministerium, also der Exekutive, geformt. Das lettische Außenministerium ist in sieben Abteilungen gegliedert: Die Ost-Abteilung, die West-Abteilung, die Abteilung für Internationale Organisationen, die Rechtsabteilung, der Konsular-Abteilung, der Verwaltung und dem Protokoll. Des Weiteren ist Lettland weltweit mit über 50 Auslandsvertretungen präsent.

Das Thema der ethnischen russischen und russischsprachigen Minderheiten in Lettland nimmt politische eine tragende Rolle, insbesondere in Bezug auf den russischen Truppenrückzug 1992-1994, als die Russische Förderation (RF) der lettischen Regierung solch schwerwiegende Vorwürfe wie Diskriminierung der russischen Minderheiten und „ethnische Säuberungen“ an ihnen vorwarfen. In diesem Rahmen sah sich die Russische Förderation genötigt, ihren Truppenabzug offiziell zu stoppen und bekundete außerdem offen, die russische Minderheit notfalls auch mit Waffengewalt schützen zu wollen. Auslöser hierfür waren vorrangig die harten Gesetzesauflagen in Lettland und auch Estland, die das Aufenthaltsrecht und die Staatsbürgerschaft regelten, wobei Lettland aber stets auf die Vereinbarkeit seiner Politik mit internationalem Recht hinwies.

Dieser Minderheitenkonflikt stellte für Lettland insbesondere angesichts der angestrebten NATO- und EU-Mitgliedschaft, für welche es unabdingbar war, weder Minderheitenprobleme, noch Grenzkonflikte mit Nachbarstaaten vorzuweisen, ein schwerwiegendes Problem dar, das sich insofern als kritisch äußerte, da sowohl Lettland als auch Estland und Litauen zukünftig Teil der östlichen Außengrenzen der NATO bilden sollten. Im Zuge der Osterweiterung wurde Lettland am 2. April 2004 schließlich Mitglied der NATO und ebenfalls der Europäischen Union. Lettland war seinem Ziel, sich der westlichen Gemeinschaft einzugliedern, ein erhebliches Stück näher gekommen.

Lettland, wie auch die anderen baltischen Staaten, nehmen sich Themen wie dem internationalem Terrorismus, der Verbreitung von Massenvernichtungswaffen oder organisierter Kriminalität, im Rahmen ihrer bisherigen Möglichkeiten an. Auch Lettland zeigte sich nach den Anschlägen des 11. September 2001 solidarisch mit den USA und war, wie wohl ein Großteil der Welt auch, über dieses Ereignis erschüttert.

Des Weiteren ist Lettland aktiv an Friedensmissionen und Krisen-Reaktions-Operationen beteiligt. Auf dem Balkan zum Beispiel nehmen lettische Truppen seit 1996 an entsprechenden Operationen teil. Weltweit befinden sich lettische Truppen derzeit in 5 internationalen friedenserhaltenden Missionen im Einsatz: Im Kosovo (KFOR), Bosnien und Herzegowina (SFOR), Afghanistan (ISAF) und im Irak (OIF). Die Anzahl lettischer Truppen bei internationalen Einsätzen beläuft sich mittlerweile auf 144. In Zusammenarbeit mit der NATO, aber auch mit anderen Staaten, konnte die lettische Armee indessen auch an praktischen Erfahrungen hinzugewinnen. Erst im August 2005 entsendete Lettland erneut 100 Truppen im Rahmen der NATO-Mission im Kosovo (KFOR). Damit erreicht die lettische Bereitstellung von Truppen in internationalen Operationen nunmehr annähernd 250 Regimenter. In den KFOR-Missionen rotieren die lettischen Truppen mit denen der anderen baltischen Staaten im 6-Monats-Rhythmus.

Lettland gehörte auch zu jenen neun weiteren mittel- und osteuropäischen Staaten der so genannten „Vilnius"-Gruppe, die am 6. Februar 2003 ohne großes Zögern Washington seine Solidarität in der Irak-Krise zusicherte. Letztlich bestand diese Solidarität zu den USA auch zu Kriegsbeginn, im März 2003. Der erste wichtige Schritt nach Ende des Kalten Krieges ist mittlerweile getan - Lettland ist Mitglied der Europäischen Union und der NATO. Damit erfüllte sich der lange Traum nach der Eingliederung in die westliche Gesellschaft und von der Abkopplung und Unabhängigkeit von Russland im Wesentlichen. Solange Durch seine stabile Regierung und ein demokratisch gewähltes Parlament, wird die Integration des Landes in Europa voranschreiten können. Durch die Vielzahl von Beteiligungen an Missionen und Operationen im Rahmen der NATO-Arbeit ist es Lettland gelungen, sich auch militärisch in das westliche Gefüge erfolgreich einzugliedern.

Auch für die Zukunft ist zu erwarten, dass das Land den Schulterschluss mit den USA suchen wird. Zu groß ist die Angst, diese, auch für Lettlands Wirtschaft positive, Verbindung zu riskieren. Lettland wird auch weiterhin die Nähe zu seinen baltischen Nachbarn suchen. Musste man vor zu Beginn des neuen Jahrtausends noch bzgl. der Bestrebungen Russlands, auch weiterhin Einfluss auf die baltischen Staaten zu nehmen, besorgt sein, so hat sich die Lage mittlerweile etwas entspannt. Dennoch verabschiedete das russische Außenministerium 1997 eine Grundlinie, nach der die baltischen Staaten nach wie vor zum russischen Interessensgebiet gehörten. Dies hatte jedoch zur Folge, dass sich Lettland und die anderen baltischen Staaten nur noch mehr bemühten, sich in die internationale Gemeinschaft zu integrieren.

Literatur (verwendete & weiterführende)

Außenministerium Lettlands: Außenministerium Lettlands. http://www.am.gov.lv/en/eu/, abgerufen am 30.06.2007.

Beichelt, Timm: Die Europäische Union nach der Osterweiterung. Stuttgart 2004.

Demuth, Andreas: Baltische Staaten. Oldenbourg 2001.

Schmidt, Thomas: Die Außenpolitik der baltischen Staaten - Im Spannungsfeld zwischen Ost und West. Opladen 2003.

LIECHTENSTEIN

Henning Wirtz

HISTORISCHE GRUNDDATEN

1921	Verfassung
1924	wirtschaftliche Bindung an die Schweiz
1973	Beitritt OSZE
1978	Beitritt Europarat
1990	Beitritt UN
1995	Beitritt WTO

LÄNDERDATEN

Name: Fürstentum Liechtenstein, **Hauptstadt:** Vaduz (5.230 Einwohner (2007)), **Regierungsform:** Parlamentarische Monarchie (seit 1921), **Größe:** 160km^2, **Einwohnerzahl:** 34.247 (2007), **Landessprache:** Deutsch, **BSP pro Kopf:** 25.000 (1999), **Mitgliedschaft in Europäischen Organisationen:** ECE, Europarat, EWR, OSZE, **Mitgliedschaft in Internationalen Organisationen:** UN, WTO

***

Wie für zahlreiche andere europäische Staaten waren für das Fürstentum Liechtenstein (im folgenden Liechtenstein genannt) und seine Wirtschaft die Folgen des Ersten Weltkrieges außerordentlich hart. Zu Beginn des Ersten Weltkrieges war die Wirtschaft weitgehend landwirtschaftlich geprägt - eine Industrie fehlte fast vollständig. Die einzige Ausnahme hierbei stellt die Textilindustrie dar. Der primäre Exportmarkt sowohl für die landwirtschaftlichen Erzeugnisse wie auch für die Erzeugnisse der Textilindustrie war Österreich. Da es Liechtenstein im Verlaufe des Krieges nicht möglich war, weiter Rohstoffe zu importieren, musste die wenig vorhandene Industrie ihre Produktion einstellen. Durch den Verfall der österreichischen Währung musste Liechtenstein schließlich den Staatsbankrott erklären.

In der Folge kündigte Liechtenstein den Zollvertrag mit Österreich und verwaltete sein Zollgebiet zunächst eingenständig. Jedoch bereits im Jahre 1924 schloß das Land einen Zollvertrag mit der Schweiz, der Schweizer Franken war bereits zuvor mit Wirkung zum 1. Januar 1924 die offizielle Währung in Liechtenstein geworden. Bis dahin hatte auch die politische Kooperation zwischen Liechtenstein und der Schweiz weitere Fortschritte gemacht, beispielsweise hatte die Schweiz auch die diplomatische Vertretung für Liechtenstein mit übernommen.

Trotz dieser augenscheinlich günstigen Ausgangsposition wurde die Landwirtschaft wieder die alles entscheidende Einnahmequelle für Liechtenstein, denn die Industrialisierung ging nur sehr langsam von statten und vor allem sehr viel langsamer als in den übrigen Staaten Europas, wo sie auch bereits vor dem Ersten Weltkrieg wesentlich stärker ausgeprägt gewesen war. Wirtschaftliche Zuwächse waren primär im Bereich des Baugewerbes und der Tourismusbranche zu verzeichnen und die Bürger Liechtensteins profitierten vom Arbeitsplatzangebot der Schweiz.

Die Folgen der Weltwirtschaftskrise trafen jedoch auch wieder Liechtenstein, denn die Arbeitsplätze in der Schweiz fielen zum großen Teil weg und die „exportierten Arbeiter" remigrierten in ihre liechtensteinische Heimat. Durch die verschiedenen Großbaustellen zur Eindämmung der Rheins war die Bauindustrie jedoch nicht derart stark von der wirtschaftlichen Krise betroffen wie dies in den meisten anderen Staaten der Fall war. Dadurch stiegen die Arbeitslosenzahlen im Vergleich zu anderen europäischen Staaten nicht so stark. Im Rahmen dieser Baumaßnahmen wurden die Rheindämme maßgeblich verstärkt und die Hochwasserschäden des Jahres 1927 endgültig beseitigt.

Durch den „Anschluss" Österreichs an das Deutsche Reich im Jahre 1938 war Liechtenstein ein unmittelbarer Nachbar des Nazi-Regimes geworden und aus eben diesem Grund traten die „Vaterländische Union" und die „Fortschrittliche Bürgerpartei" in eine Koalition ein, die es sich zum Ziel gesetzt hatte die Unabhängigkeit Liechtensteins zu erhalten, damit Liehctenstein nicht nocheinmal die Schrecken des Krieges unmittelbar erfahren würde.

In der Folgezeit war tatsächlich das Land in der Lage, seine politische Unabhängigkeit zu erhalten und politisch neutral zu bleiben. Erst nach dem Ende des Zweiten Weltkrieges gelang es schließlich auch Liechtenstein seine Wirtschaft zu industrialisieren, wobei die Schweiz an diesen Bestrebungen maßgeblichen Anteil hatte. Bereits kurz nach der erfolgreich durchgeführten Industrialisierung seiner Wirtschaft konnte die liechtensteinsche Industrie hohe Wachstumsraten vorweisen und Liechtenstein war auf ausländische Arbeitnehmer angewiesen - eine Situation die sich bis heute nicht mehr grundlegend verändert hat, denn gegenwärtig kommen etwa 29% aller Arbeitnehmer, die in Liechtenstein arbeiten, nicht aus Liechtenstein sondern aus den unmittelbaren Nachbarstaaten.

Das durchschnittliche Pro-Kopf-Einkommen in Liechtenstein lag 1999 bei etwa 25.000 USD und durch die niedrigen Steuersätze hat sich Liechtenstein mittlerweile zu einem großen und bedeutenden Finanzplatz auf dem weltweiten Finanzmarkt entwickelt. Die Innenpolitik Liechtensteins wird maßgeblich vom Regierungschef bestimmt, wohingegen das Staatsoberhaupt fast ausschließlich repräsentative Aufgaben übernimmt. Grundsätzlich lässt sich konstatieren, dass die Politik Liechtensteins immer auf regionale Interessen ausgerichtet gewesen ist. Dies änderte sich insbesondere nach dem Zweiten Weltkrieg, da von nun an Liechtenstein auch auf der Bühne der Weltpolitik zu finden ist. So ist Liechtenstein Mitglied der UN, des Europarates sowie zahlreicher Unterorganisationen der UN.

Durch die enge Bindung an die Schweiz ist das Land nicht immer frei in seinen politischen Entscheidungen, sondern die politischen Entscheidungen der Schweiz wirken sich vielmehr vor allem in den Bereichen der Außenpolitik und der Wirtschaftspolitik direkt auf Liechtenstein aus, da sich Liechtenstein auch heute noch vielfach von der Schweiz im Ausland und bei internationalen Organisationen vertreten lässt.

Die außenpolitischen Entscheidungen werden primär von der Regierung (Exekutive) getroffen; gleichwohl können aber unter bestimmten Bedingungen Referenden abgehalten werden und die Bevölkerung direkt am politischen Entscheidungsfindungsprozess mitwirken. Insbesondere im Bereich der wirtschaftlichen Beziehungen zu den Nachbarstaaten stellt die Neutralität und die engen Bindungen an die Schweiz Liechtenstein oftmals vor Probleme. Zum einen möchte Liechtenstein sich wirtschaftlich zunehmend in Richtung EU orientieren, da hierdurch wirtschaftliche Vorteile erwartet werden, aber auf der anderen Seite muss man dies mit den Schweizer Finanzgesetzen vereinbaren können. Hinzu kommt das Liechtenstein, wie die Schweiz auch, völkerrechtlich neutral ist. Der Schweiz gelingt dies, wenn auch zum Teil unter Schwierigkeiten, bis heute, so dass an dieser Stelle davon auszugehen ist, dass dies auch Liechtenstein gelingen kann.

Die Haupteinahmequellen für den Staatshaushalt in Liechtenstein sind vor allem Steuern sowie verschiedene Zölle, die aber relativ gering bemessen sind. Die verschiedenen Produkte der liechtensteinischen Industrie wurden vor allem in die Nachbarstaaten Schweiz und Österreich sowie andere Staaten der EU exportiert.

Die Migrationspolitik Liechtensteins ist als äußerst restriktiv anzusehen, denn es ist nahezu unmöglich, die liechtensteinische Staatsbürgerschaft zu erwerben, hierfür muss der Antragsteller sozial vollständig integriert sein und einen jahrzehntelangen Aufenthalt in Liechtenstein vorweisen können. Die Flüchtlingspolitik ist gegenwärtig von nahezu keinerlei Bedeutung, da es kaum Flüchtlinge gibt, die in Liechtenstein einreisen. Dennoch hat Liechtenstein bis zum

Ende der 1980er Jahre vor allem ungarische, indonesische und auch tschechische Flüchtlinge aufgenommen. Insgesamt gesehen kann hier festgehalten werden, dass die Flüchtlingskriterien Liechtensteins nur marginal von denen der Schweiz und der EU abweichen.

Für die Zukunft lässt sich prognostizieren, dass Liechtenstein sowohl seine engen Beziehungen zur Schweiz weiter fortführen und völkerrechtlich neutral bleiben wird. Darüber hinaus wird Liechtenstein auch in Zukunft ein wichtiger Akteur auf dem weltweiten Finanzmarkt sein, so dass sich perspektivisch die Grundlinien der Politik nicht wesentlich ändern werden.

Literatur (verwendete & weiterführende)

Amt für Volkswirtschaft (Hrsg.): Bankstatistik. Vaduz 2006.

Busek, E. u.a. (Hrsg.): Der Kleinstaat als Akteur in den internationalen Beziehungen Vaduz 2004.

CIA World Fact Book: Liechtenstein. https://www.cia.gov/library/publications/the-world-factbook/geos/ls.html, abgerufen am 14. September 2007.

Geiger, P./ Waschkuhn, A. (Hrsg.), Liechtenstein: Kleinheit und Interdependenz Liechtenstein 1990.

Langewiesche, D. (Hrsg.), Kleinstaaten in Europa. Vaduz 2007.

Liechtenstein: Aussenpolitik. http://www.liechtenstein.li/eliechtenstein_main_sites/portal_fuerstentum_liechtenstein/fl-staat-staat/fl-staat-aussenpolitik.htm, abgerufen am 16. September 2007.

Landesfürst. http://www.liechtenstein.li/eliechtenstein_main_sites/portal_fuerstentum_liechtenstein/fl-staat-staat/fl-staat-landesfuerst.htm, abgerufen am 15. September 2007.

Staatsaufbau. http://www.liechtenstein.li/eliechtenstein_main_sites/portal_fuerstentum_liechtenstein/fl-staat-staat/fl-staat-staatsaufbau.htm, abgerufen am 15. September 2007.

Liechtensteinische Akademische Gesellschaft (Hrsg.): Beiträge zur liechtensteinischen Staatspolitik. Vaduz 1973.

Probleme des Kleinstaates gestern und heute: seiner Durchlaucht Fürst Franz Josef II. von und zu Liechtenstein zum 70. Geburtstag. Vaduz 1976.

Niedermann, D.: Liechtenstein und die Schweiz: eine völkerrechtliche Untersuchung. Vaduz 1976.

Wagner, J.: Handels- und Wirtschaftsrecht in der Schweiz und in Liechtenstein. Heidelberg 2000.

Wittwer, A./ Caspers, W. (Hrsg.): Liechtensteinische Wirtschaftsgesetze: eine Studiensammlung. Norderstedt 2007.

LITAUEN

Heribert Krahforst

Historische Grunddaten

1795	Eroberung durch Russland
1914-1918	Besetzung durch Deutschland
1918	Unabhängigkeitserklärung Litauens (von Russland)
1920	Besetzung der Hauptstadt Vilnius durch Polen
1926	Diktatur unter Smetona
1940	Annexion durch die UdSSR
1941-1944	Besetzung durch Deutschland
1944-1953	Partisanenkrieg gegen die UdSSR
1990	Unabhängigkeitserklärung Litauens (von der UdSSR)
1991	Beitritt OSZE, Beitritt UN
1993	Beitritt Europarat, russische Truppen verlassen endgültig das Land
2001	Beitritt WTO
2003	Russland ratifiziert endgültige Grenzen mit Litauen
2004	Beitritt Europäische Union, Beitritt NATO

Länderdaten

Name: Lietuvos Respublika/ Republik Litauen, **Hauptstadt:** Vilnius/ Wilna (553.904 Einwohner (2006)), **Regierungsform:** Republik (seit 1991), **Größe:** 65.301km^2, **Einwohnerzahl:** 3.575.439 (2007), **Landessprache:** Litauisch, **BSP pro Kopf:** 15.100 USD (2006), **Mitgliedschaft in Europäischen Organisationen:** CBSS, EAPC, EBRD, ECE, EU, Europarat, OSZE, PfP, WEU (assoziiert), **Mitgliedschaft in Internationalen Organisationen:** NATO, UN, WTO

Der Staat Litauen wurde als Ergebnis der Teilung Polens im 18. Jahrhunderts ohne kriegerische Auseinandersetzungen dreimal von Österreich, Russland und Preußen aufgeteilt, der größte Teil Lwurde an Russland angeschlossen. Im Laufe der Zeit wurden drei Aufstände gegen den Zaren niedergeschlagen, und erst am 16. Februar 1918 proklamierte Litauen seine Unabhängigkeit.

1940 wurde Litauen der UdSSR angeschlossen. Die litauische Nation wehrte sich sowohl passiv als auch aktiv - durch Bildung der Partisanentruppen gegen die Gewalt und Entnationalisierung. Doch erst als Michail Gorbatschow in Moskau an die Macht kam, änderte sich die Situation. Die litauische Nation schloss sich zur Bewegung Sajudis zusammen und verkündete am 11. März 1990 die politische Unabhängigkeit. Im August/September 1991, nach einem misslungenen Putsch in der UdSSR, wurde Litauen von den meisten Staaten der Welt anerkannt. Da einige Staaten die zwangsmäßige Eingliederung Litauens von 1940 in die UdSSR nicht anerkannt hatten, trat für diese die alte Anerkennung wieder in Kraft.

Die Ministerpräsidenten Polens und Litauens vereinbarten im August 1997 die Gründung eines gemeinsamen Kooperationsrates. Der Rat beschäftigt sich mit der Rolle der nationalen Minderheiten, der Westintegration beider Länder sowie der Lage an der gemeinsamen Grenze. Litauen orientierte sich bei seinen Bemühungen um eine Integration in die Europäische Union (EU) - ein Beitrittsgesuch lief seit 1995 - und in die NATO, trotz der von Russland angebotenen Sicherheitsgarantien, an seinem westlichen Nachbarn Polen.

Im Dezember 1998 wurde vom litauischen Parlament - als eine Voraussetzung für den EU-Beitritt - die Todesstrafe abgeschafft. Die EU nahm die offiziellen Beitrittsverhandlungen mit Litauen im Februar 2000 auf. Das Land wurde zum NATO-Gipfel in Prag im November 2002 neben anderen osteuropäischen Staaten offiziell zu Aufnahmegesprächen eingeladen. Nach Abschluss der Beitrittsverhandlungen und Unterzeichnung der Beitrittsprotokolle am 26. März 2003 wurde Litauen am 29. März 2004 formell in das Verteidigungsbündnis aufgenommen. Bereits im Dezember 2002 hatte der Europäische Rat die Aufnahme Litauens in die EU (neben neun weiteren mittel-, ost- und südeuropäischen Ländern) zum 1. Mai 2004 beschlossen. Im Mai 2003 stimmten die Litauer mit über 90 Prozent, bei einer Wahlbeteiligung von 64 Prozent, für den Beitritt ihres Landes zur EU. Am 1. Mai 2004 wurde Litauen wie geplant in die EU aufgenommen.

Seit Beginn des 20. Jahrhunderts kam die Problematik des Schutzes ethnischer Minderheiten auf. Diese Problematik spiegelt sich in drei historischen Phasen wieder:

1. Phase 1919 - 1945. Versuch des Schutzes ethnischer Minderheiten im Rahmen des Völkerbundes und deren Scheitern.

2. Phase 1945 - 1990. Minderheitennormen im Rahmen des UN - Menschenrechtssystem.

3. Phase 1990 - heute. Etablierung eines Minderheitenschutzsystems in Europa durch OSZE und Europarat angesichts des neuaufkeimenden Nationalismus in Mittel- und Osteuropa.

Die Schwerpunkte der litauischen Außenpolitik sind die EU-Integration, der Vollzug des NATO-Beitritts und die Pflege enger Beziehungen zu den USA, gleichzeitig aber auch eine aktive Politik zur Weiterentwicklung der Zusammenarbeit in der Region. Schon im Vorfeld seines am 29. März 2004 verwirklichten NATO-Beitritts arbeitete Litauen intensiv und erfolgreich an dem im April 1999 in Washington beschlossenen "Aktionsplan für eine Mitgliedschaft" (Membership Action Plan, MAP) mit und hat - auch mit deutscher Hilfe - mit der Umsetzung der für das neue NATO-Mitglied vorgesehenen Reformen begonnen.

Der MAP wurde im April 1999 für Länder konzipiert, die einen expliziten Beitrittswunsch in die NATO geäußert hatten. Somit wurde ein Forum geschaffen, mit dessen Hilfe die NATO die Aspiranten individuell und intensiv auf einen möglichen Beitritt vorbereiten konnte. Zwar beinhaltete der MAP keinerlei Zeitrahmen für Entscheidungen der NATO zur Aufnahme neuer Mitglieder und auch keine Garantie auf einen späteren Beitritt, aber die aktive Teilnahme der beitrittswilligen Staaten an dieser Initiative und ihre jeweilige Performanz bei der Umsetzung ihrer individuellen Jahresprogramme kann als Ausschlusskriterium zur Mitgliedschaft gewertet werden.

Wer also nicht Mitglied im MAP war und dieses Programm nicht engagiert umgesetzt hat, besaß keine ernst zu nehmende Chance auf Einladung zur Aufnahme von Beitrittsverhandlungen. Aber umgekehrt galt die erfolgreiche Teilnahme am MAP nicht als Einladungsgarantie. Der Membership Action Plan war eine Eintrittskarte ins Foyer, die aber nicht gewährleistete, dass man auch tatsächlich einen Platz im Konzert erhalten würde.

Auf dem NATO-Gipfel in Prag im November 2002 wurde auch Litauen neben den anderen mittel- und osteuropäischen Staaten offiziell zu Aufnahmegesprächen eingeladen. Nach der Unterzeichnung der Beitrittsprotokolle am 26. März 2003 ist das Land seit dem 29. März 2004 Mitgliedsstaat des Verteidigungsbündnisses. Litauen und die beiden anderen baltischen Staaten Lettland und Estland waren die ersten ehemaligen Sowjetrepubliken, die der NATO beitraten.

Im Dezember 2002 wurde die Aufnahme Litauens in die EU (neben neun weiteren mittel-, ost- und südeuropäischen Ländern) zum 1. Mai 2004 vom Europäischen Rat beschlossen. Neben der Kooperation mit der EU ist ein weiterer außenpolitischer Schwerpunkt in den Beziehungen zu den USA zu sehen. Dabei geht es Litauen um die Verbundenheit mit einem Land, in dem sich schon vor der Wende 1989 eine Million US-Amerikaner litauischer Herkunft für das Ziel der erneuten Unabhängigkeit Litauens eingesetzt hatten und um dessen Schutz und Rückhalt Litauen auch weiterhin bemüht sein will.

Die gute und enge außenpolitischen Beziehungen zu den USA spiegelt sich in den gegenwärtigen Auslandseinsätzen von insgesamt 270 Soldaten wieder - insbesondere das litauische Engagement in Afghanistan, sowie seine Beteiligung mit etwa 100 Soldaten im Irak, darunter auch erstmalig Wehrpflichtige auf freiwilliger Basis, wieder. Dies ist darauf angelegt, die eigene enge Verbundenheit mit den USA zu unterstreichen.

Bereits in der Umbruchphase 1989/1990 stand außer Frage, dass der neu zu gründende litauische Staat auf einem demokratischen Fundament errichtet werden sollte. Diese Entscheidung bedeutete zugleich einen grundlegenden, alle Bereiche der Gesellschaft und der individuellen Lebenswelt erfassenden Wandel zu einer an Westeuropa orientierten Grundordnung. Dabei ging es nicht nur um innere Reformen im politischen, wirtschaftlichen und sozialen Bereich, sondern zunächst um die Umsetzung der wiedergewonnenen Souveränität nach innen und außen. Eine strategisch richtungweisende, für die demokratische Zukunft des Landes geradezu symbolische Entscheidung wurde bereits 1989 getroffen: Jede Person, die ihren Hauptwohnsitz in Litauen hatte, konnte innerhalb von zwei Jahren ohne jegliche weitere Bedingung die litauische Staatsbürgerschaft erwerben. Schätzungsweise 90 Prozent der nicht litauischsprachigen Bevölkerung machten von dieser Möglichkeit Gebrauch.

Die litauische Verfassung weist viele direkt-demokratische Elemente auf und unterstreicht damit die entschlossene Umsetzung des Systemwandels. Hinzu kommt, dass die neue Verfassung durch ein Referendum am 25. November 1992 durch das Volk mit großer Mehrheit gebilligt wurde und damit die höchste denkbare Legitimation besitzt. Der Souverän bestimmt nicht nur die Zusammensetzung des Parlamentes, des „Seimas", sondern wählt auch den Präsidenten als nominelles Staatsoberhaupt für fünf Jahre. Wenn sich bei den in der Verfassung festgelegten Volksbegehren 50.000 Wahlberechtigte für eine Gesetzesvorlage aussprechen, hat das Parlament über diese zu verhandeln. Die Verfassung postuliert auch Referenden im Fall von Verfassungsänderungen bei Artikeln, die sich auf den litauischen Staat oder auf Bestimmungen zur Verfassungsänderung an sich beziehen. Artikel 1, der besagt dass der litauische Staat eine unabhängige und demokratische Republik ist, kann nur geändert werden, wenn drei Viertel aller Wahlberechtigten ihre Zustimmung geben.

Sowohl die Menschenrechte als auch freie, geheime, gleiche und unmittelbare Wahlen sind Bestandteil der Verfassung. Der Parlamentarismus und die drei Staatsgewalten als rechtsstaatliches Prinzip sind durch das litauische Grundgesetz ebenso festgeschrieben wie beispielsweise das Streikrecht, freie Gewerkschaften und die Sozialhilfe. Die Unabhängigkeit der Justiz wird garantiert, und erstmals wurde die Institution eines Verfassungsgerichtes geschaffen. Minderheiten werden nicht nur Kultur- und Bildungsautonomie zugesichert, sie genießen auch den besonderen Schutz des Staates. In Litauen herrscht Religionsfreiheit und es gibt keine Staatsreligion.

Insgesamt kann die litauische Verfassung dem Strukturtyp rechtsstaatlich-pluralistischer Demokratien mit einem starken Akzent auf direkt-demokratische und sozialstaatliche Elemente zugeordnet werden. Die Entwicklung politischer Parteien zeigt einen klaren Trend zu einem Mehrparteiensystem mit einer moderaten Polarisation. Seit 1992 waren alle politischen Vertreter von sozialdemokratischen über liberale zu christlich-konservativen Gruppierungen in den Parlamenten vertreten. Allerdings lassen sich bei den drei Parlamentswahlen dramatische Wählerwanderungen feststellen, die bislang regelmäßig zum Machtverlust der Regierungspartei führten. Hatte 1992 die sich als sozialdemokratisch verstehende Litauische Demokratische Arbeitspartei (Lietuvos demokratine darbo partija), hervorgegangen aus der ehemaligen litauischen Kommunistischen Partei (KP), die absolute Mehrheit errungen, gelang der Vaterlandsunion/Konservative Litauens (Tëvynës sàjunga/Lietuvos konservatoriai), die ihre Wurzeln in der Nationalbewegung Sajudis hat, 1996 ein ähnlich klarer Wahlsieg. Seit dem Herbst 2000 hat Litauen erstmals eine Koalitionsregierung, die von der Liberalen Partei Litauens und dem Neuen Bündnis getragen wird.

Der amtierende Staatspräsident Valdas Adamkus, geb. 1926, war schon von 1998-2003 das litauische Staatsoberhaupt. Er löste im Januar 1998 Algirdas Brazauskas im zweiten Wahlgang mit einem hauchdünnen Überraschungssieg ab. Als Präsident betrieb er nachdrücklich die Westbindung Litauens, vor allem den Beitritt seines Landes zur Europäischen Union und zur NATO. Bei den darauf folgenden Präsidentschaftswahlen unterlag der zunächst als Favorit geltende Adamkus im Januar 2003 in der Stichwahl völlig überraschend dem Rechtsliberalen Rolandas Paksas. Im Februar 2003 übergab er die Amtsgeschäfte offiziell seinem Nachfolger. Paksas wurde im April 2004 durch ein Amtsenthebungsverfahren, unter anderem wegen Amtsmissbrauchs, wieder abgesetzt. Die darauf folgenden Präsidentschaftswahlen im Juni 2004 gewann in der Stichwahl mit 52 Prozent der Stimmen erneut Adamkus, der wieder als Favorit in die Wahlen gegangen war.

Das politische System hat seine Bewährungsproben inzwischen bestanden. Alle Machtwechsel vollzogen sich nach demokratischen Gepflogenheiten. Extremistische Parteien, die aufgrund des Parteiengesetzes bei verfassungsfeindlicher Ausrichtung verboten werden können, lagen bislang bei allen Wahlen unter einem Prozent. Trotz der Fünf-Prozent-Klausel des litauischen Wahlgesetzes sind auch im jetzigen „Seimas“ zwei Abgeordnete der polnischen Minderheit sowie drei parteilose Parlamentarier vertreten. Das litauische Wahlsystem besteht aus einem Zwei-Listen-System: 71 Abgeordnete werden nach absolutem Mehrheitswahlrecht in den Wahlkreisen, die restlichen 70 Parlamentarier nach dem Proportionalsystem als Listenkandidaten der Parteien gewählt.

Sowohl der amtierende Präsident als auch seine Vorgänger haben sich durch ihre Amtsführung große Verdienste erworben. Dabei kommt in ihrer jeweiligen Vita das Schicksal Litauens geradezu paradigmatisch zum Ausdruck: Algirdas Brazauskas (1993 bis 1998) war der letzte Generalsekretär der litauischen KP. Er führte die Partei während des Kampfes um die Unabhängigkeit, sorgte für einen klar national-litauischen Kurs und setzte die Reform in eine sozialdemokratische Partei durch. Sein Nachfolger und wiedergewählter Präsident Valdas Adamkus (seit 1998), lebte seit 1949 in den USA. Dort leitete er am Ende seiner Karriere die Umweltbehörde für die Region Chicago. Adamkus bringt seine amerikanischen Erfahrungen in die Politik ein. Besonders die Freiheit des Individuums und die Zivilgesellschaft stellen bevorzugte Themen seiner Reden dar.

Heute verlässt sich das Land auf den Schutz der NATO. Im Gegenzug stellt Litauen eine leichte Infanteriebrigade an Krisenreaktionskräften, von denen ein Bataillon immer einsatzbereit ist. Außerdem gibt es Spezialkräfte in Bataillonsstärke. Zwischen 200 und 360 litauische Soldaten sind zurzeit im Ausland auf dem Balkan, in Afghanistan und im Irak im Einsatz. Somit ist die Sicherheitspolitik stark von dieser Allianz abhängig.

Litauen hat sich in den knapp 15 Jahren seiner Unabhängigkeit von Grund auf gewandelt. Die Transformation hin zu einer marktwirtschaftlichen Demokratie westlichen Typs und die Integration in europäische und transatlantische Strukturen haben inzwischen eine Dynamik erreicht, die unumkehrbar erscheint. Die Legitimation der demokratischen Grundordnung ist zudem untrennbar mit dem Kampf um Unabhängigkeit und Selbstbestimmung verbunden. Das Land verfügt über stabile politische Institutionen, eine funktionierende parlamentarische Demokratie und eine kritische Medienlandschaft. Die politische und gesellschaftliche Partizipation befindet sich aufgrund historischer Erfahrungen noch im Entstehungsprozess. Die politische Sozialisation der jüngeren Generationen innerhalb einer demokratischen Grundordnung wird mittelfristig zum Abbau dieser Defizite beitragen können. Die wirtschaftliche Umgestaltung hin zu einem kapitalistisch-marktwirtschaftlichen System ist zum Großteil vollzogen, doch bedarf es weiterer Anstrengungen, vor allem im landwirtschaftlichen Sektor, um auf dem EU-Binnenmarkt bestehen zu können. Die größten Belastungen werden Litauen auch in Zukunft im sozialen Bereich bevorstehen. Noch immer können zu wenige Menschen an den Erfolgen der Transformation teilhaben. Dies gilt vor allem für staatlich Bedienstete und Rentner.

Der litauische Sozialstaat hat zwar inzwischen deutliche Konturen angenommen, doch sind die Handlungsspielräume aus haushaltspolitischen Gründen eng begrenzt. Hier liegt die größte politische Herausforderung der nächsten Jahre, wobei die EU als wichtigster auswärtiger Partner einer besonderen Verantwortung gerecht zu werden hat.

LITERATUR (VERWENDETE & WEITERFÜHRENDE)

Eisenschmidt, R.: Baltikum. Estland, Lettland, Litauen, Königsberger Gebiet. Ostfildern 2001.

Frisch B.: Quo vadis Litauen? Greifswald 2001.

Höh, R./Höh, P.: Litauen. Bielefeld 1995.

Kettig, Silke: Europäischer Minderheitenschutz im Wandel, Krisenprävention in Estland, Lettland, Litauen. Bonn 2004.

Ratzje, Dietrich: Kontakte mit Litauen, Profile, Publikationen, Partner. Frankfurt am Main 1993.

Roggeman, Herwig: Die Verfassungen Mittel- und Osteuropas. Berlin 1995.

Sapper, M.: Litauen, Lettland und die Europäisierung Europas. Eine Reise zur Osterweiterung des europäischen Denkens. Mannheim 2000.

Tauber, Joachim: Europa - Handbuch, Die Staatenwelt in Europa, Litauen. Bonn 2002.

LUXEMBURG

Felix Krause

Historische Grunddaten

1867	Londoner Protokoll garantiert Neutralität Luxemburgs
1914-1918	Besetzung durch Deutschland
1921	Belgisch-Luxemburgische WWU
1940-1944	Besetzung durch Deutschland
1945	Beitritt UN
1948	Gründung Benelux
1949	Beitritt Europarat, Beitritt NATO
1958	Gründungsmitglied EWG
1961	Beitritt OECD
1973	Beitritt OSZE
1995	Beitritt WTO
2002	Einführung des Euro
2005	Erfolg des Volksentscheids über die EU-Verfassung

Länderdaten

Name: Groussherzogtom Letzebuerg- Grand-Duché de Luxemburg/ Großherzogtum Luxemburg, **Hauptstadt**: Luxemburg (76.600 Einwohner (2007)), **Regierungsform:** Parlamentarische Monarchie (seit 1866), **Größe:** 2586km^2, **Einwohnerzahl:** 480.222 (2007), **Landessprache:** Lëtzebuergesch, Deutsch, Französisch, **BSP pro Kopf:** 68.800 USD (2006), **Mitgliedschaft in Europäischen Organisationen:** Benelux, EAPC, EBRD, ECE, EIB, EU, Europarat, OSZE, WEAG, WEU, WWU, **Mitgliedschaft in Internationalen Organisationen:** NATO, OECD, UN, WTO

Die Außenpolitik Luxemburgs des letzten Jahrhunderts ist als sehr zielorientiert anzusehen, sie hat keine massiven Umschwünge erlebt. Sie ist seit je her zum einen durch die geografische Lage und die Größe des Landes, zum anderen wirtschaftliche Ausrichtung charakterisiert. Eines der Hauptanliegen Luxemburgs ist es, in einem friedlichen, gefestigten Europa eine führende Rolle zu spielen, da starke wirtschaftliche Verflechtungen und Abhängigkeiten zu den Nachbarländern bestehen. Neben diesen ökonomischen Gesichtspunkten spielt die Sicherheit des Landes eine vorherrschende Rolle, da das Land aufgrund seiner kleinen Größe immer auf Bündnispartner bei der Landesverteidigung angewiesen ist.

Die Anfänge dieser außenpolitischen Ausrichtung zeigen sich bereits im Beitritt zum preußisch dominierten „Deutschen Zollverein"1842, wodurch die Anfänge der Industrialisierung im Land deutlich wurden. 1867 wurde nach Spannungen mit Frankreich im Londoner Vertrag die politische Unanhängigkeit des Landes festgelegt, gleichzeitig musste sich Luxemburg jedoch auch zu immerwährender Neutralität und „Nicht-Bewaffnung" verpflichten. Trotz der Verletzung dieser Neutralität und der Besetzung des Großfürstentums im Ersten Weltkrieg durch deutsche Soldaten, blieb Luxemburg bis 1920 Mitglied des Zollvereins. 1922 einigte sich das Land auf eine Zoll- und Währungsunion mit Belgien.

Im Jahre 1940 wurde die Neutralität erneut durch deutsche Soldaten verletzt, das Land wurde wieder besetzt und vom Deutsche Reich annektiert. Die amtierende Großherzogin Charlotte bildete eine Exilregierung in London. Im Juni 1944 nahm eine kleine Abteilung Soldaten an der Invasion der Normandie teil, im September 1944 wurde das Land von den Alliierten wieder befreit und die Souveränität des Landes wiederhergestellt. Im November des Jahres kündigte die Großherzogin durch eine Verordnung die Souveränität und führte die Wehrpflicht ein - dies wurde 1948 durch das Parlament bestätigt.

Luxemburg, das am 26. Juni 1945 die Vereinten Nationen mitgründete, versuchte im Jahre 1946 einen beachtlichen Teil des deutschen Staatsgebietes zu annektieren, was jedoch am Einspruch der Siegermächte scheiterte. 1948 traten die Niederlande der belgisch-luxemburgischen Wirtschaftsunion bei, die fortan als Benelux-Wirtschaftsunion weiterbesteht (und die mache Luxemburger als einen Vorläufer der Europäischen Union ansehen). Im Jahre 1949 gehörte Luxemburg mit zu den Gründungsmitgliedern der NATO. Die Gründung des Verteidigungsbündnisses erleichterte den Benelux-Ländern der Schaffung eines westdeutschen Staates zuzustimmen. Die luxemburgischen Streitkräfte sind gut in dieses Bündnis integriert, so beteiligt sich das Land an internationalen Friedensmissionen.

1951 trat das Land der Europäischen Kohle und Stahl Gemeinschaft (ECSC) bei, 1957 der Europäischen Wirtschaftsgemeinschaft (EWG) und EURATOM. Luxemburg versucht ständig in den europäischen Institutionen und Gremien eine führende Rolle zu spielen und die europäische Integration voranzutreiben. Dazu dient auch das 1980 abgeschlossene Sar-Lor-Lux-Abkommen, das durch regionale Zusammenarbeit mit den Nachbarstaaten enge freundschaftliche Beziehungen aufbauen und erhalten soll. Im Jahre 1992 ratifizierte das luxemburgische Parlament den Maastrichter Vertrag.

Die Außenpolitik wird vor allem durch den Außenminister und den Premierminister geprägt, welche versuchen, nach besten Möglichkeiten das Land nach außen zu vertreten und dessen Interessen durchzusetzen. Dies ist vor allem im Bezug zur generellen EU-Politik zu sehen, da Luxemburg hier eine führende Kraft ausüben und darstellen will. Das Land versucht die europäische Zusammenarbeit und die Integration stark voranzutreiben, wobei jedoch in den letzten Jahren ein Zwiespalt zwischen EU-Integration und der Ausbildung und Stabilisierung einer eigenen nationalen Identität aufgetreten ist.

Ein weiterer wesentlicher Faktor, der neben der EU die Außenpolitik Luxemburgs beeinflusst, ist die NATO. Das Land ist in dieses Bündnis voll eingebunden und nimmt seine Verpflichtungen wahr. So stellt es zum Beispiel Soldaten für die EUROFOR-Mission im ehemaligen Jugoslawien. Auch die Interessenvertretungen der Wirtschaft versuchen sich nach Möglichkeit in die Außenpolitik einzumischen, um für Konzerne und Firmen Vorteile zu erwirken.

Als ein weiterer wesentlicher einflussnehmender Faktor ist der Großherzog anzusehen, da dieser das Land nach außen repräsentiert. Er verfügt neben dem Parlament über das Recht auf Gesetzesinitiativen und er muss Gesetzen zustimmen und diese verkünden. Auch völkerrechtliche Verträge werden durch ihn geschlossen. Außenpolitische Themen werden durch den Außen- oder Premierminister auf die Agenda des Parlamentes gesetzt und dort diskutiert, um einen Konsens und eine möglichst gemeinsame Linie der dort vertretenen Parteien zu finden. Danach werden dann gegebenenfalls Gesetze und Verordnungen erlassen oder Empfehlungen ausgesprochen.

Die Gewerkschaften, die zum Großteil den Parteien nahe stehen, vertreten deren Meinungen, wenn sie sich zur Außenpolitik äußern. Auch bei den Zeitungen besteht große Parteiaffinität, vorherrschend ist hier das „Luxemburger Wort", das prozentual die größte Reichweite in der Bevölkerung hat. Da Luxemburg bereits fest in das Wirtschaftsgefüge und das Verteidigungsbündnis des Westens eingebunden war, erfolgte nach dem Fall des Eisernen Vorhangs keine großartige Wendung in der Außenpolitik. Es wurden zwar neue Märkte in Osteuropa gesucht, um luxemburgische Waren abzusetzen, dies hatte allerdings mehr Einfluss auf die Wirtschaft, als auf die Politik. Die Beziehungen zu mittel- und osteuropäischen Staaten wurden ausgebaut, vor allem zu Rumänien, da dort heute immer noch Nachfahren luxemburgischer Auswanderer aus dem 12. und 18. Jahrhundert leben. Hier findet besonders ein kultureller Austausch statt. Im Bereich der Entwicklungshilfe wurde ein Schwerpunkt auf die Länder Lateinamerikas gelegt (Ecuador, Bolivien, Peru, Kolumbien). Luxemburg wendet schon heute 0,84 Prozent seines BIPs für humanitäre Hilfe und Entwicklungshilfe auf - dieser Prozentsatz soll bis 2005 noch auf 1 Prozent gesteigert werden.

Noch am 11. September 2001 drückte die luxemburgische Regierung den Vereinigten Staaten und vor allem den Familien, die Opfer zu beklagen hatten, ihr tiefes Mitgefühl über die terroristischen Angriffe aus. Es wurden drei Tage der nationalen Trauer beschlossen und bei verschiedenen Gelegenheiten wurde hier die Bestürzung über die Anschläge und die Verbundenheit mit den USA deutlich. Im April des folgenden Jahres wurden Gesetze zu Unterdrückung des Terrorismus und seiner Finanzierung diskutiert. Auch sollten die Maßnahmen zur Verfolgung und Festsetzung von Terroristen intensiviert und verschärft werden. Diese auf nationaler Ebene diskutierten Gesetze und verschärfende Maßnahmen wurden jedoch kaum umgesetzt, vielmehr wurde versucht, die Zusammenarbeit und Kooperation auf europäischer und internationaler Ebene zu intensivieren und zu verbessern.

Luxemburg ist ein starker Fürsprecher für den Aufbau einer europäischen Armee, die unabhängig von den einzelnen Ländern der EU agieren und intervenieren kann. Dies soll in Zusammenarbeit mit der NATO oder auch alleine geschehen können. Das Land ist dazu bereit, seinen Betrag zu leisten, es hat auch jetzt schon Soldaten in verschiedenen Krisenregionen der Welt stationiert.

Für die zukünftige luxemburgische Außenpolitik , kann prognostiziert werden, dass sie die bisher gemachte Politik weiterführen und verstärken wird. Es ist von großem Interesse für Luxemburg, dass die europäische Integration weitergeführt wird, um eine noch stärkere politische und vor allem wirtschaftliche Zusammenarbeit zu fördern. Luxemburg bemüht sich gegenwärtig, neue Wirtschaftsbereiche ins Land zu holen, vor allem aus der Medienbranche. Auch soll unter luxemburgischer Federführung die Europäische Union reformiert und für die Zukunft bereit gemacht werden. Angestrebte Aspekte dabei sind (i) die Neugestaltung der Aufgaben des EU-Parlamentes, (ii) die Ernennung eines Präsidenten, der das Amt des Vorsitzenden des Europäischen Rates innehat und so die halbjährlichen Wechsel überflüssig macht, (iii) die Schaffung eines neuen Außenministerpostens für die EU, der gleichzeitig Vizepräsident der EU-Kommission ist sowie (iv) eine Reduzierung der Anzahl der Kommissare. Bei diesen Reformbemühungen steht auch immer das Interesse im Vordergrund, dass die Mitgliedsstaaten der EU, unabhängig von ihrer Größe und der Bevölkerungszahl, die gleichen Rechte haben.

Dabei soll auch eine Methode gefunden werden, die ein Gleichgewicht zwischen den Handlungen der Institutionen der EU sowie den Interessen der einzelnen Mitgliedsstaaten schafft. Im Zuge dieser Bemühungen sollen auch die (i) Kompetenzen zwischen Union und Mitgliedsstaaten präzisiert, (ii) zwischenstaatliche Verträge vereinfacht und besser verständlich gemacht und (iii) die Rollen der nationalen Parlamente neu definiert werden.

LITERATUR (VERWENDETE & WEITERFÜHRENDE)

Amt für Amtliche Veröffentlichungen der Europäischen Gemeinschaften: Die Forschritte der Europäischen Union 1995-1999: Sammlung der Jahresberichte des Europäischen Rates an das Europäische Parlament. Luxemburg 2001.

Gieler, Wolfgang/ Rebeggiani, Luca: Luxemburg. in: Neu, Michael/ Gieler, Wolfgang/ Bellers, Jürgen (Hrsg.): Handbuch der Außenwirtschaftspolitiken: Staaten und Organisationen. Münster 2004, S. 707-710.

Hilber, Max/ Daleiden, Sandra: Expertengespräch mit dem luxemburgischen Konsulat Hannover.

Luxemburgischen Außenministeriums: Jahresbericht 2003. http:// http://www.gouvernement.lu/publications/informations_gouvernementales/rapports_activite/rapportactivite_2003/2003_rapp_MAE/2003_rapp_MAE.pdf, abgerufen am 30.06.2007.

Poos, Jacques F.: The Priorities of the Luxembourg Presidency of the European Community. in: Armand Clesse (Hrsg.): The European Community after 1992: A New Role in World Politics. Baden-Baden 1991, 21-33.

MALTA

Frank Ries

Historische Grunddaten

1964	Unabhängigkeit (von Großbritannien), Beitritt UN
1965	Beitritt Europarat
1971-1984	Annäherung an den Ostblock
1973	Beitritt OSZE
1979	endgültiger Abzug britischer Truppen
1995	Beitritt WTO
2004	Beitritt Europäische Union, Austritt Bewegung Blockfreier Staaten

Länderdaten

Name: Malta, **Hauptstadt:** La Valetta (7.199 Einwohner (2002)), **Regierungsform:** Republik (seit 1974), **Größe:** 315,6km^2, **Einwohnerzahl:** 401.880 (2007), **Landessprache:** Maltesisch, Englisch, **BSP pro Kopf:** 20.300 USD (2006), **Mitgliedschaft in Europäischen Organisationen:** Commonwealth, EBRD, ECE, EU, Europarat, OSZE, **Mitgliedschaft in Internationalen Organisationen:** UN, WTO

***

Der kleine Inselstaat Malta stand lange Zeit unter dem Einfluss von Italien und Großbritannien. Die Inselgruppe liegt nur 90 km vom italienischen Festland entfernt. Der Ritterorden der Johanniter beherrschte diese Ländereien für Jahrhunderte. Später wurde Malta zu einer britischen Kolonie. Seine bedeutsame strategische Position im Mittelmeer zog das Interesse zahlreicher Länder auf sich, zum Beispiel vieler arabischer Staaten, des Osmanischen Reiches und letztlich Italiens. 1964 wurde Malta vom Vereinigten Königreich in die politische Unabhängigkeit entlassen, behielt aber den britischen Monarchen als repräsentatives Staatsoberhaupt bei. Dieser Status änderte sich 1974 mit der Annahme einer republikanischen Verfassung. Heute konzentriert Malta seine wirtschaftlichen Fähigkeiten auf Tourismus und Seehandel. Maltas Haupthandelspartner sind Länder der EU. Im Mai 2004 wurde das Land selbst vollwertiges EU-Mitglied. Es betrachtet seine EU-Mitgliedschaft als die beste Möglichkeit, Zugang zu größeren Märkten zu erhalten. Mit diesem Vorteil strebt Malta danach, ein mediterranes Wirtschaftszentrum zu sein.

Geht man von seiner geringen Größe und Bevölkerung aus, handelt es sich um einen Mikrostaat. Dieser Staatstyp besitzt außerhalb seiner Region nahezu keinen Einfluss auf das internationale Geschehen. Trotzdem sind Maltas politische Fähigkeiten größer als seine nationale Stärke nahe legt. Dies ergibt sich aus der Mitgliedschaft in der EU und anderen internationalen Organisationen wie UNO, Commonwealth, Non-Aligned Movement (NAM bis 2004) und der Organisation für Sicherheit und Zusammenarbeit in Europa (OSCE), und der bedeutsamen geopolitischen Lage zentral im Mittelmeer. Andererseits zieht genau diese Lage das sich steigernde Interesse von Großmächten auf sich. Heutzutage nehmen Marinekräfte zunehmend eine signifikante Rolle im Krisenmanagement und in der Sicherung des Friedens ein, so dass Malta einen Zuwachs an Bedeutung erfährt, weil diese Inselgruppe alle wichtigen Passagen des Mittelmeeres kontrolliert. Besonders die Konflikte im Balkan und im Nahen Osten haben diese Entwicklung beschleunigt. Alle größeren Marineflotten statten mehrmals im Jahr maltesischen Häfen Besuche ab.

Einer der zentralen Bestimmungsfaktoren maltesischer Außenpolitik ist die EU-Mitgliedschaft. Seit dem Einreichen des Mitgliedsantrages 1990 war die Vollmitgliedschaft das oberste Ziel maltesischer Außenpolitik der letzten Dekade. Die Beitrittsverhandlungen begannen 2000 und fanden 2002 ihren Abschluss. Die EU-Mitgliedschaft hat Maltas Einfluss in der europäischen Politik gesteigert, indem das Land sich nun aktiv im Rahmen der EU-Institutionen an der Politikgestaltung beteiligt.

In der Ära des Kalten Krieges engagierte sich das Land in keinem der beiden Blöcke aktiv. Malta beharrte auf seiner Neutralität und hat diese sogar in seinem Vertrag mit der EU festschreiben lassen. Andererseits war das Land nicht von der Entwicklung der Weltpolitik isoliert. Vielmehr wird eine aktive UN-Politik verfolgt. Durch das Gleichheitsprinzip war Malta in der Lage, seine Interessen im Rahmen und auf der Bühne der UN erfolgreich voranzubringen. Dies wurde besonders in der Rolle des Landes bei den Verhandlungen der Seerechtskonvention (Maritime Convention) augenfällig.

Nach dem Ende des Kalten Krieges ist eine Strategie der aktiven Außenpolitik deutlich erkennbar. Diese war überwiegend mit den Anstrengungen des Landes zu seiner Integration in die EU verbunden. Bereits Anfang der 1990er bekräftigte Malta seine Absichten, die Ziele einer Gemeinsamen Außen- und Sicherheitspolitik (GASP) zu unterstützen. Obwohl das Neutralitätsprinzip immer noch in seiner Verfassung verankert ist, wird die Weiterentwicklung der GASP die Außenpolitik des Landes wie auch die Rolle der EU im Mittelmeerraum beeinflussen.

Die Terroranschläge vom 11. September 2001 haben Auswirkungen unter anderem auf die Touristikbranche gehabt die zu einem gewaltigen Einbruch führte. Auch wenn sich die Zahlen der Touristen erholen, so war Malta von dieser Entwicklung besonders stark betroffen. Deshalb wurden Maßnahmen gegen den internationalen Tourismus unterstützt, Auch warb das Land für eine größere regionale Zusammenarbeit auf dem Gebiet der Sicherheitspolitik. Innerhalb dieser eigenen Zielsetzung war Maltas Entscheidung, seine nachrichtendienstlichen Erkenntnisse mit anderen Nationen zu teilen, einer der bedeutsamsten Schritte auf diesem Gebiet.

Die Beziehungen zu seinen südlichen Nachbaren sind vor allem unter wirtschaftlichen Aspekten wichtig, werden aber auch auf politischer Ebene kontinuierlich gepflegt. Mit dem EU-Beitritt Maltas ab Mai 2004, mit dem es sich gleichzeitig aus dem NAM zurückzog, will Malta die geographische Nähe und seine guten Kontakte zu den nord-afrikanischen Ländern nutzen, um eine besondere Brückenfunktion in den Beziehungen zwischen der EU und den südlichen Mittelmeeranrainern innezuhaben.

Maltesische Politik basiert auf dem Regierungssystem von Westminster. Der Präsident hat nur zeremonielle Macht inne. Der außenpolitische Entscheidungsprozess wird vom Premierminister und seinem Kabinett bestimmt, während das Parlament nur beschränkten Einfluss hat. Die Parteipolitik ist hochgradig polarisiert durch ein Zwei-Parteien-System (Nationalisten und Arbeiterpartei von Malta). Die Gewerkschaften, die im Sinne parteipolitischer Zielsetzungen organisiert sind, haben einen deutlichen Einfluss auf die generellen Entscheidungsprozesse im Land. Auch wenn die katholische Kirche in Malta sich mit Äußerungen zu politischen Fragen sehr zurückhält, haben kirchliche Repräsentanten einen gewichtigen inoffiziellen Einfluss.

Zusammenfassend betrachtet ist die EU-Mitgliedschaft der bedeutsamste Faktor, der die Außenpolitik von Malta bestimmt. Das Land kann einer der bedeutenden Akteure sein, die im Mittelmeerraum für eine europäische Sicherheitspolitik werben und das Wohlergehen steigern. So kann die Bedeutung und Macht der EU in diesem Raum zunehmen, während zugleich die regionale Bedeutung und Macht von Malta vermehrt wird. Die EU-Mitgliedschaft kann die aktive Außenpolitik, die bisher in der UN-Vollversammlung verfolgt wurde, weiter stärken. Zusätzlich werden verbesserte wirtschaftliche Aktivitäten im Rahmen der EU Maltas regionale Möglichkeiten vergrößern. Die erfolgreiche Erfüllung der Rollenerwartungen an Malta kann dem Land großes Prestige sowohl im regionalen wie auch im internationalen Beziehungsgeflecht bringen.

Literatur (verwendete & weiterführende)

Attard, Maria/ Hall, Derek: Public Transport Modernisation and Adjustment to EU Accession Requirements: the case of Malta's buses. in: Journal of Transport Geography. Bd. 11, 2003, S. 13-24.

Calleja, James/ Wiberg, Håkan/ Busuttil, Salvino: The Search for Peace in the Mediterranean Region, Problems and Prospects. Valletta 1994.

Markwick, Marion: Postcards From Malta, Image, Consumption, Context. in: Annals of Tourism Research. Bd. 26, 2001, S. 417-438.

Ministry of Foreign Affairs: Ministry of Foreign Affairs. http://www.foreign.gov.mt/, abgerufen am 30.06.2007.

Pace, Michelle: The Politics of Regional Indentity: Meddling with the Mediterranean. London 2005.

Sant, Alfred: Malta's European Challenge, Valletta 1995.

Sönmez, Sevil: Tourism, Terrorism and Political Instability. in: Annals of Tourism Research, Bd. 25, 1998, S. 416-456.

Xuereb, Peter G.: Malta, the European Union and the Mediterranean: Closer Relations in the Wider Context. EDRC Conference 1998. Valletta 1998.

MAZEDONIEN

Wolfgang Gieler & Nora Schindler

Historische Grunddaten

1392	Eroberung durch die Osmanen
1878	Aufteilung Mazedonien zwischen Osmanischem Reich und Bulgarien
1912-1913	Aufteilung zwischen Bulgarien, Griechenland und Serbien
1918	Vereinigung mit Bosnien-Herzegowina, Kroatien, Slowenien und Serbien
1920-1934	Aufstände gegen die serbische Herrschaft
1929	Gründung des Königreichs Jugoslawien
1941-1944	Besetzung durch Deutschland
1945	Mazedonien wird Teil der Sozialistischen Föderalen Republik Jugoslawien
1991	Unabhängigkeitserklärung Mazedoniens (von Jugoslawien)
1993	Beitritt UN als "FYROM"
1994-1995	Handelsblokade von Seiten Griechenlands
1995	Beitritt Europarat, Beitritt OSZE
1996	Serbien erkennt Mazedonien an
1999	Unterstützung der NATO im Kosovo Krieg, Aufnahme von Flüchtlingen
2000-2001	Unruhen durch UÇK Einheiten aus dem Kosovo
2003	Beitritt WTO
2005	Mazedonien wird Beitrittskandidat der EU

LÄNDERDATEN

Name: FYROM bzw. Republika Makedonija/ Republik Mazedonien, **Hauptstadt:** Skopje (653.584 Einwohner (2005)), **Regierungsform:** Republik (seit 1991), **Größe:** 25.713km^2, **Einwohnerzahl:** 2.055.915 (2007), **Landessprache:** Mazedonisch, Albanisch, **BSP pro Kopf:** 8.200 USD (2006), **Mitgliedschaft in Europäischen Organisationen:** CEI, EAPC, EBRD, ECE, Europarat, OSZE, PfP, **Mitgliedschaft in Internationalen Organisationen:** UN, WTO

***

Wie in anderen Teilen des ehemaigen Jugoslawiens leben auch in Mazedonien viele verschiedene Ethnien zusammen. Früher war es nur unter der Herrschaft Titos möglich, Frieden zwischen diesen vielen Gruppen zu garantieren. Auch heute hat Mazedonien ernstzunehmende Minderheitenprobleme. Da diese sich häufig an den Grenzen zu Nachbarländern abspielen, sind hier Innen- und Außenpolitik stark miteinander verbunden.

1903 begann ein Aufstand gegen die Gesetze der Osmanen auf dem Gebiet des heutigen Mazedoniens, welcher schnell durch türkische Truppen unterdrückt wurde. Neun Jahre später vertrieben Bulgarien, Griechenland und Serbien die Türken aus dem Land und teilten es im Frieden von London untereinander auf. Dies war während des ersten Balkan-Krieges 1912. Ein Jahr später begann Bulgarien den zweiten Balkan-Krieg und Mazedonien wurde erneut im Frieden von Bukarest aufgeteilt. Bulgarien wurde das Pirin-Mazedonien zugeteilt, Griechenland der südliche Teil Mazedoniens und Serbien der Rest des Landes. Während des Zweiten Weltkrieges okkupierte Bulgarien fast das ganze Land, während der Südwesten dem italienisch dominierten Großalbanien zugeschrieben wurde. Am 2. August 1944 wurde Mazedonien 6. Republik Jugoslawiens unter der Herrschaft Titos. Die Geschichte Mazedoniens ist wichtig, um die jetzige Außenpolitik zu verstehen, da sie durch die anhaltenden Ansprüche der Nachbarländer beeinflusst wird.

Ende 1990 fanden die ersten freien Wahlen in Mazedonien statt. Bereits im Januar 1991 erklärte die Republik sich unabhängig und am 8. Juli 1991 fand aus diesem Grund ein Volksentscheid statt, an dem 75 Prozent der Wahlberechtigten teilnahmen. 95 Prozent der Wähler stimmten für die staatliche Unabhängigkeit. Im Januar 1992 erkannte die internationale Gemeinschaft die Unabhängigkeit an.

Die Beziehungen zu Griechenland sind von Anfang an angespannt. 1992 weigert sich Griechenland den Namen Mazedonien zu akzeptieren, da es in Griechenland bereits eine Region gibt, die Makedonien heißt. Aus diesem Grund behaupten die Griechen, Mazedonien wolle dieses Gebiet für sich beanspruchen. Dieses Problem ist mit der Tatsache verknüpft, dass sowohl die Griechen als auch die Mazedonen Alexander den Großen als makedonischen Kaiser für sich geschichtlich beanspruchen. Griechenland kämpfte gegen den Namen „Mazedonien", was besonders deutlich wurde, als Mazedonien 1993 um die Aufnahme in die UN bat und Griechenland versuchte, dieses zu verhindern. Im April 1993 wird ein Kompromiss zwischen beiden Ländern ausgehandelt: Mazedonien wurde zwar in die UN aufgenommen, jedoch unter dem Namen „Former Yugoslav Republic of Macedonia" (FYROM).

Dies führte zur Neudefinierung der aussenpolitischen Ziele. Die FYROM wird zunehmend international akzeptiert, was zur Folge hat, dass viele Länder diplomatische Beziehungen zu Mazedonien eingehen. Mit Griechenland werden bilaterale Beziehungen eingegangen, doch bleiben die Probleme bestehen. Einen Konfliktpunkt bildet die mazedonische Flagge. Es handelt sich hierbei um den 16-strahligen Stern von Vergina, der das Symbol des antiken mazedonischen Staates ist. Die FYROM weigerte sich jedoch, die Flagge nach griechischem Wunsch zu ändern, woraus ein ökonomisches Embargo von Seiten Griechenlands gegen die FYROM folgte. Dieses Embargo wurde am 13. September 1995 im Interimabkommen in New York beendet. Weitere Entscheidungen, die mittels des Abkommens getroffen wurden, sind, dass die FYROM die Flagge änderte und dass die Beziehungen zwischen beiden Streitländern verbessert wurden. Besonders wichtig ist, dass die Souveränität der FYROM in diesem Abkommen betont wird.

Die Beziehung zwischen der FYROM und Griechenland entwickelten sich seitdem auf pragmatischer Basis. Doch dass diese Beziehungen noch immer nicht normalisiert sind, wird deutlich, da Griechenland mit einem Veto gegen die Mitgliedschaft der FYROM in der NATO und der EU drohte, nachdem die USA den Namen „Republik Mazedonien" im November 2004 benutzten und akzeptierten wollte.

Die Beziehungen zu Albanien wirken heute entspannter als je zuvor. Seit 1997 ereigneten sich Kämpfe in Gegenden, in denen überwiegend Albaner wohnten. Auf diesem Weg wollten sie ihren Status innerhalb der FYROM verbessern. Der Höhepunkt dieser Ausschreitungen wurde im Frühling 2001 erreicht, doch die mazedonische Armee unterdrückte die Gewalttaten und stellte Recht und Ordnung wieder her. Daraufhin erhielt die FYROM internationale Unterstützung. Es wurden Verhandlungen geführt, die im Ohrid-Abkommen vom 13. August 2001 zu folgenden zwei wichtigen Festlegungen führten: Erstens sollten die Minderheitenrechte stark erweitert werden, inklusive einer Änderung der Verfassung. Zweitens sollten albanische separatistische Gruppen nun die Autorität des Staates und die multiethnische Idee Mazedoniens akzeptieren und weiter noch, auf ihre „größere albanische Idee" verzichten. Die Durchführung des Ohrid-Abkommens steht unter internationaler Observation und Kontrolle. Im März 2001 entsendete die NATO drei Missionen nach Mazedonien; als erstes den „essential harvest", um die separatistischen Kämpfer zu entwaffnen, als zweites

„amber fox“, um die internationalen Überwacher zu beschützen und als drittes „allied harmony“ mit dem Ziel der Überwachung der mazedonisch-kosovarischen Grenze.

Die Beziehungen zu Bulgarien sind inzwischen sehr gut auf wirtschaftlichem, politischem und militärischen Gebiet. Doch war die Sprache lange ein Hinderungsgrund, um gute nachbarschaftliche Beziehungen aufzubauen. Obwohl die Regierung in Sofia 1992 der erste Staat war, der die Unabhängigkeit Mazedoniens akzeptierte, wurde die Existenz einer seperaten mazedonischen Sprache und Nation lange abgelehnt. Dies geschah, weil die mazedonische Sprache mit dem Bulgarischen nah verwandt ist. Ob mazedonisch nun eine eigenständige Sprache ist oder lediglich ein Dialekt des Bulgarischen sei wurde lange diskutiert. Dieser Sprachenstreit wurde 1999 beendet, als Bulgarien die Eigenständigkeit der mazedonischen Sprache und Nation erstmals offiziell anerkannte. Dass die Beziehungen heute gut sind erkennt man daran, dass Bulgarien die EU-Aufnahme Mazedoniens unterstützt und der mazedonischen Armee Panzer, Kanonen und Militärtechnologie überlassen hat.

Neben bilateralen Beziehungen spielen auch multilaterale Verbindungen eine essentielle Rolle. Das wichtigste Ziel der Außenpolitik ist momentan die EU- und NATO-Mitgliedschaft. Die Beziehungen zwischen Brüssel und Skopje sind aus diesem Grund in den letzten Jahren intensiviert worden. Im März 2004 stellte Mazedonien den Antrag auf die EU-Mitgliedschaft. Für die Balkan-Staaten hat die EU im April 2004 ein besonderes Instrument entworfen- das Stabilisierungs- und Assoziierungssabkommen (SAA). Somit erhalten einige Balkan-Staaten den Status der „potentiellen Kandidaten für EU-Mitgliedschaft“. Mazedonien ging mit diesem Abkommen darauf ein, dass die mazedonischen Rechtvorschriften denen der EU schrittweise angeglichen werden, dass regionale Kooperationen gefördert werden und dass am Royaumont-Prozess partizipert wird. Damit erhält Mazedonien aber auch einseitig asymmetrische Handelspräferenzen.

Die Außenpolitik wird durch die regionale Lage auf dem Balkan und die Zusammensetzung der Bevölkerung, die historische Vergangenheit der Region und die ökonomisch-politische Erblast des sozialistischen Systems bestimmt. Es gibt äußere und innere Bestimmungsfaktoren, die allerdings schwer voneinander zu trennen sind. Innere Bestimmungsfaktoren sind z.B. die ethnische Zusammensetzung der Bevölkerung, wie sie bereits oben beschrieben wurde, sowie die Existenzsicherung des Staats. Die Eigenstaatlichkeit Mazedoniens führte in den Jahren 1991-1994 unter der albanischen und der serbischen Bevölkerung zu Protesten. Doch während die Serben den Minderheitenstatus ablehnten, wollten die Albaner eine Gleichstellung. Die Umwandlung des demokratischen Systems ist nun im Prozess. Zum einen sollen die Minderheiten integriert werden, zum anderen wird ein Rat geschaffen, der für interethnische Beziehungen zuständig ist. Äußere Bestimmungsfaktoren sind die regionalen Beziehungen zu den Nachbarländern und die Einbindung in internationale Institutionen, wie bereits erläutert wurde.

Mazedonien hat die Verfassung einer parlamentarischen Demokratie. Außenpolitische Entscheidungen werden von der Regierung getroffen. Da der Einfluss des Präsidenten aber sehr hoch ist, könnte man auch fast von einer präsidialen Demokratie sprechen. Das mazedonische Parlament „Sobranje" hat mehr Autorität in der Außenpolitik, als dies in anderen europäischen Ländern der Fall ist. Das Parlament kann nicht nach dem Ermessen der Regierung aufgelöst werden. Es kontrolliert die anderen konstitutionellen Institutionen und hat selbst eine Gerichtsbarkeit. De Jure kann der Premierminister keine politischen Richtlinien festlegen, doch er hat einen beträchtlichen Einfluss auf die parlamentarische Politik. Die Exekutive ist laut Verfassung auf den Präsidenten und das Parlament verteilt. Neben den politischen Parteien und den Diaspora-Gemeinden existieren keine bedeutenden Gruppen oder Lobbies.

Um die Bevölkerung über alle innen- und außenpolitischen Geschehnisse zu informieren, steht die Medienlandschaft Mazedoniens im Prozess der Pluralisierung. Die wichtigsten Medien sind verschiedene Tageszeitungen und Wochenzeitschriften. Hinzu kommen 53 Fernseh- und 68 Radiosender, die teilweise auch privat sind.

Die Beziehungen zu anderen früheren jugoslawischen Ländern sind ein wichtiger Punkt in der mazedonischen Sicherheits- und Außenpolitik. Das grundlegende Prinzip der Sicherheitspolitik ist die Mitgliedschaft Mazedoniens im System kollektiver europäischer und internationaler Sicherheit durch die Teilnahme an der „Partnership for Peace" der NATO. Es gibt vier deutsche Stiftungen, die in Mazedonien die Arbeit aufgenommen haben, um die Demokratisierung und Stabilisierung der Region zu unterstützen. Ihre Ansprechpartner sind Parteien, Institutionen und Verbände, die am politischen Entscheidungsprozess des Landes beteiligt sind. Diese Stiftungen wenden sich aber auch im Ausland an ihnen nahestehende Parteien, um sie bei ihrer Profilbildung zu beraten.

Die Prognosen der zukünftigen Entwicklung sind aufgrund der Lage im Kosovo schwer zu stellen. Da Mazedonien bislang noch nicht in den Konflikt auf dem Balkan einbezogen ist, gibt es Anlass zu vorsichtig optimistischen Prognosen. Doch wird Mazedonien auch weiterhin auf politische und finanzielle Unterstützung angewiesen sein. Diese Unterstützung wird nicht nur aus reiner Dankbarkeit gewährt, sondern auch aus der Einsicht, dass der Balkan nicht mehr sich selbst überlassen werden darf.

Die soziale, wirtschaftliche und politische Belastungsfähigkeit Mazedoniens ist in den vergangenen Jahren überdehnt worden, was von den europäischen Ländern auch bisher ungenügend gewürdigt worden ist. Mazedonien hat seit Ende

1998 NATO-Truppen aufgenommen, seine Flughäfen fast außschließlich für militärische Zwecke zur Verfügung gestellt, über 300.000 Flüchtlinge beherbergt und gleichzeitig sein Budget, seine Wirtschaft und seine Infrastruktur in den Ruin getrieben. Mazedonien stellt einen Garant für Stabilität in einer unruhigen und krisengeschüttelten Region dar. Das brachte Mazedonien auch eine besondere Wertstellung innerhalb der EU ein.

Die drei Säulen der Aussenpolitik bleiben bis auf weiteres 1. die Mitgliedschaft in der EU, 2. die NATO-Mitgliedschaft und 3. die regionale Zusammenarbeit auf Grundlage gutnachbarschaftlicher Beziehungen. Heute ist die EU bereits der größte Handelspartner Mazedoniens, weshalb die EU und Mazedonien beabsichtigen, ein freies Handelsregime bis 2011 abzuschließen.

LITERATUR (VERWENDETE & WEITERFÜHRENDE)

Baer, Josette: Mazedonien. in: Bellers, Jürgen/ Benner, Thorsten/ Gerke, Ines M. (Hrsg.): Handbuch der Außenpolitik, Oldenbourg 2001, S. 170-174.

Bendiek, Annegret: Der Konflikt im ehemaligen Jugoslawien und die europäische Integration, Wiesbaden 2004.

Kohl, Christine von: Jugoslawien. München 1990.

Kolbow/ Quaden: Krieg und Frieden auf dem Balkan- Makedonien auf dem Scheideweg? Baden-Baden 2001.

Melcic, Dunja: Der Jugoslawien-Krieg. Opladen 1999.

MOLDAU

Vasile Dumbrava & Axel Wodrich

HISTORISCHE GRUNDDATEN

1503	Eroberung durch die Osmanen
1812-1878	Moldau fällt abwechselnd in rumänische und russische Herrschaft
1918	Unabhängigkeitserklärung Moldaus (von Russland), friedliche Vereinigung mit Rumänien
1924	Gründung der "Moldauischen Sowjetrepublik" auf zuvor ukrainischem Territorium östlich der Dnjestr
1940	Annexion Moldaus ("Bessarabien") durch die UdSSR; Vereinigung mit der Moldauischen Sowjetrepublik ("Transnistrien"), Moldau verliert südliche und nördliche Gebiete an die Ukraine
1941-1944	Besetzung durch Rumänien
1990	Im Zuge der Souveränitätsbekundung Moldaus erklären sich Gagausien und Transnistrien als eigenständige Republiken der UdSSR
1991	Unabhängigkeitserklärung Moldaus (von der UdSSR), Beitritt GUS
1991-1992	Krieg zwischen Moldau und Transnistrien
1992	Beitritt OECD, Beitritt UN, Transnistrien erhält Sonderstatus
1994	bei einem Referendum wird die Eigenständigkeit Moldaus bestätigt, Gagausien erhält einen autonomen Status
1995	Beitritt Europarat
2001	Beitritt WTO

LÄNDERDATEN

Name: Republica Moldova/ Republik Moldau, **Hauptstadt:** Chişinău (712.000 Einwohner (2007)), **Regierungsform:** Republik (seit 1991), **Größe:** 33.800km^2, **Einwohnerzahl:** 4.320.490 (2007), **Landessprache:** Moldawisch (Rumänisch), **BSP pro Kopf:** 2.000 USD (2006), **Mitgliedschaft in Europäischen Organisationen:** BSEC, CEI, EAPC, EBRD, ECE, Europarat, OSZE, PfP, **Mitgliedschaft in Internationalen Organisationen:** GUS, UN, WTO

***

Als zuvor türkischer Vasallenstaat kam die heutige Republik Moldau im Jahre 1812 unter die Herrschaft des russischen Zarenreichs. Diese hielt bis zur Unabhängigkeit des kleinen Landes im Jahre 1918 an, nach zwei Monaten der Selbstbestimmtheit vereinigte sich Moldau jedoch im gegenseitigen Einverständnis mit dem Nachbarstaat Rumänien. Dieser Zusammenschluss wurde jedoch von der UdSSR nie anerkannt und so wurde 1924 Moldau als eine autonome Sowjetrepublik östlich des Flusses Dnjestrinstalliert. Im Jahre 1940 wurde Rumänien zum Abtritt des restlichen moldauischen Gebietes an die UdSSR gezwungen und mit einem Teil der bessarabischen Gebiete wurde die moldauisch-sozialistische Sowjetrepublik gegründet. Rumänien versuchte wiederum im Jahre 1941, das abgetretene Territorium zurückzuerobern, indem sie sich dem Angriff der deutschen Wehrmacht auf die UdSSR anschlossen. Schlussendlich verblieb Moldau jedoch nach dem Ende des Zweiten Weltkrieges unter sowjetischer Kontrolle. Die noch heute bestehende Grenze zwischen Rumänien und Moldau wurde schließlich im Jahre 1947 gezogen. Mit der Gründung der moldauisch-sozialistischen Sowjetrepublik wurde auch das erste Außenministerium der Staatsgeschichte, mit der offiziellen Bezeichnung „Ministerium für auswärtige Beziehungen", gegründet. Jedoch zeigt auch die geringe Zahl an Bediensteten (15 in den 1980er Jahren) die andauernd geringe Bedeutung dieser Institution, die lediglich protokollarische und zeremonielle Aufgaben erfüllte. Wie auch im Falle aller anderen Sowjetrepubliken wurde ihre Außenpolitik, auch in Übereinstimmung mit ihrer Rolle als Satellitenstaaten, aus Moskau gelenkt.

Erst mit dem Zusammenbruch des „Eisernen Vorhangs" wurde das Ministerium auf Grundlage einer parlamentarischen Erklärung in ein „wahres" Außenministerium mit dem Titel „Ministerium für auswärtige Angelegenheiten" umbenannt. Das Ende des Unabhängigkeitsprozesses stellte der 27. August 1991 mit der Gründung der modernen Republik Moldau dar. Die ersten Staaten die diese neue Republik anerkannten waren Rumänien sowie Georgien. Die verschiedenen ethnischen Gruppen innerhalb der Republik hatten jedoch unterschiedliche Sichtweisen in Bezug auf die neue Unabhängigkeit, einige sahen es als den Anfang der ersten dauerhaften Unabhängigkeit der Geschichte an, andere sahen in dem Akt nur den Weg für einen erneuten Zusammenschluss mit Rumänien geebnet.

Die Hauptziele der moldauischen Außenpolitik wurden zu dieser Zeit (1991) in einer Rede des damaligen Staatspräsidenten Mircea Snegur vor dem moldauischen Parlament gezogen - so sollte die neue Außenpolitik vor allem den Aspekten „Sicherheit“ und „Entwaffnung“ Sorge tragen. Unter diesem Titel waren die Hauptziele die Emanzipation von Moskau sowie die Stabilisierung der diplomatischen Beziehungen mit den Nachbarstaaten, den ehemaligen Sowjetrepubliken, den ehemaligen kommunistischen Staaten sowie mit den „wichtigsten“ anderen Ländern der Welt.

Am 13. Oktober 1991 erklärte die moldauische „Volksfront“ ihren Widerstand gegen die von Präsident Snegur beworbene Unabhängigkeitspolitik, sie riefen zu einem Boykott der kommenden Präsidentschaftswahlen auf, jedoch ohne großen Erfolg. Damit war die endgültige Unabhängigkeit des Landes besiegelt. Kurz darauf, im Dezember 1991, brachen Kämpfe mit dem sich bereits 1990 als unabhängig erklärten Gebiet Transnistrien aus, in dem zum großen Teil Russen und Ukrainern leben. Der Waffenstillstand am 07. Juli 1992 führte lediglich zu einer Duldung der Autonomie dieses Gebietes östlich des Flusses Dnjestr. Der von turksprachigen Gagausen bewohnte Süden des Landes wurde dagegen 1994 als Autonome Region innerhalb Moldaus anerkannt.

Die folgenden marktwirtschaftlichen Reformen stellten sich jedoch als extrem schwierig dar, da sich große Probleme in Bezug auf die finanziellen Ressourcen auftaten, worauf die moldawische Führung beschloss, eine Mitgliedschaft in der GUS anzustreben. Die Gründungscharta wurde vom Staatspräsidenten am 21. Dezember 1991 gemeinsam mit den Führen elf weiterer ehemaliger Sowjetrepubliken unterzeichnet. Der Status der Republik Moldau innerhalb der Organisation wurde danach im Gründungskonvent von 1993 in Minsk festgelegt und 1994 ratifiziert. Die demokratische Volkspartei innerhalb der Republik offenbarte sich als Gegner des Ratifizierungsprozesses und versuchte bis zum Schluss das Parlament durch öffentliche Proteste an der Ratifizierung zu hindern.

Die Regierung entschloss sich jedoch einen demokratischen Staat basierend auf den Prinzipien des internationalen Rechts zu gründen. Dieses Staatsverständnis führte die junge Republik alsbald in die Organisation der KSZE (jetzt OSZE) und die Vereinten Nationen. Die Republik Moldau wurde im Januar 1992 KSZE-Vollmitglied und im März des gleichen Jahres vollberechtigtes Mitglied der Vereinten Nationen. Am 26. Februar wurde dann auch die Helsinki Schlussakte der KSZE durch Präsident Mircea Snegur unterzeichnet.

Auch das Außenministerium warb erfolgreich für die Stabilisierung der Unabhängigkeit und konnte diplomatische Beziehungen mit einer Vielzahl von Staaten aufnehmen. Die ersten diplomatischen Vertretungen wurden demnach am Ende des Jahres 1992 in Chişinău eröffnet. Unter den ersten Staaten die diplomatische Beziehungen mit Moldau aufnahmen befanden sich, Rumänien, Georgien, Russland, die Schweiz, die Vereinigten Staaten von Amerika, Deutschland, Kasachstan und die Ukraine.

Der Vertrag über Freundschaft und Zusammenarbeit mit Bulgarien wurde am 07. September 1992 über eine Zehn-Jahres-Periode abgeschlossen. Ähnliche Verträge wurden auch mit der Ukraine (Oktober 1992) und Frankreich (Januar 1993) abgeschlossen. Folglich wurde auch ein Mitgliedsvertrag zur Charta von Paris unterzeichnet. Die erste westliche Botschaft, die in der Republik Moldau eröffnet wurde, war 1992 die US-Botschaft in Chişinău, gefolgt von Deutschland mit einer diplomatischen Vertretung ebenfalls seit 1992. Deutschland sollte nicht nur das erste, sondern für lange Zeit auch das einzige westeuropäische Land mit einer diplomatischen Vertretung in der moldauischen Hauptstadt bleiben.

Nachdem ereignisreichen Jahr 1992 kam das nächste Großereignis im Jahre 1994 mit der Annahme einer neuen Verfassung, die eine immerwährende Neutralität auf dem internationalen Parkett proklamierte und somit die Stationierung ausländischer Truppen auf moldauischem Staatsgebiet unterband. Einige politische Kräfte opponierten jedoch gegen die Neutralitätsverfassung und präferierten stattdessen eine NATO-Mitgliedschaft. Das entgegengesetzte politische Lager sprach sich wiederum für den Aufbaue einer eigenen Sicherheitsarchitektur innerhalb der post-kommunistischen GUS aus. Somit kann die Neutralität auch als ein Kompromiss der Opposition zwischen pro-westlichen und pro-russischen Kräften innerhalb des Landes verstanden werden. Jedoch wurde unter Umgehung der rechtlichen Grundlage bereits eine russische Militärbasis in der sich als unabhängig deklarierten Region Transnistrien eingerichtet.

1995 wurde ein außenpolitisches Gesamtkonzept durch das Parlament verabschiedet, welches die Hauptlinien der moldauischen Außenpolitik nachzeichnete und zwischen Prinzipien, Hauptzielen und Grundorientierungen in der Außenpolitik unterschied. Das Dokument arbeitete zehn Prinzipien heraus und erklärte die Grundlegung der Neutralitätspolitik. Das Dokument sah vor, nicht an bewaffneten Konflikten teilzunehmen, nicht an politischen, wirtschaftlichen oder militärischen Allianzen mit dem Ziel der Kriegsvorbereitung teilzunehmen, nicht der Einrichtung ausländischer Militärbasen zuzustimmen und keine Nuklearwaffen zu besitzen, zu produzieren oder entsprechende Experimente durchzuführen.

Entsprechend der Natur des Konzeptes war es die Maßgabe der Republik Moldau, mit allen Ländern der Welt in fruchtbare und friedliche Beziehungen einzutreten ohne bestimmte strategische Partnerschaften herauszubilden. Weiterhin sollte die Regierung daran arbeiten, einen unabhängigen, geeinten und unteilbaren Staat aufzubauen und sich weiter in die Regime der OSZE und der Vereinten Nationen einzupassen.

Schlussendlich gab das Konzept einige Grundorientierungen kommender Außenpolitik vor - so sollte an nahen und guten Beziehungen innerhalb der GUS gearbeitet werden, um die bilateralen Beziehungen mit Russland, der Ukraine und Weißrussland zu stärken. Des Weiteren sollte am Ausbau der Beziehungen und der Zusammenarbeit mit den USA, Deutschland, Frankreich, Italien, Großbritannien und Kanada gearbeitet werden. Außerdem wurde auf die Wichtigkeit der guten Beziehungen zu Rumänien auf Grund der geographischen, historischen und kulturellen Nähe hingewiesen.

Das Konzept definiert aber auch die Ausweitung der Beziehungen mit den europäischen Institutionen, im Besonderen mit der EU, eine EU-Mitgliedschaft wird aber nicht als das Ziel der moldauischen Außenpolitik vorgesehen. Bereits seit 1993 hat die Republik Moldau einen speziellen Beobachterstatus im Europarat und im April 1993 bewarb sich das Land um eine Vollmitgliedschaft. Im Juni 1995 wurde Moldau schließlich das erste Vollmitglied unter den GUS-Staaten. Eine Zusammenarbeit wurde 1994 ebenfalls zwischen der EU und Moldau kodifiziert und trat 1998 in Kraft, die Integration gegenüber der EU verlief jedoch vergleichsweise langsam. Nichtsdestotrotz wurde bisher von jeder moldauischen Regierung die Zusammenarbeit mit der EU forciert, jedoch nie wirklich in die Tat umgesetzt. Mit dem EU-Erweiterungsbeschluss in Richtung Osten 1999 wurden jedoch Aspirationen seitens der Republik Moldau geweckt und in einer ersten Revision des außenpolitischen Konzepts von 1994 definierte die Regierung Sturza das Ziel der EU-Mitgliedschaft, welche von einer breiten Mehrheit der Bevölkerung ebenfalls gestützt wurde. Jedoch wird die regionale Zusammenarbeit weiterhin als primär angesehen, auch um dieses Ziel zu erreichen. Also engagiert sich Moldau weiterhin in zahlreichen regionalen Aufbauprojekten wie BSEC (Black Sea Economic Cooperation), SECI (South-Eastern Cooperation Intiative), CEI (Central European Initiative) sowie den NATO Kooperationen PfP (Partnership for Peace) und NACC (North Atlantic Cooperation Council).

Im Gegensatz dazu wurden die Kooperationen in Bezug auf die GUS-Zusammenarbeit unter der Sturza Regierung weitestgehend zurückgefahren, zwar sind sie noch als Ziel definiert aber nicht mehr oberste Priorität auf der Agenda. Mit diesem neuen Kurs der Außenpolitik tendierte die Regierung also auf eine neue grundlegende Ausrichtung der Außenpolitik zu. Der wirtschaftlichen Zusammenarbeit im GUS-Netzwerk wurde die verstärkte bilaterale Kooperation mit den Mitgliedstaaten entgegengestellt.

Im Jahr 1999 wurde vom Außenministerium eine neue Kampagne in Bezug auf eine konkrete EU-Mitgliedschaft lanciert, die bis heute andauert und von allen politischen Kräften getragen wird, es zeigt sich also, dass bis zum heutigen Tag die EU-Mitgliedschaft zum obersten Ziel der moldauischen in Interessen auf der außenpolitischen Agenda geworden ist.

Die nachbarschaftlichen Beziehungen Moldaus zu Rumänien und der Ukraine wurden seit 1991 ebenfalls extensiviert, jedoch unterscheiden sie sich in ihrer Ausgestaltung erheblich. Die Beziehung zu Kiew lässt sich auf die folgenden Faktoren reduzieren: Kiews Kapazitäten in Bezug auf die regionale Stabilisierung, die gemeinsamen Ansichten in Bezug auf die eigene Staatlichkeit und die vielseitigen Engagements im internationalen Netzwerk. Spannungen entstehen jedoch gerade in Fragen des Transnistrien-Konflikts, der exakten Grenzziehung beider Staaten, der Ausfuhr moldauischer Güter in die Ukraine und Probleme in der bilateralen Zollabstimmung.

Die bilateralen Beziehungen zu Rumänien zeigen wiederum eine andere Dynamik als die zum östlichen Nachbarn und erscheinen bei genauerer Betrachtung auch komplexer. Sie schwanken dauerhaft zwischen einer freundschaftlich - ausgeglichenen Position und einer unvertrauten - aggressiven. In den Jahren 1991 und 1992 dominierte das Schlagwort „Lasst uns zusammenstehen wie Verwandte!“ und Rumänien wurde die „Schwester-Nation“ genannt, so dass es auch Stimmen der erneuten gegenseitigen Integration gab. Von 1993 bis zur Gegenwart, abgesehen von 1997 bis 2000, haben sich die Beziehungen merklich abgekühlt. Wenn auch Rumänien seit jeher den pro-westlichen Kurs Moldaus unterstützte, so wurde diese Hilfestellung, gerade in Bezug auf die Integration in internationale Netzwerke, nicht gewürdigt, und gegenseitige Verdächtigungen auf beiden Seiten wurden laut. Ein im Jahre 2000 ausgehandelter Freundschaftsvertrag ist bis heute nicht unterzeichnet.

Erstaunlicherweise unterhält Moldau in Bezug auf die auswärtige Kulturpolitik sehr enge Beziehungen mit Frankreich, resultierend aus der moldauischen Mitgliedschaft in der frankophonen Gemeinschaft. So wurde es sowohl Mitglied der OIF (Organisation internationale de la Francophonie) wie auch der Agence intergouvernementale de la Francophonie.

Ein Umbruch zeigte sich schließlich, als die kommunistische Partei mit dem Schlagwort „Mehr Pragmatismus in der Außenpolitik“ im Februar 2001 die Wahlen gewann. Das Hauptinteresse der kommunistischen Regierung galt im Besonderen der moldauischen Rolle in der neu zu gründenden Zollunion mit Russland, Weißrussland, Kirgistan und Kasachstan sowie der Integration in die Strukturen der russisch-weißrussischen Union. Zusätzlich wurde ein Grundlagenvertrag mit Russland unterzeichnet. Auf dem GUS-Treffen von 2002 in Chişinău lockerte die moldauische Regierung außerdem das Neutralitätsprinzip, zur gleichen Zeit versuchten moldauische Diplomaten und Regeierungsvertreter jedoch auch einige Schritte in Bezug auf die vermehrte Integration in internationale Organisationen zu unternehmen. So wurde die Republik Moldau im Jahr 2002 in die WTO aufgenommen, auch um den Stabilitätspakt für Süd-Osteuropa zu unterstützen.

Im Mai 2002 wurde der Plan für ein neues grundlegendes außenpolitisches Programm veröffentlicht, wiederum mit dem Hauptziel der Integration in die EU. Diesem Schritt in Richtung EU wurde noch einmal von Präsident Vladimir Voronin sowohl in Brüssel als auch in Yalta im September 2003 Nachdruck verliehen. Voronin sagte: „ Für uns ist die europäische Option nicht nur ein anderes außenpolitisches Ziel, inspiriert von der aktuellen Situation, sondern ein neuer langer Weg der auch der innenpolitischen Entwicklung des Landes geschuldet ist".

Die politischen Parteien sowie kulturelle und gesellschaftliche Organisationen hoffen, dass das Bekenntnis zur EU auch helfen wird, die Ziele von demokratischen Reformen, innerer Stabilität und nationaler Sicherheit zu erreichen. Die Chancen einer schnellen Aufnahme in die EU hängen jedoch sowohl von internationalen Faktoren, wie auch der weiteren Außenpolitik der Republik Moldau ab.

Die derzeitigen außenpolitischen Herausforderungen sind im Besonderen der Transnistrien-Konflikt und die andauernde Präsenz russischer Truppen auf moldauischem Boden. Diese Konflikte und der Mangel an Erfahrung, das Fehlen von gut ausgebildeten Spezialisten, finanzielle Unsicherheiten und der Mangel an dauerhafter Unterstützung des Westens erklären auch, warum sich die moldauische Außenpolitik mit Recht als eine Politik der kleinen Schritte bezeichnen lässt.

Im letzten Jahrzehnt entwickelte sich die Republik Moldau somit zu einer Grauzone aus Sicht der internationalen politischen Geografie. Jedoch wurden jüngst EU Hilfen in Höhe von 240 Millionen Euro ausgelobt, unter anderem im Rahmen des TACIS- und anderer Hilfs-Programme. Die EU erklärte weiterhin, dass sie einen Aktionsplan in Bezug auf die Republik Moldau aufstellen werde. Da seit Januar 2007 aufgrund der Aufnahme Rumäniens und Bulgariens in die EU der Prut die neue Außengrenze der EU ist, könnte auch Moldau mehr ökonomischen Hilfen entgegensehen, gefolgt von einem Freihandelsabkommen, der Entwicklung von Infrastruktur und Grenzkontrollen. Moldau könnte sich auf ein Ansteigen der finanziellen und technischen Hilfe verlassen, einer Vereinfachung der Visavergabe entgegensehen und den Zugang zu neuen Märkten gewinnen. Jedoch sei auch angemerkt, dass, wenn sich die Republik Moldau nicht auf diese neue Situation einstellt, die wirtschaftlichen Hilfsprogramme wieder neue Probleme auslösen könnten.

Literatur (verwendete & weiterführende)

Barbarosie, Arcadie/ Gheorgiu, Valeriu: The Republic of Moldova and the European Integration. Chisinau 2002.

Büscher, Klemens: Moldova. in: Gießmann, Hans J./ Gustenau, Gustav E. (Hrsg.): Security Handbook 2001: The Twin Enlargement of NATO and EU. Baden-Baden 2000, S. 297-311

Dannreuther, Roland: European Union Foreign and Security Policy: Towards a Neighbourhood Strategy. London 2004.

Dima, Nicholas: From Moldavia to Moldova: The Soviet-Romanian Territorial Dispute. Boulder 1991.

Prichner Jr., Herman: Reviving Greater Russia? The Future of Russia's Borders with Belarus, Georgia, Kazakhstan, Moldova and Ukraine. Washington 2004.

MONACO

Marie Josephin Asmus

HISTORISCHE GRUNDDATEN

1489	Unabhängigkeit (von Frankreich)
1925	Währungsunion mit Frankreich
1973	Beitritt OSZE
1993	Beitritt UN
2002	Einführung des Euro (außerhalb der WWU)
2004	Beitritt Europarat

LÄNDERDATEN

Name: Principauté de Monaco/ Fürstentum Monaco, **Hauptstadt:** Monaco-Ville (1.034 Einwohner (2002)), **Regierungsform:** Parlamentarische Monarchie mit eingeschränkter Souveränität, **Größe:** 1,95km^2, **Einwohnerzahl:** 32.671 (2007), **Landessprache:** Französisch, **BSP pro Kopf:** 30.000 (2006), **Mitgliedschaft in Europäischen Organisationen:** ECE, OSZE, **Mitgliedschaft in Internationalen Organisationen:** UN

***

Das Fürstentum Monaco wird zu den Mikro- oder auch Zwergstaaten gezählt. Die Außenpolitik Monacos und die daraus hervorgehenden internationalen Beziehungen spiegeln zwei Grundstrategien des Fürstentums wieder. Zum Einen ist es seit jeher bestrebt seine Unabhängigkeit und Eigenstaatlichkeit zu wahren und zu betonen, zum Anderen braucht es einen gewissen Schutz durch seine geographische Lage und Größe. Daraufhin lassen sich zwei Hauptachsen monegassischer Außenpolitik ausmachen: das besondere, historisch geprägte Verhältnis zu Frankreich, sowie das Verhältnis zu der übrigen Staatenwelt.

Das Fürstentum Monaco ist ein von seinem Nachbarland getrennter, eigenständiger Kultur- und Sprachraum. Der monegassische Dialekt ist stark von der italienischen Sprache beeinflusst und wird bis heute in den Schulen gelehrt,

Amtssprache ist jedoch Französisch. Es hat eigene geschichtliche und traditionelle Wurzeln. Die monegassische Nation formierte sich durch eine relative Autonomie, ihre innere Zusammengehörigkeit aufgrund traditioneller Organisationsstrukturen sowie der seit 1297 bestehenden Regentschaft der Grimaldi-Familie. Der Kern der Monegassen besteht aus Familien, die bereits seit Jahrhunderten in diesem Gebiet leben. Die eigene kulturell und historisch geprägte Identität der Monegassen begründete von jeher den Wunsch nach einem eigenen souveränen Staat.

Zur Schaffung desselbigen schloss Monaco am 17. Juli 1918 ein Abkommen mit Frankreich. Die Außenpolitik des Fürstentums steht seither in enger Verbindung zur französischen Außenpolitik. Frankreich garantiert die militärische Verteidigung, die Unabhängigkeit und Souveränität des Fürstentums, da dieses nicht über eine eigene Armee verfügt. Monaco ist im Gegenzug verpflichtet, sich nicht mit anderen Mächten als Frankreich zu verbünden, bei internationalen Verhandlungen vorher die Zustimmung Frankreichs einzuholen und sich den politischen, militärischen, die Marine betreffenden, und wirtschaftlichen Interessen Frankreichs zu fügen. Frankreichs Interessen dürften jedoch in keinem Fall Monacos Unabhängigkeit gefährden. Weiterhin steht es Frankreich zu, den Regenten beziehungsweise Nachfolger des Throns zu befürworten oder abzulehnen. Theoretisch gesehen hätte Frankreich damit die Möglichkeit, den Thronfolger abzulehnen und Monaco unter französisches Protektorat zu stellen. Nach internationalem Recht erforderte dies jedoch die Zustimmung der Monegassen. Das enge Verhältnis zwischen Frankreich und Monaco greift nicht nur in die außenpolitischen Entscheidungsprozesse ein. Es macht auch klare Vorgaben für die damit zusammenhängenden Institutionen.

Ein Abkommen vom 28. Juli 1930 zwischen Monaco und Frankreich gibt dem Staatsminister, der die Regierungsgeschäfte leitet und den Fürsten repräsentiert, gleichzeitig die Position des Leiters über die Stelle der Auswärtigen Beziehungen. Der Staatsminister muss französischer Staatsangehöriger sein. Er wird durch die französische Regierung vorgeschlagen, die dem Fürsten drei Kandidaten aus unterschiedlichen Bereichen zur Wahl stellt. Er agiert für den monegassischen Staat und steht dabei unter keinerlei Beaufsichtigung durch französische Autoritäten. Dennoch ist er ein Instrument zur Sicherung der Verfolgung französischer Interessen. Vor der Ratifizierung internationaler Verträge, von Einbürgerungsgesuchen und Amnestien muss der Prinz den Kronrat konsultieren, welcher aus sieben monegassischen Staatsbürgern besteht. Dessen Entscheidungen sind allerdings nicht bindend. Internationale Abkommen werden weiterhin endgültig vom Fürsten unterschrieben.

Durch das französisch-monegassische Abkommen im Mai 1963 wurde die monegassische Gesetzgebung noch enger an das französische Gesetz gebunden. So wird seitdem eine Einkommenssteuer für französische Staatsbürger mit

Wohnsitz in Monaco erhoben. Weiterhin wurde die Gesetzgebung zum Aufenthalt und zur Wohnsitznahme im Fürstentum Monaco der französischen angepasst. Ausländer sind seitdem verpflichtet, sich ebenfalls ein Visum bei den französischen Behörden zu holen. Zusätzlich gelten jegliche Handelsgesetze Frankreichs auch für das monegassische Gebiet. Ein Handelsbüro mit französischen Angestellten überwacht dies. Am 24. Oktober 2002 wurde ein neuer Grundlagenvertrag zwischen Frankreich und Monaco ratifiziert, welcher dem Fürstentum mehr außenpolitischen Handlungsspielraum zuspricht und den Beitritt Monacos zum Europarat erleichterte. Künftig wird es Monegassen möglich sein, Zugang zu den hohen Staats- und Verwaltungsämtern zu erlangen. Frankreich wird bei der Wahl des Staatsministers nur noch eine beratende Funktion einnehmen. Das Abkommen trat im Sommer 2005 in Kraft.

Thema der französischen und internationalen Beziehungen mit Monaco ist wiederholt Monacos verhältnismäßig großzügiges Steuerrecht. Zur außenpolitischen Grundstrategie gehört, dass nur eine Direktsteuer auf Wirtschaftstransaktionen erhoben wird, was auf die wirtschaftliche Lage des Fürstentums einen fördernden Einfluss hat. Es gibt weder Einkommenssteuern (1869 abgeschafft), noch Immobilien- oder Wohnungssteuern. Seit 1963 sind französische Staatsangehörige jedoch hiervon ausgenommen und werden nach französischem Steuerrecht besteuert. Das Fürstentum bietet weiterhin erhebliche Steuerentlastungen bei Firmengründungen.

Seit 2002 verhandelt die Europäische Union mit Monaco über ein Abkommen zur Besteuerung von Sparguthaben. Das monegassische und französische Staatsgebiet sind seit 1963 in der Zollunion zusammengefasst, Monaco gehört somit handelspolitisch zur EU. Auch das Schengener Abkommen gilt für das Fürstentum. Im Dezember 2001 schloss Monaco weiterhin ein Abkommen mit Frankreich, das in Stellvertreterschaft der Europäischen Union agierte, zur Einführung des Euro. Monaco ist trotz der vereinzelten Abkommen nicht vollwertiges Mitglied der Europäischen Union.

Das Fürstentum ist jedoch vollwertiges Mitglied zahlreicher internationaler Organisationen und Konferenzen. Es gehört der UNESCO an (9. Dezember 1948) und ist seit dem 2. Juli 1948 Mitglied der Weltgesundheitsorganisation (WHO), der es vor allem seine Flughäfen und Radarstationen zur Verfügung stellt. Darüber hinaus gehört es der International Atomic Energy Agency (IAEA) seit 1957, dem International Hydrographic Bureau, der International Scientific Exploration of the Mediterranean (CIESM) etc an. Am 28. Mai 1993 wurde Monaco in die United Nations Organization aufgenommen. Die Tatsache dass andere Staaten die Verbindungen zwischen Monaco und Frankreich nicht als Hindernisgrund für den Beitritt Monacos sahen, stärkte Monacos Position langfristig und gibt ihm weiterhin die Sicherheit, als souveräner Staat anerkannt zu sein. Dies war von jeher das erklärte Ziel aller außenpolitischen Bemühungen

Monacos. Innerhalb dieser Organisationen agiert Monaco im kulturellen, wissenschaftlichen und künstlerischen Bereich eigenständig.

Die erfolgreiche Außenpolitik, die den wirtschaftlichen Wohlstand Monacos beeinflusst, zeigt sich auch in der hohen Identifikationsrate der Monegassen mit ihrem Staat. Wahlkampfthemen beziehen sich eher auf den innen- als außenpolitischen Bereich. Monaco verurteilte den internationalen Terror, und schloss sich dem Kampf gegen den internationalen Terrorismus an. Auch zukünftig wird Monacos Außenpolitik von den Interessen Frankreichs abhängen und bestimmt werden. Die obersten Prioritäten werden dabei weiterhin die Sicherung der Souveränität und Eigenstaatlichkeit bilden.

Literatur (verwendete & weiterführende)

Douvier, Pierre-Jean: Monaco - Jurisdique, fiscal, social, comptable. Levallois 1998.

Duursma, Jorri: Self-Determination, Statehood and International Relations of Micro-States - The Cases of Liechtenstein, San Marino, Monaco, Andorra and the Vatican City. Leyden 1994.

Europa Digital: Monaco im Profil. http://europa-igital.de/laender/mini/monaco.shtml, abgerufen am 30.06.2007.

Mourou, Stéphanie: Les relations internationales de la Principauté de Monaco. Marseille 1999.

MONTENEGRO

Christian Johannes Henrich

Historische Grunddaten

1499-1528	Angliederung an das Osmanische Reich bei Beibehaltung der Unabhängigkeit
1918	Vereinigung mit Bosnien-Herzegowina, Kroatien, Slowenien und Serbien
1929	Gründung des Königreichs Jugoslawien
1941-1944	Besetzung durch Italien
1945	Mazedonien wird Teil der Sozialistischen Föderalen Republik Jugoslawien
1992	Gründung der Bundesrepublik Jugoslawien mit Serbien
2000	Einführung der DM als Währung
2002	Einführung des Euro (außerhalb der WWU)
2006	Unabhängigkeitserklärung Montenegros (von Serbien)
2007	Beitritt Europarat

Länderdaten

Name: Crna Gora/ Montenegro, **Hauptstadt:** Podgorica (169.000 Einwohner (2006)), **Regierungsform:** Republik (seit 2006), **Größe:** 13.821km^2, **Einwohnerzahl:** 684.736 (2007), **Landessprache:** Montenegrinisch (Serbisch), **BSP pro Kopf:** 3.800 USD (2005), **Mitgliedschaft in Europäischen Organisationen:** Europarat, **Mitgliedschaft in Internationalen Organisationen:** WTO (Beobachter)

Unabhängigkeit in zwei Anläufen

Als sich 1878, auf Einladung von Reichskanzler Otto von Bismarck, die europäischen Großmächte in Berlin trafen, wollten sie die Balance und die Stabilität in Europa im Allgemeinen und in Südosteuropa im Speziellen wiederherstellen. Auf dem Berliner Kongress wurde primär zwar der Frieden von San Stefano revidiert und der russisch-türkische sowie der serbisch-türkische Krieg formal beendet, jedoch erlangten auch einige Staaten ihre Unabhängigkeit vom geschwächten Osmanischen Reich. Einer dieser Staaten war das Fürstentum Montenegro. Fürst Nikolaus ließ sich 1910, anlässlich seines 50jährigen Thronjubiläums, vom Parlament zum König ernennen. Außenpolitisch lehnte sich Montenegro dem Zarenreich Russland und dem Königreich Italien an. Aus taktischen Erwägungen gab es auch kleinere Annäherungen an das Kaiserreich Österreich-Ungarn.

Im Jahre 1912 unterzeichnete Montenegro mit Bulgarien, Griechenland und Serbien einen Militärpakt gegen das Osmanische Reich, den so genannten Balkanbund. Einziges Ziel bestand darin, die verbliebenen osmanischen Gebiete auf dem Balkan den Türken zu entreißen. Folgerichtig erklärte Montenegro am 8. Oktober 1912 dem Osmanischen Reich den Krieg, die Bündnispartner folgten wenige Tage später. Der erste Balkankrieg endete mit enormen Gebietszuwächsen für die Allianz. Montenegro konnte sein Staatsgebiet verdoppeln. Als am 29. Juni 1913 Bulgarien durch einen Angriff auf das Königreich Serbien den zweiten Balkankrieg auslöste, erklärte Montenegro im Juli 1913 Bulgarien den Krieg. Diesmal an der Seite Griechenlands, des Osmanischen Reiches, Rumäniens und Serbiens. Auch dieser Krieg endete mit einem Sieg der Koalition. Die Balkankriege gelten allgemein hin als Wegbereiter des Ersten Weltkrieges.

Während des Ersten Weltkriegs kämpfte Montenegro auf der Seite Serbiens. Als im Januar 1916 deutsche und österreichische Truppen Montenegro besetzten und auf dem ehemaligen Staatsgebiet ein österreichisches Generalgouvernement errichteten, hörte der Staat faktisch auf zu existieren. Nach dem Ersten Weltkrieg wurde Montenegro mit Serbien zusammengeschlossen (29. November 1918). Im Zweiten Weltkrieg geriet Montenegro unter italienische Herrschaft (1941), nach dem Krieg wurde es Teil des kommunistischen Jugoslawien unter Tito.

Nach dem Ende des Kalten Krieges und dem Zusammenbruch des Ostblocks trat auf dem Balkan und insbesondere in Jugoslawien ein neuer Nationalismus anhand ethnischer Kriterien auf. Nach den Kriegen in (1991-1995 und 1998-1999) kam es zu gravierenden Differenzen zwischen Montenegro und Serbien. Die Regierung um Milo Đukanović wollte der internationalen Isolierung und Blockade durch die westliche Staatengemeinschaft nicht länger ausgesetzt sein, wobei er auch mit breiter Unterstützung seiner Landsleute rechnen konnte. Auf diplomatischen Druck der Europäischen Union hin wurde 2003 Rest-

Jugoslawien formal aufgelöst, an dessen Stelle trat ein loser Staatenbund zweier eigenständiger Staaten - Serbien und Montenegro.

Am 21. Mai 2006 stimmten in einer in Europa viel beachteten Volksabstimmung 55,5 Prozent der Bewohner Montenegros für eine Loslösung von Serbien. Am 3. Juni 2006 erklärte das montenegrinische Parlament die Unabhängigkeit des Landes. Nach 128 Jahren unter Fremdherrschaft tritt das Land an der Adria zum zweiten Mal wieder als eigenständiger Akteur auf.

AUFBAU DES NEUEN STAATES

Da zwischen 2003 und 2006 im Staatenbund Serbien und Montenegro bereits zahlreiche Strukturen wie Parlament und Regierung geschaffen und ausgebaut worden waren, war der Übergang in die Souveränität keine unlösbare Aufgabe. Der ehemalige Premierminister Milo Đukanović hatte bereits zunehmend Kompetenzen von Belgrad nach Podgorica verschoben.

Im diplomatischen und konsularischen Bereich müssen neue Strukturen geschaffen werden. So unterhält die Bundesrepublik Deutschland zwar eine Botschaft in Podgorica, allerdings übernimmt sie keine Rechts- und Konsularaufgaben und erteilt auch keine Visa. Lediglich eine Nothilfe wird angeboten. Die übrigen Aufgaben werden noch in Belgrad wahrgenommen. Umgekehrt werden die Montenegriner in Deutschland ebenfalls von den diplomatischen und konsularischen Vertretungen der Republik Serbien betreut. Dies ermöglicht das zwischen beiden Staaten am 12. Februar 2007 geschlossene „Memorandum of Understanding“.

AUßENPOLITISCHE DOKTRIN

Im ersten Jahr des Bestehens des jüngsten Staates der Welt liegt der außenpolitische Schwerpunkt in der Knüpfung bilateraler Kontakte und der Aufnahme in internationale Organisationen. Gute Beziehungen unterhält Montenegro zu den Nachbarstaaten, den EU-Mitgliedstaaten, Russland und den USA.

Da Montenegro aus der Staatenunion mit Serbien ausgetreten ist, gilt Serbien als Rechtsnachfolgestaat dieser Union und übernimmt die Sitze in den internationalen Organisationen. Montenegro muss sich deshalb um Mitgliedschaften in internationalen Organisationen aktiv bemühen. Bisher erfolgte die Aufnahme Montenegros in die Vereinten Nationen und die OSZE. Es gibt intensive Bemühungen weitere Mitgliedschaften zu erlangen so z.B. der Weltbank und beim IWF. Die Einbindung in den europäischen Integrationsprozesses ist ein weiterer wichtiger Punkt auf der außenpolitischen Agenda. Die Weiterführung des Stabilität- und Assoziierungsabkommens (SAA) mit der EU und die Aufnahme in das

NATO-Programm „Partnership-for-Peace“ (PfP) haben oberste Priorität bei Außenminister Milan Roćen. Erklärtes Ziel ist die Vollmitgliedschaft sowohl in der Europäischen Union, als auch in der NATO.

Montenegro strebt nach einer konstruktiven und nachhaltigen Zusammenarbeit mit den Nachbarstaaten Serbien, Albanien, Bosnien und Herzegowina, sowie Kroatien. Im Mittelpunkt steht hierbei die Aussöhnung mit Kroatien - während der Kriege in Jugoslawien hat die Jugoslawische Volksarmee durch das Gebiet von Montenegro Kroatien angegriffen.

Der amtierende Premierminister Željko Šturanović will sich besonders für eine politische und wirtschaftliche Stabilisierung der Region stark machen. Dies soll im Rahmen des South East European Cooperation Process (SEECP) erfolgen. Der wirtschaftliche Aufschwung soll durch Verträge und Partnerschaften mit Nachbarstaaten ebenso wie mit anderen ausländischen Investoren erreicht werden. Der Tourismusindustrie gilt dabei das Hauptaugenmerk. Auch das Flüchtlingsproblem will Montenegro mit seinen Nachbarn gemeinsam angehen. Die Problematik wird am stärksten bei den Roma aus dem Kosovo deutlich, aber auch für die anderen Flüchtlingsgruppen müssen einvernehmliche, realistische und humane Lösungen gefunden werden.

Perspektiven der zukünftigen Außenpolitik

Die außenpolitischen Perspektiven für Montenegro dürften kurzfristig in der Erlangung weitere Mitgliedschaften wie der Weltbank und dem IWF sein. Außerdem sind die Verhandlungen mit Serbien über die weitere Entflechtung beider Staaten von großer Bedeutung. Die Wiederaufnahme der Verhandlungen zum SAA spielen eine Rolle, aber auch eine aktive Teilnahme am PfP-Programm scheint mittelfristig realisierbar. Die Vollmitgliedschaft in der Europäischen Union und der NATO scheint derzeit mehr eine Vision denn ein realisierbares Ziel zu sein. Montenegro muss in vielen Bereichen die Staatwerdung vollziehen und Reformen und Veränderungsprozesse durchlaufen, die das Land stabilisieren und entwickeln.

Literatur (verwendete & weiterführende)

Auswärtiges Amt: Montenegro. http://www.auswaertiges-amt.de/diplo/de/Laender/Montenegro.html, abgerufen am 25.06.2007.

Boeckh, Katrin: Von den Balkankriegen zum Ersten Weltkrieg. Kleinstaatenpolitik und ethnische Selbstbestimmung am Balkan. München 1996.

Fürst, Peter: Montenegro auf dem Weg nach Europa. Wien 2005.

Geiss, Imanuel (Hrsg.): Der Berliner Kongreß 1878. Protokolle und Materialien. Boppard 1978.

Hall, Richard C.: Balkan Wars 1912-1913: Prelude to the First World War. Routledge 2000.

Kornrumpf, Hans-Jürgen: Die Territorialverwaltung im östlichen Teil der europäischen Türkei vom Erlass der Vilayetsordnung (1864) bis zum Berliner Kongress (1878) nach amtlichen osmanischen Veröffentlichungen. Freiburg 1976.

Milić, Danica: Die ökonomische Penetration des Balkans und der Türkei durch die Industriestaaten. In: Melville, Ralph/ Schröder, Hans-Jürgen (Hrsg.): Der Berliner Kongress von 1878. Die Politik der Großmächte und die Probleme der Modernisierung in Südosteuropa in der Zweiten Hälfte des 19. Jahrhunderts. Wiesbaden 1982.

Focus: Parlament erklärt Unabhängigkeit. http://www.focus.de/politik/ausland/montenegro_nid_29938.html?drucken=1. 03.03.2006, abgerufen am 30.06.2007.

Ostergren, Robert Clifford/ Rice, John G.: The Europeans: A Geography of People, Culture, and Environment. New York 2004.

Republika Crna Gora Ministrastvo Inostranih Poslova (Außenministerium Montenegro): http://www.vlada.cg.yu/eng/mininos/, abgerufen am 30.06.2007.

Vlada Republike CrneGorne (Regierung der Republik Montenegro): http://www.vlada.cg.yu/eng/, abgerufen am 30.06.2007.

Zavod za Statistiku Crne Gore (Hrsg.): Statistisches Jahrbuch 2006. Podgorica 2006.

Zavod za Statistiku Crne Gore (Statistisches Amt der Republik Montenegro): http://www.monstat.cg.yu/EngPrva.htm, abgerufen am 30.06.2007.

NIEDERLANDE

Kurt P. Tudyka

Historische Grunddaten

1581	Unabhängigkeitserklärung der Niederlanden (von Spanien)
1602-1634	Aufbau von Kolonien in Übersee
1848	Einführung der parlamentarischen Monarchie
1940-1945	Besetzung durch Deutschland
1945	Beitritt UN
1948	Gründung Benelux
1949	Beitritt Europarat, Beitritt NATO, Unabhängigkeit Niederländisch Indiens (Indonesien)
1954	endgültige Unabhängigkeit Indonesiens
1958	Gründungsmitglied EWG
1961	Beitritt OECD
1973	Beitritt OSZE
1975	Unabhängigkeit Niederländisch Guayanas (Suriname)
1994	durch ein Referendum entscheiden sich die Niederländische Antillen für den Verbleib bei den Niederlanden
1995	Beitritt WTO
2002	Einführung des Euro
2005	Scheitern des Volksentscheids für die EU-Verfassung

LÄNDERDATEN

Name: Koninkrijk der Nederlanden/ Königreich der Niederlande, **Hauptstadt:** Amsterdam (743.411 (2007)), **Regierungsform:** Parlamentarische Monarchie (seit 1848), **Größe:** 41.526km^2, **Einwohnerzahl:** 16.570.613 (2007), **Landessprache:** Niederländisch, Friesisch, **BSP pro Kopf:** 31.700 USD (2006), **Mitgliedschaft in Europäischen Organisationen:** Benelux, CERN, EAPC, EBRD, ECE, EIB, ESA, EU, Europarat, OSZE, WEAG, WEU, WWU, **Mitgliedschaft in Internationalen Organisationen:** NATO, OECD, UN, WTO

***

Während des 20. Jahrhunderts haben sich die Bedeutung und die Stellung des Königreiches der Niederlande im internationalen System in doppelter Hinsicht grundlegend geändert. Den gravierenden Einschnitt markiert der Zweite Weltkrieg mit seinen Folgen, der für das Land im Mai 1940 mit der deutschen Kriegserklärung begann. Damit endete erstens die im Geist des niederländischen Völkerrechtsgelehrten Hugo Grotius stehende Tradition einer Friedens- und Neutralitätspolitik, die sich noch zu Beginn des 20. Jahrhunderts auf den Haager Friedenskongressen manifestierte und im Ersten Weltkrieg bewahrt werden konnte. Zweitens verlor das Königreich als Folge der japanischen Invasion von "Niederländisch-Indien", heute Indonesien, im Januar 1942 seinen Rang als große Kolonialmacht.

Bis zuletzt, selbst nach der Eroberung Polens 1939 durch die deutsche Wehrmacht und dem daraufhin durch Frankreich und das Vereinigte Königreich dem Deutschen Reich erklärten Krieg, bemühte sich die niederländische Regierung um eine neutrale Haltung. Durch eine restriktive Flüchtlings- und Asylpolitik, Ermahnungen an die inländische Presse zur Zurückhaltung mit Kritik am deutschen NS-Regime versuchte sie Angriffsflächen für die deutsche Aggressionspolitik zu vermeiden.

Die Regierung konnte die Integrität des Landes militärisch nur wenige Tage schützen, in das die deutsche Wehrmacht am 10. Mai 1940 eindrang, Rotterdam durch einen Bombenangriff schwer beschädigte und es schnell besetzte. Zum ersten Mal befand sich das Land damit seit 110 Jahren - nach dem Sezessionskrieg mit Belgien - wieder in einem Kriegszustand. Das Königshaus und ein Teil der Regierung flohen nach London. Dort wurde eine Exilregierung gebildet, die die Niederlande gegenüber den Alliierten vertrat. Sie erklärte im Dezember 1941 Japan nach dessen Angriff auf Pearl Harbour den Krieg und anerkannte schließlich als einer der letzten westlichen Staaten 1942 die UdSSR. Im Zuge ihrer Expansion besetzte die japanische Armee nicht nur seit März 1942 vollständig das koloniale Inselreich "Niederländisch-Indien", die japanische Besatzungsmacht förderte auch die schon seit den zwanziger Jahren bestehende Unabhängigkeitsbewegung, die im März 1943 Indonesien als selbständige Republik ausrief. Somit blieben nur Niederländisch-Guyana und die Niederländischen Antillen als Reste des weltweiten Königreiches vom Krieg verschont und somit der Exilregierung untertan. Schon im September 1944 beschloss sie in London mit der belgischen und der luxemburgischen Regierung die Bildung einer Wirtschafts- und Zollunion, die Benelux.

Nach der endgültigen Befreiung am 5. Mai 1945 blieb das Land mit den alliierten Siegern eng verbunden, es gehörte zu den ersten Mitgliedern der Vereinten Nationen und schloss sich als Gründungsmitglied unter endgültiger Aufgabe der bis 1940 gepflegten Neutralität den westlichen Militärpakten an, zuerst 1948 dem Brüsseler Pakt, aus dem später die Westeuropäische Union hervorging, und anschließend 1949 der NATO.

Nach der Kapitulation und damit dem Ende der japanischen Besetzung im August 1945 ließ sich der Status eines unabhängigen Indonesiens nicht mehr völlig revidieren. Die niederländische Regierung erklärte sich 1946 bereit, mit der neuen Republik eine Staatenunion, die Niederländisch-Indonesische Union, zu bilden. Bald darauf begannen niederländische Truppen jedoch die verloren gegangenen Territorien bis 1948 zurückzuerobern, was auf den Protest der Vereinten Nationen, besonders der USA stieß, die einer kommunistischen Bewegung keinen Zulauf verschaffen wollten. Bedroht durch internationale Isolation und den Verlust der Marshallplan-Mittel gab daraufhin die Regierung ihre Ansprüche auf, nur West-Neuguinea blieb vorerst noch im Königreich. Die niemals wirksame Staatenunion wurde 1956 durch Indonesien gekündigt, 1962 verzichteten die Niederlande auch formell auf West-Neuguinea. Ohne gewaltsame Konflikte erhielten dagegen die ehemaligen „westindischen" Kolonien ihre Unabhängigkeit, wie Surinam bzw. autonomen Status, wie die Antillen und Aruba.

Von Anfang an beteiligte sich die Regierung aktiv an der westeuropäischen wirtschaftlichen Integration, namentlich der Vorbereitung und der Gründung der EGKS, der EWG und von EURATOM, sowie der Bildung einer Wirtschafts- und Währungsunion. Sie befürwortete auch den Ausbau der Supranationalität und der Rechte des Europäischen Parlaments, wie der Einführung von Direktwahlen. Sie setzte sich für den Beitritt des Vereinigten Königreiches ein und stimmte den folgenden Erweiterungen der Mitgliedschaft zu. Vorbehalte hatte sie gegen eine politische Integration und eine institutionalisierte außenpolitische Kooperation.

Während der neunziger Jahre waren die Regierung und die Parteien zunehmend außer Stande, ihre europäische Integrationspolitik transparent und konsistent zu vertreten - die Beteiligung an den Wahlen zum Europa-Parlament sank auf 30 Prozent. Die Europa-Politik scheiterte schließlich an dem negativen Votum einer großen Mehrheit der Wählerschaft, die die wankelmütige Regierung in einem konsultativen Referendum über die Zustimmung zum Verfassungsvertrag befragt hatte.

Für die Zusammenarbeit in der Sicherheits- und Verteidigungspolitik bevorzugten alle niederländischen Regierungen die NATO, mit der es während der achtziger Jahre allerdings zu Spannungen kam, als die Niederlande den Beschluss zur Stationierung von Mittelstrecken-Raketen angesichts einer starken Friedensbewegung verzögerten. 1999 beteiligte sich die Luftwaffe am NATO-Krieg gegen Jugoslawien. Einer durch eigenständige Kommandostrukturen verstärkten Europäischen -Sicherheits- und Verteidigungs politik (ESVP) hat sich die Regierung mit Rücksicht auf die NATO widersetzt.

Trotz der Probleme mit den Vereinten Nationen bis zur Lösung der Indonesienfrage engagierten sich die Niederlande finanziell und militärisch bei zahlreichen Operationen und Missionen der Weltorganisation und ihrer Unterorganisationen. Sie beteiligten sich schon am Korea-Krieg (1950), unterstützten die Kongo-Intervention (1960) und stellten Soldaten u.a für den Libanon (1979), Kambodscha (1992) und Bosnien-Herzegowina (1995). Hier bewirkten freilich die widerstandslose Übergabe der Enklave Srebenica und die schutzlose Auslieferung der Bevölkerung an die serbischen Belagerer einen Schock und führten zu einer Revision des niederländischen "Blauhelm"-Einsatzes. Zu Beginn von 2006 waren 1.552 Soldaten für UN-, EU- und andere internationale Missionen eingesetzt, davon in Afghanistan 376 für die von den UN legitimierte „International Security Assistance Force“ und 680 für die von den USA geführte „Operation Enduring Freedom“ sowie 425 in Südosteuropa, vor allem in Bosnien und Herzegowina; der Rest war im Mittleren Osten, in Pakistan und in Afrika tätig.

Nach der Aufgabe der herkömmlichen Neutralitätspolitik seit dem Zweiten Weltkrieg und trotz des Verlustes der Kolonien blieb eine historisch ältere Kontinuität kollektiv verstandener Interessen und Ideen als Bestimmungsfaktoren für die auswärtige Politik erhalten, nämlich eine prinzipiell internationalistische und liberale Einstellung, "Handelsgeist" und moralisches Engagement, Kompromissbereitschaft und Pragmatismus bestehen.

Spezifischer gehören dazu die Übersee- und Westorientierung, die Aufmerksamkeit für die Entwicklungsländer, die eher atlantische als kontinentale Identifikation, eine Affinität zu den angelsächsischen Mächten, vor allem den USA, und ein je besonderer Vorbehalt gegenüber Deutschland und Frankreich, sowie schließlich eine moderate Menschenrechtspolitik.

Unterstützt von einer entsprechend disponierten öffentlichen Meinung hat die Regierung eine Politik internationaler Zusammenarbeit sowohl im europäischen als auch im atlantischen Zusammenhang und im Nord-Süd-Verhältnis nach dem Zweiten Weltkrieg verfolgt. Im Nord-Süd-Dialog vertrat sie (als eines der so genannten "like minded countries") oft eine vermittelnde Position zwischen den Interessen der Industrie- und der Entwicklungsländer.

Gefordert und unterstützt von gesellschaftlichen Gruppen, vor allem kirchlichen, wurde Menschenrechtspolitik immer wieder zu einer sperrigen Komponente der Außenpolitik, was sich sowohl in bilateralen Beziehungen als auch auf internationalen Foren niederschlug. Hier wirkt ein idealistisches, moralisches Ferment in der Einstellung zu internationalen Fragen, das die kommerziellen Elemente verdeckt, sich manchmal mit ihnen mischt, oder mit ihnen widersprechen kann, wie in der Politik der wirtschaftlichen Zusammenarbeit oder des Rüstungsexports.

Grundsätzlich hat sich die Regierung auch im europäischen Zusammenhang von einer Annäherung an deutsche oder französische Optionen ferngehalten. Sie hat sich gegen Frankreich noch vor dem Beitritt des Vereinigten Königreiches zu dessen Anwalt in der EWG/EG gemacht, also vor allem sich für dessen baldige Mitgliedschaft ausgesprochen. Sie hat sich anfangs einem Europäischen Rat der Regierungsleiter und einer Europäischen Politische Zusammenarbeit der Außenminister (EPZ), inzwischen Gemeinsame Außen- und Sicherheitspolitik (GASP), widersetzt. Der Europäische Rat schien die Wirkungsmöglichkeit kleiner Mitglieder zu mindern und dazu noch auf einem Terrain, das dem Außenminister zusteht. Die EPZ/GASP hatte sich Fragen zu widmen, die die Niederlande vorzugsweise nicht im europäischen sondern im atlantischen Kontext behandelt sehen wollte. Im Verhältnis zu Deutschland zog die Politik nach 1989 keine Folgen mehr aus den Ereignissen des Zweiten Weltkrieges. Die deutsche Vereinigung wurde widerstrebend hingenommen. Ein Versuch zusammen mit den anderen Nachbarstaaten Deutschlands vor Abschluss der so genannten 2+4-Verhandlungen bei den Beratungen direkt beteiligt zu werden, wurde bald konform mit der Linie der US-amerikanischen Außenpolitik aufgegeben. Besondere Sympathie gilt Israel, was 1973 den arabischen Ländern den Grund gab, den Ölboykott gegen das Land stärker als gegen andere europäische Länder zu verhängen.

Obwohl die Niederlande bevölkerungsmäßig, nach Wirtschaftskraft, Militär und diplomatischen Personal das größte der kleinen europäischen Länder ist, hat ihre Außenpolitik keine Koalition und damit Führungsrolle unter ihnen angestrebt. Selbst mit Belgien (und Luxemburg) besteht trotz der inzwischen allerdings durch die EU marginalisierte Benelux-Union eine solche Konzertierung nur ad-hoc und punktuell, z.B. bei den EU-Regierungskonferenzen. Einer aktiven Kleine-Land-Politik haben sich die Niederlande nicht verschrieben, weil sie sich größeren Staaten näher als kleineren sehen.

Eine niederländische Kleine-Land-Politik in Europa bewusst führen, hieße zunächst davon auszugehen, dass die EU von einer Regierung der drei Großstaaten bestimmt zu werden droht, also Deutschlands, Frankreichs oder des Vereinigten Königreichs. Und diese Gefahr war sowohl intergouvernemental als kommunitär immer präsent. Die niederländische Regierung hat sich hier nicht zum Bundesgenossen einer der drei gemacht, sondern sich prinzipiell nicht festgelegt. Das kann als Gleichgewichtspolitik interpretiert werden. Unbeabsichtigt oder auch beabsichtigt hat sie sich damit im Rahmen der EG/EU als enger Bundesgenosse der USA erwiesen. Konkret äußerte sich das im Widerstand gegen alle Ziele und Projekte, die auf eine französische Dominanz oder auch ein deutsch-französisches Programm hinauszulaufen schienen. Beispielweise stießen sowohl die Fouchet-Pläne, die anderen Direktorat-ähnlichen Vorschläge, sowie die deutsch-französische Brigade und endlich das Euro-Corps auf Ablehnung. Ein deutsch-niederländisches Korps wurde gebilligt, das freilich auch in der Kontinuität der niederländischen Militärpräsenz in Deutschland nach 1945 gesehen werden konnte. Die Niederlande verweigerten sich 2003 der Initiative von Deutschland, Frankreich, Belgien und Luxemburg, eine Europäische Verteidigungs- und Sicherheitsunion zu bilden. Die Regierung reihte sich in der Irak-Krise in die von der US-Regierung gebildeten „Koalition der Willigen", ohne sich allerdings militärisch direkt am Krieg gegen den Irak zu beteiligen. Doch entsandte sie 360 Soldaten zur Bedienung von Raketen-Abwehrsystemen in die Türkei.

Die Federführung für die Außenpolitik liegt ebenso selbstverständlich beim Ministerium der auswärtigen Angelegenheiten ("Ministerie van Buitenlandse Zaken"), wie die Sicherheits- und Verteidigungspolitik beim Verteidigungsministerium ("Ministerie van Defensie"). Spezifische Verantwortlichkeiten haben das Landwirtschafts- und Fischereiministerium ("Ministerie van Landbouw en Visserij"), das Verkehrs- und Wasserwirtschaftsministerium (Ministerie van Verkeer en Waterstaat"), das Finanzministerium ("Ministerie van Financiën"). Eine allgemein-politische Rolle kann der Ministerpräsident und seine Kanzlei ("Ministerie van Algemene Zaken") spielen, auch wenn ihm nicht eine Richtlinienkompetenz zusteht. Seit 1972 ist das Ministerium für Auswärtige Angelegenheiten zuständig für die Koordination der niederländischen EG/EU-Politik. Der Minister hat die koordinierende Aufgabe für den entsprechenden Kabinettsausschuss "Raad voor Europese Angelegenheiden" (REZ), sein Staatssekretär ist Vorsitzender der interministeriellen Kommission für die Koordination der Integrations- und Assoziationsprobleme, die die Arbeit des Kabinetts bzw. dessen (REZ-) Ausschuss vorzubereiten hat. Der Wirtschaftsminister fungiert hier nur nach Bedarf als Stellvertreter. Über diese Federführung des Außenministeriums für die EU-Handelspolitik kann auch der Minister für Entwicklungszusammenarbeit seinen Einfluss geltend machen, der über kein selbständiges Ressorts verfügt und dessen Aufgabenbereich als eigenständige Einheit im Außenministerium integriert ist.

Das Wirtschaftsministerium hat die Kompetenz für die Handelspolitik und die internationalen Wirtschaftsbeziehungen im Allgemeinen und zwar sowohl bilateral wie auch im Rahmen internationaler Organisationen, wie WTO, UNCTAD, OECD, Benelux, EU und ECE. Es ist zuständig für die Politik der Ausfuhrförderung und die Außenhandelsinformationen. Auch auf den grenzüberschreitenden Luft- und Schifffahrtsverkehr kann das Außenministerium durch die Befugtheiten seines Verkehrsberaters ("Verkeersadviseur") einwirken.

Das Landwirtschafts- und Fischereiministerium hat die Verantwortlichkeit für die Handelspolitik und die Exportförderung der Agrar- und Fischprodukte. Da hier der größte Teil der Aufgaben in dem Sektor europäisch integriert ist, kommt dem Ministerium auch noch besonders die Funktion zu, als Verbindungsglied zwischen Brüsseler Rat und Kommission und den niederländischen Interessenverbänden zu wirken. Die Abteilungen für Ausfuhrförderung dieses und des Ministeriums für Wirtschaft arbeiten eng zusammen.

Das Verkehrs- und Wasserwirtschaftsministerium nimmt über den Reichsluftfahrtdienst („Rijksluchtvaartdienst") und die Schifffahrtdirektion ("Directie Scheepvaart") seine Verantwortung für den Luft-, Übersee- grenzüberschreitenden Binnenwasser- und Straßenverkehr wahr. Das Finanzministerium ist bei den finanziellen Transaktionen des Handel- und Dienstleistungsverkehrs betroffen, insbesondere bei der Ausfuhrfinanzierung, der Ausfuhrversicherung und den Exportbürgschaften, auch im Rahmen der Niederländischen Kreditversicherungsgesellschaft ("Nederlandse Creditverzekeringsmaatschappij").

Schließlich fällt die Beschaffung und die Lieferung von Waffen aus bzw. ins Ausland unter die Kompetenz des Verteidigungsministeriums - teils in Abstimmung mit dem Außenministerium - insbesondere seiner Direktion Internationaler Materialbezug ("Internationale Materieelbetrekkingen").

Im Parlament ("Tweede Kamer") werden die genannten Aufgaben der Ministerien in den für sie analog bestehenden ständigen Ausschüssen behandelt. Bei der Behandlung des Haushalts, den Regierungserklärungen und nach den Antworten der Minister auf entsprechende Anfragen wird auch im Plenum regelmäßig über Außenpolitik debattiert.

Die Sicherheitspolitik wird prinzipiell multilateral innerhalb verschiedener Organisation, wie UNO, OSZE, EU und NATO, betrieben. Hier haben die Niederlande sich oft initiativreich und aktiv engagiert. Eine zumindest orientierende Anlehnung an die USA ist stets erkennbar geblieben.

Traditionell wird aufgrund der gewichtigen merkantilen und maritimen Interessen eine Freihandelspolitik angestrebt. Daher zielte die offizielle Politik auf Abbau von Zöllen und Kontingenten im Rahmen eines freien Weltmarktes und wirkte in dem Sinne von Anfang an im GATT bzw. WTO und später in der EG bzw. EU. Die protektionistische Gemeinsame Agrarpolitik der EG wurde von der Regierung unter dem Einfluss des landwirtschaftlichen Sektors voll mitgetragen. Auch in anderen außenwirtschaftlich relevanten Bereichen war es der Regierung angesichts widerstreitender gesellschaftlicher und internationaler Interessen und Normen nicht immer möglich, eine kohärente Politik zu führen.

So fiel es ihr schwer, die EG/EU-Regeln der Fischfangbeschränkungen gegen die Forderungen der einheimischen Fischwirtschaft auf freie Meeresfischerei durchzusetzen. Der industriell betriebenen Gartenwirtschaft gewährte sie durch billige Erdgastarife und steuerlich begünstigte Verglasung Exportvorteile. Vehement engagierte sie sich im Interesse des inländischen - und dank des Rotterdamer Hafens international aktiven - Transportgewerbes gegen Einschränkungen des Schwerlastverkehrs in anderen EU-Ländern. Im Interesse der eigenen Werbewirtschaft widersetzte sie sich Verordnungen der EU-Kommission auf Ausstrahlung von Werbesendungen ausländischer Sender in niederländischer Sprache.

Die Politik der zentralen Notenbank ("Nederlandsche Bank") war auf äußere und innere Geldwertstabilität orientiert an der Deutschen Bundesbank gerichtet. Im Europäischen Währungssystem hatte sie den Gulden in einem festen Verhältnis zur Deutschen Mark bei allen Aufwertungen seit den siebziger Jahren gehalten und entsprechend hochwertig in die Euro-Währungsunion 1999 eingebracht.

Mehr als die Akteure größerer Länder werden vor allem die der kleineren Länder, wie der Niederlande, in ihrem politischen Verhalten von Rücksichten auf internationale Tendenzen bestimmt. Auch Entwicklungspolitik unterliegt als Teil der - im weiteren Verständnis - staatlichen Außenpolitik solcher Rücksichtnahme. Doch im Nord-Süd-Dialog vertraten die Niederlande (als eines der so genannten "like-minded countries") oft eine vermittelnde Position.

Die niederländische Politik der Entwicklungszusammenarbeit war periodisch zahlreichen Veränderungen unterworfen. Sie ging aus der Politik gegenüber den Kolonien und ehemaligen Kolonien nach 1945 hervor. Eine Periodisierung kann folgende Abschnitte unterscheiden: zuerst die Zeit bis 1956, in der die Aufmerksamkeit fast ausschließlich den eigenen Kolonien und ehemaligen Kolonien galt, und danach die darauf folgende Periode bis 1962, während der es zu Ansätzen einer Hilfeleistungspolitik kam. Während der Phase zwischen 1963 und 1965 wurde diese Politik explizit zur Entwicklungszusammenarbeit umgebildet und von 1966 bis 1972 zu einem eigenständigen Teil der Außenpolitik. Schließlich ist die Periode nach 1973 zu unterscheiden, in der Entwicklung und Zusammenarbeit zu einem Bestandteil der gesamtstaatlichen Politik mit einer neuartigen starken inhaltlichen Akzentuierung auf "self reliance" und Gesellschaftsreform gemacht wurde. Vor 1973 lag der Nachdruck auf Exportförderung, danach ist eine ihren Namen verdienende Entwicklungspolitik formuliert worden. Ab 1981/82 ist die Politik wieder auf frühere Motive und Ziele zurückgefallen.

Einen weiteren Akzent erhielt die Entwicklungspolitik durch eine Konzentration der Mittel auf ausgesuchte Länder, die so genannten Konzentrationsländer. Vor allem wurde die Festlegung der jeweiligen Gesamtaufwendungen gemessen am Sozialprodukt zu einem Markstein der Geschichte der Entwicklungspolitik mit ihren zahlreichen Veränderungen und Differenzierungen. Alle Kabinette haben seit 1973 an einem bestimmten Soll-Anteil des offiziellen Entwicklungshilfe-Beitrages am Sozialprodukt festgehalten: etwa 0,8 Prozent des BNP wurden am Ende der neunziger Jahre erreicht und seitdem gehalten. Hochfliegende Ideen wurden immer wieder einer realistischen Differenzierung und damit kritischen Revision unterworfen, indem Beiträge zur Förderung wirtschaftlicher Eigenständigkeit und zur Bekämpfung der Armut unterschieden, oder der Kreis der Empfänger im Zuge der Konzentration von bilateraler Hilfe drastisch verkleinert, und schließlich diverse Kosten für „Gastarbeiter" heraus gerechnet wurden.

Zur weltoffenen, handelskapitalistischen Tradition des Landes gehören die aktive und engagierte Mitgliedschaft in internationalen Organisationen, die Ausrichtung internationaler Konferenzen und die Formulierung von Initiativen zur Verstärkung internationaler Kooperation. Aufgrund der generell liberalen Haltung der Regierungen ist das Land bevorzugter Versammlungsort und Sekretariatssitz internationaler Regierungs- und Nichtregierungsorganisationen geworden. Hervorhebenswert sind der Internationale Gerichtshof, der Internationale Strafgerichtshof für das frühere Jugoslawien, der Internationale Strafgerichtshof und die Organisation für das Verbot chemischer Waffen. Die Tätigkeit bei internationalen Organisationen gilt gesellschaftlich als eine Auszeichnung und wird nicht nur von Politikern und Beamten angestrebt.

International hatte sich die niederländische Regierung aktiv in der Asyl- und Flüchtlingspolitik stets engagiert. Der frühere Ministerpräsident Ruud Lubbers war von 2000 bis 2005 Hoher Kommissar für Flüchtlinge der UN (UNHCR). Die Niederlande tragen seit 1992 den Hauptteil der Kosten für den Sitz des Hohen Kommissars für nationale Minderheiten der OSZE in Den Haag; der erste Amtsinhaber von 1992 bis 2001 war der frühere Außenminister Max van der Stoel. In der Europäischen Union hatte sich die niederländische Regierung u.a. für einen intensiven Informationsaustausch, eine Harmonisierung der Mindestbedingungen für Asyl und eine gemeinsame Definition des Status von Flüchtlingen eingesetzt. Allerdings ist seit Ende der neunziger Jahre durch eine überproportionale Häufung sozioökonomischer und soziokultureller Probleme, vor allem seit dem Aufstieg einer ausländerfeindlichen Partei, der Ermordung ihres Vorsitzenden und dem nachfolgenden Mord eines bekannten Filmemachers 2005, die einst vorherrschend tolerante gesellschaftliche Stimmung umgeschlagen. Eine latente Gefährdung des sozialen Friedens geht einher mit einer restriktiveren Asyl-, Einwanderungs- und Menschenrechtspolitik.

Literatur (verwendete & weiterführende)

Aarts, Kees/ can de Kolk, Henk: Nederlanders in Europa: het referendum over de Europese Grondwet. Twente 2005.

Bais, Karolien/ Wientjens, Erno/ Seroo, Didier: Je maintiendrai! Verslag van 'Je maintiendrai?' symposium over nationaal belang en buitenlands beleid. Den Haag 2004.-

Dinan, Desmond: De strijd om invloed in Europa. in: Internationale Spectator, Bd. 52, Juni 1998, S. 297-301.

Hellema, Duco: Buitenlands Politiek van Nederland. Utrecht 1996.

Hellema, Duco/ Zeeman, Bert/ van der Zwan, Bert: De Nederlandse ministers van Buitenlandse Zaken in de twintigste eeuw. Vijfde jaarboek voor de geschiedenis van de Nederlandse buitenlandse politiek in den twintigste eeuw. Den Haag 1999.

Niederländisches Außenministerium: Niederländisches Außenminsterium. http://www.minbz.nl, abgerufen am 30.06.2007.

Niederländisches Verteidigungsminsterium: Niederländisches Verteidigungsministerium. http://www.mindef.nl, abgerufen am 30.06.2007.

Tudyka, Kurt P.: Die Außenwirtschaftspolitik der Niederlande. in: Stolorz, Chr. (Hrsg.): Jahrbuch zur Außenwirtschaftspolitik. Münster 1992.

NORWEGEN

Constanze Fienhold

HISTORISCHE GRUNDDATEN

1905	Unabhängigkeitserklärung Norwegens (von Schweden)
1920	Norwegen wird Spitzbergen zugesprochen
1940-1945	Besetzung durch Deutschland
1945	Beitritt UN, der Norweger Lie wird erster UN-Generalsekretär
1949	Beitritt Europarat, Beitritt NATO
1951	Beitritt Nordischer Rat
1961	Beitritt OECD
1972	Volksabstimmung gegen einen EU Beitritt
1973	Beitritt OSZE
1994	Volksabstimmung gegen einen EU Beitritt
1995	Beitritt WTO

LÄNDERDATEN

Name: Kongeriket Norge/ Königreich Norwegen, **Hauptstadt:** Oslo (551.823 Einwohner (2007)), **Regierungsform:** Parlamentarische Monarchie (seit 1907), **Größe:** 323.759km^2, **Einwohnerzahl:** 4.627.926 (2007), **Landessprache:** Norwegisch, **BSP pro Kopf:** 47.800 USD (2006), **Mitgliedschaft in Europäischen Organisationen:** CBSS, CERN, EAPC, EBRD, ECE, EFTA, ESA, Europarat, NC, NIB, OSZE, WEAG, WEU (assoziiert), **Mitgliedschaft in Internationalen Organisationen:** NATO, OECD, UN, WTO

Das Königreich Norwegen ist der westliche der drei nordskandinavischen Staaten. Es erlangte seine volle völkerrechtliche Souveränität erst im Jahre 1905 und ist daher der jüngste aller west-europäischen Staaten, wenn man einmal von der Bundesrepublik Deutschland absieht, die allerdings nicht als Bundesrepublik Deutschland eine lange staatliche Vergangenheit vorweisen kann, sondern diese lange Vergangenheit lediglich aufgrund ihrer verschiedenen Rechtsvorgänger besitzt.

Das heutige Königreich Norwegen war in der Vergangenheit, also vor 1905, von Auseinandersetzungen zwischen dem dänischen Königreich und dem schwedischen Königreich geprägt. Es war ein integraler Bestandteil des dänischen Königreichs, bevor es dann im Jahre 1804 ein Teil des schwedischen Königreichs wurde.

Unter der schwedischen Krone war es Norwegen zwar erlaubt, eigene staatliche Institutionen aufzubauen, aber es blieb im Endeffekt unter der schwedischen Kontrolle. Norwegen gab sich in der Zeit unter schwedischer Kontrolle eine eigene Verfassung und baute auch eigene Streitkräfte auf, aber alle damit einhergehenden Institutionen verblieben ebenfalls unter schwedischer Kontrolle. Die Streitkräfte bestanden in der damaligen Zeit lediglich aus einer Armee und einer Kriegsmarine. Darüber hinaus war es Norwegen von schwedischer Seite auch erlaubt worden, ein eigenes Zollwesen aufzubauen und zu kontrollieren und eine eigene Legislative mit entsprechenden Verwaltungsorganen zu besitzen. Es lässt sich hierzu mit Berechtigung sagen, dass Norwegen in weiten Teilen damit faktisch souverän war, solange es sich in wesentlichen Fragen der Politik der schwedischen Position anschloss. Bei einer wesentlichen Meinungsverschiedenheit mit Schweden wäre diese „Teilsouveränität" wohl von schwedischer Seite aus sofort rückgängig gemacht worden und Norwegen wäre unter die direkte Kontrolle Schwedens übergegangen.

Dieser Zustand einer „Teilsouveränität" dauerte bis ins Jahr 1905 an, als Norwegen dann von Schweden endgültig in die Unabhängigkeit entlassen wurde. Seitdem das Königreich Norwegen seine volle Souveränität erhalten hat, verfolgte es im Rahmen der internationalen Politik einen strikten Neutralitätskurs. Auf dem Gebiet der Sicherheitspolitik schottete sich Norwegen komplett von Europa ab, war dafür aber sehr aktiv auf dem Gebiet der Handelsbeziehungen.

Diese außenpolitische Neutralität wurde von Norwegen, wie auch von seinen skandinavischen Nachbarstaaten, auch nach dem Ausbruch des Zweiten Weltkrieges beibehalten. Allerdings zeigte die Invasion durch deutsche Truppen im Rahmen der „Operation Weserübung" 1940 und auch die andauernden Operationen der britischen Truppen in norwegischen Hoheitsgebieten, dass ein solcher Neutralitätskurs nur dann erfolgreich sein kann, wenn ein Staat auch über ausreichende militärische Ressourcen verfügt, seine Neutralität wirksam zu verteidigen und notfalls auch zu erzwingen. Norwegen lernte aus den vier Jahren der

Besetzung der deutschen Truppen, dass es für Norwegen nicht von dauerhaftem Nutzen sein kann, sich für neutral zu erklären.

Die norwegische Außenpolitik änderte sich dadurch also dahingehend, dass Norwegen sich, getragen von allen gesellschaftspolitischen Akteuren, von nun an darauf verständigte, die eigene Souveränität mit allen notwendigen Mitteln zu verteidigen und aus diesem Grund intensive Kontakte mit nahezu allen internationalen Organisationen zu pflegen. Allen skandinavischen Staaten, nicht nur Norwegen, ist gemein, dass sie sich wohl am meisten für das internationale Recht und die Achtung der Menschenrechte auf der Welt einsetzen. Die starke Betonung der Verteidigung der eigenen Souveränität resultiert ganz eindeutig aus den Erfahrungen, die Norwegen in den vier Jahren der Besetzung durch deutsche Truppen machen musste.

Dies mag auch die Ablehnung erklären, die Norwegen der EU regelmäßig zukommen lässt. Scheiterten die ersten beiden Beitrittsanträge in den Jahren 1962 und 1967 noch am Veto Frankreichs, so wurden die folgenden beiden Beitrittsanträge in den Jahren 1972 und 1995 jeweils von der eigenen Bevölkerung abgelehnt. Die EU-Mitgliedschaft wird zwar von allen politischen Führern in Norwegen befürwortet, allerdings ist die Bevölkerung der gegenteiligen Meinung, was in Norwegen ein Politiker mit dem brechtschen Ausspruch kommentierte, dass man das Volk auflösen und sich ein Neues wählen solle. Für die Bevölkerung Norwegens sind wohl die Befürchtungen, dass sie mit der Annahme des „Acquis Communautaire“ zu viele Eingriffe in ihr politisches Geschehen hinnehmen müssten größer als die zu erwartenden Vorteile einer EU-Mitgliedschaft. Dies wird durch die wirtschaftliche Entwicklung in Norwegen verstärkt. Während sich die Wirtschaft in der EU im Vergleich zu Norwegen nur langsam entwickelte, stieg die Wirtschaftsleistung in Norwegen, gestützt auf die reichen Öl- und Gasvorkommen, bedeutend an.

Allerdings kooperiert Norwegen inzwischen in verschiedenen Bereichen eng mit der EU, was wohl auch nur möglich ist, weil das Volk hierüber nicht abstimmen muss, da es sich bei solchen Kooperationen nicht um völkerrechtliche Beitrittsverträge handelt, sondern um Staatsverträge, die nach norwegischem Recht keiner Zustimmung durch einen Volksentscheid bedürfen. Seit 1994 ist Norwegen Mitglied des „Gemeinsamen Marktes“ und seit 2001 auch Mitglied des „Schengener Abkommens“. Gleichzeitig ist Norwegen auch Mitglied des Europarates und der OSZE.

Die Mitgliedschaft in internationalen Organisationen ist für Norwegen außenpolitisch eines der Hauptziele - auch dies ist wieder eines der Resultate der vierjährigen Besetzung durch deutsche Truppen. Nach dem Ende des Zweiten Weltkrieges scheiterte die Gründung einer skandinavischen Verteidigungsunion und Norwegen wurde dann Mitglied im westlichen Verteidigungsbündnis, der NATO. Die anderen beiden nord-skandinavischen Staaten Schweden und Finnland verzichteten dagegen auf einen Beitritt zur NATO. Schweden tat dies mit dem Hinweis auf seine Neutralität und Finnland aufgrund des sowjetischen Drucks. Die Entscheidung Norwegens der NATO beizutreten entstand unter dem direkten Eindruck der zunehmenden Spannung zwischen den beiden Machtblöcken. Da Norwegen aber auch einen 200km langen Grenzabschnitt mit der UdSSR teilte, wurde ein Vertrag mit der UdSSR dahingehend abgeschlossen, dass Norwegen zwar Mitglied der NATO wurde, aber zu keiner Zeit NATO-Truppen auf norwegischem Gebiet stationiert werden sollten. Ebenso verzichtete Norwegen darauf, dass auf seinem Staatsgebiet in Zeiten des Friedens chemische oder Nuklearwaffen stationiert werden. Für eine Stationierung in Kriegszeiten wäre dann ohnehin keine Zeit mehr geblieben. Nach dem Ende des Kalten Krieges blieb die NATO der wichtigste sicherheitspolitische Partner Norwegens und auch wenn die Bedrohung durch den von der UdSSR kontrollierten Warschauer Pakt seit 1990 nicht mehr existent ist, so ist es dennoch ein wichtiges Ziel der norwegischen Außenpolitik Druck auf Russland dahingehend auszuüben, dass Russland alle Massenvernichtungswaffen zerstört, die Norwegen treffen könnten.

Neben der transatlantischen Kooperation innerhalb der NATO-Organisation war es für alle norwegischen Regierungen seit 1945 immer das erklärte Ziel, dass einzig und allein die UN die einzige internationale Organisation sind, die dafür zuständig ist, dass Frieden, Sicherheit und Menschenrechte in der Welt zu jeder Zeit aufrechterhalten werden. Daher ist Norwegen in der Organisation der UN auch stark vertreten und unterstützt friedenserhaltende Missionen der UN immer wieder durch die Bereitstellung militärischer Ressourcen jedweder Art. Norwegen unterstützt eine Reform der UN nach Kräften.

Seit 1952 kooperieren Norwegen, Schweden, Dänemark, Finnland und auch Island in Fragen der Außen- und Verteidigungspolitik. War eine solche Kooperation zu Beginn noch rein informeller Natur, so wurde im Jahre 1971 der „Nordische Rat" gegründet, womit sich die hier oben erwähnten Mitgliedsstaaten verpflichteten einen gemeinsamen Arbeitsmarkt, gemeinsame soziale Sicherungssysteme und eine Pass-Union einzuführen. Nach dem Ende des Kalten Krieges beschäftigte sich der „Nordische Rat" immer mehr mit der Sicherheit im Ostseeraum und den angrenzenden, vor allem den baltischen, Staaten.

Für die norwegische Regierung ist die Kommunikation und auch die Kooperation mit Russland besonders wichtig, wenn es um Fragen der nationalen Sicherheit geht. Mittlerweile gehen solche Kooperationsmaßnahmen allerdings über Fragen der norwegischen nationalen Sicherheit weit hinaus und betreffen auch schon die Durchführung von Umweltschutz- und Entwicklungsprojekten.

Ein weiteres Ziel der norwegischen Außenpolitik ist die friedliche Konfliktbewältigung und auch die Krisenprävention. Dies wurde besonders im Jahre 1993 deutlich, als Norwegen als Gastgeberland für die Friedensverhandlungen zwischen Israel und Vertretern der Palästinenser fungierte. Die norwegischen Friedensbemühungen resultierten in der Unterzeichnung des Osloer Friedensvertrages. Darüber hinaus brachte das norwegische Engagement auch die Formulierung der „Millennium Goals“ hervor, in denen die Entwicklung von Systemen der sozialen Sicherheit in den Entwicklungsländern, die Einhaltung von Menschenrechten, die Schaffung von demokratischen Institutionen und die Gleichberechtigung von Frauen gefordert werden.

In der heutigen Zeit ist Norwegen einer der größten Geldgeber für die Entwicklungsländer und stellt mit auf diesem Gebiet mit 0,8 Prozent seines BIP mehr Gelder zur Verfügung als jeder andere europäische Staat. Auf der anderen Seite besitzt Norwegen aber auch sehr hohe Einfuhrzölle für Produkte aus den Entwicklungsländern.

Nach den Terroranschlägen vom 11. September 2001 in den USA ist der „Kampf gegen den internationalen Terror“ zu einem Hauptanliegen der norwegischen Außenpolitik geworden. Es ist der norwegische Standpunkt, dass nur die UN in enger Zusammenarbeit mit regionalen internationalen Organisationen den „Krieg gegen den Terror“ führen können. Norwegen ist aus diesem Grund auch an der US-geführten Militäroperation „Enduring Freedom“ beteiligt, ebenso wie an der Operation „Active Endeavour“ zum Schutz der Handelswege im Mittelmeer und des Suez-Kanals. Allerdings bevorzugt Norwegen trotz dieser militärischen Unterstützung der USA und der NATO friedliche Mittel zur Wiederherstellung der Sicherheit, wie diplomatische, politische und finanzielle Mittel gegenüber Militäroperationen. Aber Norwegen ist auch pragmatisch genug, um zu erkennen, dass solange nur militärische Mittel einen, wenn auch nur kleinen, Erfolg aufweisen können, dieser kleine Erfolg besser als gar kein Erfolg ist. Norwegen hat allerdings auch nicht den neuerlichen Golfkrieg der USA im Jahre 2003 unterstützt, der im Namen des „Kampfes gegen den Terror“ geführt wurde. Norwegen unterstützt mit seinen begrenzten finanziellen Ressourcen hier stattdessen die Forschung nach den Ursachen des Terrorismus um mögliche Lösungsansätze anstatt Kriegsoperationen zu unterstützen.

Es bleibt abzuwarten, ob Norwegen in absehbarer Zukunft noch einmal versuchen wird der EU beizutreten oder nicht. Dies könnte geschehen, wenn verteidigungs- und sicherheitspolitische Entscheidungen, die für Norwegen von essentieller Bedeutung sind, weniger auf NATO-Ebene denn mehr auf EU-Ebene getroffen werden.

Das alltägliche politische Geschehen in Norwegen wird vom jeweiligen Premierminister und seiner Regierung bestimmt, während der König, das Staatsoberhaupt, lediglich zeremonielle Aufgaben wahrnimmt, obgleich der König in der norwegische Öffentlichkeit als ein Symbol für die nationale Identität angesehen wird und aus diesem Grund sein Wort auch viel Beachtung in Norwegen genießt. Der norwegische König verfügt also über eine „informelle Autorität“.

LITERATUR (VERWENDETE & WEITERFÜHRENDE)

Archer, Clive: Norway, European Integration and Atlantic Security. London 1998.

Norway and an Integrating Europe. London 2004.

Dryzek, John: Green States and Social Movements: Environmentalism in the United States, United Kingdom, Germany, and Norway. Oxford 2003.

Emerson, Michael/ Marius Vahl/ Woolcock, Stephen: Navigating by the Stars: The European Economic Area and the European Union. Brussels 2002.

Gstöhl, Sieglinde: Reluctant Europeans: Norway, Sweden, and Switzerland in the Process of Integration. Boulder 2002.

Ingebrigtsen, Christine: The Nordic States and the European Unity. Ithaca 2000.

Müller-Graff, Peter-Christian/ Erling, Elving: The European Economic Area / Norway's Basic Status in the Legal Construction of Europe. Berlin 1997.

Riste, Olav: Norway's Foreign Relations: A History. Oslo 2001.

Shaffer, William R.: Politics, Parties, and Parliaments: Political Change in Norway. Athens 1998.

ÖSTERREICH

Christian Johannes Henrich

Historische Grundlagen

1914-1918	Teilnahme am Ersten Weltkrieg auf Seiten der Mittelmächte
1918	Auflösung Österreich-Ungarns, Untersagung einer Vereinigung mit Deutschland
1938	Annexion durch Deutschland (bis 1945)
1945-1955	Besetzung Österreichs durch die Alliierten
1955	Beitritt UN
1956	Beitritt Europarat
1961	Beitritt OECD
1973	Beitritt OSZE
1995	Beitritt Europäische Union, Beitritt WTO
2000-2002	Sanktionen durch die EU aufgrund der Regierungsbeteiligung der rechtspopulistischen FPÖ
2002	Einführung des Euro

Länderdaten

Name: Republik Österreich, **Hauptstadt:** Wien (1.631.082 Einwohner (2007)), **Regierungsform:** Parlamentarisch-demokratische Bundesrepublik (seit 1918), **Größe:** 83.871km^2, **Einwohnerzahl:** 8.199.783 (2007), **Landessprache:** Deutsch, **BSP pro Kopf:** 35.500 USD (2006), **Mitgliedschaft in Europäischen Organisationen:** BSEC (Beobachter), CEI, CERN, EAPC, EBRD, ECE, EIB, ESA, EU, Europarat, OSZE, PfP, WEAG, WEU (Beobachter), WWU, **Mitgliedschaft in Internationalen Organisationen:** OECD, UN, WTO

Das Kaiserreich Österreich-Ungarn spielte eine entscheidende Rolle in der Geschichte Zentraleuropas. Die vernichtende Niederlage Österreichs gegen Preußen im Deutschen Krieg am 3. Juli 1866 bei Königgrätz brachte die Entscheidung über die Vorherrschaft in Deutschland. Das Kaiserreich Österreich wandelte sich nach dem österreichisch-ungarischen Ausgleich zur Doppelmonarchie Österreich-Ungarn. Das Staatsgebiet umfasste strategisch wichtige Gebiete, wie Kroatien, Slowenien, Dalmatien, Bosnien-Herzegowina, Ungarn und Rumänien. Somit war Österreich-Ungarn die südöstliche Verbindung zwischen Preußen bzw. Europa und dem Osmanischen Reich. Ebenfalls strategisch wichtig war Tirol, das die Nord-Süd-Verbindung zwischen Preußen und Italien darstellte. Im Nordosten grenzten Galizien (heutiges Polen und Ukraine) und die Bukowina (heutige Ukraine) an das Russische Reich. Dieser Vielvölkerstaat mit seinen zahlreichen Nationalitätenproblemen und aggressiven Separatismusbewegungen geriet häufig an den Rand der Unregierbarkeit. Am 28. Juni 1914 eskalierte die Situation, als in Sarajevo ein Attentat auf den Erzherzog Franz-Ferdinand verübt wurde. Der Thronfolger und seine Gemahlin starben an den Folgen dieses Attentats.

Österreich-Ungarn sah Serbien als Drahtzieher des Attentats und erklärte ihnm am 28. Juli 1914 den Krieg. Russland unterstützte Serbien und befahl eine Generalmobilmachung. Daraufhin erklärte das Deutsche Reich als Bündnispartner der Habsburger wiederum Moskau den Krieg. Dies war der Beginn des Ersten Weltkrieges. Die Mittelmächte Deutsches Reich und Österreich-Ungarn wurden im späteren Verlauf des Krieges vom Osmanischen Reich und Bulgarien unterstützt. Ihnen standen die Entente-Staaten Frankreich, Großbritannien und Russland sowie Serbien gegenüber. Auf alliierter Seite traten später die USA, Japan, Italien, Portugal und Rumänien in den Krieg ein. Nach vier Jahren im November 1918 ging der Krieg mit einer folgenschweren Niederlage für die Mittelmächte zu Ende. Nach dem Waffenstillstand von Villa Giusti vom 3. November 1918 verzichtete der Kaiser am 11. November 1918 auf die weitere Ausübung der Amtsgeschäfte. Die Verträge von Saint Germain (für Österreich) und Trianon (für Ungarn) besiegelten das Ende der Habsburgmonarchie Österreich-Ungarn.

Am 12. November 1918 wurde die demokratische Republik Deutschösterreich ausgerufen und der Anschluss an das republikanische und demokratische Deutschland erklärt. Der Sozialist Karl Renner (SDAP) wurde erster Staatskanzler. In dieser Position unterzeichnete er auch den Vertrag am 10. September 1919 den Vertrag von Saint Germain. Dieser Friedensvertrag legte den Namen „Republik Österreich“ fest und zwang den deutschsprachigen Rest dieser einstigen europäischen Großmacht durch das Anschlussverbot zur Selbständigkeit.

Schon bald nach ihrer Gründung hatte sich die Republik mit den Belastungen der Kriegsnachwirren auseinanderzusetzen. Die notwendige Anpassung der für ein großes Reich angelegten Regierungsstruktur an die Bedürfnisse dieser neuen und kleineren Republik wurde vollzogen. In den frühen dreißiger Jahren des zwanzigsten Jahrhunderts verschärfte die Hyperinflation (endete 1924 mit Einführung des Schillings) und die Weltwirtschaftskrise (1929) mit einer dramatischen Arbeitslosigkeit (ca. 30 Prozent) und einer Verarmung der Bevölkerung die Instabilität der ohnehin noch nicht gefestigte junge Demokratie. Zudem belasteten die Reparationszahlungen und der Wiederaufbau die Staatskasse. Die österreichische Gesellschaft befand sich in einer nationalen Krise. Im März 1933 nutzte Engelbert Dollfuß eine Parlamentskrise aus und setzte dieses kurzerhand ab. Er bildete daraufhin eine konservative Autokratie, den so genannten „Austrofaschismus“. Aus Angst vor seinem außenpolitischen Widersacher Adolf Hitler - Hitler drängte auf einen Anschluss Österreichs an das Deutsche Reich - näherte sich Dollfuß an das faschistische Italien unter der Führung des „Duce“ Benito Mussolini an. Im Februar 1934 brach ein Bürgerkrieg aus und die Sozialistische Partei wurde verboten. Im Juli 1934 scheiterte zwar ein Staatsstreich der Nationalsozialisten, allerdings ermordeten sie Dollfuß. Dollfuß Nachfolger wurde Kurt Schuschnigg.

Dieser verfolgte ebenfalls eine Politik des selbständigen Österreichs, jedoch konnte er sich nicht lange auf die Unterstützung Italiens verlassen, da Mussolini immer mehr in die Abhängigkeit Hitlers geriet. Nachdem 1936 in Berlin die Achse „Berlin-Rom“ vereinbart wurde, geriet auch Schuschnigg in Zugzwang. Im Juli 1936 schloss er einen Vertrag mit Hitler und amnestierte daraufhin 17.000 Nationalsozialisten und berief Arthur Seyß-Inquart als Staatsrat in sein Kabinett, die NSDAP blieb weiterhin verboten. Die „großdeutsche Lösung“ wurde wieder Gegenstand öffentlicher Diskussionen. Man erhoffte sich wirtschaftlichen Aufschwung im immer noch in einer Wirtschaftsrezession steckenden Österreich. Hitler forderte 1938 die Aufhebung des NSDAP-Verbots und die Beteiligung der Nationalsozialisten an der Regierung. Am 12. März 1938 ließ Hitler die Wehrmacht in Österreich einmarschieren, die begeistert von der österreichischen Bevölkerung empfangen wurde. Österreich wurde als Ostmark dem Deutschen Reich angeschlossen. Damit wurde erstmals in der Geschichte die Verwirklichung der „großdeutschen Idee“ vollzogen. Im Angriffskrieg auf Polen vom 1. September 1939 waren bereits österreichische Soldaten in der deutschen Wehrmacht integriert.

In der Moskauer Konferenz von 1943 erklärten die Alliierten ihre Absicht, Österreich zu befreien und als unabhängigen Staat wiederzubegründen. Im April 1945 wurde das Land durch die alliierten Streitkräfte von der Ost- und Westfront befreit. Anschließend teilten die siegreichen Alliierten Österreich in Besatzungszonen ähnlich denen in Deutschland mit einer Vier-Mächte-Verwaltung in Wien. Nach dem Potsdamer Abkommen von 1945 übernahm die UdSSR die Kontrolle der deutschen Produktionsstätten in ihrer Besatzungszone. Österreich erlangte seine Unabhängigkeit vom Deutschen Reich mit seiner Unabhängigkeitserklärung vom 27. April 1945, die auch den Anschluss von 1938 beendete.

Im Jahr 1946 entwickelte die österreichische Regierung die Idee eines Staatsvertrages, der am 15. Mai 1955 in Wien nach neun Jahren Verhandlung unterzeichnet wurde. Außenminister Leopold Figl verkündete anschließend vom Balkon des Schloss Belvedere: „Österreich ist frei!" Eine österreichische Delegation hatte im April 1955 in Moskau die „immerwährende Neutralität nach Schweizer Vorbild" der UdSSR versprochen, die letztlich den Durchbruch der Verhandlungen bedeutet hatte. Am 27. Juli 1955 trat der Staatsvertrag in Kraft und bereits am 26. Oktober 1955 beschloss der Nationalrat das Bundes-Verfassungsgesetz (B-VG), dass die immerwährende Neutralität der Republik Österreich festschrieb.

Diese Verhandlungen stellten die größte Herausforderung der neuen österreichischen Regierung dieser Zeit dar. Zusätzlich waren sie stark durch den aufkommenden Kalten Krieg geprägt. Die Westmächte hatten ein starkes Interesse daran, Österreich in die NATO einzubeziehen. Im Gegensatz dazu wollte auch die UdSSR ihre eigenen Sicherheitsinteressen berücksichtigt wissen. Deshalb war es lange nicht möglich, eine Einigung in der Frage der österreichischen Souveränität zu erzielen. Die ehemaligen Alliierten verständigten sich schließlich darauf, eine Lösung zu finden, mit der Österreich seine Selbständigkeit wiedererlangen konnte, ohne das Gefüge der internationalen Sicherheit zu gefährden. Zu diesem Zweck entwickelten sie die Idee der immerwährenden Neutralität - Österreich sollte keinem der militärischen Blöcke beitreten.

Diese Idee hatte den Vertrag über die Wiederherstellung des souveränen und demokratischen Österreichs zum Ergebnis. Die zentralen Grundsätze dieses Staatsvertrages - strenge Neutralität, politische und wirtschaftliche Unabhängigkeit und das Verbot einer wie auch immer gearteten Vereinigung mit Deutschland - sind die Garanten für Österreichs politische Unabhängigkeit und Souveränität. Die Möglichkeit einer wirtschaftlichen und/oder politischen Vereinigung mit Deutschland wurde von Anfang an untersagt und sollte eine entscheidende Rolle in der künftigen Außenpolitik Österreichs spielen. Die österreichischen Grenzen wurden so festgelegt, wie in dem Friedensvertrag von Saint Germain beschrieben. Dieser Vertrag hielt ebenfalls die Garantie der Menschenrechte in Österreich und den Abzug aller alliierten Streitkräfte aus Österreich fest.

In den späten fünfziger Jahren erreichte Österreich also endlich ein Ziel, dass es sich Jahrzehnte zuvor in der Abenddämmerung des Kaiserreiches Österreich-Ungarn gesetzt hatte - die österreichische Neutralität. In den folgenden Jahren des Kalten Krieges entwickelte sich diese „immerwährende Neutralität" zu einem besonderen „Qualitätsmerkmal österreichischer Politik" (Hauser 2002). Im Sprachgebrauch der Politik des Kalten Krieges bedeutete dies vor allem Bündnisfreiheit. Der Vertrag von 1955 und das dauerhafte Neutralitätsprinzip stellte das Land zwischen NATO und Warschauer Pakt. Als eine Art geographischer Puffer minderte die Neutralität Österreichs folglich das Risiko einer direkten

Konfrontation zwischen NATO-Staaten und Mitgliedsstaaten des Warschauer Paktes.

Am 14. Oktober 1955 trat Österreich den Vereinten Nationen bei und meldete sich drei Jahre später bereit, an Friedensmissionen („Blauhelmeinsätzen“) teilzunehmen. Zusätzlich wurde Österreich im April 1956 das fünfzehnte Mitglied des Europarates. 1957 unterzeichneten Belgien, Frankreich, Deutschland, Italien, Luxemburg und die Niederlande den Vertrag von Rom, womit - unter anderem - die EWG gegründet wurde. Für Österreich gab es keine Möglichkeit, den römischen Verträgen beizutreten, da die EWG eine wirtschaftliche Vereinigung darstellt. Wie zuvor erwähnt war eine wirtschaftliche Vereinigung mit Deutschland ja aber durch den österreichischen Staatsvertrag verboten. So machte der Staatsvertrag einen Beitritt Österreichs zur EWG unmöglich. Stattdessen unterzeichnete Österreich 1959 gemeinsam mit Dänemark, Norwegen, Portugal, Schweden, Großbritannien und der Schweiz den Vertrag zur Gründung der europäischen Freihandelszone (EFTA).

Im Jahre 1969 unterzeichneten Österreich und Italien das Südtirolabkommen. Dieser Vertrag garantierte der deutschsprachigen Minderheit in Südtirol verschiedene Rechte, wie beispielsweise den Status einer autonomen Provinz und gesetzgeberische Autorität in einigen Bereichen. Trotzdem erfüllte Rom seine Pflichten nicht früher als 1992. In den dazwischenliegenden 23 Jahren hatten die österreichischen Regierungen diesen Punkt beständig auf der zwischenstaatlichen Tagesordnung. Auch wenn dieser Disput schließlich beigelegt werden konnte, versteht sich Österreich immer noch als Schutzmacht Südtirols und wacht über die Autonomie und die garantierten Rechte der deutschsprachigen Minderheit.

In der Vergangenheit ist Neutralität der Grundgedanke österreichischer Außenpolitik gewesen. Die Diplomatie war in drei Teile aufgeteilt: Westpolitik, Ostpolitik und „Dritte-Welt“-Politik. Diese dreifache Strategie beeinflusst noch immer die Außenpolitik Österreichs. Grundsätzlich unterschied Österreich bei seinen Beziehungen zum Westblock vier Gruppen: die Unterzeichner des Staatsvertrages (Frankreich, Großbritannien, UdSSR und die USA), Nachbarländer (Liechtenstein, Italien, Jugoslawien, Ungarn, die Tschechoslowakei und die BRD), neutrale Länder (z.B. Irland, Finnland, Schweden und die Schweiz) und die übrigen Staaten. Vor 1955 bestimmten die Beziehungen zu den Großmächten die auswärtigen Aktivitäten Österreichs. Nach der Unterzeichnung des Staatsvertrages änderte sich die Situation grundlegend. Die Bedeutung der Nachbarländer, insbesondere Westdeutschlands und Italiens, hat gewaltig zugenommen. Der alles bestimmende Faktor der Westpolitik waren multilaterale Beziehungen zu kapitalistischen Ländern und ihren Organisationen, was im Wesentlichen auf die starke Abhängigkeit Österreichs vom Außenhandel zurückzuführen ist. Im Gegensatz waren bilaterale Beziehungen vergleichsweise unbedeutend.

Österreichs Ostpolitik war hingegen von bilateralen Beziehungen geprägt. Diese schienen besser aufgestellt und aktiver zu sein als die bilateralen Beziehungen mit westlichen Ländern. Nichtsdestotrotz brach mit dem Ende des Kalten Krieges auch das Ende über eine eigene, ausgeprägte nach Osten gerichtete Außenpolitik herein. Für lange Zeit zeigte sich die österreichische Außenpolitik wenig an den Entwicklungsländern interessiert, hatte sich das kleine Österreich doch mit einer Auswahl anderer außenpolitischer Probleme und Herausforderungen zu befassen. Heutzutage wird die Entwicklungshilfe vornehmlich von der EU organisiert.

Der Prozess der Entscheidungsfindung in außenpolitischen Fragen war in Österreich im Staatsvertrag vorgegeben. Politische Entscheidungen werden im Parlament und im Kabinett des Bundeskanzlers getroffen. Als Österreich der Europäischen Union 1995 beitrat, wurden die Entscheidungen im Bereich der Sicherheits- und Außenpolitik zunehmend von EU Institutionen bestimmt. Seit seinen Beitritt zur UNO im Jahre 1955 hat Österreich sich an verschiedenen Friedensmissionen beteiligt. Von 1960 bis 1963 dienten österreichische Truppen in UN-Sanitätseinheiten im Kongo. 1964 entsandte Österreich Sanitäts- und Polizeieinheiten nach Zypern und 1972 beorderte Österreich zum ersten Mal ein Kontingent der kämpfenden Truppen nach Zypern.

Als die UN-Friedenstruppen 1973 erneut im Mittleren Osten stationiert wurden, bezogen österreichische Soldaten in der Nähe des Suezkanals Stellung. In den siebziger Jahren versahen österreichische Soldaten ihren Dienst in Syrien, Israel/ Palästina und dem Libanon. Heutzutage ist Österreich weltweit an mehr als zehn UN-Einsätzen beteiligt, wobei ein besonderer Schwerpunkt auf dem Balkan und der Syrisch-Israelischen Grenze liegt (UNDOF). 1979 wurde Wien zum dritten Sitz der Vereinten Nationen (neben New York und Genf). Das „Vienna International Centre" (VIC) beherbergt eine Vielzahl internationaler Organisationen wie das Hauptquartier der OSZE und die IAEA (International Atomic Energy Agency).

Die EU-Mitgliedschaft Österreichs wurde erst durch das Ende des Kalten Krieges möglich. Die Auflösung der UdSSR veränderte Österreichs Lage zwischen zwei Blöcken und brachte das Land zurück in das Zentrum Europas. Ebenso wie andere neutrale EU-Mitgliedsstaaten, beispielsweise Finnland, Irland und Schweden, wird Österreich seine Verfassung ändern müssen, um die Anforderungen von GASP (Gemeinsame Außen- und Sicherheitspolitik) und ESVP (Europäische und Sicherheits- und Verteidigungspolitik) umzusetzen.

Die ESVP ist ein Teil der GASP, die 1999 in Helsinki besprochen und 2000 in Nizza beschlossen wurde. Ihre Aufgaben sind in der „Petersberger Erklärung" von 1992 manifestiert. Die so genannten „Petersberger Aufgaben“ sind in Art. 17 Abs. 2 EUV (Vertrag über die Europäische Union) festgeschrieben und schließen humanitäre Aufgaben und Rettungseinsätze, friedenserhaltende Aufgaben, sowie Kampfeinsätze bei der Krisenbewältigung einschließlich friedensschaffender Maßnahmen ein.

Da dieser Aufgabenkatalog militärische Operationen einschließt, stand es im direkten Widerspruch zur Neutralität und zur Verfassung Österreichs. Der Nationalrat behob am 18. Juni 1998 zumindest den Widerspruch zum Bundes-Verfassungsgesetz, indem es die Verfassung dahingehend änderte, dass Artikel 23f B-VG eingefügt wurde. Dieser Artikel regelt die Teilnahme Österreichs an Operationen der Europäischen Union, jedoch ohne geografische Einschränkungen. Es wird keine Legitimation durch die UNO oder die OSZE vorgeschrieben, nur der Bundeskanzler und der Außenminister entschieden allein über eine Beteiligung Österreichs an Kriegen. Lediglich bei Entsendung österreichischer Truppen wird im Nachhinein das Parlament mit einbezogen. Das Bundes-Verfassungsgesetz bildet jetzt keinen Widerspruch mehr zur Teilnahme Österreichs an der GASP und der ESVP.

Hinsichtlich des eigenen Neutralitätsstatus beruft sich Österreich auf die V. Haager Konvention von 1907. Diese untersagen die aktive Teilnahme an einer kriegerischen Auseinandersetzung, die Stationierung fremder Truppen sowie die Nutzung des eigenen Territoriums und des Luftraums durch fremde Truppen und die Mitgliedschaft in militärischen Bündnissen. Dennoch hat Österreich in der WEU seit 1997 - als einer der ersten Staaten überhaupt - einen Beobachterstatus inne. In Bezug auf die NATO zeigt die österreichische Regierung keine kontinuierliche Haltung. Auf der einen Seite ist Österreich 1995 dem Partnership-for-Peace-Programm (PfP) der NATO beigetreten sowie seit 1997 Mitglied des Euro-Atlantischen Partnerschaftsrats (EAPR), auf der anderen Seite sind die Ansichten der österreichischen Parteien zu einer NATO-Mitgliedschaft sehr wechselhaft und unterschiedlich. Zudem gab es 1997 in Österreich eine offene Diskussion über einen NATO-Beitritt des Landes. Die ÖVP hatte sich für eine NATO-Mitgliedschaft stark gemacht, letzten Endes setzte sich aber die SPÖ mit dem Festhalten an der Neutralität durch. Dieser Erfolg für die SPÖ geht nichtzuletzt auf der sehr starken Verankerung der Neutralität im Bewusstsein der österreichischen Bevölkerung zurück.

Trotz der Neutralität verhält sich das bündnisfreie Österreich im Zuge der voranschreitenden europäischen Integration als quasi „bündnistreu“. Bereits im zweiten Golfkrieg von 1991 erlaubte Österreich den Vereinigten Staaten von Amerika und ihren Alliierten die Nutzung des österreichischen Luftraums. Auch wenn die Bundesregierung mit der Legitimierung der Operation durch die UNO argumentierte, bleibt es eine Handlung, die neutralen Staaten nach der V. Haager Konvention nicht offen steht.

Durch die Teilnahme an den von der UNO legitimierten und unter dem Kommando der NATO stehenden Operationen in Bosnien (IFOR, SFOR) und im Kosovo (KFOR) Mitte der Neunziger Jahre nahm Österreich erstmals seit dem Zweiten Weltkrieg und dem Bekenntnis zur „immerwährenden Neutralität" an einem Krieg aktiv teil. Zwar waren österreichische Truppen nicht an den Kampfhandlungen (Peace Enforcement) beteiligt, jedoch wurde durch die Entsendung des Österreichischen Bundesheeres zur Friedenssicherung (Post Conflict Peace Building) die territoriale Unversehrtheit und die politische Unabhängigkeit der Bundesrepublik Jugoslawien verletzt.

Anfang 2001 wird in einer Sicherheitsdoktrin der Regierungskoalition aus ÖVP und FPÖ festgestellt, dass Österreich bündnisfrei bleibt. Dennoch werden zahlreiche Gesetzesänderungen und Gesetzesverabschiedungen vorgenommen, die zur Erleichterung einer österreichischen Teilnahme an Militäraktionen beitragen. Wie zum Beispiel das Truppenstatutabkommen (1997), das Entsendegesetz (1997), die Einführung des Art. 23f B-VG (1998), der Beitritt zur Arbeitsgruppe „Rüstung" der EU (1999), die 2. Novelle des Entsendegesetzes (2001), die Änderung § 320 StGB (Neutralität), die Befürwortung der EU-Beistandsklausel (2000, 2003), die Mitarbeit an der Europäischen Verteidigungsagentur (2004) und die Aufstellung einer Battle Group mit Deutschland und Tschechien (2004). Der ehemalige Außenminister Alois Mock (ÖVP) erklärte in den Neunziger Jahren, dass eine NATO-Mitgliedschaft und die Beibehaltung der Neutralität Österreichs durchaus miteinander vereinbar seien. Unter Berücksichtigung dieser Entwicklungen überrascht es nicht, dass Österreich bereits in einen intensiven Dialog mit der NATO eingetreten ist, der die Teilnahme Österreichs am Membership Action Plan (MAP) erörtert. Der Membership Action Plan gilt als die Vorstufe zur NATO-Vollmitgliedschaft.

Die Beziehungen zu den meisten EU-Mitgliedsstaaten wurden durch den Wahlerfolg von Jörg Haiders (rechts)populistischer FPÖ (Freiheitlich Partei Österreichs) im Jahr 2000 belastet. Die FPÖ hatte wegen ihres populistischen Wahlkampfes breiten Zuspruch gefunden und viele befürchteten, das Wahlergebnis würde für Rechtsextremismus im Land stehen. Als Ergebnis dieser Entwicklung verhängte die EU-14 eine Reihe von Sanktionen gegen Österreich. Die USA und Israel, und mit ihnen verschiedene andere Länder, schränkten sogar ihre diplomatischen Beziehungen mit Österreich ein. Nach einer Zeit gründlicher Beobachtung hob die EU die Sanktionen 2002 jedoch wieder auf und auch die USA überdachten ihre Haltung zu den diplomatischen Beziehungen mit Österreich.

Seit dem 11. September 2001 hat sich die Außen- und Sicherheitspolitik weltweit verändert. Eine Dimension des US-geführten „Krieges gegen den Terrorismus" ist der Kampf gegen irreguläre, grenzüberschreitende Migration. Die Berichterstattung in den Medien wurde beherrscht von undifferenzierten Berichten, die einen Zusammenhang zwischen dem Islam und dem Terror herstellten. Auch Österreich wurde ein Opfer dieser undifferenzierten Berichterstattung. So titelte beispielsweise der San Francisco Chronicle am 22. Januar 2002 „Austrian border offers al-Qaeda a new gateway to Europe. Terrorists can pass through legal loophole", was sinngemäß bedeutet, dass die österreichische Grenze Al-Qaida einen neuen Zugang nach Europa biete. Terroristen können durch gesetzliche Schlupflöcher schlüpfen. Im Jahre 2001 verdreifachte sich die Zahl der Asylbewerber aus Afghanistan. Die meisten davon betraten Österreich auf illegale Weise. Der Kampf gegen unrechtmäßige Einwanderung, die zunehmend Gegenstand der gemeinsamen EU-Politik ist, stellt eine der Hauptaufgaben der aktuellen österreichischen Sicherheitspolitik dar.

Die Zukunft von Österreichs Außenpolitik wird hauptsächlich durch die Entwicklung von GASP und ESVP, die als die wichtigsten Projekte der EU in den kommenden Jahren angesehen werden, bestimmt sein. Alle Mitgliedsstaaten werden ihre nationale Autorität in gesteigertem Maße aufzugeben haben. Insbesondere neutrale Mitgliedstaaten wie Österreich müssen eine neue Ausrichtung finden, wenn die europäischen Staaten enger zusammenarbeiten werden. Die Rolle Österreichs in einem vereinten Europa könnte sein, eine wichtige Verbindung zwischen den Staaten Westeuropas und den neuen EU-Mitgliedern in Mittel- und Osteuropa herzustellen. Das gute Verhältnis Österreichs zu den Staaten Mittel- und Osteuropas wird nach wie vor sehr wichtig für den europäischen Integrationsprozess sein.

LITERATUR (VERWENDETE & WEITERFÜHRENDE)

Andersen, Uwe/ Woyke, Wichard: Handwörterbuch des politischen Systems., Opladen 2003.

Bischof, Günter/ Pelinka, Anton/ Wodak, Ruth: Neutrality in Austria, London 2001.

Fitsch, Stephan: Die österreichisch Neutralität: Von ihren Anfängen 1955 zu ihrer heutigen Neu-positionierung. Innsbruck 2003.

Gustenau, Gustav E.: Aktuelle Entwicklung der ESVP im Lichte des EU-Konvents, Herausforderungen für Österreich. Wien 2005.

Hauser, Gunther: Österreich - dauernd neutral? Wien 2002.

Henrich, Christian Johannes: Republic of Austria, in: Gieler, Wolfgang/ İnat, Kemal/ Kullmann, Claudio (Hrsg.): Foreign Policy of States. A Handbook on World Affairs. Istanbul 2005, S. 34-37.

Kovacs, Andras/ Wodak, Ruth: NATO, Neutrality and National Identity: The Case of Austria and Hungary. Wien 2003.

Luther, Kurt Richard/ Pulzer, Peter: Austria 1945-95: Fifty Years of the Second Republic. Ashgate 1998.

Mangott, Gerhard: Market Democracies in Central Europe: Again Between "East" and "West"? Laxenburg 1995.

Österreichisches Bundesheer: Österreich beteiligt sich an EU-Gefechtsverbänden. http://www.bmlv.gv.at/cms/artikel.php?ID=1291. 23.09.2004, abgerufen am 30.06.2007.

Österreichisches Studienzentrum für Frieden und Konfliktlösung: Europa. Macht. Frieden. Münster 2003.

Neutralität im Neuen Europa. Österreichs Beitrag zur Finalität der Union. Münster 2004.

Pelinka, Anton/ Rosenberger, Sieglinde: Österreichische Politik. Grundlagen. Strukturen. Trends. Wien 2003.

Stankovsky, Jan/ Wolfmayr-Schnitzer, Yvonne: Austria as a Location for Regional Headquarters for the East. Wien 1996.

Szirtes, J.: Austrian Foreign Policy 1945-1985. Wien 1986.

Türk, Helmut: Österreich im Spannungsfeld von Neutralität und kollektiver Sicherheit. Wien 1997.

Wright, William E.: Austria, 1938-1988: Anschluss and Fifty Years. Riverside 1995.

POLEN

Ania Kociolek

Historische Grunddaten

1772-1815	Drei Teilungen Polens
1918	Unabhängigkeit (vom Deutschen Reich, Österreich-Ungarn und Russland)
1920-1921	Polnisch-Russischer Krieg
1926	Militärputsch unter Piłsudski (bis 1935)
1939-1944	Besetzung durch Deutschland und die UdSSR (bis 1941)
1944	Warschauer Aufstand, provisorische sowjetisch gesteuerte Regierung in Lublin
1945	Potsdamer Abkommen, Polen verliert Gebiete östlich der Curzon-Linie an die UdSSR und gewinnt Gebiete östlich der Oder-Neiße-Grenze von Deutschland, Beitritt UN
1949-1991	Mitglied im RGW
1953	Arbeiteraufstand in Poznań führt zu mehr Autonomie der polnischen Kommunisten von der UdSSR
1955-1991	Mitglied im Warschauer Pakt
1973	Beitritt OSZE
1980	Gründung der unabhängigen Gewerkschaft Solidarność
1981-1983	Verhängung des Kriegsrechts
1989-1990	demokratische Wende
1991	Beitritt Europarat
1995	Beitritt WTO
1996	Beitritt OECD
1999	Beitritt NATO
2004	Beitritt Europäische Union

LÄNDERDATEN

Name: Rzeczpospolita Polska/ Republik Polen, **Hauptstadt:** Warszawa/ Warschau (1.700.536 Einwohner (2007)), **Regierungsform:** Republik (seit 1918), **Größe:** 312.685km^2, **Einwohnerzahl:** 38.518.241 (2007), **Landessprache:** Polnisch, **BSP pro Kopf:** 14.100 USD (2006), **Mitgliedschaft in Europäischen Organisationen:** BSEC (Beobachter), CBSS, CEI; CEFTA, CERN, EAPC, EBRD, ECE, EU, Europarat, OSZE, WEAG, WEU (assoziiert), **Mitgliedschaft in Internationalen Organisationen:** NATO, OECD, UN, WTO

***

Im November 1918, nach 123 Jahren der Teilung und der Abhängigkeit, kehrte Polen als eine souveräne Republik auf die Karte Europas zurück. Dies war das Ergebnis der positiven internationalen geopolitischen Situation und der Leistung der polnischen Menschen, die mit militärischen Mitteln und diplomatischen Maßnahmen im ganzen Land aktiv für das Recht kämpften, ihre Souveränität wieder herzustellen. Eines der fundamentalen Probleme der polnischen Außenpolitik in den ersten Jahren nach dem Ersten Weltkrieg war die Aufrechterhaltung der territorialen Integrität des Landes und die Gestaltung der Beziehungen zu den Nachbarländern. Abgesehen von den diplomatischen Aktivitäten bei der Pariser Friedenskonferenz, versuchte die polnische Staatsgewalt ihr Ziel mit militärischen Mitteln zu erreichen. Trotz der diplomatischen Bemühungen, gute nachbarschaftliche Beziehungen herzustellen, gab es große Probleme. Unter all den Nachbarstaaten war Rumänien das einzige Land zu dem die Beziehungen tadellos waren.

Die Fehler der damaligen Außenpolitik waren unbestritten das Fehlen der diplomatischen Beziehungen zu Litauen und das feindselige Verhältnis zur Tschechoslowakei. Nach dem Ersten Weltkrieg lag Polen geopolitisch gesehen zwangsläufig zwischen Russland und Deutschland. Die Hauptannahme der dann realisierten Strategie in Richtung Russland und Deutschland war die so genannte Politik der gleichen Entfernung. Die Hauptbedingung war, weder ein Regime zu bevorzugen noch sich einem Bündnis anzuschließen welches gegen irgendeinen dieser Staaten vorging. Die Basis der polnischen Sicherheitspolitik zu dieser Zeit war das 1921 geschlossene Abkommen mit Frankreich, welches eine geheime Sicherheitsklausel zur politischen und militärischen Zusammenarbeit mit Rumänien enthielt. Diese Aktionen hatten auch Bestand in der polnischen Sicherheitspolitik bis 1939. Im Laufe der Zeit wuchsen auch bedeutende Kontakte zu Großbritannien. Multilaterale Diplomatie (Bund der Nationen) fand selten Berücksichtigung in der polnischen Außenpolitik. Trotz der starken Zurückhaltung gegenüber dem Wirken des Bundes der Nationen - gemäß dem Prinzip: „nichts über uns ohne uns“ - ist es nötig zu berücksichtigen, dass das Kooperieren mit dem Bund de facto die Existenz des Landes garantierte.

Der Zweite Weltkrieg veränderte die Realität in Polen grundlegend. Im Angesicht der Niederlage im September 1939 und der folgenden Besetzung des Landes durch Deutschland und die UdSSR wurden die polnischen Behörden von Untergrundgruppen des Landes unterstützt, da sie gezwungen waren, das Land aus dem Exil in Frankreich und später Großbritannien zu regieren. Die Politik zu dieser Zeit war geprägt von den mit Verbündeten geschlossenen Verträgenund dem Versuch, polnische Militäreinheiten und Widerstandsgruppen zu organisieren. Trotz anfänglicher Ablehnung der Alliierten wuchs die Bedeutung dieser Einheiten und Gruppen nach dem Kriegseintritt der USA. Die Rote Armee übernahm die Hauptbürde des Kampfes an der Ostfront. Das schwerwiegende Problem bei der Effektivität der Außenpolitik dieser Zeit waren die ungeregelten Beziehungen zur UdSSR, welche von den polnischen Behörden und der polnischen Gesellschaft als Angreifer angesehen wurden.

Unter Winston Churchills Druck wurde der Vertrag zwischen Polen und der UdSSR über den gemeinsamen Kampf gegen Deutschland am 30 Juli 1941 unterzeichnet. Die Auswirkung war, dass die polnische Armee in die rote Armee eintrat. Nach dem Verschwinden einer Truppe von 15.000 Mann und dem Entdecken eines Massengrabes von polnischen Soldaten in Katyn im Jahr 1943 zerbrachen die Beziehungen zu Russland erneut. In dieser Zeit begann Stalin, eine Marionettenregierung einzusetzen, der sich die tatsächliche Regierung, welche im Exil war, nicht entgegenstellen konnte. Also versuchten die offiziellen Vertreter, freundschaftliche Beziehungen zur Exilregierung der Tschechoslowakei aufzubauen und führten Verhandlungen für ein mögliches zentrales europäisches Bündnis nach dem Ende des Krieges. Jedoch unterdrückte der starke Druck der UdSSR nach 1943 alle unabhängigen Initiativen der Länder, die von der sowjetischen Zone beeinflusst wurden Ein wichtiger Punkt der polnischen Außenpolitik während des Krieges war die Bemühung, die Aufmerksamkeit der Welt auf die Verbrechen Deutschlands in Polen, vor allem auf die Massenvernichtung der jüdischen Gemeinschaft, zu lenken. Im Laufe des Krieges wurde der Exilregierung klar, dass es keine Möglichkeit der Beeinflussung europäischer politischer Entscheidungen in Bezug auf Polen gab. Schon bald wurde Polen zum Subjekt des Spiels der Supermächte. Seit 1943 wurden immer mehr Entscheidungen ohne Wissen der polnischen Behörden getroffen.

Der Kalte Krieg, der nach dem Zweiten Weltkrieg begann, platzierte Polen in den Ostblock, den so genannten „Block sozialistischer Staaten". Als Konsequenz war die polnische Regierung zunehmend mit Blockpolitik, sowohl in der Außen- als auch in der Innenpolitik konfrontiert. Die Verwaltung der polnischen Republik musste bei ihrer Außenpolitik die Moskauer Richtlinien beachten, auch wenn sich die Form und der Umfang über die Jahre veränderte. Bis zum „Auftauen" nach Stalins Tod 1956 konzentrierte sich die polnische Außenpolitik auf die Entwicklung bilateraler Beziehungen mit den Ländern des Ostblocks, mit Hilfe von so genannten Friedens- und Freundschaftsabkommen.

Die wichtigsten Foren der Außenpolitik, welche unter den Umständen der Ost-West Teilung realisiert wurden, waren der Warschauer Pakt und RGW. Auch wenn beide Organisationen in erster Linie Instrumente der UdSSR zur Herrschaft und Sicherung der Interessen Moskaus waren, so garantierten sie doch auch aus Sicht Polens die Sicherheit der polnisch-deutschen Grenzen.

Zwischen 1956 und 1979 war die polnische Außenpolitik von ein wenig mehr Unabhängigkeit gekennzeichnet. Es war an der Zeit, eigenen Initiativen unter Beachtung der sowjetischen Anweisungen nachzugehen. Zum Beispiel versuchte Polen, ökonomische Beziehungen mit dem Westen aufzunehmen, sowie die Beziehungen zur DDR zu normalisieren und sich nicht an der sowjetischen Kritik an der Kommunistischen Partei Chinas zu beteiligen. Ebenso war es die Zeit der signifikanten Initiativen der UN, so zum Beispiel der Rapacki-Plan, zur Schaffung einer atomfreien Zone in Zentraleuropa. Vor allem die 1970iger Jahre waren das Jahrzehnt der zunehmenden Verknüpfungen mit dem Westen und der UN. Die polnische Aktivität in der UN in diesem Zeitraum konzentrierte sich hauptsächlich auf Themen wie internationaler Frieden und Sicherheit. Dementsprechend steuerte Polen Truppen zu UN-Missionen bei und war somit das erste kommunistische Land, das einen Anteil an solchen Operationen hatte. Die Gründung der ersten unabhängigen Gewerkschaft „Solidarność“ (Solidarität) im Jahre 1980 steigerte im Westen die Hoffnung, dass Polen die Beziehungen mit den Ländern auf der anderen Seite des „Eisernen Vorhangs“ eventuell vertiefen würde.

Nach dem Ende des Kommunismus 1989 war Polen in der Lage, erneut eine selbständige Außenpolitik zu führen. Die ersten freien Wahlen wurden im Juni 1989 durchgeführt und schließlich wurde die erste nicht kommunistische Regierung unter Tadeusz Mazowiecki gebildet. In den folgenden Jahren gab es eine radikale Änderung des politischen und wirtschaftlichen Systems hinsichtlich demokratischer Einrichtungen und hin zu einer freien Marktwirtschaft. Gleichzeitig wurde die polnische Außenpolitik neu definiert. Einer der bedeutendsten Faktoren, welcher die neue Außenpolitik beeinflusste, war die Vielseitigkeit die, im Gegensatz zur Zweiseitigkeit, mehr die Interessen der kleineren Staaten respektierte. Es gab drei Aufgaben in den frühen neunziger Jahren die Priorität besaßen: Zuerst die Verbindungen und die Kontakte mit den demokratischen, ökonomisch entwickelten und stabilen Ländern des Westens und ihrer Organisationen zu vertiefen; zweitens sich an einem europaweiten Sicherheitssystem zu beteiligen; und schließlich Normalisierung und enge Zusammenarbeit mit Polens Nachbarländern, um die Hoheit und Sicherheit des Landes zu verstärken. Diese außenpolitischen Ziele der Politik sind unverändert für die meiste Zeit der neunziger Jahren geblieben. Im Erreichen dieser Ziele war die polnische Diplomatie sehr konsequent.

Dies drückte sich am offensichtlichsten in den Bemühungen aus, zwei der wichtigsten europäischen Organisationen, der EU und der NATO beizutreten. Die Mitgliedschaft in diesen Organisationen hat für Polen eine Zunahme der Sicherheit und ökonomischen Entwicklung bedeutet und unterstrich seinen Platz in der westlichen Welt. Polen förderte seine NATO-Kandidatur durch aktive Teilnahme am Programm PfP und intensivierte Dialoge mit der Organisation. Für die EU wurde Polen ein Partnermitglied der Union und seine bewaffnete Verteidigung, die WEU, im Jahre 1994. Die EU-Mitgliedschaft war das Hauptthema der polnischen Außenpolitik vom Jahr 1999 an. Nach Jahren der Bemühungen wurde Polen im März 1999 ein Mitglied der NATO und im Mai 2004 der EU.

Diese pro-westliche Orientierung der polnischen Außenpolitik ist eng mit der nationalen Sicherheitsanschauung verbunden. Der Eintritt in die euro-atlantischen bzw. europäischen Strukturen der politischen, ökonomischen und der sicherheitspolitischen Integration wurde als einzige mögliche Alternative zum Verlassen der „grauen Zone der Sicherheit“, die nach dem Auflösen des Warschauer Paktes und RGW entstand, gesehen. Nachdem Polen in die EU und die NATO eingetreten war, versuchte es die Zone der Stabilität zu den östlichen Nachbarn des Landes zu erweitern. Polnische Sicherheitspolitik ist heutzutage tief mit der Idee einer neuen europaweiten Sicherheitsarchitektur verflochten und stützt sich auf drei grundlegende Themen. Erstens die stufenweise Erweiterung von NATO, WEU und EU durch die Länder Zentraleuropas sowie eine starke Partnerschaft zwischen diesen Strukturen und Russland (und den anderen ehemaligen UdSSR-Republiken), zweitens europaweite Lösungen auf dem Gebiet der Kooperation und des Dialogs zu stärken und drittens freundschaftliche bilaterale Beziehungen mit allen Ländern zu entwickeln. Darüber hinaus hat die gegenwärtige allgemeine Abhängigkeit auf dem Gebiet der Sicherheit zu wachsender Bedeutung internationaler Kooperationen zur Unterstützung globaler Stabilität geführt. Deshalb bleiben multilaterale Foren wie die UNO, das Konzil Europas und die OSZE sehr bedeutend für die Realisierung dieser außenpolitischen Ziele.

Polen legt großen Wert auf bilaterale Verbindungen mit seinen Nachbarländern. Nach den Veränderungen 1989 wuchs die regionale diplomatische Aktivität beträchtlich. Die Beziehungen mit allen Nachbarn wurden durch Abkommen geregelt. Im Juni 1990 und November 1991 unterzeichneten Polen und Deutschland Abkommen, die als ein historischer Wendepunkt betrachtet werden können. Bilateral geltende Grenzen, sowie intensive und weitreichende Kontakte führten zu einer Situation, die von freundschaftlichen und sich gegenseitig respektierenden Beziehungen geprägt ist, die in der modernen Geschichte beider Staaten beispiellos sind. Die herzlichen Beziehungen zwischen Bonn und Warschau in den frühen 1990iger Jahren fanden über die Jahre hinweg immer weniger Beachtung. Trotz der Konflikte in der europäische Politik oder den Unterschieden in internationalen Standpunkten und Meinungen bleiben die polnisch-deutschen Beziehungen fair und ohne Alternativen.

Die polnische Diplomatie legt besondere Aufmerksamkeit auf die östlichen Nachbarn des Landes, mit Russland als zentralen Punkt der Beziehungen. Wegen der historischen Erfahrung und Russlands Ambitionen als Supermacht, bleiben diese Themen ein sensibler Punkt der polnischen Außenpolitik. Die frühen neunziger Jahre waren die Zeit der sehr angespannten Beziehungen zwischen Warschau und Moskau. Der Hauptgrund waren die polnischen Initiativen zur Integration in die NATO und das russischen Veto in diesem Fall. Ein wichtiges Ziel der polnischen Ostpolitik ist es, enge Verbindungen mit seinen östlichen Nachbarn zu entwickeln, um Russland in den Aufbau eines europäisches System der Sicherheit einzuschließen und Moskau zu überzeugen, dass polnische Politik nicht anti-russisch sei. Polen bleibt auch der Fürsprecher der Ukraine in Europa und ist bemüht, die Ukraine in die europäischen Sicherheitsstrukturen mit einzuschließen.

Polen unterstützt aktiv die Grenzmitarbeit, die sich besonders in den neunziger Jahren mittels der Euroregionen entwickelte. Dies ist die institutionalisierte Mitarbeit von zwei oder mehr Ländern in den Grenzgebieten auf ökonomischem, sozialem und kultureller Boden. Polen nimmt an vierzehn solcher Initiativen teil: vier Euroregionen an der westlichen Grenze mit Deutschland, sieben Euroregionen an der südlichen und drei an der östlichen Grenze. Die Zusammenarbeit dieser Art bot Bedingungen und Möglichkeiten, gute nachbarschaftliche Beziehungen auf einer niedrigen Stufe von Organisationsstrukturen zu entwickeln. Der Hauptgrund, diese Euroregionen zu kreieren, war, Erfahrungen auf diesem Gebiet zu gewinnen, um sich auf eine weitere europäische Integration vorzubereiten. Gegenwärtig dienen die Euroregionen dazu, die Kooperation zwischen den Staaten zu erweitern. Angesichts des Auftretens neuer destabilisierender internationaler Gegebenheiten nach dem 11. September 2001, wurde die polnische Diplomatie ein aktiver engagierter Teilnehmer bei internationalen Themen wie Frieden und Sicherheit. Die polnische Diplomatie handelt gemäß der Annahme, dass, wenngleich Terrorismus möglicherweise nicht die polnische Gegend direkt bedroht, es ein Schlag gegen die Grundlagen der Zivilisation und der sozialen Ordnung ist und folglich eine entscheidende Reaktion erfordert. Die Entscheidung über den Eintritt in die Anti-Terrorismus-Koalition war außerdem eine von der NATO in Artikel 5 des Washingtoner Abkommens vorgeschriebene Verpflichtung. Folglich trug Polen zur Operation „Enduring Freedom“ in Afghanistan bei. Sich der neuen Situation bewusst, erweiterte Polen auch seine Tätigkeit in der internationalen Politik. Sie zielt darauf ab, eine förderliche Lage in der internationalen Sicherheitslandschaft zur Entwicklung internationaler Kooperationen und zur Stärkung der Rolle der internationalen Gesetze und multilateraler Einrichtungen zu schaffen.

Polen hat immer die Priorität der NATO für die Sicherheitsbetrachtungen des Landes hervorgehoben. Obwohl das Land an der ESVP teilnimmt, wird diese Dimension der EU eindeutig den transatlantischen Regeln untergeordnet. Dies war zweifellos bei der polnischen Beteiligung am Irakkrieg im Jahr 2003 der Fall, wo Polen 2.400 Mann entsandt und eine führende Nation innerhalb der Koalition, bei der Kontrolle einer der Besatzungszonen war. Mit Bezug auf die innereuropäischen Fraktionen bezüglich der Befürwortung dieses Krieges und der folgenden Krise der transatlantischen Beziehungen, versuchte Polen sein Äußerstes, um die Partnerschaft zwischen Europa und Amerika zu stärken. Nach Ansicht der regierenden polnischen Politiker ist diese Kooperation lebenswichtig, um wirkungsvolle Aktionen und Lösungen zu den globalen Herausforderungen, den Problemen und den Bedrohungen auszuarbeiten. Die amerikanische Präsenz in Europa wird außerdem als wesentlich betrachtet, da sie zur polnischen Sicherheitspolitik gehört. Die NATO bleibt die grundlegende Plattform der transatlantischen Zusammenarbeit. Es ist gleichzeitig die Grundlage der polnischen Sicherheitsstrategie. Wie oben bereits angeführt, ist dies keine Ablehnung der ESVP. Für Polen besteht kein Dilemma in der Wahl zwischen Europa und Amerika, aber es kann keine ESVP geben, welche widersprüchlich zum transatlantischen Bündnis steht. Infolgedessen möchte Polen Doppelzüngigkeit in den NATO- und ESVP - Strukturen vermeiden.

Was den Entscheidungsprozess betrifft, ist der Präsident die zentrale Figur als Staatsrepräsentant in den Außenbeziehungen und als Chef der Streitkräfte. Er arbeitet mit dem Premierminister und anderen zuständigen Ministern zusammen. Seine gesetzlichen Hauptaufgaben sind das Schützen der Souveränität, der territorialen Integrität und der Sicherheit des Landes. Als der Repräsentant des Staates bei den internationalen Beziehungen unterzeichnet er internationale Verträge nachdem er das Parlament informiert hat und ernennt und entlässt die gegenüber anderen Ländern und internationalen Organisationen bevollmächtigten Repräsentanten des Staates. Gemäß dem Artikel 146 der Verfassung ist die Regierung für die Außenpolitik verantwortlich. Sie soll die externe Sicherheit des Staates, die allgemeine Leitung der Beziehungen mit anderen Ländern und den internationalen Organisationen sicherstellen, sowie internationalen Vereinbarungen, die Bestätigung erfordern, zustimmen oder sie ablehnen. Die Minister, die für das Realisieren der Außenpolitik verantwortlich sind, sind - außer dem Premierminister - vornehmlich der Minister für äußere Angelegenheiten, der Verteidigungsminister und, insoweit Flüchtlingsahngelegenheiten betroffen sind, auch der Innenminister. Der Minister für äußere Angelegenheiten überwacht auch die außenpolitischen Denkfabriken ebenso wie die polnische Organisation für äußere Angelegenheiten in Warschau, die Organisation in Zentral-Ost-Europa und das Westinstitut in Poznan. Der Verteidigungsminister ist für eine internationale Sicherheitspolitik seitens der Regierung verantwortlich, was sich meist auf die politische Beteiligung an Sicherheitsorganisationen wie der NATO und der WEU bezieht.

Die polnische Mitgliedschaft in der EU verursachte beträchtliche Veränderungen auf dem Gebiet der Außenpolitik. Diese resultieren aus der Tatsache, dass frühere ausschließlich interne Regelungen sich jetzt auf die gesamte Gemeinschaft beziehen. Dies resultiert daraus, dass der Wirtschaftsminister, der Finanzminister und andere Mitglieder der Regierung, der Vorsitzende der Nationalbank von Polen und der Rat für Währungsangelegenheiten größeren Einfluss auf die Außenpolitik gewonnen haben. Die institutionellen Neuheiten - auch eine Konsequenz der Mitgliedschaft in der EU - umfassen auch die lokalen Verwaltungen und deren Beschlussfassung zur Außenpolitik. Folglich gibt es einige neue Organisationsinstanzen, die die Stellung Polens in der EU-Politik beeinflussen. Die wichtigste und entscheidende Instanz bleibt jedoch die Regierung.

Die wachsende Rolle nichtstaatlicher Organisationen (NGOs) in der internationalen Politik kann am polnischen Beispiel exemplarisch betrachtet werden. Der Außenminister hat einen Rat für die Zusammenarbeit mit nichtstaatlichen Organisationen gegründet, welcher die Plattform für eine Kooperation mit Gruppen auf dem Gebiet der gesellschaftlichen Diplomatie darstellt. Solche nichtstaatliche Organisationen wie die polnische humanitäre Hilfe, die Caritas oder die polnische medizinische Mission, sind die Werkzeuge zur Unterstützung der polnischen Außenpolitik und zum Aufbau eines positiven Bildes von Polen in der Welt.

Mit dem Ende des Kalten Krieges wurden der Warschauer Pakt und der RGW aufgelöst. In der Zeit des Systemumbruches, wurde der Charakter der Teilnahme Polens an den internationalen Organisationen grundlegend neu definiert. Infolgedessen wurde das Entwickeln von Beziehungen mit den internationalen Organisationen des Westens das strategische Ziel von Polens Außenpolitik. Dies wurde durch die Notwendigkeiten nationaler Sicherheit, ökonomischer und sozialer Entwicklung, sowie durch die Notwendigkeit der aktiven Teilnahme am internationalen Gemeinschaftsleben bestimmt. Die große Bedeutung der polnischen Kontakte mit Organisationen des Westens entstand auch durch die neue geopolitische Situation Polens innerhalb Europas nach dem Ende der Blockkonfrontation.

Die erste westeuropäische Organisation in die Polen eintrat war der Europarat. Auf diese Weise gewann Polen den formalen Status eines demokratischen Landes. Die Grundlage der europäischen Strategie Polens wurde die Mitgliedschaft in der EG/EU. Die wichtigsten Gründe für solch eine Entscheidung waren der erhoffte ökonomische, politische und Sicherheitsgewinn. Für Polen bedeutete das Vereinigen mit den Gemeinschaften einerseits Sicherheit und andererseits Unterstützung einer demokratischen Umwandlung. Im Frühjahr 1998 begann Polen Verhandlungen über eine EU-Mitgliedschaft zu führen. Die EU-Politik Polens hatte folgende Prioritäten: eine weitere EU-Vergrößerung durch andere europäische Länder, Verbesserung der europäischen Agrarpolitik, Vorteile aus dem Grundsatz der freien Bewegung aller Menschen zu ziehen, sich aktiv in die Diskussion der GASP einzubeziehen und eine Rolle bei der Entwicklung der europäischen Ostpolitik zu spielen.

Wenn man die Entwicklung der Zusammenarbeit Polens mit den Organisationen des Westens betrachtet, sollte die Rolle der Kontakte zu den Sicherheitsorganisationen unterstrichen werden. Das grundlegende Ziel war, Beziehungen und Zusammenarbeit mit der NATO zu entwickeln. Die polnische Diplomatie betrachtet das Bündnis als wirkungsvollste Säule der europäischen Sicherheit. Die vielen Jahre der Bemühungen um eine Mitgliedschaft trugen ihre Früchte im April 1999, als Polen zum Bündnis zugelassen wurde. Die polnische Politik in der NATO ist die Strategie der „geöffneten Türen" zu fördern, die die Unterstützung zur Öffnung des Bündnisses für neue Mitglieder bedeutet, besonders für Staaten Ostmitteleuropas, wie z.B. der Ukraine.

Abgesehen von der entscheidenden Bedeutung der Beziehungen zur EU und NATO, versucht Polen Kontakte mit anderen westlichen Organisationen, besonders auf wirtschaftlichem Gebiet, zu festigen. Im Juli 1996 wurde Polen Mitglied der OECD. Kontakte mit der EFTA wurden ebenfalls hergestellt. Nach den Veränderungen 1989 trug auch Polens Tätigkeit in der UNO einen neuen Charakter. Die Teilnahme des Landes an speziellen Organisationen, Agenturen und an Programmen der UNO wurde verstärkt. Polen nimmt auch intensiver an Operationen für den Frieden teil, und ist eines der führenden Länder was die Anzahl bereitgestellter Truppen für Friedensoperationen betrifft geworden.

Polen unterstützt aktiv den Helsinkiprozess und die OSZE-Aktivitäten. Die OSZE bleibt das bedeutende Element der kooperativen Struktur der europäischen Sicherheit. Folglich versucht die polnische Diplomatie die Organisation zu stärken. Das Büro der demokratischen Organisation und der Menschenrechte in Warschau hat die Hauptstadt Polens zu einem wichtige Zentrum der Tätigkeit auf dem Gebiet der Menschenrechte für die OSZE gemacht. Die polnische Diplomatie richtet seine Aufmerksamkeit auf das Lösen der lokalen Konflikte. Polnische Experten nahmen somit an den Missionen in Tschetschenien, Karabakh, Georgien, Mazedonien und Moldau teil. Polen unterstützte viele Initiativen zur Sicherheit und Zusammenarbeit in Europa im Rahmen der OSZE und war 1998 erfolgreich Sitz der Organisation.

Außerdem nimmt Polen an regionalen Initiativen zur Zusammenarbeit z.B. der „Gruppe Visegrád" teil, die ihre Wurzeln in der Beratung der Oppositionspolitiker vor 1989 hat und heutzutage die tschechische Republik, Ungarn, Polen und die Slowakei einbezieht. Die allgemeine Anschauung dieser Gruppe besteht darin, gemeinsame Strategien für die Probleme der Region zu entwickeln und sich über gemeinsame regionale Politik in den internationalen Foren einig zu sein. Nach intensiver Zusammenarbeit in den frühen neunziger Jahren wurden

Beratungen die Hauptintention der Gruppe, vielmehr als Sitzungen zur Entscheidungsformulierung. Entsprechend der Rivalität zwischen den Ländern der Gruppe, die um eine Mitgliedschaft in der NATO und der EU bemüht waren, begann sich die Kooperation zu vermindern. Wie auch immer, die vier Länder der Visegrád Gruppe ließen auch ein wirtschaftlich geschlossenes Kooperationsregime entstehen, die CEFTA im Jahre 1993. Außerdem zog die Perspektive der intensiven Zusammenarbeit in den unterschiedlichen Sektoren der mitteleuropäischen Märkte andere mitteleuropäische Länder an.

Seit 1991 nimmt Polen an den ZEI-Tätigkeiten teil, welche die Plattform subregionaler Beratungen von der Ostsee bis zur Adria sind. Trotz verschiedener organisatorischer und politischer Strukturen bleibt das ZEI eher ein Forum von Diskussionen und politischen Beratungen. Dennoch ist es ein sehr wichtiges Element der regionalen Zusammenarbeit in Infrastruktur-, Ökonomie- und Umweltschutzprojekten. 2003 übernahm Polen die Führung des ZEI, und zollte dem Festigen der Kooperation mit der EU besondere Aufmerksamkeit, speziell im Zusammenhang mit der EU-Erweiterung. Zusammen mit Schweden leitete Polen eine internationale Konferenz 1990 in Ronneby ein, an dem die Ostseevereinbarung angenommen wurde. Dies war der Beginn des CBSS, der Organisation zur Zusammenarbeit und Sicherheit in der Ostseeregion. In den Jahren 2004 und 2005 hatte Polen den Vorsitz in dieser Organisation. Die Prioritäten Polens in diesem Rat sind Grenz- und interregionale Zusammenarbeit, um soziale und ökonomische Entwicklung an den östlichen Grenzen der EU zu fördern.

Zusammenfassend lässt sich sagen, dass trotz der dynamischen Änderungen des internationalen Klimas, die Ziele und Grundregeln der polnischen Außenpolitik unverändert auf Erhaltung der Sicherheit, der territorialen Integrität und der Souveränität des Landes gerichtet bleiben, mit einem konsequenten polnischen Standpunkt. Die polnische Sicherheitspolitik wird durch eine enge Zusammenarbeit im Rahmen der NATO und bilaterale politische und militärische Kooperation mit den führenden Staaten der NATO bestimmt. Besondere Aufmerksamkeit wird den bilateralen Beziehungen zu den USA gezollt, welche gleichzeitig die wesentliche Verbindung des transatlantischen Bandes sind. Für Polen bleibt die NATO die entscheidende multi- und bilaterale Kooperation auf dem Gebiet der Sicherheit und der Hauptpfeiler der politischen und militärischen Stabilität in Europa. Polen wird fortfahren, ein wirkungsvolles Entscheidungsverfahren auszuarbeiten und die NATO als eine Plattform transatlantischer Zusammenarbeit zu verstärken. Eines der Tätigkeitsfelder ist die Fortsetzung der Umwandlung der Bündnisse, d.h. die Organisation auf die neuen Bedrohungen des internationalen Terrorismus und andere Bedrohungen neuer Art vorzubereiten. Polen unterstützt ausgewählte Missionen der NATO zur Stabilisierung außerhalb des eigenen Territoriums. Ein bedeutendes Thema der polnischen Diplomatie ist das konsequente Einflussnehmen für die Einbeziehung weiterer europäischer Staaten in die Sicherheitsstrukturen Europas. Besondere Aufmerksamkeit wird auf das Vertiefen der Partnerschaft Russlands zur NATO gelegt. Das Ziel ist das russische Engagement in der transatlantischen Zusammenarbeit ohne negative Einflüsse auf die Effektivität der NATO zu steigern. Polen unterstützt auch die Ukraine bei ihren euro-atlantischen Ambitionen. Polen zielt darauf ab, die Rolle der EAPC und der PfP-Programme zu stärken, wenn es die Sicherheit in Südosteuropa, im Kaukasus und Zentralasien garantiert. Das Land strebt außerdem an, die Initiativen des Bündnisses im Mittelmeer zu unterstützen.

Die Realisierung bisheriger Richtlinien der Außen- und Sicherheitsstrategien muss die neuen Herausforderungen und die globalen Bedrohungen berücksichtigen. Internationaler Terrorismus und unkontrolliertes Ausbreiten von Massenvernichtungswaffen werden als besondere Gefahren wahrgenommen. So fährt Polen fort, sich aktiv unter US-Führung am „Krieg gegen den Terror" zu beteiligen. Zusätzlich drängt Polen auf erhöhte internationale Zusammenarbeit im Kampf gegen neue globale Bedrohungen. In diesem Zusammenhang ist das Einstellen der NATO auf die neuen Aufgaben der globalen Stabilität beim gleichzeitigen Erfüllen seiner klassischen Verteidigungsaufgaben von extremer Bedeutung für Warschau. Für die Zukunft definiert Polen seine eigene Außenpolitik wie folgt: (i) der Einsatz für die Effizienz des Aufbaus des Bündnisses und die Effektivität internationaler Organisationen und internationaler Gesetze, (ii) das Einhalten der freundschaftlichen Beziehungen mit den Partnern des Landes, speziell den Nachbarstaaten, (iii) die Unterstützung des demokratischen Umwandlungsprozesses im Südosten Europas, (iv) die Teilnahme an verstärkten Steuermechanismen auf dem Gebiet der Nichtverbreitung von Massenvernichtungswaffen, (v) die Bereitschaft an Aktionen zur Erhaltung des Friedens teilzunehmen, (vi) ein Engagieren bei den internationalen Bemühungen zum Umweltschutz und (vii) die Unterstützung der Demokratie und die Förderung der Menschenrechte.

Am 1. Mai 2004 trat Polen der EU bei. Diese Aufnahme in die EU begründete einen bedeutenden Aspekt der polnischen Außenpolitik. Hauptanschauung der polnischen EU-Politik ist, im Namen seiner Staatsbürger sowie im Interesse der Gemeinschaft zu agieren. Das ist der Grund, warum Polen die Rolle der Union bei internationalen Beziehungen aktiv stärken will, um die Kooperation zwischen den Mitgliedsstaaten zu vertiefen, die Bereiche der gemeinsamen Aktivitäten zu erweitern und Instrumente gemeinsamer Politik zu entwickeln die dem Charakter der Union entsprechen. Die Priorität der polnischen EU-Politik wird die Entwicklung der östlichen Dimension der EU sein, welche das Eliminieren der Armut und anderer sozialer Probleme, verbunden mit Sicherheit in Osteuropa, anstrebt. Um die Stabilität zu erleichtern, strebt Polen nach einer dauerhaften und institutionalisierten Kooperation zwischen NATO und EU und garantiert gegenseitige Vervollständigung beider Organisationen. Polen versucht auch den europäischen Integrationsprozess zu vertiefen, zum Beispiel unternimmt es Anstrengungen dem „Schengen-Abkommen" beizutreten und hilft weiterhin bei der

Erfüllung der institutionellen und rechtlichen Notwendigkeit der EU - Mitgliedschaft.

Die globale Zusammenarbeit im Rahmen der UNO und anderen internationalen Organisationen ist ein wichtiges Element der polnischen Außenpolitik. Polen hat sich entschieden, die UN in ihrer Verantwortung zur Sicherung des Friedens und der Sicherheit stets zu unterstützen. Im Angesicht der neuen globalen Herausforderungen und Bedrohungen, verbunden mit anderen Dingen wie ökonomischer Rückständigkeit und sozialer Probleme, hebt die polnische Diplomatie die Notwendigkeit zur Anpassung der UNO an die neuen Umstände und die Überwindung der offensichtlichen Schwächen, besonders während der kürzlichen Irak-Krise, hervor. Die polnischen Aktivitäten in der UN sind auch auf die Verbesserung der Richtlinien von internationalen Gesetzen gerichtet, so dass sie effektive Instrumente zur Bewältigung neuer Herausforderungen wie internationalem Terrorismus, Verbreitung von Massenvernichtungswaffen und dem Phänomen des „Zerfalls von Staaten" sein können. Außerdem fährt Polen damit fort, an UNO-Missionen teilzunehmen.

Polen wird auch sein Engagement in der OSZE, im europäischen Rat, in der OECD und anderen multilateralen Organisationen und Institutionen fortsetzen. Diese Aktivitäten werden in der weitreichenden und praktischen regionalen und sub-regionalen Zusammenarbeit mit allen Ländern die sich verpflichteten, Sicherheit und Stabilität in Europa und auf der ganzen Welt zu garantieren Ausdruck finden. Natürlich wird sich die polnische Außenpolitik auch auf regionale Zusammenarbeit konzentrieren. Erhöhte Aufmerksamkeit wird den guten nachbarschaftlichen Beziehungen und ausgedehnter bilateraler Zusammenarbeit entgegengebracht. Russland, Weißrussland und die Ukraine werden Orte des speziellen Interesses bleiben.

LITERATUR (VERWENDETE & WEITERFÜHRENDE)

Allen, Debra J.: The Oder-Neisse Line: The United States, Poland, and Germany in the Cold War. Westport (2003).

Blazyca, George/ Rapacki, Ryszard: Poland Into the New Millennium. Cheltenham 2001.

Biskupski, M.B.B.: Ideology, Politics, and Diplomacy in East Central Europe. Rochester 2003.

Cordell, Karl: Poland and the European Union. London 2000.

Karkoszka, Andrzej: Poland. in: Gießmann, Hans J./ Gustenau, Gustav E. (Hrsg.): Security Handbook 2004: The Twin Enlargement of NATO and EU. Baden-Baden 2004.

Michta, Andrew A.: America's New Allies: Poland, Hungary and the Czech Republic in NATO. Seattle 1999.

Prizel, Ilya/ Michta, Andrew A.: Polish Foreign Policy Reconsidered: Challenges of Independence. Basingstoke 1995.

Spero, Joshua B.: Bridging the European Union. Warschau 2004.

Stemplowski, Ryszard: Prospects for EU-US Relationship. Warschau 2001.

Zaborowski, Marcin/ Dunn, David H.: Poland: A New Power in Transatlantic Security. London 2003

PORTUGAL

Andreas Baumer

Historische Grunddaten

1910	Ausrufung der Republik
1916-1918	Teilnahme am Ersten Weltkrieg auf Seiten der Entente
1926-1974	Diktatur unter Salazar und Caetano
1949	Beitritt NATO
1955	Beitritt UN
1961	Beitritt OECD
1973	Beitritt OSZE
1974	"Nelkenrevolution" führt zum Ende der Diktatur
1974-1975	Unabhängigkeit der portugiesischen Kolonien
1976	Beitritt Europarat
1986	Beitritt Europäische Gemeinschaft
1995	Beitritt WTO
2002	Einführung des Euro

Länderdaten

Name: República Portuguesa/ Republik Portugal, **Hauptstadt:** Lisboa/ Lissabon (564.657 Einwohner (2006)), **Regierungsform:** Republik (seit 1910), **Größe:** 92.345km^2, **Einwohnerzahl:** 10.642.836 (2007), Landessprache: Portugiesisch, **BSP pro Kopf:** 19.100 USD (2006), **Mitgliedschaft in Europäischen Organisationen:** CERN, EAPC, EBRD, ECE, EIB, ESA, EU, Europarat, OSZE, WEAG, WEU, WWU, **Mitgliedschaft in Internationalen Organisationen:** NATO, OECD, UN, WTO

Bestimmungsfaktoren Außenpolitik

Die geopolitische Lage war bis weit in die zweite Hälfte des 20. Jahrhunderts hinein der bestimmende Faktor für die Außenpolitik Portugals. Für das kleine Land an der Peripherie Europas, eingekeilt zwischen dem mächtigen Nachbarn Spanien und der Weite des Ozeans, war die atlantische Expansion seit Jahrhunderten die einzige Alternative zur Sicherung der notwendigen politischen, ökonomischen und geostrategischen Ressourcen, die für den Erhalt der Staatlichkeit nötig waren. Dies änderte sich erst mit dem Verlust der afrikanischen Besitzungen, der Demokratisierung und der Integration in die Europäische Gemeinschaft. Ab diesem Zeitpunkt wurde Europa zum wesentlichen Bezugspunkt der portugiesischen Außenpolitik, wenngleich sich das Land bis heute eine ausgeprägte atlantische Orientierung erhalten hat.

Für die Entwicklung der modernen portugiesischen Außenpolitik kann das Jahr 1890 als Zäsur angesehen werden. In diesem Jahr wurde Portugal durch das so genannte *Britische Ultimatum* dazu gezwungen, endgültig auf seine Expansionspläne im südlichen Afrika zu verzichten und sich auf die effektive Inbesitznahme seiner Kolonien zu konzentrieren, wie es von der Berliner Afrikakonferenz 1885 als neues Prinzip für die Legitimität kolonialer Besitzansprüche formuliert worden war. Das portugiesische Expansionsprojekt hatte vorgesehen, die Territorien von Mosambik und Angola miteinander zu verbinden – und war damit in Konflikt mit den britischen Interessen geraten. Großbritannien zwang seinen Verbündeten Portugal mit dem genannten Ultimatum, diese Pläne aufzugeben und sich aus den umstrittenen Gebieten zurückzuziehen. Die Folgen dieser demütigenden Niederlage waren enorm: Innenpolitisch wurde damit der Niedergang der maroden Monarchie eingeleitet. Außenpolitisch führten diese Entwicklungen zur endgültigen Festlegung der Grenzen der portugiesischen Gebiete in Afrika, wie sie bis zur Dekolonisierung Bestand hatten. Und unter ideologischen Aspekten resultierte aus ihr die nationalistische Überhöhung der *afrikanischen Bestimmung* Portugals, die den kolonialen Diskurs bis zum Ende des portugiesischen Kolonialreichs prägen sollte.

Ab diesem Zeitpunkt entwickelte sich die portugiesische Außenpolitik entlang zweier Achsen: In der europäischen Dimension, insbesondere bei dem Versuch, das labile geostrategische Gleichgewicht auf der iberischen Halbinsel aufrechtzuerhalten und sich vor den latenten annexionistischen Ambitionen Spaniens zu schützen, setzte Portugal trotz der traumatischen Erfahrungen in Afrika weiterhin auf die Allianz mit Großbritannien. Im Vertrag von Windsor 1899 wurde die Wiederannäherung bekräftigt – gefördert nicht zuletzt durch die strategische Bedeutung, die die portugiesischen Kolonien während des Burenkrieges für das Vereinigte Königreich bekommen hatten. Die zweite außenpolitische Achse wurde durch die Orientierung auf die afrikanischen Besitztümer gebildet.

Im Oktober 1910 fand mit der republikanischen Revolution die lange Agonie der portugiesischen Monarchie ihr Ende. An der außenpolitischen Orientierung des Landes änderte die Errichtung der ersten portugiesischen Republik wenig. Zwar war die PRP (*Partido Republicano Português*), die die Macht übernahm, extrem nationalistisch und aufgrund der Erinnerung an das *Britische Ultimatum* anglophob, jedoch gleichzeitig vor allem damit beschäftigt, Portugals außenpolitische Isolierung zu überwinden. Die Außenpolitik des republikanischen Portugals blieb auf die Allianz mit Großbritannien und auf die Kolonien in Afrika ausgerichtet.

Im März 1916 trat Portugal auf der Seite der Entente in den ersten Weltkrieg ein. Portugiesische Truppen kämpften insbesondere im Stellungskrieg an der Westfront. Es waren wohl drei strategische Kalküle, die der freiwilligen Beteiligung Portugals an dem großen Europäischen Krieg zugrunde lagen. Zum einen sah Portugal seine Kolonien durch das deutsche Kaiserreich bedroht, ein Kriegseintritt auf der Seite Englands sollte die afrikanischen Besitztümer sichern. Schutz von Großbritannien versprach sich Portugal auch gegenüber Spanien und der latente Bedrohung durch eine möglich Annexion, die angesichts der feindseligen Haltung der spanischen Monarchie gegenüber der portugiesischen Republik noch drängender geworden war. Mit Blick auf die spanische Neutralität sollten so die spanisch-britischen Beziehungen zugunsten der portugiesisch-britischen Allianz geschwächt werden. Das dritte Kalkül war innenpolitischer Natur: Die Beteiligung am großen Krieg sollte die zerrissene portugiesische Gesellschaft vereinen und so zur Konsolidierung des fragilen republikanischen Regimes beitragen. Zumindest die letzte Intention verkehrte sich in ihr Gegenteil: Die politischen und gesellschaftlichen Spannungen wurden durch die Beteiligung am Krieg noch verstärkt und führten zur Errichtung der Diktatur von Sidónio Pais im Dezember 1917. Erst nach dessen Ermordung, dem Zusammenbruch der Diktatur und demokratischen Wahlen konnte 1919 die demokratische Verfassung von 1911 wieder in Kraft gesetzt werden.

Bei der Gestaltung der europäischen Nachkriegsordnung spielte Portugal trotz seiner Kriegsbeteiligung eine untergeordnete Rolle. Portugals Wunsch nach einem Sitz im Rat des Völkerbunds wurde nicht berücksichtigt, was für die portugiesische Diplomatie umso bitterer war, als dass das Nachbarland Spanien, das im Krieg neutral geblieben war, zumindest einen nichtständigen Sitz erlangen konnte. Trotzdem war der Völkerbund für Portugal wie für viele kleinere Staaten ein wichtiges Forum, die multilateralen Beziehungen auszubauen und zu diversifizieren.

Als die demokratische Republik im Mai 1926 durch eine Militärdiktatur abgelöst wurde, brachte dies erst einmal keine Veränderungen der außenpolitischen Orientierung mit sich.Erst mit dem Aufbau des *Estado Novo* (Neuer Staat) durch António de Oliveira Salazar ab 1932 sollte sich dies ändern.

Das außenpolitische Programm dieses protofaschistischen Regimes lässt sich unter folgenden Aspekten zusammenfassen: Salazar bekräftigte die atlantische Orientierung Portugals und bemühte sich um Distanz zu den kontinentalen Angelegenheiten und hier besonders zum Völkerbund, den er auch aus politischen Gründen ablehnte. Die Allianz mit Großbritannien wurde ausgebaut. An die Stelle der ewigen Konkurrenz zu Spanien trat eine Politik der *iberischen Freundschaft*, befördert durch den Sieg der nationalen Bewegung unter General Francisco Franco im spanischen Bürgerkrieg (1936-1939). Und schließlich wurde die Bedeutung des kolonialen Projekts in Afrika noch stärker als bisher hervorgehoben.

Auf der Grundlage dieser strategischen Optionen entwickelte Salazar persönlich – zwischen 1936 und 1947 vereinte er die Ämter des Premier- und des Außenministers – die portugiesische Außenpolitik. Er förderte den Aufstand der Generäle gegen die spanische Republik und die nationale Seite im darauf folgenden Bürgerkrieg, stets jedoch diskret genug, um keine Konfrontation mit Großbritannien zu riskieren – was ohnehin ein geringes Risiko darstellte, wurde doch die britische Sympathie für Franco mit Fortschreiten des Krieges immer manifester. Das salazaristische Portugal unterstützte die spanische Putschistenarmee logistisch und ermöglichte die Rekrutierung von Freiwilligen, die als *viriatos* (nach dem lusitanischen Freiheitshelden Viriatus) auf der nationalen Seite im Bürgerkrieg kämpften. Am Ende des Bürgerkrieges wurde diese Solidarität mit dem Luso-Spanischen Freundschafts- und Nichtangriffspakt, oder auch Iberischer Pakt, besiegelt.

Während der ersten Jahre des zweiten Weltkriegs lag das außenpolitische Hauptinteresse Portugals darin, die eigene Neutralität zu bewahren und den neuen Verbündeten Spanien von einem Kriegseintritt auf Seite der Achsenmächte abzuhalten, wohl wissend um die potentiellen Folgen einer solchen Entwicklung für die iberische Halbinsel. Mit beiden Zielen war das salazaristische Regime erfolgreich. Spanien blieb neutrale bzw. nicht Krieg führende Macht; Portugal hielt seine enge Allianz mit Großbritannien aufrecht, was das Regime im übrigen nicht daran hinderte, gute Geschäfte mit den Achsenmächten zu machen.

Als sich 1943 die große Wende des Krieges abzeichnete, suchte Salazar engeren Kontakt zu den Alliierten und legte so die Grundlage für das Überleben des Regimes und die Beteiligung Portugals an der Gründung der NATO. 1943 konnte Großbritannien einen militärischen Stützpunkt auf den Azoren einrichten, 1944 folgten die USA. Die strategische Lage der portugiesischen Inselgruppe machte das autoritäre Salazar-Regime nicht nur zum gefragten Verbündeten im Kampf gegen Nazi-Deutschland, sondern auch im bald einsetzenden Kalten Krieg. Wie das ebenfalls autoritär regierte Spanien blieb so auch Portugal von der Befreiung Europas ausgenommen – zum großen Entsetzen der demokratischen Oppositionen beider Länder im Inneren und im Exil.

Auch wenn der *Estado Novo* die Demokratisierungswelle nach 1945 überstand, erlebte Portugal in den Nachkriegsjahren eine Phase der internationalen Isolierung. Das Land blieb von der Gründung der Vereinten Nationen genauso ausgeschlossen wie von der Konstituierung des Europarats. Doch die geostrategische Lage Portugals, insbesondere der Azoren, war im Kontext des aufziehenden Kalten Krieges zu bedeutend, um das Regime dauerhaft zu isolieren. Die Reintegration des autoritär regierten Landes in die internationale Staatengemeinschaft erfolgte sogar noch schneller als im Falle Spaniens. Die Stationen waren die Teilnahme an der zweiten Phase des Marshall Plans 1948/49 und, damit einher gehend, die Aufnahme in die OEEC, der Vorläuferorganisation der OECD, ein bilaterales Militärabkommen mit den USA 1948, die Gründungsmitgliedschaft in der NATO 1949 und schließlich die Vollmitgliedschaft in den Vereinten Nationen 1955.

Die außenpolitische Orientierung des *Estado Novo* vom Ende des Zweiten Weltkriegs bis zu seinem Zusammenbruch lässt sich unter drei Aspekten zusammenfassen: 1. Stärkung der atlantischen Dimension; 2. Distanz zu Europa; 3. Verteidigung der Kolonien. Diese drei Aspekte bestimmten die portugiesische Außenpolitik bis zur demokratischen Transition 1974; der letztere – die unbedingte Verteidigung der Kolonien – trug wesentlich zum Ende des autoritären Regimes bei.

Die Stärkung der atlantischen Dimension kann unter mehreren Gesichtspunkten gefasst werden. Zum einen verabschiedete sich Salazar unter den Bedingungen des Kalten Krieges widerstrebend von der während des Zweiten Weltkrieges zumindest formal aufrechterhaltenen Neutralität, um Portugal in die atlantische Allianz zu führen. Zum anderen übernahmen die USA die Rolle der maritimen atlantischen Schutzmacht, wie sie zuvor über lange Zeit von Großbritannien ausgefüllt worden war. Insbesondere die Unterzeichnung des Abkommen über wechselseitige Hilfe und Verteidigung von 1951, in dem die USA die Nutzungsrechte für den Luftwaffenstützpunkt Lajes auf den Azoren übertragen bekamen, machten die USA zum wichtigsten Verbündeten Portugals. Diese enge strategische Partnerschaft überdauerte auch die Etappe der ideologischen Konfrontation in den sechziger Jahren, als sich Portugal verstärkt amerikanischem Druck wegen seiner Kolonialpolitik ausgesetzt sah. Eng verbunden mit der von Salazar als gleichsam schicksalhaft beschworenen *atlantischen Bestimmung* Portugals war die Distanz zu Europa, die sich vor allem in der Ablehnung des europäischen Integrationsprozesses manifestierte. Dessen supranationale Zielsetzungen mussten einem Land, das sich seit jeher einer kontinentalen Bedrohung der eigenen staatlichen Unabhängigkeit ausgesetzt sah, zutiefst suspekt erscheinen. Letztlich orientierte sich Portugal in seiner Europapolitik allerdings an seinem alten Verbündeten in Europa, dem Vereinigten Königreich. Portugal war Gründungsmitglied der EFTA und stellte nach dem europapolitischen Kurswechsel Großbritanniens 1961 einen Antrag auf ein Assoziierungsabkommen mit der EWG, das

1962 unterzeichnet wurde. Zehn Jahre später schlossen Portugal und die EG ein Handelsabkommen.

Die zentrale Dimension der Außenpolitik des *Estado Novo* war in der Politik gegenüber den Kolonien, insbesondere den afrikanischen Gebieten, zu verorten. Das wichtigste Anliegen der portugiesischen Außenpolitik in den Jahren nach 1945 war die Sicherung seiner Kolonien – in einem historischen Moment, in dem das koloniale Zeitalter definitiv zu Ende ging und sich in den UN eine breite antikoloniale Mehrheit formierte. Die erste große Herausforderung des portugiesischen Kolonialreichs kam denn auch von dem gerade unabhängig gewordenen Indien, das 1950 die Souveränität über Goa, Damão und Diu beanspruchte und – nachdem Portugal keinerlei Verhandlungsbereitschaft zeigte – 1961 in die Gebiete einmarschierte.

Bezüglich der afrikanischen Kolonien – der Mittelpunkt des portugiesischen Kolonialimperiums – hatte das Regime schon 1951 den wachsenden internationalen Druck antizipiert und die Gebiete zu überseeischen Territorien und damit zu integralen Bestandteilen des portugiesischen Staatsgebietes erhoben. Gestützt auf das ideologische Konzept des *luso-tropicalismo* definierte der *Estado Novo* Portugal als eine multikontinentale und multiethnische Nation und wies so Forderungen nach Dekolonisierung zurück. Weder die internationale Gemeinschaft noch die Bevölkerung in den Kolonien wollten sich jedoch dieser Interpretation anschließen. 1961 begann der antikoloniale Befreiungskrieg in Angola und bald darauf in Guinea-Bissau und Mosambik. Wie schon bei der Invasion Goas und der anderen Gebiete in Indien blieben die USA und die übrigen NATO-Verbündeten tatenlos, während große Teile der Staatengemeinschaft die antikolonialen Befreiungsbewegungen mit Sympathie betrachteten.

International immer weiter isoliert, verstrickten sich Salazar und sein Nachfolger Marcello Caetano (1968-1974) in blutige Kolonialkriege, die das Land politisch, gesellschaftlich und ökonomisch immer stärker belasteten und schließlich den Auslöser für den Sturz des Regimes bildeten.

Die in der *Bewegung der Streitkräfte* (*Movimento das Forças Armadas* – MFA) organisierten Offiziere, die am 25. April 1974 in der so genannten *Nelkenrevolution* gegen das Regime putschten, kämpften in der Kolonialarmee und hatten sich auch aus Gegnerschaft zu den Kriegen in Afrika zum Aufstand entschlossen. Mit der *Nelkenrevolution* setzte ein Transitionsprozess ein, der nach zwei turbulenten Jahren mit der Errichtung einer parlamentarischen Demokratie endete. Dieser Prozess war durch massive politische und soziale Auseinandersetzungen geprägt, die das Land an den Rand einer sozialistischen Revolution und eines Bürgerkriegs führten. Der erbitterte Kampf um die Orientierung des Demokratisierungsprozesses spiegelte sich auch in der Außenpolitik wieder.

Das Programm der MFA kreiste um die drei „großen *D*", Demokratisierung, Dekolonisierung und *desenvolvimento* (Entwicklung). Für die Außenpolitik Portugals in der Transitionsphase wurde die Frage der Dekolonisierung zu einer zentralen Konfliktlinie. Hatte der anfängliche Führer der MFA, General António Spínola, eine föderale Lösung im Sinne eines portugiesischen Commonwealth propagiert, so führte die Dynamik des politischen Prozesses schnell zu einer Radikalisierung der Positionen. Die linken Kräfte innerhalb der MFA, die für eine sofortige Dekolonisierung eintraten, gewannen die Oberhand. Zwischen Sommer 1974 und Herbst 1975 wurden mit den Befreiungsbewegungen in allen afrikanischen Kolonien Verträge über die Unabhängigkeit unterzeichnet. In Osttimor wurde die Dekolonisierung durch den Einfall der indonesischen Truppen unterbrochen. Eine Folge der abrupten Dekolonisierung in Angola und Mosambik war das Aufflammen der Rivalitäten unter den verschiedenen Organisationen der Befreiungsbewegungen, das in beiden Fällen in blutige Bürgerkriege mündete.

Auch die übrige außenpolitische Orientierung Portugals in der turbulenten Transitionsphase folgte den Konfliktlinien zwischen den unterschiedlichen Kräften innerhalb der MFA und der gesamten demokratischen Opposition. Die gemäßigten Teile um den Sozialisten Mário Soares traten für eine Bestätigung der Westbindung und eine Hinwendung zu Europa ein, während die mächtige Kommunistische Partei und die linkspopulistischen Teile der MFA eine stärkere Orientierung an *fortschrittlichen* Regimen der Dritten Welt und an der Sowjetunion anstrebten. Angesichts des Linksrucks im Verlauf des Jahres 1975 wurde in Washington und anderen Hauptstädten der NATO-Mitgliedsstaaten schon an Szenarien gearbeitet, wie mit einem kommunistisch regierten Portugal zu verfahren sei. Die USA und viele westeuropäische Länder, insbesondere die Bundesrepublik, unternahmen enorme Anstrengungen, um die gemäßigten Kräfte in Portugal zu stärken und den Einfluss der Kommunisten zurückzudrängen – mit Erfolg.

Mit dem Machtverlust der Kommunisten im Herbst 1975, der Verabschiedung der Verfassung und der Einsetzung der ersten konstitutionellen Regierung unter Mário Soares 1976 kann auch die Etappe der außenpolitischen Unabwägbarkeiten als abgeschlossen betrachtet werden. Jetzt begannen die Regierungen des demokratischen Portugals damit, die außenpolitische Neuorientierung des Landes vorzunehmen. Zum ersten Mal in der Geschichte des modernen Portugals kann dabei von einem echten Richtungswechsel gesprochen werden. Durch den Verlust seines Kolonialreiches der atlantischen Dimension seiner außenpolitischen Aktionsbereiche größtenteils beraubt, wendete sich Portugal nach Europa. Die europäische Integration wurde fortan zum wichtigsten außenpolitischen Bezugsrahmen des demokratischen Portugals.

In der Phase der demokratischen Konsolidierung spielte die eindeutige außenpolitische Entscheidung für Westintegration und Hinwendung zu Europa eine wichtige Rolle bei der Stabilisierung der Demokratie. Portugal bekräftige seine Bündnisverpflichtungen gegenüber der NATO und den USA und setzte gleichzeitig auf eine Mitgliedschaft in der Europäischen Gemeinschaft. Im Mai 1977 stellte die portugiesische Regierung einen Beitrittsantrag. Am 1. Januar 1986 trat das Land nach einem langen und komplexen Verhandlungsprozess gemeinsam mit Spanien der Europäischen Gemeinschaft bei.

Innerhalb der EG/EU profilierte sich Portugal als ein Mitgliedsland, das – anders als Spanien – keinen besonderen Protagonismus bei der Vorantreibung der Integration entwickelte, sich aber auch nicht bei der Bewahrung von Souveränitätsrechten profilierte. Portugal konnte erheblich von den Transferleistungen aus den Struktur- und Kohäsionsfonds der EU profitieren. 2004 machten die Nettotransferzahlungen 2,37% des portugiesischen BSP aus. Nur Griechenland erreichte mit 2,52% einen noch höheren Anteil. Portugal qualifizierte sich trotz einer schwierigen ökonomischen Situation für die Teilnahme an der Währungsunion. In der Prodi-Kommission (1999-2004) besetzte der Portugiese António Vitorino das bedeutsame Amt des Kommissars für Justiz und Inneres. Mit José Manuel Durão Barroso steht seit 2004 ein Portugiese an der Spitze der Europäischen Kommission. Im ersten Halbjahr 2000 hatte Portugal die Ratspräsidentschaft inne und engagierte sich insbesondere für den Aufbau einer europäischen Sicherheits- und Verteidigungsstruktur.

Europa ist seit nunmehr 20 Jahren der wichtigste außenpolitische Bezugsrahmen Portugals. Dennoch hat sich das Land auch nach dem Verlust der Kolonien eine atlantische Dimension der Außenpolitik erhalten bzw. in den letzten zehn Jahren verstärkt geschaffen. Zum einen gehört dazu die traditionell enge Bindung an die USA. Zum anderen spielen hierbei die Beziehungen zu den ehemaligen Kolonien eine bedeutsame Rolle. Portugal intensivierte seine diplomatischen Beziehungen zu den PALOP-Staaten (*Países Africanos de Língua Oficial Portuguesa* – Afrikanische Staaten portugiesischer Sprache) und zu Brasilien. Einen besonderen Stellenwert in der Rekonstruktion der Beziehungen zu den ehemaligen Kolonien nimmt die 1996 gegründete *Comunidade dos Países de Língua Portuguesa* (Gemeinschaft der Länder portugiesischer Sprache – CPLP) ein. Zu dieser Organisation gehören neben Portugal die ehemaligen Kolonien Angola, Brasilien, Kapverden, Guinea-Bissau, Mosambik, São Tomé e Príncipe sowie, seit seiner Unabhängigkeit 2002, Ost-Timor. Die CPLP wurde als Forum der politischen, ökonomischen und kulturellen Zusammenarbeit gegründet und soll zur weltweiten Stärkung der portugiesischen Sprache beitragen. Aus der Perspektive der portugiesischen Außenpolitik dient die CPLP neben der Erschließung alternativer Märkte auch dazu, durch die Betonung der besonderen Beziehungen zu den lusophonen Ländern das spezifische Gewicht Portugals im Kontext der Gemeinsamen Europäischen Außenpolitik zu stärken.

AUßENPOLITISCHE ENTSCHEIDUNGSPROZESSE UND AKTEURE

Das politische System Portugals hat sich durch die Verfassungsrevision von 1982 von einem semi-präsidentiellen zu einem parlamentarischen Regierungssystem entwickelt. Der Staatspräsident (seit 2006 der Konservative Aníbal Cavaco Silva) hat keine exekutiven Kompetenzen, ist jedoch oberster Repräsentant des Staates, auch nach außen. Der außenpolitische Entscheidungsprozess wird durch den Premierminister (seit 2005 der Sozialist José Sócrates) bestimmt. Das Außenministerium ist für die Umsetzung der außenpolitischen Entscheidungen zuständig und koordiniert auch die Entwicklungszusammenarbeit. Diese umfasste 2005 rund 367 Millionen US-Dollar, was einem Anteil von 0,21% am BSP entspricht. (OECD 2006) Die auswärtige Kulturpolitik wird von dem *Instituto Camões*, vergleichbar mit dem deutschen Goethe-Institut, durchgeführt.

SICHERHEITSPOLITIK UND TERRORISMUS

Bis in die erste Hälfte des 20. Jahrhunderts hinein wurde in Portugal die Bedrohung durch den spanischen Annexionismus als die größte sicherheitspolitische Herausforderung wahrgenommen. Auch diese Konstellation hat sich durch die Demokratisierungsprozesse in beiden Ländern grundlegend verändert. Seit dem spanischen NATO-Beitritt 1982 gehören beide Länder dem atlantischen Bündnis an. Im Rahmen der GASP und ESVP kooperieren Portugal und Spanien auf europäischer Ebene. Aus der Jahrhunderte währenden Konkurrenz entwickelte sich eine enge Kooperation.

Sicherheitspolitisch orientiert sich Portugal seit Gründung der NATO an den USA. Nach den Anschlägen vom 11. September 2001 stellte sich das Land demonstrativ auf die Seite der USA. Es entsprach der atlantischen Orientierung der portugiesischen Außenpolitik, aber auch den politischen Positionen der damaligen konservativ-rechtsnationalistischen Regierungskoalition unter José Manuel Durão Barroso, dass sich Portugal in die Koalition der Willigen einreihte und den Krieg der USA gegen den Irak politisch unterstützte. Die Parteinahme für die USA führte erstmals zum Bruch des außenpolitischen Konsenses der beiden großen portugiesischen Volksparteien. Die oppositionelle *Partido Socialista* (PS) lehnte die Unterstützung des Krieges strikt ab, während die konservative *Partido Social-Democrata* (PSD) von Premierminister Barroso den engen Schulterschluss mit den USA verteidigte. Portugal beteiligte sich an der Intervention nicht mit eigenen Streitkräften, entsandte aber ein Kontingent von 130 Polizisten der *Guarda Nacional Republicana* (GNR), das planmäßig nach den Wahlen im Irak im Februar 2005 abgezogen wurde.

Perspektiven der zukünftigen Außenpolitik

Portugal hat seit dem Ende des autoritären Regimes einen beispiellosen politischen, sozialen und ökonomischen Entwicklungsprozess hinter sich gebracht. Die konsequent verfolgte Westintegration und die Einbindung in den europäischen Integrationsprozess haben zu dieser Entwicklung im außenpolitischen Bereich beigetragen. Mit der Verbesserung der Beziehungen zu seinen ehemaligen Kolonien und Afrika, Lateinamerika und Asien hat Portugal begonnen, ein stärkeres außenpolitisches Profil zu entwickeln. Das portugiesische Engagement für den Friedensprozess in Angola und für die Unabhängigkeit Ost-Timors deutet darauf hin, dass Portugal bereit ist, eine gewisse Verantwortung für die Konsequenzen seiner Kolonialpolitik und der katastrophal verlaufenen Dekolonisierung zu übernehmen. Damit wären für die ehemalige Kolonialmacht gute Vorrausetzungen geschaffen, innerhalb einer europäischen Außenpolitik gegenüber den lusophonen Ländern einen größeren Protagonismus zu entwickeln. Der portugiesischen Position innerhalb der EU wäre dies sicherlich förderlich. Denn durch die letzte Erweiterungsrunde der EU ist Portugal noch weiter an die Peripherie des vereinten Europas gerückt.

Literatur (verwendete & weiterführende)

Almeida, João Marques de (1994) Portuguese Security Policy. Between Geopolitical Culture and Institutional Commitment (Lissabon, IEEI)

Almeida, João Marques de (2004) A Encruzilhada. Portugal, a Europa e os Estados Unidos (Lissabon, Bertrand Editora)

Baumer, Andreas (2002) ‘Portas' Populismus’ in: Blätter für deutsche und internationale Politik 11/2002. S. 1300-1304.

Beichelt, Timm (2004) Die Europäische Union nach der Osterweiterung (Wiesbaden, Verlag für Sozialwissenschaften)

Bornhorst, Fabian (1997) ‚Der internationale Kontext der Demokratisierung in Protugal: die Außenpolitik eines kleinen Landes mit großer Geschichte am Rande Europas’ in: Briesemeister, Dietrich, Schöneberger, Axel (Hg.) Portugal heute, Politik, Wirtschaft, Kultur (Frankfurt/Main, Vervuert), S. 247-288.

Briesemeister, Dietrich (1997) ‚Der Estado Novo des António de Oliveira Salazar’ in: Briesemeister, Dietrich, Schöneberger, Axel (Hg.) Portugal heute, Politik, Wirtschaft, Kultur (Frankfurt/Main, Vervuert), S. 159-180.

Europäische Kommission (2005) Aufteilung der EU-Ausgaben 204 nach Mitgliedsstaaten. Brüssel: http://ec.europa.eu/budget/library/documents/ revenue_expenditure/agenda_2000/allocrep_2004_de.pdf

Lamego, José (1999) 'A Emergencia da CPLP e as suas Consequências' in: José Medeiros Ferreira (Hg.) Política Externa e política de Defesa do Portugal Democrático (Lissabon, Edições Colibri, Fundação Mário Soares), S. 87-93.

Merkel, Wolfgang/Stiehl, Volker (2003) ‚Das politische System Portugals' in: Wolfgang Ismayr (Hg.) Die politischen Systeme Westeuropas. 3. Aufl. (Opladen, Leske und Budrich), S. 651-686.

OECD (2006) http://www.oecd.org/document/51/0,2340,en_2649_33721_36570483_1_1_1_1,00.html

Pinto, António Costa (1997) 'Der Zusammenbruch der portugiesischen Demokratie in der Zwischenkriegszeit' in António Costa Pinto (Hg.) Vom Ständestaat zur Demokratie. Portugal im 20. Jahrhundert (München, R. Oldenburg Verlag), S. 13-36.

Teixeira, Nuno Severiano (1998) ‚Between Africa and Europe: Portuguese Foreign Policy, 1890-1986' in: António Costa Pinto (Hg.) Modern Portugal (Palo Alto, The Society for the Promotion of Science and Scholarship), S. 60-87.

RUMÄNIEN

Miran Komac

Historische Grunddaten

1859-1862	Gründung Rumänien
1878	Bestätigung der Unabhängigkeit
1916-1918	Teilnahme am Ersten Weltkrieg auf Seiten der Entente
1918	Vereinigung mit Moldau (Bessarabien)
1940	Rumänien verliert Moldau und die Nord-Bukowina an die UdSSR, Siebenbürgen an Ungarn und die Dobrudža an Bulgarien
1941-1944	Teilnahme am Zweiten Weltkrieg auf Seiten der Achsenmächte
1944	Kriegserklärung an Deutschland, Einmarsch sowjetischer Truppen
1947	Rumänien wird Volksrepublik
1949-1991	Mitglied im RGW
1955	Beitritt UN
1955-1991	Mitglied Warschauer Pakt
1958	russische Truppen verlassen endgültig das Land
1973	Beitritt OSZE
1989	Sturz Ceauşescus, Demokratisierung Rumäniens
1993	Beitritt Europarat
1995	Beitritt WTO
2004	Beitritt NATO
2007	Beitritt Europäische Union

LÄNDERDATEN

Name: România/ Rumänien, **Hauptstadt:** Bucureşti/ Bukarest (1.924.959 Einwohner (2005)), **Regierungsform:** Republik (seit 1991), **Größe:** 238.391km^2, **Einwohnerzahl:** 22.276.056 (2007), **Landessprache:** Rumänisch, **BSP pro Kopf:** 8.800 USD (2006), **Mitgliedschaft in Europäischen Organisationen:** BSEC, CEI, CEFTA, EAPC, EBRD, ECE, EU, Europarat, OSZE, PfP, WEU, (assoziiert), **Mitgliedschaft in Internationalen Organisationen:** NATO, UN, WTO

***

„Die Geschichte der Rumänischen Diplomatie ist reich und stolz. Viele Jahrhunderte der türkischen Dominanz haben das rumänische Volk gelehrt, die feineren Nuancen der Diplomatie unter größeren Mächten zu verstehen und jegliche Möglichkeit der Autonomie aus der eng verknüpften Kontrolle zu extrahieren", schrieb Braun in seinem inspirierenden Werk über die rumänische Außenpolitik. Entsprechend haben der richtige Einsatz zur richtigen Zeit, die Geographie und die Inspiration der rumänischen Staatsoberhäupter den Kurs der rumänischen Außenpolitik bestimmt. Entstanden als ein multiethnischer Staat in den Nachwehen des Ersten Weltkrieges zwischen Balkan und UdSSR trieb Rumänien dazu, sich verschiedene außenpolitische Optionen offen zu halten. Um Rumäniens Integrität zu beschützen und eine zu einseitige Abhängigkeit von einer Großmacht zu verhindern, bestanden Rumäniens Bestreben stets aus einer multilateralen Außenpolitik. Die Zeit unter Ceauşescu zeigt die am stärksten ausgeprägten Versuche in dieser Richtung, und nach der Revolution 1989 engagierte sich auch die Administration unter Iliescu in ähnlichen Bemühungen. Während der relative Erfolg solcher Bemühungen umstritten bleibt, registrieren wir einen expliziteren rumänischen Schwerpunkt auf die Verbindung mit dem Westen. Es ist nicht überraschend, dass kleine Staaten das Gefühl haben, sich den verschobenen Dimensionen der globalen Politik beugen zu müssen. Unter Berücksichtigung dieser Aspekte soll einleitent ein Überblick über die rumänische Außenpolitik unter Ceauşescus Führung gegeben werden.

Die Suche nach Multilateralismus spielt eine entscheidende Rolle in der Rumänischen Außenpolitik zu Zeiten des Kalten Krieges. Rumänien erklärt sich selbst zu einer „Multilateral Begründeten Sozialistischen Gesellschaft" (MDSS - „Multilaterally Developed Socialist Society"), wodurch es möglich war, weiterhin westliche Interessen zu verfolgen und dem Westen eine wirtschaftliche Kooperation mit Bukarest zu ermöglichen. Das Land war formell ein Teil des Ostblocks, und daher auch in der militärischen Allianz mit der UdSSR und anderen Mitgliedstaaten des Warschauer Paktes. Als ein Mitglied des RGW war die Wirtschaftspolitik Rumäniens von sozialistischen Leitlinien und Zielen geprägt. Trotz allem brachte diese strenge Order und die Verweigerungshaltung der rumänischen Führung, sowie die gespaltenen Arbeitsweisen zwischen den RGW-

Staaten die Notwendigkeit mit sich, nach einer Alternative für die rumänische Außenpolitik zu suchen. Ceauşescu gestaltete ab 1972 seinen sozialistisch geprägten Staat mit einer neuen ökonomischen Strategie um. Die Deklaration dieses neuen Status gilt als der Startpunkt für die große strategische Vision des Führers im Hinblick auf Rumäniens Außenpolitik in den 1970ern und 1980ern. Dementsprechend wurde Rumänien zu einer Art Brücke, nicht nur zwischen West und Ost, sondern auch zwischen Nord und Süd. Der Traum der Führung, Rumänien zu einer Art Japan Europas zu machen - ein mittelgroßer Staat mit großen wirtschaftlichen Ressourcen - wurde zum Rahmen für die rumänischen Wirtschaftsaktivitäten in den folgenden Dekaden

Die Hauptantriebsfeder hinter Rumäniens Außenpolitik während des Kalten Krieges war der Wunsch nach einer bleibenden Autonomie gegenüber der UdSSR sowie dem Rest der weniger entwickelten Welt das rumänische Entwicklungsmodell als ein universell geglücktes Modell für Entwicklung vorzuführen. Die Autonomie des Landes und das Bild nach Außen, welches Ceauşescu anstrebte, dienten der rumänischen Führung als Unterstützung für ihre Forderung nach Nationalismus und der Legitimation der eigenen Herrschaft. In dieser Hinsicht war sich die rumänische Führung ebenso bewusst, wie wichtig es ist, die Ölversorgung des Staates nicht nur durch russische Quellen zu sichern, da anders die Bestrebungen nach Autonomie nicht realisierbar gewesen wäre. Darum war es ein erklärtes Ziel der Außenpolitik, die Beziehungen zwischen Rumänien und den Staaten des Mittleren Ostens auszubauen. Doch das war nicht alles. Darüber hinaus kann man Rumänien in dieser Zeit eine Führungsrolle in den Bestrebungen, den Ölhandel zwischen Europa und dem Mittleren Osten anzukurbeln, zusprechen. Rumänien baute großflächige Ölraffinerien, um das Öl aus dem Mittleren Osten nach Europa bereits verfeinert und verarbeitet zu exportieren. Rumänien sah die verbesserten Beziehungen zum Mittleren Osten nicht als Hindernis, um seine Beziehungen mit Israel zu verbessern. Ceauşescu verlangte Geld von Tel Aviv, damit rumänische Juden nach Israel auswandern können, also eine Art Immigrationssteuer. Rumänien war außerdem das einzige Ostblockland, welches seine Beziehung zu Israel nach 1967 nicht abbrach. Rumänien betrachtete seine Beziehungen mit Israel und den arabischen Staaten als eine Möglichkeit, um den Friedensprozess im Mittleren Osten voranzutreiben. Darum kann der politischen Elite Rumänien eine wichtige Rolle in den internationalen Friedensbemühungen zugesprochen werden.

Ebenso beachtlich waren Rumäniens Bemühungen in Afrika, die in dieselbe Richtung steuerten. In den 70er Jahren des 20. Jahrhunderts kam es zu einer Ausweitung der Interaktionen zwischen den Entwicklungsländern und Rumänien in diplomatischen Angelegenheiten und Wirtschaftsabkommen. Das Konzept der DStaatschecks der Entwicklungsländer, die neue internationale Währungsordnung (New International Economic Order, NIEO), wurde die perfekte Kombination von Ideologie und Wirtschaft in Ceauşescus großer Entwicklungsländer-Strategie - eine gegenseitige Abhängigkeit aller entwickelten und sich in Entwicklung befindlichen Ökonomien unabhängig von ihrem Wirtschaftssystem. Rumänien wollte mit Hilfe seiner pro-Entwicklungsrhetorik eine Art „Champion" in Hinblick auf die Bemühungen des Südens werden, eine neue Internationale Wirtschaftsordnung zu schaffen. Es erweiterte seine Entwicklungshilfe für Entwicklungsländer und begann damit, langfristige politische Beziehungen mit seinen Klientelstaaten herzustellen um die noch jungen Staaten für die sozialistische Idee zu gewinnen. Letztendlich wurde Rumänien Unterstützer und Waffenhändler für die Afrikanische Befreiungsbewegung. Rumäniens Verhältnis zu Afrika war davon geprägt, auf Kosten der Wirtschaft ideologische Ziele voranzutreiben.

Geschickter Weise erkannte die politische Elite Rumäniens, dass gute Beziehungen zum Westen unabdingbar waren. Rumänien war ein Außenseiter in den Ostblockstaaten. Damit hatte es gute Chancen, vom Westen auch auf wirtschaftlicher Ebene unterstützt zu werden. Rumänien wurde Mitglied vieler westlicher Institutionen, so zum Beispiel der Weltbank und des Internationalen Währungsfonds im Jahre 1972. Es wurde zum General Agreement on Tariffs and Trade (GATT) 1971 zugelassen. Die Europäische Wirtschaftsvereinigung akzeptierte Rumänien in ihrem „generalized system of preferences" im Jahr 1973. Schließlich bekam Rumänien von den USA den Status einer „most favoured nation" (MFN) im Jahr 1975. 1967 wurde Rumänien als erster Ostblockstaat von der Bundesrepublik Deutschland als Staat anerkannt. 1975 erhielt Rumänien den Gaststatus in der non-aligned-Bewegung. Und schließlich akzeptierte die "Group 77", eine Organisation bestehend aus Entwicklungsstaaten, Rumänien als Mitglied im Jahre 1976. All das unterstützte die Bemühungen der politischen Elite im Land, die Autonomie gegenüber der UdSSR zu vergrößern und politische Unterstützung für das Regime zu bekommen. Während Rumänien weiterhin seine alternativen Vorstellungen von Außenpolitik verwirklichte, stellte Ceauşescu gegenüber Moskau unmissverständlich klar, welches Bild er von der Zukunft seines Landes hatte. Zumeist hatten diese Klarstellungen eine Art Echofunktion, um zu sehen, welche Reaktion aus Moskau oder von anderen Blockmitgliedern kam. Somit sollte sichergestellt werden, sich die UdSSR nicht zum Feind zu machen. Diese Balance zwischen Autonomie und Nationalismus auf der einen Seite und dem Gehorsam gegenüber der UdSSR andererseits hatte auch finanzielle Gründe. Wenn die UdSSR mit Druck auf Rumänien einwirkte, um die Verteidigungsbedingungen des Warschauer Paktes stärker auszubauen, trat Bukarest vor die Vereinten Nationen und betonte mit Nachdruck die Notwendigkeit der Abrüstung. Somit schaffte es Rumänien, sich die enormen finanziellen Kosten der Aufrüstung zu ersparen.

Nachdem Rumänien in den 70ern große Mengen an OPEC-Öl importierte, wuchs seine Einbindung in die internationale Welt und die folgende Besessenheit, diese Einbindung zu reduzieren, verdrehte und zerstörte die ökonomische

Vernunft hinter Ceauşescus Außenpolitik. Als Rumäniens Handelsüberschuss verschwand, zerfiel Rumäniens Traum, die Handelsdefizite in Europa mit dem Handelsüberschuss in Afrika auszugleichen und zu bezahlen. Schließlich wurde Rumänien der zweite RGW-Staat nach Polen der darum bat, eine Umschuldung vorzunehmen. Dies war die einzige Möglichkeit dem Bankrott zu entgehen - trotzt Ceauşescus Abscheu gegenüber dem westlichen Einfluss und bedeutete einen großen wirtschaftlichen Einfluss auf die Richtung und Schritte seiner MDSS-Kampagne. Darum identifizierte sich Rumänien in den 80er Jahren verstärkt mit dem Süden und verbreitete seine Idee einer globalen Wirtschaftsverhandlung über Umschuldung. Das Regime reduzierte seinen Einfluss radikal in der Mitte der 80er und bot umbarmherzig ein Beispiel für die Entwicklungsstaaten. Menschenrechtsverletzungen in Rumänien zwangen den Westen dazu, ihre Beziehungen zum Ceauşescu-Regime zu überdenken. Weiterhin führte die Annäherung von Osten und Westen zu Zeiten Gorbatschows zu einer Beendigung der Sonderstellung Rumäniens für den Westen. Zum Ende der 80er verschloss sich Rumänien gegenüber der Außenwelt und zerstörte somit die multidimensionalen Grundpfeiler, auf denen die Außenpolitik des Landes beruht hatte. Als die sozialistischen Regime nach und nach ihrem Ende entgegen gingen, wurde Ceauşescus Regime isoliert. Schließlich endet auch diese sozialistische Diktatur im Jahre 1989.

Ein interessanter Aspekt des außenpolitischen Prozesses ist der nationale Stil, welcher das charakteristische Verhalten eines Staates beschreibt, welches er an den Tag legt, um außenpolitische Probleme anzugehen. Diese Charakterisierung kann sich auf ideologische Ziele beziehen, auf allgemeine historische Erfahrungen, Traditionen und Bedingungen. Demnach führt ein Regimewechsel in bestehenden Staaten wahrscheinlich nicht zu drastischen Veränderungen der Ansätze zu internationalen Problemen. Der obere Absatz zeigt, dass die Suche nach Polyzentrismus die Entwicklung der rumänischen Außenpolitik in Zeiten des Sozialismus bestimmt hat. Spitzendiplomatie sowie die Verherrlichung des Führers Ceauçcescu gingen miteinander einher. Ceauşescu war der Hauptakteur in der rumänischen Außenpolitik mit umfassenden persönlichen Beziehungen zu den afrikanischen Führern, der palästinensischen Regierung, dem Schah von Iran und der israelischen Ministerpräsidentin Golda Meir. Außerdem gab es verschiedene Interessengruppen, die die rumänische Außenpolitik beeinflussten, ohne sich dessen scheinbar bewusst zu sein. Heutzutage ist bekannt dass Rumänien eine Art stufenweisen Regierungswechsel erfuhr. Diese Veränderung führt zu einer teilweisen Trennung von den früheren Zentren der Macht, die Außenpolitik bleibt zwar die gleiche, allerdings ohne die alte Führung. Mit Ausnahme einiger weniger repräsentativer Vereinbarungen, verblieben die Überbleibsel des kommunistischen Regimes verantwortlich für die Außenpolitik der Spitzenpolitiker gegenüber der Ministerialbürokratie und den diplomatischen Angestellten. Das sollte nicht überraschen, da nur eine ungenügende Anzahl der Menschen keinen kommunistischen Parteihintergrund und somit keine angemessene Vorbereitung auf ein demokratisches System hatten Die neue Regierung der National Salvation Front (NSF) und später PDSR (Sozialdemokratische Partei Rumäniens) unterstützten eine Form der stufenweisen Änderungen in Rumänien In der Periode bis 1996 waren weder die ideologische noch die parlamentarische Opposition stark genug, die außenpolitischen Aktionen der PDSR zu verhindern. Dennoch waren die Gruppen, die die Ungarn und die Bauern repräsentierten, instande, mit Hilfe ihrer internationalen Verknüpfungen Unmut gegen die Regierung zu schüren. Der nächste Abschnitt diskutiert die Entwicklungen der rumänischen Außenpolitik unter diesem Gesichtspunkt.

Man kann die postrevolutionäre Periode in Rumänen bezüglich der Außenpolitik in zwei Perioden unterscheiden: Die Periode vor und nach den Wahlen von 1996. Das Ende des Kalten Krieges und die folgenden Veränderungen der damaligenLage Rumäniens bestimmten die außenpolitischen Entscheidungen der neuen politischen Elite. Der Drang mit solchen Veränderungen zu handeln verlangte bestimmte Prinzipien in der rumänischen Außenpolitik, aber Rumänien verlor dadurch wahrscheinlich seine multidimensionale außenpolitische Ausrichtung. Die Wahlen 1996 brachten eine neue Regierung an die Macht und begleitend eine Veränderung in der Zusammensetzung der politischen Elite. Überdies kann man erkennen, dass das Ende des Warschauer Paktes und später der UdSSR, die Unabhängigkeit Moldaus, sowie der Krieg in Jugoslawien zu den Hauptauseinandersetzungen in der Außenpolitik für die Regierung der ersten Periode führten. Daneben war es ein internationales Problem, dass die Situation der ungarischen Minderheiten in Transsilvanien den Aufbau der bilateralen Beziehungen zwischen Ungarn und Rumänien und die rumänische Beziehung zum Westen beeinflusste. Nach der Wahl 1996 war die neue politische Elite mit außenpolitischen Problemen konfrontiert. Sie hatten mit den Krisen im Kosovo zu tun und musste mit den Anforderungen der NATO und der EU-Osterweiterung schritthalten um nicht in Europa isoliert zu sein. Außerdem musste Rumänien Stellung zur veränderten globalen Sicherheitslage nach dem 11. September 2001 nehmen. In diesem, sowie im nächsten Abschnitt werden die Rahmenbedingungen der rumänischen Außenpolitik bezüglich dieser Herausforderungen demonstriert.

In der oben genannten ersten Periode offenbarten die neuen diplomatischen Aktionen die anwachsenden rumänischen Sicherheitsanliegen. Einerseits sucht Rumänien nach mehr Schutz durch den Westen, andererseits war es das Anliegen der Regierung, die Sicherheitsgarantien der UdSSR zu erneuern. Rumänien war der einzige Staat in der Region auf der Suche nach einer Organisation - ähnlich des Warschauer Paktes, aber mit einem umsichtigeren Geltungsbereich. Iliescu unterzeichnete bei einem Besuch 1991 in Moskau einen Freundschaftsvertrag mit der UdSSR. Ungeachtet der von der Opposition ausgesprochenen Kritik bezüglich des Vertrages war dieser ein wichtiger Punkt im Hinblick auf die Beziehungen mit der UdSSR. Infolge dessen war dies ein bedeutendes Zeichen der Kontinuität in der rumänischen Außenpolitik in der sozialistischen Periode. Es spielte keine Rolle, dass die nationalistischen Organisationen den Vertrag zwischen der UdSSR und Iliescus Regierung kritisierten. Man ignorierte die Kritik der nationalistischen Organisationen am Vertrag, um eine Diskussion um die Abspaltung Transsilvaniens, ähnlich der Moldaus von der UdSSR, zu unterbinden. In späteren Bestrebungen zur Unterstreichung der Möglichkeiten einer multidimensionalen Außenpolitik für Rumänen demonstrierte die neue Führung außerdem den Willen, Beziehungen mit China zu schaffen, ungeachtet der vorherrschenden westlichen Kritik unlängst nach den Geschehnissen am Platz des himmlischen Friedens in Beijing. Eine fortbestehende Kontinuität ist möglicherweise der Haupteinfluss auf die Führung, zu der Zeit Iliescu, in der Art und Weise, wie die Außenpolitik betrieben wurde.

Bilaterale Beziehungen zwischen der UdSSR, später ihrer Nachfolgestaaten Ukraine und Russland, und Rumänien sind sehr auf die Zukunft eines unabhängigen Moldaus konzentriert. Moldau erklärte seine Unabhängigkeit von der UdSSR am 26. August 1991. Anders als die der meisten anderen Republiken, war Moldaus vor-sowjetische Geschichte keine der Unabhängigkeit, sondern der eines extensiven Einheitsstaates - Rumänien. Deswegen strebten die Moldauer nicht nach einer Mitgliedschaft in einer neuen Sowjetischen Föderation oder nach Unabhängigkeit, sie hatten jedoch auch die Möglichkeit einer Wiedervereinigung mit Rumänien. Ein Haupthindernis der Widervereinigung war unter anderem auch die multi-ethnische Zusammensetzung von Moldau - ein Vermächtnis aus der Sowjetzeit. Die große Unterstützung für die rumänischen Nationalisten, die „Popular Front", alarmierte sobald die Minderheiten Moldaus. Moldaus internationaler Status wurde plötzlich mit dem Schicksal der nichtrumänischen Minderheiten in Verbindung gebracht. Nach dem Putschversuch in der UdSSR richtete sich die rumänische Regierung trotz abtrünniger Bewegungen durch die Minderheiten auf eine politische Unterstützung für Moldaus Streben nach Souveränität ein. Gleichzeitig wurden jegliche Aktionen verhindert, die auf eine Auflösung der UdSSR drängten. Ungeachtet des Druckes durch die Opposition stoppte die Regierung unter Iliescu kurzfristig die Unterstützung für Moldaus Unabhängigkeit zwischen 1990 und 1991. International hatte Bukarest den Standpunkt verfolgt, dass das rumänische Volk momentan in zwei Staaten lebte. Nach dem Putschversuch in Moskau kündigte die rumänische Regierung an, dass es die moldauische Unabhängigkeit unterstützte und den Staat Moldau unverzüglich anerkenne. Im Moment ist der Respekt vor der moldauischen Unabhängigkeit ein Hauptaspekt der rumänischen Außenpolitik, ungeachtet der laut werdenden Rufe nach Wiedervereinigung der beiden Staaten von Seiten der populistischen Kreise.

Trotz des Wetteiferns für ein unabhängiges Moldau, war die politische Elite Rumäniens auf der anderen Seite nicht bereit, die Teilung Jugoslawiens zu unterstützen. Sie befürchteten, dass das jugoslawische Beispiel zu erbitterten Separatistenbewegungen unter den ethnischen Minderheiten Rumäniens kommen könnte. Darüber hinaus gab es in Rumänien großen Widerstand gegen das auferlegte Embargo gegen Serbien und Montenegro. Dies war ein Zeichen der traditionellen Kooperation und Freundschaft zwischen diesen Ländern. Rumänien leistete Widerstand gegen den westlichen Druck für das Embargo Iliescu und der rumänische Außenminister Adrian Năstase verurteilten im Nachhinein eher widerwillig auch die Menschenrechtsverletzungen in Jugoslawien. Diese Einstellung verschlechterte allerdings die rumänischen Beziehungen zum Westen.

Ein weiteres Hindernis für die guten Beziehungen zum Westen waren die undemokratischen Aktionen gegen die ungarische Minderheit und die Opposition. Diese Aktionen verlangsamten auch die Mitgliedschaft Rumäniens im Europäischen Rat. Mitte 1991 erweiterten die USA den MFN-Status auf alle Osteuropäischen Staaten, ausgenommen Rumäniens. Somit verdeutlichten sie, dass die Wirtschaftsbeziehungen der USA zu Rumänien von ihrer demokratischen Entwicklung und der vollständigen Anerkennung der Menschenrechte abhängig ist. Die Geschehnisse in Târgu-Mureş im März 1990 gegen die ungarische Minderheit versetzten die ungarisch-rumänischen Beziehungen zurück auf eine Ebene, wie sie allenfalls unter Ceauşescu bestanden. In dieser Zeit war die Regierung daran interessiert, den westlichen Einfluss auf Rumänien zu verringern, um ihren Kurs der stufenweisen Veränderungen weiter verfolgen zu können. Rumänien entwickelte seine Beziehung nur zu ausgewählten westlichen Staaten. Sie bauten Beziehungen zu Frankreich, Italien, Spanien, Griechenland und der Türkei auf. Rumänien verzögerte eine Annäherung an die Europäischen Institutionen und die zentraleuropäischen Staaten ließen Rumänien außen vor, während sie ihre Beziehungen untereinander ausbauten.

Mit dem neuen Außenminister Meleşcanu 1992 stellte die politische Elite Rumäniens fest, dass ein wichtiger Weg in Richtung Europa über Ungarn führt. Im Jahre 1996 kam es wahrscheinlich deswegen zu einem Freundschaftsvertrag mit Ungarn. Rumänien nahm auch eine kooperativere Haltung gegenüber der Durchführung der Sanktionen gegen Jugoslawien ein. Die Wahlen von 1996 implizierten eine entscheidende Veränderung in der rumänischen Außenpolitik durch den neuen Präsidenten Constantinescu und der Regierung unter Ciorbea und - später - Vasile. Rumänien zeigte ein gesteigertes Bewusstsein dafür, was es zu tun hatte, um sich der NATO und der EU wieder anzunähern. Prioritäten für die Regierung Ciorbeas waren Rumäniens Verhältnis zu den ethnischen Minderheiten sowie die freundliche Beziehungen zu den Nachbarstaaten. Das Verhältnis zu Ungarn wurde durch eine strategisch-regionale Partnerschaft, welche Wirtschafts- und Militärkooperation umfasste, intensiviert. Im März 1997 besuchte Ciorbea Budapest, um für ungarische Investitionen und Unterstützung für Rumänien zu werben. Jenseits der Beziehungen zu Ungarn entwickelte die politische Elite Beziehungen zur Ukraine durch den Friedens- und Kooperationsvertrag vom Juni 1997. Im Hinblick auf die verstärkten Anstrengungen bezüglich einer Mitgliedschaft, unterstütze die rumänische Regierung die Peacekeeping-Bemühungen der UN und NATO in Bosnien, Albanien, dem Golf, Angola und Somalia. Diese Veränderung in der Führung beeinflusste ebenso Rumäniens Haltung gegenüber Serbien und Montenegro. Rumänien distanzierte sich selbst vom Regime Milošević in Jugoslawien und wurde zu einem leidenschaftlichen Unterstützer des Embargos gegen Jugoslawien während den Krisen im Kosovo. Derartige Bemühungen beeinflussten Rumäniens Bild im Ausland positiv und machten deutlich, dass Rumänien für eine Integration in die Euro-Atlantischen Organisationen durchaus bereit war.

Ein „Joint Committee" zwischen der EU und Rumänien traf sich im Mai 1991 und Rumänien unterschrieb eine „Europäische Vereinbarung" im Februar 1993. Diese Vereinbarung beinhaltete den freien Handel von Industriegütern für zehn Jahre, einen politischen Dialog und Kooperation mit der EU in einer Vielzahl von Bereichen. Im Juni 1995 wurde Rumänien das dritte mittel- und osteuropäische Land -, das sich um eine EU-Mitgliedschaft bewarb. Die EU integrierte Rumänien in seine „vor-Eintritts-Strategie". Rumänien entwickelte eine nationale Strategie, um die wirtschaftliche Situation des Landes auf eine Mitgliedschaft vorzubereiten. Der EU-Kommisonsreport, veröffentlicht im Juli 1997, merkte an, dass Rumänien sich auf dem Weg befände, die politischen Kriterien für eine Mitgliedschaft zu erfüllen. In den meisten Punkten waren die Perspektiven einer baldigen Mitgliedschaft jedoch weniger positiv. Der Report argumentierte folgendermaßen: Rumänien zeige ernste Schwierigkeiten, mit dem Druck und den Marktkräften in der Union mittelfristig zurechtzukommen. Deshalb sprach sich die Kommission gegen den Start der Eintrittsverhandlungen mit Rumänien aus. Als ein Ergebnis wurde Rumänien Teil der oben genannten „vor-Eintritts-Strategie". Letztendlich begann Rumänien die Verhandlungen über einen Beitritt mit der EU im Jahre 2003. Das Land ist am 01. Januar 2007 ein vollwertiges Mitglied der EU geworden. Darüber hinaus entwickelte Rumänien seine Beziehungen zur NATO weiter. Nach der Integration in das „Partnership for Peace (PfP) - Programm" 1994 und der Teilnahme an dem Euro-Atlantischen Partnerschaftskongress wurde es 2004 ein Mitglied der NATO.

Diese pro-westliche Orientierung führte zu einem Wechsel von einer multidimensionalen Außenpolitik hin zu einer westlich orientierten Außenpolitik. Eine Ausnahme hierbei bildete die Mitgliedschaft Rumäniens in der „Schwarzmeer-Wirtschaftsvereinigung" (BSEC - Black Sea Economic Cooperation). Dennoch machte die politische Elite es nach der Wahl 1996 mit Rumäniens Mitwirken im BSEC möglich, dass die Integration Rumäniens in Westeuropa vorangetrieben wurde. Von Zeit zu Zeit brachte sich Rumänien auch selbst in globale Verpflichtungen ein. Dies diente dazu, den westlichen Interessen gerecht zu werden. Der nächste Abschnitt diskutiert Rumäniens Rolle in der Weltpolitik nach dem 11. September 2001 in diesem Kontext.

Während Iliescu 1991 den Freundschaftsvertrag mit der UdSSR unterzeichnete, schuf die Opposition in Bukarest folgenden Slogan: „Er, welcher fünf Jahre in Russland lebte, kann nicht wie Bush denken “. In den folgenden Jahren hatte Iliescu viele Gelegenheiten, wie Bush zu denken. Rumänien, welches kurz davor stand, sich dem restlichen Europa zu nähern, musste einen außenpolitischen Weg finden, welcher beide - die USA und Europa - zufrieden stellte. Unter diesen Voraussetzungen war die Haltung Rumäniens gegenüber dem Krieg im Irak und dem Internationalem Gerichtshof zu berücksichtigen. Rumänien unterstützte die US-Position gegen den Irak und übernahm die Ansicht, dass Saddam Hussein den UN-Resolutionen nicht Folge leistete. Rumänien weigert sich immer noch, zwischen der Haltung der USA oder Europa zu wählen und im Februar 2003 unterstütze es darum sowohl das „Statement of Vilnius Ten“, welches die USA im Irak unterstützte, als auch die Beschlüsse des Europäischen Rates, welche einen weicheren Kurs einschlugen, Gewalt erst als letzte Möglichkeit einzusetzen und den UN-Inspektore mehr Zeit zu lassen. Chirac warf Rumänien daher vor, sich inkonsistent zu verhalten, um die Beziehungen zur EU nicht zu beinträchtigen. Als die Kämpfe begannen, entsandte Rumänien 700 Soldaten und öffnete den rumänischen Flughafen in Constanţa für das US-Militär. Ein weiterer Punkt, der Rumänien zwischen die Fronten der EU und die USA trieb, war die Unterzeichnung des Statuts des Internationalen Gerichtshofes, von welchem die USA Immunität für ihre UN-Friedensmissions-Truppen verlangte. Im August 2002 war Rumänien das erste Land, welches die Bilaterale Immunitätsvereinbarung mit dem USA unterzeichnete, und zwar noch bevor sich der Europäische Rat im Juni 2003 in Thessaloniki mit diesem Vorgehen einverstanden erklärte. Im Licht dieser Entwicklung diskutiert der folgende Abschnitt die Zukunftsperspektiven der rumänischen Außenpolitik.

Im Moment ist Rumänien sowohl ein volles Mitglied der NATO als auch der Europäischen Union. Die Zukunftsperspektiven der rumänischen Außenpolitik in diesem Bereich müssen notwendigerweise mit den Richtlinien der Außenpolitik in der EU übereinstimmen. Rumänien hat durch seine geographische Lage und seinen historischen Hintergrund ein großes Potential, die Zukunft des Kurses der europäischen Außenpolitik gegenüber Moldau wie auch dem Balkan zu beeinflussen. Es bleibt abzuwarten, welche Akteure eine Rolle in der Beeinflussung der Außenpolitik spielen und es hängt größtenteils von der Fähigkeit Rumäniens ab, die Demokratisierung in dieser Region voranzutreiben. Ebenso hängt es von dem Potential der EU ab, die Sicherheitsgarantien Rumäniens zu erweitern, denn diese Region bleibt weiterhin unbeständig. Dieses Potential der EU wird auch den zukünftigen Kurs der rumänischen Beziehungen zu den USA beeinflussen.

Literatur (verwendete & weiterführende)

Iliescu, Ion: Romania in Europe and in the World. Bukarest 1994.

Hammond, Andrew: The Balkans and the West: Constructing the European Other, 1945-2003. Aldershot 2004.

Muresan, Liviu E.: Romania. in: Gießmann, Hans J./ Gustenau, Gustav G. (Hrsg.): Security Handbook 2004: The Twin Enlargement of NATO and EU. Baden-Baden.

Nastase, Adrian: Battle for the Future, Boulder 2001.

Light, Duncan/ Phinnemore, David: Post-Communist Romania: Coming to Terms with Transition. Basingstoke 2001.

Puscas, Vasile: Central Europe Since 1989: Concepts and Developments. Cluj-Napoca 2000.

Treptow, Kurt W./ Ionescu, Mihail E.: Romania and Euro-Atlantic Integration. Portland 1999.

Vintila, Duitru: Romania and the Contemporary World. Iasi 1996.

RUSSLAND

Andrei Russakowitsch

HISTORISCHE GRUNDDATEN

1914-1918	Teilnahme am Ersten Weltkrieg auf Seiten der Entente
1917	Russische Revolution
1918-1922	Bürgerkrieg zwischen der kommunistischer Roten Armee und zaristischen "Weißen"
1922	Gründung der UdSSR
1939	Hitler-Stalin Pakt
1940	Annexion Ostpolens, Bessarabiens (Moldau) und der balt. Staaten
1941	Überfall Deutschlands auf die UdSSR
1945	Sieg über Deutschland, Russland gewinnt Königsberg von Dtl.
1945	Beitritt UN
1949-1991	Mitglied im RGW
1955-1991	Mitglied Warschauer Pakt
1962-1963	Kuba Krise, UdSSR und USA stehen kurz vor einem Krieg
1968	militärische Intervention in der CZ ("Prager Frühling")
1973	Beitritt OSZE
1979	Einmarsch in Afghanistan (bis 1990)
1985-1991	Reformpolitik Gorbatschows
1991	Auflösung der UdSSR, Unabhängigkeit der Sowjetrepubliken, Gründung der GUS
1994-1997	Krieg in Tschetschenien
1996	Beitritt Europarat, Zollunion mit Weißrussland, Kasachstan, Kirgistan, Tadschikistan
1997-1999	schwere Wirtschafts- und Finanzkrise
1999	Beginn des zweiten Tschetschenienkrieges

LÄNDERDATEN

Name: Rossijskaja Federacija/Russische Föderation, **Hauptstadt:** Moskva/ Moskau (10.425.075 Einwohner (2006)), **Regierungsform:** Präsidialrepublik (seit 1991), **Größe:** 17.075.400km^2, **Einwohnerzahl:** 141.377.752 (2007), **Landessprache:** Russisch; Minderheitensprachen in den autonomen Republiken, **BSP pro Kopf:** 12.100 USD (2006), **Mitgliedschaft in Europäischen Organisationen:** BSEC, CBSS, CERN (Beobachter), EAPC, EBRD, ECE, Europarat, OSZE, PfP, **Mitgliedschaft in Internationalen Organisationen:** GUS, UN, WTO (Beobachter)

***

Während der Regierungszeit des Zaren Peter des Großen hat sich das russische Reich grundlegend verändert. Der europäische Einfluss hat sich im Land ausgebreitet. Seine westlichen Reformen erzeugten Abneigungen der Nationalisten gegenüber dieser Politik und führten zu philosophischen Rivalitäten zwischen den „Westernisers" und den „Slavophils", welches der Hauptgedanke der zeitgenössischen sozialen und politischen Entwicklung bleibt. Katharina die Große (regierte 1762-96) führte Peters expansionistische Politik fort und baute Russlands kontinentale Stärke auf. Napoleon scheiterte 1812 an dem Versuch Russland zu besiegen, nachdem er Moskau besetzt hatte. Seine Niederlage und der kontinentale Erlass, der aus dem Wiener Kongress hervorging, schufen die Grundlage für Russland und Österreich-Ungarn über die Angelegenheiten Osteuropas für das nächste Jahrhundert zu herrschen. Jedoch scheiterte der Zar daran, dass Land weiter zu industrialisieren und zu modernisieren, was letztlich zum Niedergang des Kaiserreichs am Ende des 19. Jahrhunderts führte. Ein Beispiel für diese Entwicklung war die Niederlage im Russisch-Japanischen Krieg 1905, der große Aufruhr im Land verursachte.

Der Erste Weltkrieg brachte beschwerliche Niederlagen gegen das Deutsche Reich und Österreich-Ungarn mit sich. Dies und die innerstaatliche Instabilität führten letztlich zum Zusammenbruch der Zarenherrschaft. Dieser musste im März 1917 abdanken. Am 7. November im selben Jahr übernahm Vladimir Lenins bolschewistische Partei die politische Macht und etablierte die sozialisitsche russische Republik. Russland stieg mit dem Friedenvertrag von Brest-Litovsk aus dem Ersten Weltkrieg aus. Trotz massivem internen und innerstaatlichen Widerstand, gelang es den Bolschewisten 1922 die UdSSR aufzubauen und den Kaukasus, die Ukraine und Weißrussland zu integrieren. Während der nächsten zwei Jahrzehnte wurden auch die restlichen zentralasiatischen Länder mit der UdSSR vereinigt. 1930 war die UdSSR in der Lage, sich eine internationale Position in Europa und darüber hinaus aufzubauen. Zum Beispiel schloss sich die UdSSR 1934 dem Völkerbund an und unterschrieb einen Unterstützungsvertrag mit Frankreich und der Tschechoslowakei (1935). 1939 verabschiedeten Molotow und Ribbentrop den so genannten Hitler-Stalin-Pakt, einem

Friedensvertrag zwischen der UdSSR und dem „Dritten Reich". Dieser Vertrag beinhaltete eine geheime Abänderung, welcher den Interessensbereich der beiden Parteien in Osteuropa bestimmte. Hitler ignorierte den Vertrag letztendlich und griff die UdSSR im Juni 1941 an, wodurch die UdSSR den Verlust von 20 Millionen Menschen im Zweiten Weltkrieg zu verschmerzen hatte.

Die UdSSR war aktiv an der Umbildung des Nachkriegseuropas und der Weltpolitik beteiligt. Das Land war beispielsweise Gastgeber einiger internationaler Konferenzen für die Zukunft Ostdeutschlands, welches später die DDR wurde. Zudem erweiterte die UdSSR ihr Gebiet durch die Annektion der baltischen Staaten und vieler anderer Gebiete, wie Ostpolen und dem zuvor rumänischen Bessarabien (später Moldau). Außerdem installierte Moskau kommunistische Regierungen in fast allen Osteuropäischen Ländern. Während des kalten Krieges betrachtete die UdSSR die NATO als eine Handlung der USA und der westlichen Länder um einen anti-sowjetischen Block zu bilden. Moskau wiederum gründete den Warschauer Pakt und strukturierte seine eigene Verteidigung gegen derartige Bedrohungen der Sicherheit. Dies waren neben dem RGW die wichtigsten Mittel, um die interne Blockhegemonie des Kremls zu strukturieren.

Seit 1957 verschlechterten sich die ideologischen und diplomatischen Beziehungen zwischen der UdSSR und China wesentlich, was Moskau motivierte, seine Interessensbereiche aufrechtzuerhalten. Auf diese Weise versuchte das Land seine Beziehungen zu den europäischen NATO-Mitgliedern zu neutralisieren, einschließlich einiger Abrüstungsvereinbarungen und der Unterstützung für den KSZE-Ablauf. Moskau verstärkte auf der anderen Seite seine Beziehungen im Nahen Osten, dem indischen Subkontinent und Südostasien um Einfluss auf die nationalen Befreiungsbewegungen dieser Länder zu bekommen. Die UdSSR unterstütze 1967 beispielsweise die arabischen Staaten im arabisch-israelischen Krieg, den Vietkong im Vietnamkrieg und Indien 1971-72 während seiner militärischen Auseinandersetzungen mit Pakistan. Ein anderes gewichtiges Beispiel ist die sowjetische Intervention 1979-89 in Afghanistan. Im Allgemeinen war die Außenpolitik der UDSSR zu dieser Zeit von Blockkonfrontation und Kalter Krieg Rhetorik gekennzeichnet.

Die Politiker der Glasnost und Perestroika, die nach Gorbatschow an der Macht waren, leiteten eine neue Ära in der sowjetischen Außenpolitik ein. Diese neue politische Annäherung an Europa beruhigte langsam die angespannten Verhältnisse zwischen den beiden feindlichen Blöcken durch beiderseitige Sicherheit, Interesse und Achtung. Jedoch war dies hauptsächlich auf Grund der Auflösung der UdSSR geschehen. Zwischen 1989 und 1991 erklärten alle ehemaligen Sowjetrepubliken ihre politische Unabhängigkeit von Russland und am 26. Dezember 1991 wurde die UdSSR offiziell aufgelöst. Letztlich beendeten die westlichen Länder ihren ideologischen Kampf und wählten eine gemeinsame Zusammenarbeit in wirtschaftlichen, politischen, militärischen und anderen Bereichen. Gemeinsame Beziehungen begannen unter Gorbatschow und wurden unter Jelzin fortgeführt. Im letzen Jahrzehnt wurden die russischen Truppen aus den meisten europäischen und außereuropäischen Ländern abgezogen.

Als Putin 1999 an die Macht kam, war die geographische Situation in Russland mit der der Regierungszeit von Peter dem Großen im 18. Jahrhundert vergleichbar. Russland hatte sich auf die Grenzen zurückgezogen wie sie zu jener Zeit, gewesen waren. Weißrussland, die Ukraine, die baltischen Staaten, Zentralasien und der Südkaukasus waren „verloren". Die kommunistischen Wirtschaftsstrukturen sind zusammengebrochen. Deshalb scheint Präsident Putin es aus marktwirtschaftlicher Hinsicht zu bevorzugen, Vorkehrungen zu treffen. Zudem will er entscheidende Maßnahmen ergreifen, um die Integrität, Stabilität und Sicherheit Russlands zu gewährleisten. Seine Absicht ist es, Russland an die dynamische Entwicklung der westlichen Länder anzugliedern.

Der Entscheidungsfindungsprozess in Russlands Außenpolitik ist eindeutig durch den Präsidenten dominiert. Entsprechend der in der Verfassung erwähnten Aufgaben, repräsentiert der Präsident den russischen Staatenbund im Ausland und leitet die außenpolitischen Richtlinien des Landes. Die Duma entspricht dem deutschen Bundestag, sie unterstützt und führt die Außenpolitik des Staates aus. Der Sicherheitsrat kontrolliert die Durchführung der zum Thema Sicherheit gestellten Anträge, die dem Präsidenten vorgeschlagen werden. Der Außenminister ist für die Durchführung der vom Präsidenten genehmigten Entscheidungen verantwortlich. Zudem können die Institutionen die für außenpolitische Angelegenheiten verantwortlich sind auch mit den NGOs während der Vorbereitung eines Entschlusses zusammenarbeiten. Die Intention dieser Arbeitsmethode ist es sicherzustellen, dass die NGOs auch die von der Regierung durchgeführten Maßnahmen unterstützen. Die Außenpolitik des Landes wird zudem von einigen wichtigen „think tanks" beeinflusst, wie von dem russischen politisch beratendem Zentrum in Moskau.

Am 8. Dezember 1991 unterschrieb Moskau mit der Ukraine und Weißrussland „die Vereinbarung von Minsk" zur Aufrechterhaltung des Einflusses von Russland auf diese Länder. Dieser Vertrag kann als ein Resultat der „nahen Umgebungspolitik" Russlands angesehen werden. Nach der Kritik des eurasischen Kaukasus wurde jedoch am 21. Dezember 1991 die Gemeinschaft Unabhängiger Staaten (GUS) gegründet. Die Hauptzwecke dieser Institution sind es, Spannungen zwischen dem Zentrum und der Peripherie der Region zu verhindern und eine gewisse wirtschaftliche und militärische Integration zu erreichen. Die GUS wird von einigen administrativen Einheiten, welche gemeinsam von GUS-Mitgliedern gegründet worden ist, verwaltet. Sie besteht aus verschiedenen Institutionen, wie dem Präsidentenrat, dem Rat der Regierungschefs, dem Außenministerrat, dem Rat der Verteidigungsminister, dem Rat der Grenztruppen, der Wirtschaftsbehörde und dem parlamentarischen Verband. Die wichtigste

Institution ist der Präsidentenrat, welcher sich zweimal jährlich trifft und die endgültigen Entscheidungen fällt. Obwohl die Einrichtung der GUS herber Kritik vom Ausland ausgesetzt war, wie beispielsweise, dass dies „die Wiedergeburt des sowjetischen Imperiums“ sei, führten die Mitgliedsländer ihren Ausbau der Unabhängigkeit fort.

Jedoch gibt es eindeutige Bemühungen Russlands, der Hauptakteur dieser Gemeinschaft zu sein. Das 1993 erstellte Konzept zur Außenpolitik skizziert die Zielsetzungen des ehemaligen Reichs. Dementsprechend versucht Russland seine politische, wirtschaftliche und militärische Zusammenarbeit mit den unabhängigen Ländern durch beiderseitige Beziehungen zu vertiefen und innerhalb der Funktionen der GUS die Infrastruktur der GUS auszubauen, um die Rechte der russischen Bürger die in diesen Ländern leben zu schützen und um eine Friedenstruppe zur Sicherung der Grenzen der GUS einzusetzen. In dem im Juni 2000 überarbeiteten Konzept wurden dieselben Angelegenheiten und die regionalen Prioritäten hervorgehoben. Selbst Präsident Putin sieht die GUS als das wichtigste Organ im Bezug auf Russlands Außenpolitik (strategischer Interessensbereich).

Das zweite wichtige Thema für Russland innerhalb der GUS ist es sicherzustellen, dass die russische Sprache weitgehend gesprochen wird. Laut dem nationalen Sicherheitskonzept Russlands wird die russische Sprache, wenn sie in der ganzen GUS gesprochen wird, Integrität, Stabilität und Verständnis sicherstellen. Indem die Bedeutung der Sprache zur Integration als ein Druckmittel von Russland „naher Umgebungspolitik“ genannt wird, ist es offensichtlich, dass der russische Föderation darauf abzielt, die GUS als Werkzeug zu verwenden. Heutzutage fördert Moskau einige Integrationsgebiete, wie beispielsweise die eurasische Wirtschaftsgemeinschaft, die Verbindung mit Weißrussland und einem gemeinsamen wirtschaftlichen Gebiet einschließlich Russland, Weißrussland, der Ukraine und Kasachstan.

Im Bezug auf die bilateralen Beziehungen zwischen Russland und den GUS-Mitgliedern, versucht Russland seinen Einfluss zu behaupten. Zum Beispiel versucht Russland weiterhin enge außenpolitische Beziehungen zu Weißrussland aufzubauen, obwohl es tief empfundene Uneinigkeiten zwischen den beiden Ländern gibt. Wohingegen Präsident Putin auf lange Sicht eine Vereinigung vorschlägt, beharrt Weißrusslands Präsident Lukaschenko auf die Souveränität und Unabhängigkeit seines Landes. Offensichtlich warten die russisch-weißrussischen Beziehungen immer noch auf eine verständlichere Definition. Im Bezug auf die Ukraine ist Russland besonders über den derzeitigen Kurs der Ausrichtung hin zu den europäischen Institutionen besorgt und versucht das Land von einer weiteren Angliederung an den Westen abzubringen.

Obwohl Russland seine alte Effizienz und seinen Supermachtstatus nach dem Ende des Kalten Krieges verloren hat, bleibt das Land eine ausgleichende Macht im internationalen Sicherheitssystem. Russland ist dank seiner geographischen Lage, seiner nuklearen Waffen und natürlichen Ressourcen weiterhin eine Großmacht. Folglich ist das Land ein Spielmacher in der UNO, besonders wegen seinem permanenten Sitz im Un-Sicherheitsrat. Russland sieht die UN als die wichtigste globale Organisation an, welche in der Zukunft verstärkt werden solle. Zudem müsse, solange über die Sicherheit Europas innerhalb der Erweiterungspolitik der NATO diskutiert wird, auch Russland miteinbezogen werden. Seit sich die NATO-Expansion mit der EU-Erweiterung überschneidet (auch als Zwillingserweiterung benannt) und dies zu einem zweiten „Eisernen Vorhang" zwischen Russland und Europa führen könnte, müssen sich beide Seiten sensibel verhalten. Auch sollte Russland davon überzeugt werden, dass diese Formierung und Expansion nicht gegen das Land gerichtet ist. Mit dieser Absicht wurde im Mai 1997 das Gründungsgesetz zwischen der NATO und Russland unterzeichnet.

Dies wurde sowohl von der Beziehung zwischen Russland und dem Westen als auch von der Expansionsperiode der NATO ein Wendepunkt. Obwohl die Kosovo-Krise die Beziehungen zwischen Russland und der NATO angespannt hatten, begann mit der Gründung eines russischen NATO-Rats im Mai 2002 ein neues Kapitel in den Beziehungen zwischen Russland und der Allianz. Seitdem ist Moskau gleichberechtigt an einigen Bereichen der Entscheidungsfindung beteiligt, wie an der Terrorismusbekämpfung und an der Konfliktprävention. Jedoch ist Russland noch immer abgeneigt die NATO Mitgliedschaft ehemaliger Sowjetrepubliken, nämlich die der baltischen Staaten, anzuerkennen, weil der Kreml weiterhin die Vorstellung von einem gemeinsamen - und natürlich russisch dominierten - Sicherheitsbereich innerhalb der alten Grenzen der UdSSR hegt. Darüber hinaus wird Russland mit Kritik im Bezug auf seine Innenpolitik konfrontiert und befindet sich deshalb in einer Lage in der das Land den Schaden der NATO-Erweiterung im Hinblick auf seine eigene Außenpolitik abwägen muss. Die NATO-Erweiterung wirkte in vielerlei Hinsicht wie ein „Katalysator" bei der nationalen Identität sowie bei der Außenpolitik und kurbelte zudem die internen Divisionen an. Diejenigen, die sich in den Westen eingliedern wollen, empfinden die NATO-Erweiterung als einen „strategischen" Fehler seitdem Russland dazu gezwungen wurde, sich von der westlichen Welt zu distanzieren. Es wird hervorgehoben, dass Russland eine radikale Veränderung im Bezug auf seine nationale Identität, Geopolitik, Verteidigung und Außenpolitik braucht, um das Recht zu haben sich zur Zukunft Europas zu äußern. Diejenigen, die die Entgegengesetzte Meinung verteidigen, erstreben eine Weiterführung der traditionellen Verteidigungsstrategie der UdSSR und schätzen die NATO-Erweiterung als eine direkte Bedrohung der nationalen Sicherheit ein. Es kann viel darüber gestritten werden, der wahre Grund für die NATO- Erweiterung ist die „Einkreisung" Russlands, ähnlich wie zu der Zeit des kalten Krieges.

Nachdem die zentralasiatischen Länder ihre Unabhängigkeit gewonnen hatten und sich selbst gegenüber dem Weltmarkt öffneten, stieg das Interesse an der Region von andern Ländern beträchtlich an. Diese Länder - hauptsächlich die Türkei, der Iran und China - versuchen enge aupenpolitische Beziehungen zu entwickeln, um die politische und wirtschaftliche Kluft, die durch den Zusammenbruch des sowjetischen Blocks entstanden war, zu schließen. Jedoch wollte Russland seinen alten Einflussbereich nicht aufgeben und entschied sich deshalb, Beziehungen zu den neuerdings unabhängigen Staaten aufzubauen. Russlands Außenpolitik in Richtung Zentralasien befindet sich ebenfalls unter dem Deckmantel der nahen Umgebungspolitik. Die politischen Hauptziele sind: Die Förderung der wirtschaftlichen, politischen und militärischen Zusammenarbeit mit der GUS, der gemeinsame Schutz der Grenzen der GUS durch eine Friedenserhaltungsmacht, die Schließung einer Vereinbarung zum Schutz der Rechte der russischen Minderheiten in den neuerdings unabhängigen Staaten und die Unterstützung der Bemühungen zum Ausbau der Infrastruktur in diesen Ländern.

Die westlichen Länder nehmen in der russischen Betrachtung eine vergleichbare Position eine wie China als die Machthaber, die seine Vormachtstellung in Zentralasien verhindern wollen. Während westliche Firmen an Einfluss über Partnerschaften und Einzelunternehmen in Zentralasien gewinnen, erscheint China als ernsthaftester Konkurrent zu Russland, da es der größte und nächste alternative Markt der Region ist. Moskau ist sich genau über die Schwächen der Region bewusst und verhält sich geschickt darin, die schwachen Gebiete auszunutzen um seine Überlegenheit aufrechtzuerhalten. Allerdings sind die zentralasiatischen Länder im Bezug auf Transitbeförderungsmittel und in anderen Bereichen von Russland weiterhin abhängig. Hinzu kommen die großen Gruppen von russischen Minderheiten in diesen Ländern. Die Entstehung eines politischen Islams, Schmuggel, Drogenhandel und andere Faktoren veranlassen Russland weiterhin in der Region verwickelt zu sein.

In den letzen Jahren haben sich die Beziehungen von Russland mit dem Iran verbessert, besonders nach der Vereinbarung mit dem Titel „Voraussetzungen für gemeinsame Beziehungen und Prinzipien der Zusammenarbeit zwischen Russland und der Republik Iran“. Russland und der Iran haben gemeinsame Interessen etwa erfolgreich gegen Terrorismus, Separatismus, Drogenhandel, Schmuggel und illegalen Waffenhandel zu kämpfen. Beide Staaten sind sich einig, dass die Türkei, welche enge Verbindungen zum Kaukasus, den zentralasiatischen Ländern und den USA, keine weitere Ausdehnung ihres Einflussbereichs in der Region erlangen sollte. Darüber hinaus erfordert die Nutzung der beträchtlichen Energiequellen im kaspischen Becken eine Zusammenarbeit der beiden Länder. Obwohl der Iran indirekt an dem Kampf in Tschetschenien beteiligt war, brachten die Entwicklungen seit 1999 den Iran dazu, Russland zu unterstützen, weil die Bevölkerungsstruktur im Iran auf Multinationalität basierte.

Zudem sieht Russland den Iran als einen wichtigen außenwirtschaftspolitischen Absatzmarkt. Es ist bekannt, dass Moskau Waffen und nukleare Technologie an den Iran verkauft und sogar ein Atomkraftwerk im Land gebaut hat. Dessen ungeachtet hat Russland niemals damit aufgehört zu versuchen, Teheran zu einer Zusammenarbeit mit der IAEA zu bringen. Außerdem ist dies Russlands Annäherung an die Nordkoreafrage, da Russland an dem so genannten „Sechs Nationen Gespräch" teilnimmt.

Ein anderer wichtiger Faktor für Russlands Außenpolitik sind die bilateralen Beziehungen zur Türkei. Beide Länder haben im November 2001 den eurasischen Zusammenarbeitsplan unterschrieben. Dieser Plan ist eher eine multidimensionale, als eine gemeinsame Partnerschaft. Mit diesem Protokoll hat Russland seine ersten Schritte in Richtung Annäherung in der Regionalpolitik, basierend auf dem Konzept der „Eurasienierung" getan. Diesem Plan zufolge streben Russland und die Türkei danach, ihre wirtschaftliche Position in der eurasischen Region aufzuwerten. Dies dient dazu, engere Handelsbeziehungen, eine bessere Zusammenarbeit bei politischen Konflikten und Sicherheitsahngelegenheiten zu erreichen.

Neben der UNO und der GUS ist die Mitgliedschaft des Landes in der OSZE und im Europarat von besonderer Bedeutung. Generell hinterfragt Moskau nicht die Wichtigkeit der OSCE für eine tragfähige europäische Sicherheitsarchitektur. Dennoch hat die Leistungsfähigkeit der OSZE innerhalb der letzten Jahre beträchtlich nachgelassen. Die Kremlbeamten sind der Meinung, dass sich die Organisation zu sehr auf die post-sowjetische Region und auf die Menschenrechtsangelegenheiten konzentriert hat. Aus diesem Grund hat Russland sein Mandat von dem OSZE-Einsatz in Tschetschenien 2002 nicht verlängert. Jedoch hat Russland eine UN und/oder OSZE Beteiligung bei den regionalen Konflikten in Georgien, Moldau, Tadschikistan und Nagorno-Karabakh akzeptiert. Im Februar 1996 schloss sich Russland dem Europarat an. Trotz der Bestätigung einiger europäischer Menschenrechts- und Anti-Folter Konventionen, wurde die Todesstrafe noch immer nicht abgeschafft - obwohl 1996 ein Moratorium gegründet wurde. Dennoch ist die andauernde Kritik über Russlands Menschenrechtsabkommen in Tschetschenien ein erheblicher Konfliktherd. Dies wurde besonders deutlich, als der parlamentarische Verband der Organisation ein internationales Verbrechertribunal forderte.

In den letzen Jahren, besonders nach dem 11. September 2001, hat die USA einige Militärbasen in zentralasiatischen Ländern etabliert. Diese Entwicklungen widerstreben vermutlich Russlands „naher Umgebungspolitik" und haben einige Verwicklungen für die Außenpolitik des Landes mit sich gebracht. Dennoch hat Russland seine Einstellung gegenüber den USA nach den Anschlägen am 11. September 2001 geändert und hat den USA Unterstützung beim „Kampf gegen den Terrorismus" zugesichert. Dieser Richtungswechsel brachte sowohl einige

Vorteile als auch Nachteile für Russland mit sich. Einige Vorteile sind: eine engere Zusammenarbeit mit der NATO, eine vollständige Mitgliedschaft im G-8 Forum, die westliche Akzeptanz für Russland in der WTO und einen Verbesserung von Russlands Position in der Weltpolitik. Die Nachteile beinhalten die Absicht der USA, in Zentralasien permanent zu bleiben, die verstärkte Dominanz Washingtons im Kaukasus, die Beschränkung der erwateten wirtschaftlichen Zusammenarbeit mit dem Westen und die Beschränkung der ausländischen Unterstützung für Russlands Tschetschenien-Politik.

Offensichtlich akzeptiert Russland die militärische Präsenz der USA in Zentralasien und Georgien, um mit Washington gute diplomatische Beziehung zu haben. Generell hält Russland seinen Status zu den USA für gleichwertig, aufgrund seiner Geschichte, seiner nuklearen Fähigkeiten und seiner Rolle in der Weltpolitik. Trotz all dieser intensiven Bemühungen um eine Normalisierung in den Beziehungen zu westlichen Staaten erwartet Russland nicht die gleiche wirtschaftliche Unterstützung. Moskau wurde in bezug auf Irak und Nordkorea klar, dass die erwartete wirtschaftliche Zusammenarbeit mit dem Westen begrenzt ist. Diese Vereinbarungen sind symbolischer Natur, besonders weil George W. Bush Russlands Partner als die „Achse des Bösen" bezeichnet hat. Jedoch ist Russland weder stark genug, um als ausgleichende Kraft zwischen den USA und dem „alten Europa" zu fungieren, noch attraktiv genug, um von einem dieser Länder unterstützt zu werden. Die Außenpolitik Russlands versucht mit der neuen Weltordnung Schritt zu halten. Dies basiert auf der Tatsache, dass das Land eine Supermacht ist. Dementsprechend werden die globalen wirtschaftlichen, politischen und militärischen Interessen artikuliert. Jedoch haben Russlands Politiker unterschiedliche Vorstellungen von zukünftiger Einflussnahme und derer außenpolitischen Voraussetzungen. Erstens wollen die „alten Kommunisten" und Nationalisten die Realisierung der „nahen Umgebungspolitik" und die Bewahrung des Einflusses in den Gebieten der ehemaligen UdSSR. Zweitens betonen die „Eurasiaten" die Wichtigkeit Europas, des mittleren Ostens und des fernen Ostens. Schließlich gibt es noch die „Atlantiker", die eine starke wirtschaftliche und politische Beziehung zum Westen und insbesondere zu den USA wollen. In der Zukunft werden diese unterschiedlichen Kräfte weiterhin, mit mehr oder weniger starkem Einfluss, die Außenpolitik Russlands beeinflussen.

LITERATUR (VERWENDETE & WEITERFÜHRENDE)

Black, J.L.: Vladimir Putin and the New World Order: Looking East, Looking West? Lanham 2004.

Bugajski, Janusz: Cold Peace: Russia's New Imperialism. Westport 2005.

Dannreuther, Roland: European Union Foreign and Security Policy: Towards A Neighbourhood Strategy. London 2004.

Donaldson, Robert H.: Nogee, Joseph, The Foreign Policy of Russia: Changing Systems, Enduring Interests. Armonk 2005.

Fawn, Rick: Realignments in Russian Foreign Policy. London 2003.

Feber, Walter: America, Russia, and the Cold War, 1945-2002. Boston 2004.

Goldsmith, Benjamin E.: Imitation in International Relations: Observational Learning, Analogies, and Foreign Policy in Russia and Ukraine. New York 2004.

Isakova, Irina: Russia in the Twenty-First Century: Geopolitics, Geo-Strategy and New Governance. New York 2005.

Kanet, Roger E.: The New Security Environment: The Impact on Russia, Central and Eastern Europe. Burlington 2005.

Norris, John: Collision Course: NATO, Russia, and Kosovo. Washington D.C. 2004.

Prichner Jr., Herman: Reviving Greater Russia?: The Future of Russia's Borders With Belarus, Georgia, Kazakhstan, Moldova and Ukraine. Washington D.C. 2004.

Ross, Cameron: Russian Politics under Putin. Manchester 2004.

Tsygankov, Andrei P.: Whose World Order?: Russia's Perception of American Ideas After the Cold War. Notre Dame 2004.

Wilson, Jeanne L.: Strategic Partners: Russian-Chinese Relations in the Post-Soviet Era. Armonk 2004.

Zagorskim, Andrei V.: Russia's Interest in the Context of the Twin-Enlargement, in: Gießmann, Hans J./ Gustenau, Gustav E. (Hrsg.): Security Handbook 2004: The Twin Enlargement of NATO and EU. Baden-Baden 2004.

SAN MARINO

Roman Kühn

HISTORISCHE GRUNDDATEN

1600	Gründung San Marinos
1968	endgültige Unabhängigkeit (von Italien)
1973	Beitritt OSZE
1988	Beitritt Europarat
1992	Beitritt UN
2002	Einführung des Euro (außerhalb der WWU)

LÄNDERDATEN

Name: Serenissima Repubblica di San Marino/ Republik San Marino, **Hauptstadt:** San Marino Cità (4.500 Einwohner (2006)), **Regierungsform:** Republik (seit 1599), **Größe:** 60,5km^2, **Einwohnerzahl:** 29.615 (2007), **Landessprache:** Italienisch, **BSP pro Kopf:** 34.100 (2004), **Mitgliedschaft in Europäischen Organisationen:** ECE, Europarat, OSZE, **Mitgliedschaft in Internationalen Organisationen:** UN

***

Die Republik San Marino ist eine Enklave in den etruskischen Appeninnen zwischen den italienischen Regionen Marken und Emilia Romagna. Sie hat eine Fläche von 61 km^2 und einer Bevölkerung von 28.753 Einwohnern (Stand 31.12.2002), wovon 4.482 Einwohner in der gleichnamigen Hauptstadt leben.

Nach einer Legende wurde San Marino im Jahre 301 n. Chr. durch einen Steinmetz namens Sankt Martinus gegründet, der den Berg Titano und einige umliegende Gebiete von einer Adligen aus Rimini als Dank für die Rettung ihres Sohnes geschenkt bekommen haben soll. Die erste schriftliche Erwähnung fand San Marino im Jahre 511 durch den Mönch Eugippius, der in einem seiner Werke von dieser Region schon als San Marino spricht. Seit dem Bestehen des Kirchenstaates existierte San Marino immer als eigenständiges Territorium unter dem Schutz des Heiligen Stuhles in Rom. Im Jahre 1602 unterschrieben beide Seiten einen Schutzvertrag, der 1631 in Kraft trat. Unterbrochen wurde die Souveränität nur von einer kurzen Besetzung durch Truppen des Kirchenstaates 1739. Nachdem jedoch in Rom politisch interveniert wurde und auch ein Plebiszit zu dieser Frage durchgeführt worden war, wurde die Besetzung bereits 1740 wieder rückgängig gemacht. 1798 schloss San Marino dann einen Freundschaftsvertrag mit Napoleon Bonaparte, der sie unter den Schutz der Französischen Republik stellte. Außerdem bot Napoleon San Marino eine Gebietsvergrößerung bis zum Meer an, was jedoch vorausschauend in Hinblick auf wahrscheinliche spätere Streitigkeiten abgelehnt wurde. Einen Handelsvertrag über Salz und Tabak mit Napoleon lehnten die San-Marinesen hingegen nicht ab. Nachdem beim Wiener Kongress der Fall San Marino nicht explizit erörtert worden und die vornapoleonische Ordnung wiederhergestellt worden war, blieb San Marino eine freie Republik unter päpstlichem Schutz.

Während des Ersten Weltkrieges behielt San Marino offiziell seine Neutralität, es unterzeichnete jedoch einen Vertrag mit Italien, in dem es sich verpflichtete, Italiens Kriegsinteressen nicht zu beeinträchtigen. Des Weiteren schlossen sich viele San-Marinesen der italienischen Armee an. 1919 bewarb sich San Marino um einen Sitz im Völkerbund. Da die großen Staaten jedoch wenig Interesse an der Gleichstellung kleinerer Staaten hatten und die Aufnahme offenbar verzögern wollten, ließ die Republik die Anfrage nach weiteren Informationen seitens des Völkerbundes unbeantwortet und wurde nicht Mitglied.

Zwischen März 1926 und Juli 1943 herrschte die San Marinesische Faschistische Partei (PFS) über das Land. Nichtsdestotrotz blieb San Marino im Zweiten Weltkrieg neutral und blieb auch nach der Auflösung der PFS 1943 und der kurzen deutschen Besatzung 1944 autonom. Als sie im Juni 1944 von den Briten bombardiert wurde, legte die Republik Protest ein und verwies auf ihren neutralen Status. Die Verhandlungen zogen sich bis 1960 hin, danach zahlten die Briten eine Entschädigung von 80.000 Pfund, begleitet von einer Schulderklärung der britischen Regierung vor dem Britischen Unterhaus. 1970 trat San Marino dem Atomwaffensperrvertrag bei.

San Marinos Außenpolitik basiert auf drei Prinzipien:

1. Neutralität. San Marinos Neutralität ist ein fundamentales und traditionelles Prinzip. Der letzte Krieg, den San Marino führte, war 1462 gegen die kirchlichen Truppen. Das Neutralitätsprinzip blieb bis 1971 ein ungeschriebenes Gesetz. Dann wurde es in einem Zusatz zum Freundschaftsvertrag mit Italien ergänzt. Außerdem versuchte San Marino sich im Kalten Krieg auch den Blöcken gegenüber neutral zu verhalten.

2. Stärkung seiner internationalen Stellung. Seit Anfang des 20. Jahrhunderts schloss San Marino Auslieferungsverträge mit einer Reihe von Staa-

ten (1902 mit den Niederlanden, 1906 mit den USA), um seine Unabhängigkeit zu unterstreichen. Außerdem ging San Marino diplomatische oder konsularische Beziehungen mit anderen Staaten ein. Heute hat es bilaterale Beziehungen zu 100 Ländern und diplomatische oder konsularische Beziehungen zu 68 Ländern (Stand: 5. April 2006). Italien ist das einzige Land, das einen Botschafter in San Marino akkreditiert hat.

3. Es wird versucht, sich an der Lösung internationaler Probleme im Rahmen der Möglichkeiten zu beteiligen. Das Programm der Regierung nennt in seinem außenpolitischen Kapitel den weltweiten Schutz der Menschenrechte, den Schuldenerlass für die ärmsten Länder und die weltweite Abschaffung der Todesstrafe als Ziele der Außenpolitik San Marinos.

San Marinos Mikrostaatlichkeit ist stets ein bestimmender Faktor seiner Außenpolitik. Mikrostaaten sind durch eine geringe Fläche und Einwohnerzahl gekennzeichnet. Daher war San Marino schon immer von anderen Mächten abhängig, die Sicherheit und Unabhängigkeit garantieren konnten. Naturgemäß waren dies Italien oder in der Vergangenheit der Kirchenstaat.

Als Enklave in Italien sind die Beziehungen zu Italien auch von immenser Wichtigkeit. In einem 1939 geschlossenen Freundschaftsvertrag, der die Freundschaftsverträge von 1862 und 1897 ersetzte, beteuerte Italien seine große Freundschaft und größtmögliche Kooperation zur Erhaltung der Unabhängigkeit San Marinos. San Marino erklärte im Gegenzug seine umfassende Neutralität. Außerdem bilden San Marino und Italien eine Zoll-, Wirtschafts- und Währungsunion.

Italien hat mehrere Übereinkünfte mit der Republik San Marino geschlossen, die u.a. Bestimmungen zu Währungsfragen enthielten. So waren die von Italien ausgegebenen Banknoten und Münzen in der Republik San Marino als gesetzliches Zahlungsmittel anerkannt waren. Die von der Republik San Marino ausgegebenen Münzen hatten die gleiche Form, die gleichen Abmessungen und die gleiche Zusammensetzung wie die in Italien umlaufenden Münzen. In den Übereinkünften wurde die Auflage dieser Münzen begrenzt, die in beiden Ländern als gesetzliches Zahlungsmittel galten. Die Republik San Marino hatte sich verpflichtet, keine anderen Münzen, Banknoten oder Geldsurrogate auszugeben. Sie besitzt weder eine eigene Währung noch eine Zentralbank, obwohl das Istituto di Credito Sanmarinese analoge Aufgaben einer solchen Institution wahrnimmt.

Mit der Europäischen Union schloss San Marino am 16.12.1991 ein Abkommen über weitere Zusammenarbeit und eine Zollunion. Außerdem regelte San Marino die Einführung des Euros im SCADPlus Abkommen vom 31.12.1998. Die San-Marinesischen Euro zieren eigene Rückseiten und machen ihn so zu begehrten Sammlerstücken.

San Marino ist eine der ältesten Republiken der Welt. Im Jahre 1600 trat die erste Verfassung in Kraft, die durch die Jahrhunderte mehrfach modifiziert wurde. Am 8. Juli 1974 ist ein neues Grundgesetz verabschiedet worden, das heute den institutionellen Rahmen für die Republik bildet und nur durch eine Zweidrittelmehrheit geändert werden kann. Die Republik San Marino ist eine repräsentative Demokratie. Die legislative Macht hat der Große und Allgemeine Rat (Consiglio Grande e Generale), der aus 60 Abgeordneten besteht. Er wird für fünf Jahre vom Volk gewählt. Er wählt aus seinen Reihen wiederum jeweils für ein halbes Jahr zwei kollegial amtierende Regierungsräte (Capitani Reggenti), die als Staatsoberhäupter eine Entscheidung im Konsens fällen müssen. Die Amtseinführung findet jeweils am 1. April und 1. Oktober eines Jahres statt. Nach Ende der Regierungszeit ist eine Wiederwahl als Staatsoberhaupt erst nach einer Frist von drei Jahren wieder möglich. Außerdem wählt der Große und Allgemeine Rat die Exekutive, die Regierung (Congresso di Stato), die aus derzeit acht Ministern und Staatssekretären besteht. Von diesen arbeiten erstaunlicherweise nur drei hauptamtlich. Für die Außenpolitik ist der Staatssekretär für Äußeres verantwortlich, dem auch das diplomatische Korps untersteht. Zu den Eckpunkten des Regierungsprogramms der Regierung zählen die weitere Modernisierung des Landes (u.a die Reform des Rentensystems und des Arbeitsmarktes), Wirtschaftsförderung (Verbesserung des Investitionsstandorts, Tourismusförderung), sowie Umweltschutz.

Außerdem wird aus dem Großen und Allgemeinen Rat der Rat der Zwölf gewählt, der die Judikative San Marinos darstellt. Da der Große und Allgemeine Rat das zentrale Organ in San Marino ist, aus dem sich alle wichtigen Personen im Staat rekrutieren, kann von einer Vermischung der legislativen, exekutiven und judikativen Kräfte gesprochen werden.

Die Haupteinnahmequelle San Marinos ist der Tourismus, 60 Prozent des Jahreshaushaltes werden durch Einnahmen aus diesem Gebiet bestritten. Aber auch der Export spielt eine wichtige Rolle. Exportiert werden vor allem Wein und Wolle und kunsthandwerkliche Produkte und. Aber auch der Verkauf sanmarinesischer Briefmarken ist eine staatliche Finazierungsquelle, beträgt er doch 10 Prozent des Bruttonationaleinkommens. Direkt und indirekt kommen 60 Prozent der Devisen durch den Tourismus ins Land, Steuern werden fast keine erhoben. Importiert werden hauptsächlich Fertigprodukte und Konsumgüter, aber auch Gold für die vielen Goldschmiede und Juweliere. 52 Prozent der Bevölkerung arbeiten im Dienstleistungssektor, 41 Prozent in der Industrie und 7 Prozent im primären Sektor.

Ein besonderes Ereignis ist der jährlich stattfindende Formel 1 Grand Prix von San Marino. Dieser wird zwar im italienischen Imola ausgetragen, bringt San Marino jedoch durch die Namensgebung alljährlich weltweit große Aufmerksamkeit.

Ein Verteidigungsabkommen mit Italien wurde nicht geschlossen. Dies würde wohl auch dem Neutralitätsprinzip San Marinos widersprechen. Ob der Freundschaftsvertrag mit Italien auch die militärische Verteidigung San Marinos vor Feinden beinhaltet ist strittig, da es im Vertrag selber nicht explizit erwähnt wird. Jedoch ist wohl davon auszugehen, dass Italien die militärische Verteidigung im Notfall nicht ablehnen würde. San Marino hat aber auch eigene militärische Einheiten zur Landesverteidigung. Außerdem können im Verteidigungsfall alle Männer zwischen 18 und 60 Jahren eingezogen werden.

San Marino ist Mitglied zahlreicher internationaler Organisationen, darunter der UNO, der UNESCO, des Internationalen Währungsfonds (IWF), der Weltbank, des Internationalen Gerichtshofes, der Weltgesundheitsorganisation (WHO), der Welttourismusorganisation und selbst der Internationalen Walfangkommission. Die Republik unterhält auch offizielle Beziehungen zur Europäischen Union - wenngleich sie kein Mitgliedstaat der EU ist - und nimmt an der Organisation für Sicherheit und Zusammenarbeit in Europa teil. Als Mitglied des Europarats hatte San Marino von Mai bis November 1990 die Präsidentschaft inne.

Die Beziehungen zwischen San Marino und Deutschland sind frei von Problemen. Der deutsche Botschafter in Italien ist auch in San Marino akkreditiert; der Staatssekretär im san-marinesischen Staatssekretariat für Äußeres ist als Botschafter in Berlin akkreditiert. Die konsularischen Beziehungen werden vom deutschen Generalkonsulat in Mailand wahrgenommen. Eine besondere politische Bedeutung für Deutschland erlangt San Marino durch die wohlwollende Unterstützung, die es deutschen Kandidaten im Zusammenhang mit Wahlen zu den verschiedensten Gremien im Bereich der Vereinten Nationen gewährt. Außenwirtschaftlich wird San Marino statistisch Italien zugeordnet, gesonderte Daten zu den Handelsbeziehungen zwischen den Ländern liegen daher nicht vor.

San Marinos Augenmerk in der Außenpolitik wird auch weiterhin auf der Aufnahme und Aufrechterhaltung konsularischer und diplomatischer Beziehungen zu anderen Staaten liegen. Damit wird nicht nur die Eigenständigkeit San Marinos unterstützt, sondern auch Interessen San Marinos Rechnung getragen und der Bekanntheitsgrad gesteigert.

Eine weitere außenpolitische Priorität wird eine Fortsetzung des Annäherungskurses an die Europäische Union sein. Von dieser ist San Marino allein durch die Währung des Euro extrem abhängig, was weiterhin ein vitales Interesse an einer guten Zusammenarbeit mit den EU-Institutionen fördern wird. Neben dieser finanziellen Seite spielt auch der kulturelle Aspekt eine wichtige Rolle, ist doch San Marino in der europäischen Geschichte ein Unikat und die älteste Republik.

Dass San Marino sich in der Außenpolitik nicht nur auf seine Mikrostaatlichkeit beruft und die Steigerung der Touristenzahlen als Hauptziel hat, zeigt die Mitgliedschaft in der Internationalen Walfangkommission und der Beitritt zum Atomwaffensperrvertrag. Beides sind keine offensichtliche Problemfelder San Marinos. Denn so sehr Mikrostaaten auch einen natürlichen Mangel an Ressourcen und Kapazitäten haben, so sehr haben sie auch oft einen objektiveren Blick auf internationale Probleme und können vermittelnd bei Konflikten eingreifen. In diesem Sinne sind wohl auch die beiden oben genannten Mitgliedschaften zu verstehen, die San Marinos Willen zeigen, der internationalen Gemeinschaft als aktives Mitglied anzugehören.

Literatur (verwendete & weiterführende)

Duursma, Jorri: Self-determination, Statehood and International Relations of Micro-States. The Cases of Liechtenstein, San Marino, Monaco, Andorra and the Vatican City. Groningen 1994.

U.S. Department of State, Bureau of European and Eurasian Affairs, April 2006 'Background Note San Marino: http://www.state.gov/r/pa/ei/bgn/5387.htm, abgerufen am 30.06.2007.

Waschkuhn, Arno: Die politischen Systeme Andorras, Liechtensteins, San Marinos und des Vatikan, in: Ismayr, Wolfgang (Hrsg.): Die politischen Systeme Westeuropas. 3. Aufl.Opladen 2003, S. 760-764.

SCHWEDEN

Jan-Egil Gubenis

Historische Grunddaten	
1946	Beitritt UN
1949	Beitritt Europarat
1951	Beitritt Nordischer Rat
1961	Beitritt OECD
1973	Beitritt OSZE
1995	Beitritt Europäische Union, Beitritt WTO
2003	eine Volksabstimmung spricht sich gegen die Teilnahme an der WWU aus

Länderdaten

Name: Konungariket Sverige/ Königreich Schweden, **Hauptstadt:** Stockholm (771.000 Einwohner (2006)), **Regierungsform:** Parlamentarische Monarchie (seit 1809), **Größe:** 449.964km^2, **Einwohnerzahl:** 9.031.088 (2007), **Landessprache:** Schwedisch, **BSP pro Kopf:** 31.600 USD (2006), **Mitgliedschaft in Europäischen Organisationen:** CBSS, CERN, EAPC, EBRD, ECE, EIB, ESA, EU, Europarat, OSZE, PfP, WEU (Beobachter), **Mitgliedschaft in Internationalen Organisationen:** OECD, UN, WTO

***

Seit der Regierung Karl XIV. Johan, die 1814 begann, war die Politik von Schweden eine Politik der Neutralität. Auf diesem grundlegenden Prinzip baute die Außenpolitik bis 2002 auf. Im Angesicht des Ersten Weltkrieges versicherte das Land dieses Prinzip im Dezember 1914, zusammen mit Dänemark und Norwegen, erneut. Nach dem Ersten Weltkrieg schloss sich Schweden 1920 dem gerade erst gegründeten Völkerbund an, um dessen Aufgabe der Friedensstiftung zu unterstützen und um das Forum dazu zu nutzen, für internationale Abrüstung zu plädieren. Um mit gutem Beispiel voran zu gehen, wurde die schwedische Armee 1925 verkleinert. Bei der Abrüstungskonferenz des Bundes von 1932 bis 1936 gehörte Schweden zu den acht Staaten (Schweden, Dänemark, Norwegen, Belgien, Niederlande, Schweiz, Spanien und Tschechoslowakei), die sich zusammentaten, um sich für internationale Abrüstung einzusetzen.

Nachdem Pläne für eine regionale nordische Sicherheitsallianz fehlgeschlagen waren, verstärkte Schweden vom Jahre 1936 an seine eigene Abwehr. Beim Ausbruch des Zweiten Weltkrieges gab das Land eine andere Erklärung von Neutralität ab. Als die UdSSR Finnland im November 1939 angriff, griff Schweden zwar nicht militärisch ein, unterstützte seinen Nachbarn jedoch mit Waffen, Rohmaterialien und finanziellen Mitteln. Nach der deutschen Besetzung Norwegens sah sich Schweden nicht in der Position, ein zweites Mal nordische Solidarität zu zeigen. Es galt strikte Neutralität. Aufgrund der politischen Verlagerung der Kräfte auf dem Kontinent zugunsten des „Dritten Reiches" und der eigenen Abhängigkeit vom Handel mit Deutschland, war Schweden gezwungen, deutschen Truppen zu erlauben, schwedisches Territorium zu passieren.

Nach dem Ende des Zweiten Weltkrieges verfolgte Schweden trotz seiner Neutralität eine aktive Außenpolitik. Schließlich trat Schweden der UNO bei, um erneut für Peacekeeping und Abrüstung zu kämpfen. 1949 scheiterten Verhandlungen über ein skandinavisches Verteidigungsbündnis. Im selben Jahr traten Dänemark und Norwegen der NATO bei, während Schweden eine Politik der „Nichtbeteiligung in Bündnissen während Friedenszeiten, abzielend auf Neutralität im Falle des Krieges" wählte. Diese Politik wurde durch starke Streitkräfte unterstützt. Eine skandinavische Kooperation wurde durch die Gründung des Skandinavischen Rates (Schweden, Dänemark, Norwegen, später Finnland und Island) 1952 etabliert. Jedoch war dessen Arbeit auf Streitpunkte wie Verkehr, Beschäftigung und Sozialpolitik begrenzt.

Als Dag Hammarskjöld zum Generalsekretär der UN ernannt wurde, begann Schweden eine spezielle Rolle in der Organisation zu spielen. Schweden plädierte weiterhin für Abrüstung und forderte Entkolonialisierung. Ungeachtet der schwedischen Politik der Neutralität, trat das Land einigen der UN Peacekeeping Operationen, wie zum Beispiel im Mittleren Osten (1956), im Libanon (1958) und im Kongo (1961) bei. Seine Nichtbeteiligung in Bündnissen machte es Schweden auch möglich, die Großmächte in der Ära des Kalten Krieges zu kritisieren. Schweden nutzte die UN als ein Forum, um 1956 die sowjetische Intervention in Ungarn und den Indochinakrieg zu verurteilen. Schwedens Außenpolitik in den 1960er und 70er Jahren war nicht nur durch ein intensives Engagement in unterentwickelten Ländern, sondern auch durch ein globales Engagement im Umweltschutz und in internationaler Abrüstung durch die UN-Institutionen, gekennzeichnet. Besonders die Kritik des schwedischen Premierminister Olof Palme am Wettrüsten, wurde weltweit im hohen Maße anerkannt. Schweden unterstrich seine ökonomischen Beziehungen zu Europa durch den

Eintritt in die OECD und EFTA (europäische Freihandelsgemeinschaft). In den frühen 1970ern schloss Schweden ein Freihandelsabkommen mit der EG (Europäische Gemeinschaft) ab.

Während des Kalten Krieges sicherte sich Schweden durch geheime bilaterale Abkommen westliche Unterstützung für den Fall eines sowjetischen Angriffes. Offiziell betonte es nachdrücklich seine Neutralität und gliederte sich keinem der Großmächte an. Zahlreiche sowjetische U-Boot Operationen in den 1980ern stellten für Schweden eine gefährliche Bedrohung dar, und schließlich war es die Verbesserung der U-Boot aufspürenden Technologie auf schwedischer Seite, welche eine offene Konfrontation verhinderte. Aufgrund der strategischen Überlegungen der Großmächte in den 1980ern, hielten das schwedische Militär und die Politiker an der Meinung fest, dass Neutralität nicht länger Sicherheit im Kalten Krieg garantieren würde. Die sowjetischen U-Boot Operationen wurden als Zeichen der realen Gefahr wahrgenommen. Diese erhöhte die Notwendigkeit von Sicherheit und die Angst, die Verbindungen zur starken europäischen Ökonomie zu verlieren. Folglich intensivierte sich die Absicht, an der europäischen Integration teilzunehmen.

Der Zusammenbruch der UdSSR setzte nicht nur der direkten Bedrohung durch eine Großmacht ein Ende, sondern bewirkte auch eine bedeutsame Veränderung in der schwedischen Außenpolitik. Schweden sah sich nun in der Lage, politischen Bündnissen beizutreten. Es gab keine Zweifel mehr, sich der EG zu nähern. Die UdSSR als einzige Barriere war zusammengebrochen und jetzt gab es keine Hindernisse mehr auf dem Weg zur europäischen Integration. Dennoch wollte Schweden für den Fall des Krieges in der Nachbarschaft seine Politik der Neutralität fortsetzen. Schwedens Außenpolitik in den 1990ern wurde durch das Fortschreiten der europäischen Integration bestimmt. Im Oktober 1990 erklärte die sozial-demokratische Regierung unter Premierminister Ingvar Carlsson die Absicht, der EG beizutreten und am 1. Juli 1991 beantragte Schweden die Mitgliedschaft. Der ausschlaggebende Impuls für die Beantragung war der auf den europäischen Kontinent eingestellte Außenhandel und das folglich verstärkte Engagement der schwedischen Ökonomie. Ein anderes wichtiges Ziel war es, im europäischen Sicherheitssystem teilzunehmen. Heute bedeutet Schwedens Neutralität, militärische Bündnisse zu vermeiden, aber es schließt ein Engagement im ESVP nicht aus.

1992 wurde der Vertrag über die EEA zwischen EU und EFTA vereinbart, welcher Schwedens Teilnahme in der „europäischen Volkswirtschaft" garantierte. Die Verhandlungen zwischen Schweden und der EU dauerten etwa ein Jahr. Am 30. März 1994 einigten sich der Premierminister Carl Bildt und die EU-Mitgliedstaaten auf die volle Mitgliedschaft Schwedens. Die folgende, von allen schwedischen Parteien erwünschte Volksabstimmung, setzte das Siegel auf Schwedens Mitgliedschaft in der EU. Die Wahlbeteiligung betrug etwa 83,3

Prozent. 52,3 Prozent stimmten für den Beitritt, 46,8 Prozent dagegen. Am 1. Januar 1995 trat Schweden der EU bei.

Das Ergebnis zeigte, dass die Menschen kritischer waren, als die Politiker und die Vertreter der schwedischen Wirtschaft. Dieser Trend bestätigte sich bei den Wahlen zum europäischen Parlament 1995 mit einer Wahlbeteiligung von etwa 41,6 Prozent, 1999 mit einer Beteiligung von 38,3 Prozent und 2004 mit einer Beteiligung von 37,2 Prozent. Die Gewinner der jüngsten Wahlen waren wieder EU-Gegner wie June List. Öffentliche Meinungsumfragen zeigen ununterbrochen eine kritische Position hinsichtlich der EU auf, seit die europäische Integration nicht mehr den Erwartungen breiter Teile der schwedischen Bevölkerung entsprochen hat. Das schwedische Model eines Wohlfahrtsstaates konnte innerhalb der EU nicht verteidigt werden. Es gab große Enttäuschungen über die Kürzungen an sozialen Institutionen. Die kritische EU-Einstellung der Mehrzahl der Bevölkerung wird seit 2003 in den wiederholt niedergeschlagenen Volksabstimmungen hinsichtlich der schwedischen Beteiligung in der EWU widergespiegelt. Nur 41,8 Prozent stimmten zu Gunsten des Euro, 56,1 Prozent dagegen. Der EU-Währungspolitik-Beauftragte Pedro Solbes warnte die schwedische Regierung davor, Einfluss auf die europäische Politik aufgrund dieses Wahlverlustes zu verlieren. Wie auch immer, scheinen Trends wie diese nicht genug Einfluss zu besitzen, um die wachsende europäische Integration aufzuhalten.

Die Kritik hinsichtlich der europäischen Integration nahm ab, als Schweden 2001 den Vorsitz im europäischen Rat für die ersten sechs Monate einnahm, mehr Einfluss auf die EU-Politik bekam und seine eigenen nationalen Interessen artikulieren konnte. Diese Zunahme an Einfluss und somit an Möglichkeiten, die schwedischen Interessen zu repräsentieren, überzeugten die politischen Gegner, die Medien und die Bevölkerung davon, dass Schweden auf dem richtigen Weg war. Schweden hat die Aufgaben seiner Amtszeit im so genannten „4+2 Programm" aufgeführt. Die Schwerpunkte lagen auf Umweltschutz, Gleichstellung der Geschlechter, Transparenz in der europäischen Politik und Beschäftigung. Ferner versuchte Schweden, Russland und die Ukraine an europäische Kooperationsstrukturen zu beteiligen, drängte auf die WTO-Beteiligung am landwirtschaftlichen Sektor der EU und betonte diplomatische Mittel der Konfliktbewältigung im ESVP. Zusammen mit Finnland hat Schweden erfolgreich die Aufnahme von Krisenmanagement und humanitären Maßnahmen in die EU-Verträge beantragt. Des Weiteren unterstützt das Land aktiv die ESVP und hat versprochen, 1.900 Truppen für die europäische Schnellinterventionsstreitkraft beizusteuern. Zu Beginn der Präsidentschaft formulierte der schwedische Premierminister Göran Persson „Die drei großen Es": Erweiterung (der EU), Employment/ Beschäftigung und Ecology/ Umweltschutz als die wichtigsten Ziele.

Der Zusammenbruch der UdSSR beeinflusste auch die Beziehungen zwischen Schweden und seinen Nachbarn. Die Gefahr eines sowjetischen Angriffs verschwand. In Zusammenhang mit einer finanziellen und ökonomischen Krise in den Jahren 1991 bis 1993, hat diese große Veränderung eine Reduzierung der Streitkräfte um etwa 50 Prozent seit 1991 bewirkt. In der Vergangenheit hatte Schwedens Rolle in der internationalen Politik immer auf einer starken Verteidigung basiert. Auf der einen Seite ging die Entscheidung für massive Abrüstung auf das Vertrauen in eine Veränderung der Sicherheitssituation zurück, auf der anderen Seite steht sie im Zusammenhang mit der Annäherung an westeuropäische Institutionen.

Seit den 1990ern beschäftigt sich Schweden primär mit den anderen Staaten der Region am baltischen Meer. Insbesondere die Kontakte zu Russland, Polen, Estland, Lettland und Litauen entwickelten sich zu den wichtigsten Punkten in der bilateralen Außenpolitik in der Zeit nach dem Kalten Krieg. Schweden sah sich als Vermittler in der kritischen Beziehung zwischen Russland und den unabhängigen baltischen Staaten. Im System der EU versucht Schweden, den Handel mit Russland zu erhöhen, spricht wiederholt nukleare Sicherheit an und unterstützt die Entwicklung von Demokratien. Laut schwedischen Diplomaten, soll Russland auf diesem Wege in die europäische Kooperation integriert werden. Außerdem hofft Schweden, durch die Beiträge von Estland, Lettland, und Litauen, auf neue Impulse für die nordische Kooperation. Die traditionelle Zusammenarbeit in sozialen Angelegenheiten mit Dänemark, Norwegen, Finnland und Island im Nordischen Rat spielt außerdem eine wichtige Rolle in der schwedischen Außenpolitik nach dem Kalten Krieg. Während Neutralität nicht mehr der wesentliche Kern war, konnte diese Beziehung im Bereich der Sicherheitspolitik gleichmäßig vertieft werden.

Der Vertrag über die Barents-Kooperation wurde 1993 von Schweden, Finnland, Norwegen und Russland unterzeichnet. Seine Institutionen waren der Barents-Rat auf der Ebene der Außenminister und der Barents-Regionalrat, mit Vertretern der beteiligten arktischen Regionen. Die Zusammenarbeit diente dazu, die Beziehung zwischen den Nordischen Staaten und Russland zu verbessern, welche sich zu diesem Zeitpunkt in einer ungünstigen Situation befanden. Zudem glichen diese Räte die Verlagerung des Einflusses zu Gunsten der starken Region am Baltischen Meer aus. Die Gründung des CBSS im März 1992 war für die schwedische regionale Außenpolitik ein weiterer wichtiger Schritt. Es beinhaltete all die unterschiedlichen Arten der Kooperation, wie den Nordischen Ministerrat, den Baltischen Ministerrat und den Barents-Rat. Die Hauptanliegen der neuen Zusammenarbeit sind nukleare Sicherheit, Bekämpfung der organisierten Kriminalität, zivile Sicherheit und Zollkontrollen. Weiterhin beinhaltet diese Kooperation die Erschaffung und Sicherheit von Reiserouten, den Schutz des Ökosystems des Baltischen Meeres, die Unterstützung demokratischer Strukturen und Beschäftigung.

Seit 1921 ist Schweden eine parlamentarische Demokratie mit dem König als Oberhaupt des Staates, welcher seit 1972 keine politische Verantwortung mehr hat. Der Premierminister ist das Oberhaupt der Regierung. Außenpolitik liegt hauptsächlich in der Verantwortung des „Utrikesdepartementet" - des schwedischen Ministeriums für Außenpolitik, wobei etwas Einfluss dem Verteidigungsministerium verbleibt. Für manche Aufgaben werden spezielle Minister ernannt. Zum Beispiel der Minister für internationale ökonomische Entwicklung und der Minister für Außenhandel in der Legislaturperiode von 1998 bis 2002. Das „Riksdag", das schwedische Parlament, beeinflusst die Außenpolitik durch seinen ständigen Ausschuss für Außenpolitik (Utrikesutskottet) und den Rat für Außenpolitik (Utrikesnämnden). Der Rat muss über die Außenpolitik informiert werden und hat eine beratende Funktion. Für besondere Streitfragen, auch in der Außenpolitik kann ein spezielles parlamentarisches Komitee gebildet werden. Zum Beispiel wurde 1992 extra für die Vermittlung zwischen EFTA und EU ein Komitee eingesetzt.

Die UN hatten für alle schwedischen Regierungen eine zentrale Bedeutung gehabt. Zusammen mit Kanada war Schweden das Land gewesen, welches bis 2001 den größten Beitrag zu Peacekeeping-Operationen geleistet hat. Schwedische Truppen und Experten haben an beinahe allen UN Peacekeeping- und Überwachungsoperationen teilgenommen. Das Engagement in der UNO ist ein Eckstein der schwedischen Außenpolitik. Schweden legt großen Wert auf internationale Gesetzte und Multilateralismus. Traditionell waren schwedische Experten und Vermittler schon immer sehr willkommen für die Arbeit in den UN. Schwedische Vermittlung wird weltweit hoch angesehen, weil das Land niemals einen großen Ehrgeiz im Hinblick auf Machtzuwachs gezeigt hat.

Die internationale Situation hat sich seit den Terroranschlägen vom 11. September 2001 stark geändert. Wie auch viele andere Staaten, hat Schweden auf diese Veränderungen reagiert und Maßnahmen getroffen, um den internationalen Terrorismus zu bekämpfen. Schweden hatte Truppen unter dem Kommando der NATO in Afghanistan eingesetzt und stellte beträchtliche humanitäre Hilfe zur Verfügung. Laut der Überarbeitung der Neutralitätsdoktrin 2002 beabsichtigt Schweden immer noch eine Politik der Nichtbeteiligung in militärischen Bündnissen, erlaubt jedoch die Zusammenarbeit bei der Bekämpfung der Bedrohung des Friedens und der Sicherheit. So beteiligt sich Schweden aktiv im PfP-Programm der NATO und in der EAPC.

Sicherheit wurde für Schweden wieder zu einem Hauptthema. Ernsthafte Gefahren existieren sogar unmittelbar in Schwedens Nachbarschaft. Somit handelt das Land gegen Terrorismus, vorschriftswidrige Migration und organisierte Kriminalität. Insbesondere der Terrorismus hat sich zu einer ernsthaften Sicherheitsahngelegenheit entwickelt. Mit der Kritisierung der Inhaftierung verdächtiger Terroristen in Guantanamo Bay erinnert Schweden die USA und die Weltöffentlichkeit wiederholt an die Notwendigkeit des Beachtens von Menschenrechten, insbesondere im Kampf gegen den Terrorismus. Russland wird an die politische Lösung des Tschetschenien-Konflikts erinnert. Beide Dinge, der Kampf gegen Terrorismus und die Forderung nach Gesetzmäßigkeit, werden eine Herausforderung in der zukünftigen Außenpolitik Schwedens darstellen. Schwedens Engagement in der Abrüstung scheint eine nie aufhörende Herausforderung zu sein. Gegenwärtig geht es in Zusammenarbeit mit der EU gegen Massenvernichtungswaffen vor. Hans Blix, der ehemalige Chef der UN-Waffeninspektoren im Irak, hat nun den Vorsitz in der Kommission für Internationale Massenvernichtungswaffen.

Entwicklungszusammenarbeit ist für die schwedische Außenpolitik eine wichtige Angelegenheit. Laila Freivalds, die gegenwärtige Ministerin für Außenpolitik, hat wiederholt dazu aufgerufen, die Entwicklungshilfe auf 1 Prozent des Bruttoinlandproduktes anzuheben. Dies spiegelt Schwedens Absicht wieder, die Entwicklungszusammenarbeit in Zukunft zu vertiefen. Die UN spielt immer noch eine wichtige Rolle in der schwedischen Außenpolitik. Die Organisation gestaltet zum Beispiel die Zusammenarbeit des schwedischen Engagements im Bereich des Peacekeeping, der Menschenrechte und der humanitären Hilfe. Laut der langen Tradition der internationalen Hilfeleistungen ist es recht wahrscheinlich, dass Schweden die Teilnahme an multilateralen Peacekeeping-Missionen fortsetzen wird. Der Dissenz im Zusammenhang mit dem 3. Golfkrieg 2003 machte Schweden klar, dass Verbesserung und Reform der UNO energischer verfolgt werden müssen. Deshalb unterstützt Schweden Anträge für eine Erweiterung des Sicherheitsrates und für ein besseres System der Beantwortung von Konflikten auf der ganzen Welt. Als Mitglied der UN und EU ruft Schweden für eine bessere Zusammenarbeit zwischen beiden Institutionen auf.

Die Bedeutung der EU für die Außenpolitik Schwedens wächst immer noch an. Die Erweiterungen der EU 2004 und 2007 hat neue Möglichkeiten für die Kooperation mit den neuen Mitgliedsstaaten erschaffen. Weiterhin wird es die Region am Baltischen Meer stärken. Die baltische und nordische Zusammenarbeit wird durch die EU entschlossen ausgebaut. Russland wird wieder eine wichtige Rolle im Aufbau von Beziehungen mit Nachbarn außerhalb der EU einnehmen.

LITERATUR (VERWENDETE & WEITERFÜHRENDE)

Åselius, Gunnar: The "Russian menace" to Sweden: The Belief System of a Small Power Security Élite in the Age of Imperialism. Stockholm 1994.

Blyth, Mark: Great transformations: economic ideas and institutional change in the twentieth century. Cambridge 2002.

Bynander, Frederik: The Rise and Fall of the Submarine Threat: Threat Politics and Submarine Intrusions in Sweden, 1980-2002. Uppsala 2003.

Gstöhl, Sieglinde: Reluctant Europeans: Norway, Sweden, and Switzerland in the Process of Integration. Boulder 2002.

Hanhimkäki, Jussi M.: Scandinavia and the United States: An Insecure Friendship. New York 1997.

Huldt, Bo: Finnish and Swedish Security: Comparing National Policies Stockholm 2000.

Malmborg, Mikael: Neutrality and State-Building in Sweden. Basingstoke 2001.

Rudengren, Jan: Middle Power Clout: Sweden and the Development Banks. Ottawa 1995.

Svenson, Peter A.: Capitalists against markets : the making of labor markets and welfare states in the United States and Sweden. Oxford 2002.

SCHWEIZ

Nicole Pöppel

Historische Grunddaten

1803	Wiederherstellung der Schweiz nach der französischen Besetzung
1961	Beitritt OECD
1963	Beitritt Europarat
1973	Beitritt OSZE
1984	Volksabstimmung gegen UN-Beitritt
1986	Volksabstimmung gegen UN-Beitritt
1995	Beitritt WTO
2000	Volksabstimmung für UN-Beitritt
2002	Beitritt UN
2005	Volksentscheid für Schengener Abkommen

Länderdaten

Name: Schweizerische Eidgenossenschaft- Confédération Suisse- Confederatione Svizzera- Confederazium Svizra, **Hauptstadt:** Bern (122.178 Einwohner (2007)), **Regierungsform:** Parlamentarischer Bundesstaat (seit 1848), **Größe:** 41.284,5km^2, **Einwohnerzahl:** 7.554.661 (2007), **Landessprache:** Deutsch, Französisch, Italienisch, Rätoromanisch, **BSP pro Kopf:** 33.600 USD (2006), **Mitgliedschaft in Europäischen Organisationen:** CERN, EAPC, EBRD, ECE, EFTA, ESA, Europarat, OSZE, PfP, **Mitgliedschaft in Internationalen Organisationen:** OECD, UN, WTO

***

Die Basis der schweizer Außenpolitik stellt ihre Neutralität dar, die seit Jahrhunderten ein Teil ihrer politischen Tradition ist. Die Schweiz besitzt ihren neutralen Status bereits seit der offiziellen Anerkennung der Großmächte durch den Wiener Kongress 1815. Die neutrale Haltung war stets mit einer starken Verteidigungsarmee verbunden. Am Ersten Weltkrieg nahm die Schweiz zwar nicht teil, doch mussten militärische Truppen die Grenzen verteidigen. Als der Ausbruch des Krieges 1914 offensichtlich wurde, ordnete der Bundesrat die Mobilisierung der Armee an, erklärt aber gleichzeitig die Aufrechterhaltung der Neutralität. 1919 nahm Bundespräsident Ador an der Pariser Friedenskonferenz teil, um die schweizer Interessen zu vertreten. Das Hauptaugenmerk lag dabei bei dem Konzept für die Bildung eines Völkerbundes, der dann 1920 mit Sitz in Genf gegründet wurde.

Die Entscheidung über eine Kooperation mit dem Völkerbund wurde per Volksentscheid getroffen und mit geringer Mehrheit von 56 Prozent durchgesetzt. Dem Bundesrat gelang es bei Verhandlungen die Hauptbedingungen für eine Zusammenarbeit mit dem Bund durchzusetzen. Am 20. November 1920 wurde die dauerhafte Neutralität der Schweiz von den Großmächten in der Londoner Erklärung anerkannt. Damit wurde die Schweiz von einer Beteiligungspflicht im Kriegsfall entbunden und bekam das Recht, sich gegen den Durchgang fremder Truppen zu weigern. Die einzige Forderung war, im Falle von Verstößen einzelner Staaten, sich an Sanktionen des Völkerbundes zu beteiligen. Im Mai 1938 wurde letztlich durch ein Memorandum die volle Neutralität anerkannt und die Schweiz wurde auch von dieser Pflicht freigesprochen. Das war ein bedeutender Schritt im Hinblick auf die unabhängige Haltung, die das Land dann im Zweiten Weltkrieg beibehielt. Im März 1939 wurden die militärischen Reserven zur Bewachung der schweizerisch-deutschen Grenze abkommandiert und die Bevölkerung wurde auf mögliche Luftangriffe vorbereitet.

Obwohl die Schweiz sich nicht am Krieg beteiligte, wurde das Land durch die negativen Auswirkungen und die militärische Bedrohung der Achsenmächte betroffen, deren Gebiet von Juni 1940 bis Sommer 1944 das komplette schweizer Staatsgebiet umrahmte. Die Beziehungen der Schweiz zu den kriegsführenden Staaten wurden durch die Haager Konventionen von 1907 geregelt, in dem unabhängigen Staaten der Handel, selbst Waffenhandel, genehmigt wurde.

Entsprechend gingen zwischen 1940 und 1942 45 Prozent der Exporte an Deutschland und Italien. Ebenso wurde der Handel mit den Alliierten fortgesetzt, der aber nur ein Drittel des Verkaufes nach Deutschland betrug. Alles in allem führte die Schweiz also Handelsbeziehungen mit beiden Seiten, den Alliierten und den Achsenmächten. Trotz Spannungen mit den Alliierten wegen der Beziehung zu Deutschland, konnten ernsthafte Konflikte verhindert werden. Spätestens nach Kriegsende demonstrierte der Bund, dass er den Kommunismus als gefährlichste Kraft ansah, weil die Armee trotz der deutschen Kapitulation weiter in Bereitschaft gehalten wurde.

In den darauf folgenden Jahren wurde die Unabhängigkeit mehr und mehr zugunsten einer internationalen Zusammenarbeit aufgegeben. 1948 tritt die Schweiz der OEEC, beziehungsweise der Nachfolgeorganisation OECD bei.

Des Weiteren tritt die Schweiz der EFTA, dem Europarat und der OSZE bei. Im März 1986 wurde ein Beitritt zur UNO per Referendum von den Schweizern mit großer Mehrheit abgelehnt. Nichtsdestotrotz hatte sich die Schweiz bereits den meisten UN-Sonderorganisationen angeschlossen und sich an einer Reihe von UN-Aktivitäten beteiligt. Die Mitgliedschaft an den Bretton Woods Organisationen wurde 1992 per Volksentscheid befürwortet. Ein Beitritt zum EWR wurde allerdings zurückgewiesen, weil es als erster Schritt für eine EU-Mitgliedschaft angesehen wurde. Im März 2001 scheiterte eine Initiative für einen möglichen EU-Beitritt mit einer Mehrheit von 77 Prozent in einem entsprechenden Referendum. Am 19. September 2002 wurde die Schweiz, gemäß eines Volksentscheides vom 3. März 2002, das 190. Mitglied der Vereinten Nationen.

Die Schweiz ist mit ihren 20 Voll- und sechs Halbkantonen eine föderalistische und demokratische Republik. Im Allgemeinen besitzen die Kantone große Autonomie, so dass Themen wie Finanzen und Organisation unabhängig verhandelt werden.

Insgesamt liegen die außenpolitischen Handlungskompetenzen beim Bund. Staatsoberhaupt ist der Bundespräsident, der vom Bundesrat gewählt wird. Verhandlungen mit anderen Staaten werden vom Bundesrat geführt. Dessen sieben Mitglieder repräsentieren die Exekutive und werden für eine vierjährige Amtszeit gewählt. Ein wichtiger Faktor für Entscheidungsprozesse im politischen System der Schweiz ist die direkte Demokratie. Die Bevölkerung besitzt die Möglichkeit auf außenpolitischen Entscheidungen per Volksentscheid Einfluss zu nehmen.

Zunächst besteht die Möglichkeit über politische Vorhaben des Parlaments oder der Regierung zu entscheiden. Eine weitere Möglichkeit ist die Gründung einer Bürgerinitiative, die ab einer Stärke von 100.000 Befürwortern Verfassungsänderungen fordern kann. Die Kantone sind prinzipiell in Entscheidungen von außenpolitischen Fragen involviert, jedoch werden die meisten Bestimmungen vom Bundesrat und seiner Verwaltung ausgearbeitet. Wie auch immer, die meisten Entscheidungen der letzten Jahrzehnte wurden ohne Bürgerbeteiligung getroffen. Außerdem werden Fragen, die nicht so entscheidend wie die EU-Mitgliedschaft sind, erst gar nicht öffentlich diskutiert. In Bezug auf handelspolitische Fragen ist in den meisten Fällen das Eidgenössische Volkswirtschaftsdepartement zuständig.

Die Ausführung diplomatischer Interessen unterliegt dem Eidgenössischen Departement für auswärtige Angelegenheiten. An dritter Stelle befand sich in den letzten Jahren das Eidgenössische Departement für Umwelt, Verkehr, Energie und Kommunikation. Bei Konflikten, die nicht von den Departements selbst gelöst werden können, schaltet sich der Bundesrat in den Prozess ein.

Während des Kalten Krieges war die junge Schweizer Generation bereit, die Neutralität zugunsten eines geeinten Europas aufzugeben. Die Schweiz war, ähnlich wie andere neutrale Staaten wie Österreich, ein Bindeglied zwischen dem Warschauer Pakt und den NATO-Staaten, weil sie Beziehungen zu beide Seiten aufrechterhielt. Die Beziehungen basierten vor allem auf wirtschaftlichem Austausch. In den 90er Jahren gab es dann zwei bedeutende Entwicklungen, die eine neue Weltordnung beeinflussten - die Wiedervereinigung Deutschlands und der Zerfall Jugoslawiens. Die kriegerischen Auseinandersetzungen im ehemaligen Jugoslawien bedeuteten eine große Herausforderung für die schweizer Außenpolitik, weil das Land diplomatische Verhandlungen führte, Flüchtlingen half und humanitäre Hilfe leistete. Nach Ende des Kalten Krieges wurde die Struktur der Weltpolitik undurchsichtiger. Im Bewusstsein der Verwicklungen einer zunehmend globalisierten Welt, war die Schweizer Regierung gezwungen, die Bedeutung der Neutralität in der neuen Weltordnung zu überdenken.

Im Hinblick darauf war die Golf-Krise 1990-91 ein wichtiger Anstoß. Am 2. August 1990 wurde die Invasion der Iraker in Kuwait von der UNO und der Schweiz verurteilt. Eine Woche später entschied der Bundesrat sich an den wirtschaftlichen Sanktionen des Sicherheitsrats der Vereinten Nationen zu beteiligen. Mit der Ausführung von Handels- und Finanzboykotts begann ein neuer Abschnitt der schweizer Außenpolitik. In diesem Konflikt zeigte die Schweiz ihre Bereitschaft zu einer Zusammenarbeit mit der UN. In den nachfolgenden Jahren folgte das Land weiteren Wirtschaftssanktionen der UN und stellte militärische Beobachter und medizinisches Personal für verschiedene UN-Einsätze zur Verfügung.

Der außenpolitische Report von 1993 definiert fünf Prinzipien für die zukünftige Außenpolitik: die Unterstützung sozialer Zusammenhänge, Stärkung der Sicherheit und des Friedens, Förderung der Menschenrechte, Demokratie und Rechtsstaatlichkeit, Umweltschutz sowie die Ausführung wirtschaftlicher Interessen außerhalb. Diese Ansprüche zeigen eine langsame Veränderung des schweizer Status. Nach dem Ende des Kalten Krieges begann die Schweiz Zielen wie Frieden und Sicherheit, Demokratie, Wohlstand, soziale Gerechtigkeit und Umwelt den Vorzug zu geben. Diese Prinzipien wurden bis heute aufrechterhalten, aber um die neue Verfassung von 2000 erweitert. Zum Beispiel versucht die Schweiz nun auch die Beziehungen zur EU zu entwickeln, Armut zu bekämpfen und Gewaltkonflikte zu verhindern. In Absatz des Artikels 54 der Verfassung heißt es: „Der Bund setzt sich ein für die Wahrung der Unabhängigkeit der Schweiz und für ihre Wohlfahrt: er trägt namentlich bei zur Linderung von Not und Armut in der Welt, zur Achtung der Menschenrechte und zur Förderung der Demokratie, zu einem friedlichen Zusammenleben der Völker sowie zur Erhaltung der natürlichen Lebensgrundlagen.“

Die Schweiz besitzt diplomatische Beziehungen mit beinahe allen Ländern der Erde. Es gibt keine tief greifenden Auseinandersetzungen. Die Eidgenossenschaft übernimmt auch die diplomatische und konsularische Vertretung für das angrenzende Herzogtum Liechtenstein. In der Geschichte diente die Konföderation als neutraler Vermittler und Gastgeber vieler internationaler Konferenzen und Verhandlungstreffen. Die schweizer Regierung sieht sich in der Pflicht mit ihren Aktivitäten zu Frieden und Wohlstand in der Welt beizutragen. Dementsprechend beherbergt das Land unzählige internationale Regierungs- sowie Nichtregierungsorganisationen. Insbesondere Genf ist das Hauptzentrum der UN-Organisationen. Außerdem ist dort das Komitee des Internationalen Roten Kreuzes ansässig, das ursprünglich auch eine Schweizer Erfindung war. Im Rahmen der OSZE wurde die Schweiz in mehreren Wahlüberwachungsmissionen eingesetzt, zum Beispiel im Kosovo und in Bosnien. 1996 hatte sie den Vorsitz der Organisation inne.

Heute ist die Schweiz eines der wenigen europäischen Länder die weder zur EU noch zur NATO gehören. Trotz allem hat die Schweiz verstanden, dass Zusammenarbeit im Zuge einer neuen Weltsicherheitslage erforderlich ist. Nicht erst seit dem 11. September 2001 nimmt die Schweiz einen aktiven Part in der internationalen Sicherheitspolitik ein. Zu nennen wäre beispielsweise eine Beteiligung am PfP-Programm der NATO und am EAPC. Diese Organisationen erleichtern die Kommunikation und Kooperation zwischen der NATO und ihren Partnern. Trotz dieser Zusammenarbeit schließt das Prinzip der Neutralität eine vollständige NATO-Mitgliedschaft aus. Nichtsdestoweniger nahmen Schweizer Truppen unter dem Namen Swisscoy an einer KFOR-Mission der NATO teil. Zunächst agierte die Truppe unbewaffnet bis 2001 eine Gesetzesänderung für die Bewaffnung der Auslandseinsatzkräfte sorgte.

Das bedeutete eine weitere Veränderung der außenpolitischen Haltung der Schweiz. Bis 1999 vollzog das Land Beschwichtigungshandlungen hauptsächlich durch den Einsatz finanzieller und materieller Güter. Nun bezeugte das Land auch seine Bereitschaft für bewaffnete friedenbringende und friedenssichernde Maßnahmen. Am 2. Dezember 2001 fand ein Referendum über die Abschaffung der Armee statt, was mit einer Mehrheit von 78 Prozent abgelehnt wurde. 2002 betrugen die Ausgaben für die Verteidigung 4,9 Milliarden Schweizern Franken oder 9,6 Prozent der Gesamtausgaben des Bundes. Die heutigen Bemühungen um die Sicherheit zeigen die Wichtigkeit, die das Land dem Thema einräumt. Durch die Auswirkungen des 11. Septembers 2001 unterstützte die Schweiz mehrere Aktionen der Vereinigten Staaten. Es wurde zum Beispiel die so genannte „Bush-List“ übernommen, eine Liste mit Namen von Personen und Organisationen, die vermeintlich Verbindungen zu Terroristen hatten.

Da die Schweiz einer der wichtigsten Orte für internationale Finanzanlagen ist, war die Beteiligung terroristischer Organisationen daran von besonderer Bedeutung. Daraufhin haben Schweizer Behörden fast 80 Konten gesperrt und 160 weitere Einzelpersonen oder Gesellschaften diesbezüglich unter Beobachtung gestellt. Zudem richteten Bern und Washington ein „Operative Working Arrangement" ein, das den unbürokratischen Austausch von Einsatzpersonal und Informationen regelt. Gemeinsam mit der UN setzte sich die Schweiz außerdem für einen transparenteren Weg zur Bestrafung mutmaßlicher Terroristen ein.

In Zukunft werden sich die Beziehungen zwischen der EU und der Schweiz fortsetzen und an Relevanz gewinnen. Die EU ist bereits der wichtigste Handelspartner des Landes und auch die politischen, kulturellen und wirtschaftlichen Verflechtungen sind beachtlich groß. Das Land ist komplett von EU-Mitgliedsstaaten umgeben und beide Einheiten teilen zentrale politische und humanitäre Werte.

Das wirtschaftliche Verhältnis zwischen der Schweiz und der EU wird durch die Bilateralen Abkommen I und II geregelt. Die Bilateralen I sind seit 2002 in Kraft. Die Bilateralen II sind seit Juni 2004 wirksam und werden seit 2005 ausgeführt. Diese Abkommen bilden eine Alternative zur Mitgliedschaft der Schweiz im EWR. Da der Einfluss der EU zunimmt, könnte ein nächster wichtiger Schritt der Schweizer Außenpolitik der Beitritt zur EU sein. Die Verträge, die zwischen Schweiz und EU bisher geschlossen wurden zeigen, dass es keine Alternative zur Eingliederung in die EU geben wird. Dabei müssen mehrere Vor- und Nachteile berücksichtigt werden. Die Schweiz kooperiert bereits mit der EU. Als volles Mitglied wäre sie gezwungen, alle Entscheidungen der EU mitzutragen, was die Unabhängigkeit einschränken würde. Auf der anderen Seite würde die Schweiz auch an Ansehen und Einfluss gewinnen. Letztendlich hängt der Beitritt aber von der Zustimmung der schweizer Bevölkerung, einem unberechenbaren Faktor, ab. Im außenpolitischen Report von 2000 bekräftigte der Bundesrat den Wunsch nach einer erneuten Stärkung der Unabhängigkeit, nannte aber gleichzeitig die internationale Verantwortlichkeit des Landes. Dieses Bewusstsein für die Weltgemeinschaft hat die Schweiz in der Vergangenheit bereits mit der Unterstützung vieler internationaler Institutionen und dem Einsatz in Krisenzeiten unter Beweis gestellt.

Literatur (verwendete & weiterführende)

Gabriel, Jürg Martin/ Fische , Thomas: Swiss Foreign Policy, 1945-2002. Basingstoke 2003.

Goetschel, Laurent/ Bernath, Magdalena/ Schwarz, Daniel: Swiss Foreign Policy: Foundations and Possibilities. New York 2004.

Gstöhl, Sieglinde: Reluctant Europeans: Norway, Sweden, and Switzerland in the Process of Integration. Boulder 2002.

LeBor, Adam: Hitler's Secret Bankers: The Myth of Swiss Neutrality during the Holocaust. Secaucus 1997.

Schneider, Gerald: Returning to Normalcy: An Introduction to Swiss Foreign Policy. Zürich 1999.

SERBIEN

Jelena Ković

Historische Grunddaten	
1521	Eroberung durch die Osmanen
1878	Unabhängigkeit Serbiens (vom Osmanischen Reich)
1918	Vereinigung mit Bosnien-Herzegowina, Kroatien und Slowenien
1929	Gründung des Königreichs Jugoslawien
1941-1944	Besetzung durch Deutschland und Italien
1945	Beitritt UN, Serbien wird Teil der Sozialistischen Föderalen Republik Jugoslawien
1948	Bruch mit den Ostblockstaaten
1964	Gaststatus im RGW
1989	Milošević wird Präsident der Teilrepublik Serbien, Beendigung der Autonomie des Kosovo und der Vojvodina
1991-1992	Unabhängigkeitserklärungen Sloweniens, Kroatiens, Mazedoniens und Bosnien-Herzegowinas
1991-1995	Jugoslawienkrieg
1992	Gründung der Bundesrepublik Jugoslawien mit Montenegro, Albaner im Kosovo wählen inoffiziellen Präsidenten
1992-1996	Isolation Serbiens durch die Internationale Gemeinschaft
1998-1999	Kosovo Krieg, Bombardierung Serbiens durch die NATO, Besetzung des Kosovos durch internationale Truppen
2000	Vertreibung von Serben aus dem Kosovo, Absetzung von Milošević, Beitritt OSZE, Wiedereintritt UN
2003	Beitritt Europarat
2006	Unabhängigkeit Montenegros

LÄNDERDATEN

Name: Srbija/ Serbien, **Hauptstadt:** Beograd/ Belgrad (1.373.651 Einwohner (2005), **Regierungsform:** Republik (seit 2003), **Größe:** 88.361km^2, **Einwohnerzahl:** 10.150.265 (2007), **Landessprache:** Serbisch, **BSP pro Kopf:** 4.400 USD (2005), **Mitgliedschaft in Europäischen Organisationen:** CEI, EBRD, Europarat, OSZE, **Mitgliedschaft in Internationalen Organisationen:** Bewegung blockfreier Staaten (Beobachter), UN, WTO (Beobachter)

***

Der Zerfall Jugoslawiens (SFRJ) hat eine neue politische Landkarte des 20. Jhs. auf dem Balkan hervorgebracht. Aus dem Staat entstanden sechs Nationalstaaten: Slowenien, Kroatien, Bosnien-Herzegowina, Mazedonien, Serbien und Montenegro. Die Bundesrepublik Jugoslawien (Serbien und Montenegro) war der direkte Nachfolger der alten kommunistischen Föderation und als solche hatte sie zuerst kommunistische Eigenschaften beibehalten.

Die geostrategische Lage Serbiens hat den Charakter der geschichtlichen sowie der heutigen Außenpolitik stark beeinflusst. In dieser Region Europas hatten viele europäische Mächte Einfluss ausgeübt oder sie sogar als Teil des eigenen Herrschaftsbereiches betrachtet. Die Eroberung Serbiens durch das Osmanische Reich im 14Jh. prägte entscheidend die kulturellen und religiösen Unterschiede innerhalb des Landes geprägt, die noch heutzutage bemerkbar sind. Die fünfhundert Jahre lange osmanische Herrschaft über Serbien, Montenegro, Mazedonien und Bosnien-Herzegowina auf der einen Seite und Kroatien undSlowenien, die unter der Habsburger Monarchie gelebt haben, auf der anderen Seite hat den westlichen Balkan in Sicht auf den politischen, kulturellen, religiösen und ökonomischen Charakter gespalten.

Die Bewohner des osmanischen Teils des späteren Jugoslawiens konnten zwar weiter die christlich-orthodoxe Religion ausüben, aber Vorteile in wirtschaftlichen (Wohlstand, Großgrundbesitz) und politischen Lagen hatten nur Diejenigen, die zum Islam übergetreten waren. Ein anderes ökonomisches Merkmal der Region war auch die ökonomische Entwicklung im osmanischen Mutterland: die osmanische Herrschaft war vom Anfang an durch einen starken Zentralismus gekennzeichnet. Eine starke Zentralisierung der ökonomischen und politischen Macht hat sich vorwiegend auf die ländlichen Regionen gestützt. Dies hatte zur Folge, dass es im Osmanischen Reich fast keinen landbesitzenden Adel gab. Darüber hinaus war die Stadtentwicklung in Serbien im Vergleich zum nördlichen Teil Jugoslawiens deutlich schwächer. Das hatte zur Folge, dass sich im südöstlichen Teil Jugoslawiens im 19. Jh. auch kein Bürgertum entfalten konnte.

Im Gegensatz dazu konnten die kroatischen und slowenischen Regionen des späteren Jugoslawiens von der zweiten Industrialisierungsphase und Modernisierungspolitik der Habsburger Monarchie profitieren. Zu diesem Zeitpunkt war diese Region Europas eine Interessensphäre der europäische Großmächte, die die politische Entwicklung der Länder verfolgten und beeinflussten. Auf innenpolitische sowie außenpolitische Einstellungen der Regierung spielten die Großmächte eine große Rolle. Aus diesen Zeiten stammt auch eine Teilung der Außenpolitik Serbiens zwischen den verschiedenen serbischen Regierungen. Die zwei Dynastien, die die Hauptträger der politischen Szenen in Serbien waren - die Dynastie Obrenović und die Dynastie Karađorđević -hatten entgegengesetzte Ansichtspunkte in Hinsicht auf die Außenpolitik des Landes. Auf der einen Seite hatte sich die Dynastie Karađorđević stark an das zaristische Russland gebunden, während die Dynastie Obrenović sich eher an westliche Verbündete gewandt hat. Viele Aufstände der serbischen Bevölkerung gegen die osmanische Herrschaft hatten zwar Erfolg, waren aber nicht so eindeutig wie die Lage nach dem Krimkrieg. Die Niederlage des Osmanischen Reiches im Krimkrieg (1853-1856) hatte eine entscheidende Rolle für die spätere Selbständigkeit Serbiens und anderer Länder in der Region, die sich unter osmanische Herrschaft befanden.

Im Fürstentum Serbien war das erste richtungweisende Programm die Verfassung "Načertanije" (der Entwurf), welche stark von den Ideen der polnischen Czartoryski-Emigration in Paris beeinflusst war. Das war auch der Grund, warum der Entwurf eine pro-französische und nicht pro-russische Außenpolitik vertrat. Der Innenminister Ilija Garasanin (1812-1874) proklamierte das Programm der auswärtigen und nationalen Politik Serbiens. Dieser Entwurf propagierte die Annährung aller Serben innerhalb des Osmanischen Reiches (Bosnien-Herzegowina) sowie die Annährung an die Serben in der Habsburger Monarchie (Wojwodina, Teile der dalmatinischen Küste). Am Berliner Kongress erhielten Serbien und Montenegro 1878 ihre Unabhängigkeit. Teile Südserbiens, Sandzak und Novi Pazar, kamen unter die Verwaltung der Habsburger und Bosnien-Herzegowina wurde durch das österreichische Militär besetzt. Aus Enttäuschung über die Ergebnisse des Berliner Kongress verlagerte sich der Schwerpunkt der serbischen Expansionen zu den historisch serbischen Gebieten die noch unter der Osmanischen Kontrolle waren.

Nach der endgültigen Auflösung des Osmanischen Reiches zu Beginn des 20. Jh. kam es zu einem Bündnis der jungen Nationalstaaten Südosteuropas: Serbien, Montenegro, Bulgarien und Griechenland vereinigten sich im Jahr 1912 im "Ersten Balkanbund". Das Hauptziel des Bundes war, die osmanische Besitzungen untereinander aufzuteilen. Serbien wollte vor allem die Herrschaft über Mazedonien erlangen, das später unter Serbien, Griechenland und Bulgarien aufgeteilt wurde. Das zweite Ziel Serbiens war der Zugang zur Adria, was allerdings nicht erreicht wurde : "Um den Machtzuwachs des serbischen Staates zu verhindern, hatten Österreich-Ungarn und Italien die Gründung des unabhängigen Fürstentums Albanien durchgesetzt". Da die zwei serbischen Dynastien immer wieder gegenseitig um den Thron kämpften, half dieser Moment, dass der Kontakt zur Habsburger Monarchie unterbrochen wurde und die Macht vom Königlichem Haus Karađorđević übernommen wurde, die eine pro-russische Außenpolitik führten. Seit dem Machtantritt des Hauses Karađorđević wurde die Vereinigung aller Serben in einem Staat das langfristige Ziel der Politik.

Unmittelbar nach dem Ausbruch des ersten Weltkriegs erklärte die Regierung und Politik Serbiens am 07. Dezember 1914 in Niš "die Befreiung und Befreiung aller unserer Brüder - Serben, Kroaten und Slowenen" im "Dienste der großen Sache des serbischen Staates und serbisch-kroatischen und des slowenischen Stammes" zum Kriegsziel. Nach dem Attentat in Sarajewo erhöhte die Habsburger Monarchie ihren Druck auf Serbien, was schließlich zum Ausbruch des Ersten Weltkriegs führte. Serbien und Montenegro schlossen sich der Entente, Frankreich, Russland und Großbritannien an.

Nach Ende des Ersten Weltkriegs erhielt das Königreich Serbiens südslawische und ungarische Gebiete von der Habsburger Monarchie. Am 01. Dezember 1918 wurde vom Regent Aleksandar Karađorđević das Königreich der Serben, Kroaten und Slowenen proklamiert. Obwohl alle drei Völker trotz der religiösen und kulturellen Unterschiede wichtige gemeinsame politische, geo-strategische und ökonomische Interessen hatten, erlebte das Königreich viele Krisen und Nationalitätenkonflikte. Kroaten und Slowenen sahen sich in diesem Bund benachteiligt, wodurch die innenpolitischen Verhältnisse immer fragiler wurden. Um das Land zu stärken setzte König Aleksandar die Verfassung von 1921 am 06. Januar 1929 außer Kraft und das Land wurde in Königreich Jugoslawien unbenannt, wobei alle nationale Organisationen inklusive der serbischen verboten wurden - ein Staatsgrundsatz wurde „Jugoslawismus".

Aufgrund der neuen Mächteverhältnisse in Europa nach dem Ersten Weltkrieg förderten die Westmächte die Bildung eines Schutzes (Cordon sanitaire) gegen die UdSSR, welche als Bedrohung Europas wahrgenommen wurde. Im Jahr 1920/21 wurde die Kleine Entente zwischen der Tschechoslowakei, Rumänien und Jugoslawien gegründet, welche bis 1938 aufrecht erhalten wurde. Der junge König Paul (sein Vater König Aleksandar wurde 1934 in Marseille Opfer eines Attentats) hat sich überwiegend an den Westmächten orientiert, um auf diese Weise Europa näher zu kommen. In dieser Zeit waren Großbritannien und Frankreich in politischer sowie in wirtschaftlicher Hinsicht wichtige Bezugspartner Serbiens.

Der militärische Angriff der Achsenmächte am 06. April 1941 bewirkte den Zusammenbruch des Staates Jugoslawien. Wegen ungünstiger Ereignisse in Griechenland führte das nationalsozialistische Deutschland die Operation "Marita" durch, um die britische Landung in Griechenland zu verhindern, wodurch die Eröffnung einer "Balkan-Front" geplant wurde. Jugoslawien erklärte sich zuerst bereit, die deutsche Pläne zu dulden, bedacht darauf, nicht den deutschen Truppen als Aufmarschgebiet zu dienen und nach der Besetzung Griechenlands das

Gebiet um Thessaloniki als „Belohnung“ zu erhalten. König Paul unterschrieb diesen Nichtangriffsvertrag am 25. März 1941 in Wien, aber gleich zwei Tage später kam es in Belgrad zu großen Protesten und die Lage gegen das Königshaus verschärfte sich. Die Protestanten wurden unter der Parole "Lieber Krieg als Pakt" (Bolje pakt, nego rat) mobilisiert. Der König verließ daraufhin mit seinem Hofstaat Jugoslawien und suchte Exil in London.

Im Zweiten Weltkrieg leisteten überwiegend die Serben den militärischen Widerstand gegen die deutsche und italienische Besatzung. Slowenien wurde zwischen Deutschland und Italien aufgeteilt während Kroatien mit Bosnien-Herzegowina ein separater Marionettenstaat unter der faschistischen Ustascha-Regierung wurde.

Im Laufe des Zweiten Weltkriegs, am 29. Novembar 1943, wurde ein Grundstein für eine neue Föderation südslawischer Völker unter Führung von Josip Broz Tito gelegt. Die jugoslawischen Partisanen übernahmen die Macht ohne militärische und finanzielle Hilfe der UdSSR. Sie hatten den größten Teil der Einwohner gegen den Faschismus geeint, verkündeten die nationale Selbstbestimmung indem sie für eine Ideologie des Föderalismus eintraten. Am 29. November 1945 wurde die Föderative Volksrepublik Jugoslawien (ab 1963 als Sozialistische Föderative Republik Jugoslawien, SFRJ) gegründet. Im neuen Jugoslawien wurde die historische Konfliktmöglichkeit zwischen den sechs Teilrepubliken unter der Parole „Bratstvo i Jedinstvo“ (Brüderlichkeit und Einheit) vertuscht. 1948 plante due UdSSR unter Stalin eine Föderation zwischen Bulgarien und Jugoslawien, welche in der Außenpolitik von sowjetischen Anweisungen abhängig sein sollte. Da Tito erwartete, als Partner und nicht als Marionette behandelt zu werden, wies die Kommunistische Partei mit Tito den Plan Stalins ab.

Das sozialistische Jugoslawien hat sich im Gegensatz zu den anderen sozialistischen Staaten Mittel- und Osteuropas nie vollständig der UdSSR unterworfen und Tito nutzte die Gelegenheit und suchte wirtschaftliche und politische Unterstützung durch den Westen, was ihm auch weitestgehend gelang. Jugoslawien kam aus der Krise des Jahres 1948 in eine günstige Lage zwischen Ost und West. Die Entwicklung Jugoslawiens wurde durch westliche Hilfe und den Marshall-Plan unterstützt. Trotzdem verfolgte Jugoslawien eine Linie gegen die westlichen demokratischen Staaten. Mitte der 1950er Jahre versuchte Tito mit der "non-block" Politik sich von beiden Blöcken im Kalten Krieg zu distanzieren. Tito besuchte verschiedene Nationen in Afrika, Asien, und Lateinamerika, die gemeinsam die Bedrohung des Friedens und die Herrschaft der Supermächte fürchteten und bildete eine neutrale "Dritte Macht". 23 Länder nahmen in Belgrad im September 1961 an Konferenz der blockfreien Staaten teil. Der jugoslawische Staat verfolgte eine eigenständige, aber einflussreiche Außenpolitik der Neutralität. Jugoslawien war deshalb auch eines der Gründungsmitglieder der UNO im Jahr 1945.

Im Zuge des Niedergangs der kommunistischen Systeme in Mittel- und Osteuropa seit 1989 kam es auch in Jugoslawien zu einer Krise des Selbstbewusstseins als sozialistischen Staat. Nationalismus wurde für den Staatserhalt instrumentalisiert, so dass der neue gewählte Präsident der Teilrepublik Serbien 1989 die Autonomien der Regionen Kosovo und Vojvodina aufkündigte, was vor allem im zum größten Teil von Albanern bewohnten Kosovo zu Unruhen und Unabhängigkeitsbestrebungen führte, die bis heute andauern. Gleichzeitig festigte sich auch der Nationalismus in den anderen jugoslawischen Republiken mit Verweisen auf die unterschiedlichen historischen und kulturellen Wurzeln vor 1918.

Nach 45 Jahern löste sich die Sozialistische Föderative Republik Jugoslawien (SFRJ) mit der Unabhängigkeitserklärungen Sloweniens und Kroatiens 1991 und deren Anerkennung durch die internationale Staatengemeinschaft am 15. Februar 1992 endgültig auf. Daraufhin erklärte sich ebenfalls Bosnien-Herzegowina für souverän. Unmittelbar nach der Loslösung der obengenannten Republiken aus der Föderation brachen die Jugoslawienkriege aus - er der 10-Tage-Krieg in Slowenien, die verheerenden Kriege in Kroatien und Bosnien Herzegowina und der Kosovo Krieg. Die einzigen Republiken die in Jugoslawien verblieben waren Serbien und Montenegro Die BR Jugoslawien wurde 1992 unter Milošević Führung als direkter Nachfolger der SFRJ gegründet. Milošević instrumentalisierte die alte Kommunistische Partei und setzte sich für einen sozialistischen jugoslawischen Staat ein. Aus diesem Grund setzte sich Serbien für die die serbische Bevölkerung in den anderen Republiken ein und unterstütze sie militärisch und finanziell. Als Reaktion darauf verhängte die UNO Sanktionen gegen die Bundesrepublik Jugoslawien. Mit dem Daytoner Abkommen von 1995 endete der „Jugoslawischen Bürgerkrieg. Die Grenzen der BRJ und Bosnien-Herzegowinas wurden international anerkannt, wobei Bosnien-Herzegowina bis heute faktisch in zwei Gebiete zerfällt - die Bosnisch-Kroatischen Föderation und die Republika Srpska.

Die internationale Lage Serbiens war wesentlich durch den politischen Ablauf in der Region bestimmt: der Krieg in Kroatien, Bosnien-Herzegowina und das Engagement der internationalen Akteure sowie der NATO-Luftkrieg gegen bosnische Serben und später direkt gegen Serbien. Am 22. September 1992 beschloss die UNO die BRJ nicht als Nachfolger der SFRJ anzuerkennen sondern der neue Staat musste sich wie alle anderen neuen Länder um eine neue Mitgliedschaft in der UNO bewerben. Die BR Jugoslawien weigerte sich, diese Entscheidung zu akzeptieren und verlor dadurch ihren Sitz in Volksversammlung. Am 30. September 1992 verabschiedete der UN-Sicherheitsrat die Resolution 757, wonach ein Handels-, Öl- und Luftfahrtembargo gegen Serbien und Montenegro verhängt wurde, die Vermögenswerte Jugoslawiens im Ausland eingefroren und die kulturellen, wissenschaftlichen und sportlichen Beziehungen mit der BRJ abgebrochen wurden. Aufgrund dieses starken Embargos von außen kam es im Lande zu einer immer höheren Inflationsrate und Arbeitslosigkeit. Ende 1993 war die Produktion entweder stark reduziert oder eingestellt, da die nötigen Rohstoffe und Energieträger fehlten.

Die Regierung unter Milošević führt keine aktive Außenpolitik außerhalb der Region sondern benutzte die Embargoverluste zu ihren Gunsten aus, indem sie sie als Resultat einer Weltverschwörung gegen Serbien darstellte. Seit dem Machtantritt Miloševićs und seiner Partei SPS (sozialistische Partei Serbiens) hatten sie alle öffentlichen Unternehmen, die industrielle Großkomplexe, die Banken, die kulturelle Einrichtungen, die meisten Radioanstalten und Zeitungsverlage sowie Polizei und Armee unter Kontrolle. Da Milošević über absolute Macht verfügte, vor allem einem Großteil der Medien, konnte er die Sanktionen als einzige Verursacher der wirtschaftlichen Katastrophe sehr geschickt dramatisieren und die Schuld auf die westlichen Regierungen schieben. So war eine Demokratisierung und Öffnung nach außen des Landes verhindert und es kam zur politischen und wirtschaftlichen Isolation. Einerseits befand sich das Land in einer großen wirtschaftlichen Krise, aber anderseits wurde der Krieg in Bosnien weiter geführt. Die politische Apathie im Lande wurde immer größer, vor allem bei der jungen gebildeten Bevölkerungsgruppe, die Hilfe von Außen benötigten. Jugoslawien aber verhinderte jedes bilaterale Gespräch, da sich der Staat im andauernden Konflikt mit dem Westen befand. Die Kriegspolitik Belgrads verursachte die Auswanderung vieler junger, gut ausgebildeter Serben.

Die BRJ wurde 1999 in Folge der Unruhen in der Provinz Kosovo von der NATO bombardiert. Die dreimonatige Bombardierung führte zu einer stärkeren Isolation des Landes und endete nach der bilateralen Annahme der UN Resolution 1244. Diese sieht eine Wiederherstellung bzw. Ausweitung der Autonomie des Kosovo sowie die Staionierung von UN Einheiten im Zuge einer umfangreichen UN Mission (UNMIK) vor. Die wirtschaftlichen Sanktionen gegen die BRJ - der Zugang zu den internationalen Finanzorganisationen war versperrt - wurden erst im Jahr 2001 aufgehoben.

Nach einer langjährigen Abwesenheit Serbiens von den internationalen Organisationen ist Serbien wieder in multilateralen Gesprächen beteiligt. Nach dem Sturz des Alleinherrschers Milošević und seiner Partei SPS im Herbst 2000 begann die neue demokratische Regierung mit multilateralen Gesprächen mit den westlichen Staaten. Die neue Regierung hat insbesondere im wirtschaftlichen Bereich sowie Rechtsstaatlichkeit, Demokratie und Marktwirtschaft ein Ziel mit voller Öffnung gegenüber dem Westen eingeleitet. Seit dem 01. November 2000 wurde die BR Jugoslawien als Vollmitglied wieder in die UNO angenommen. Dem zur Folge wurde die BRJ auch in allen anderen Organisationen der UNO Mitgleid. Der Internationale Währungsfond sicherte in drei Abkommen Finanzhilfen und Unterstützung im Hinblick auf die strukturelle Reformen (Privatisierung der Unternehmen, Banken, Reformen im Steuersystem etc.). Die Harmonisierung der Gesetzgebung mit den EU-Normen ist auch im Vordergrund der

Aufgaben der demokratischen Regierung. Am 10. November 2000 wurde die Mitgliedschaft der BR Jugoslawien in der OSZE bestätigt. Serbien (damals noch im Bund mit Montenegro) wurde im April 2005 von der EU der Status eines Beitrittkandidaten der EU in Aussicht gestellt. Die Gespräche zwischen Serbien und EU sind seit Mai 2006 aufgrund der ungenügenden Zusammenarbeit mit dem Haager Kriegstribunal unterbrochen. Eine bedingungslose Zusammenarbeit mit dem Hager Tribunal und die Auslieferung der als Kriegsverbrecher angeklagten bosnischen Serben Mladić und Karadžić sind die Voraussetzungen, die von demokratischen Regierungen erwartet werden.

Nach dem Machtwechsel im Oktober 2000 kam es zu einer Harmonisierung in den Beziehungen zwischen Serbien und den andere Länder der Region. Am weitesten entwickelt sind die Beziehungen zu Mazedonien und Slowenien. Slowenische Unternehmen sind die größten Investoren in Serbien. Diplomatische Beziehungen mit Kroatien und Bosnien-Herzegowina wurden hergestellt. Serbien setzt ihre Beziehungen zur EU und die USA verstärkt fort. Die sind die wichtigsten internationalen Partner der neuen Regierung.

Diese Bundesrepublik Jugoslawien wurde durch einen Parlamentsbeschluss am 04. Februar 2003 aufgelöst und von dem Staatenbund Serbien und Montenegro (SiCG) abgelöst. Nach der Volksbestimmung in Montenegro am 21. Mai 2006 trennten sich auch diese zwei letzten Republiken des SFRJ friedlich. Am 08. Juni 2006 wurde Serbien als Rechtsnachfolger des Staatenbundes bei den UN übernommen. Aufgrund der Unabhängigkeitsbestrebungen der Provinz Kosovo bemühen sich Deutschland und die USA gemeinsam mit Russland darum, ihre Standpunkte bezüglich des Dialogs zwischen Belgrad und Pristina zu harmonisieren. Die außenpolitischen Prioritäten Serbiens liegen jedoch in der Verstärkung der Beziehungen mit der Europäischen Union. Seit Mai 2007 wurden die Gespräche mit der EU wieder aufgenommen.

LITERATUR (VERWENDETE & WEITERFÜHRENDE)

Altevolmer, Burkhard: Nation-Building in Serbien und Kroatien. Stuttgart 2004.

Elvert, Jürgen (Hrsg.): Der Balkan: eine europäische Krisenregion in Geschichte und Gegenwart. Stuttgart 1997.

Reljic, Dusan: Das politische System Jugoslawiens, in: Ismayr, Wolfgang (Hrsg.): Die politischen Systeme Osteuropas. Stuttgart 2002, S. 681-700.

Samary, Catherine: Die Zerstörung Jugoslawiens: ein europäischer Krieg. Köln 1995.

Silber, Laura/ Little, Allan: Bruderkrieg: der Kampf um Titos Erbe. Köln 1995.

Sowards, W. Steven: Moderne Geschichte des Balkans, Seuzach 2004.

Turlakov, Slobodan: Vodic za srbe pocetnike (1804-1941). Belgrad 1999.

SLOWAKEI

Daniel Steffens

Historische Grunddaten

1906	Eroberung durch Ungarn
1918	Gründung der Tschechoslowakei nach der Auflösung Österreich-Ungarns
1939-1945	Besetzung durch Deutschland
1945	Neugründung der Tschechoslowakei
1948	Machtübernahme der Kommunisten
1969	Autonomie der Slowakei innerhalb der ČSSR
1989	"Samtene Revolution", Demokratisierung der Tschechoslowakei
1993	friedliche Trennung von Tschechien, Beitritt Europarat, Beitritt OSZE, Beitritt UN
1995	Beitritt WTO
1995-1998	Abkühlung der Beziehungen zu Westeuropa unter Mečiar
2000	Beitritt OECD
2004	Beitritt Europäische Union, Beitritt NATO

Länderdaten

Name: Slovenská Republika/ Slowakische Republik, **Hauptstadt:** Bratislava/ Pressburg (428.672 Einwohner (2007)), **Regierungsform:** Republik (seit 1993), **Größe:** 49.034km^2, **Einwohnerzahl:** 5.447.502 (2007), **Landessprache:** Slowakisch, **BSP pro Kopf:** 17.700 USD (2006), **Mitgliedschaft in Europäischen Organisationen:** CEFTA, CEI, ERN, EAPC, EBRD, ECE, EU, Europarat, OSZE, PfP, WEU (assoziiert), Mitgliedschaft in Internationalen Organisationen: NATO, OECD, UN, WTO

Das Gebiet der heutigen Slowakischen Republik bildete zusammen mit den Ländern Böhmen und Mähren (heute Tschechische Republik) die erste demokratische Republik Tschechoslowakei (ČSR), die nach dem Zerfall der österreichisch-ungarischen Monarchie am 18. Oktober 1918 ausgerufen wurde. Bereits in dieser Zeit gab es eine slowakische Autonomiebewegung. Im Jahr 1938 wurde die Slowakei vorübergehend selbständig. Unter dem Präsidenten Jozef Tiso bestand eine formelle Unabhängigkeit, faktisch befand sich der Staat jedoch unter starkem Einfluss des Deutschen Reiches. Die überwiegend von Tschechen bewohnten Gebiete Böhmens und Mährens wurden von den Nationalsozialisten besetzt und zum „Protektorat Böhmen und Mähren“ erklärt. Im Jahr 1944 forderte die Niederschlagung des Slowakischen Nationalaufstandes 20.000 Opfer unter Angehörigen der slowakischen Armee und Partisanen, die gegen das faschistische Regime gekämpft hatten.

Im Jahr 1945 wurde die Slowakei wieder Bestandteil der ab 1948 kommunistischen Tschechoslowakei, die unter dem Einfluss der UdSSR stand. In der Folgezeit gab es wenig Raum für eine eigenständige Außenpolitik. Als Mitglied des Warschauer Paktes folgte die Außenpolitik der im Jahr 1960 offiziell umbenannten Tschechoslowakischen Sozialistischen Republik (ČSSR) hauptsächlich den Vorgaben der UdSSR, die beispielsweise die Teilnahme der Tschechoslowakei am European Recovery Programm (ERP oder „Marshall-Plan“) blockierte. Die Beziehungen zu westlichen Staaten wurden nahezu beendet und Handel ausschließlich mit sozialistischen Staaten betrieben. Die Reformbemühungen des „Prager Frühlings“ um einen „Sozialismus mit menschlichem Antlitz“ wurden am 21. August 1968 von Truppen des Warschauer Paktes gewaltsam beendet. Durch die „Samtene Revolution“ von 1989 endete das kommunistische System, die im Jahr 1990 gegründete Tschechische und Slowakische Föderative Republik (ČSFR) war jedoch nur von kurzer Dauer. Zum 1. Januar 1993 beschlossen die Teilrepubliken die Trennung in zwei unabhängige Staaten.

An der Formulierung und Implementierung der Außenpolitik der Slowakischen Republik sind verschiedene Akteure beteiligt. Der Präsident vertritt die Slowakische Republik nach außen und vereinbart und ratifiziert internationale Verträge. Die Gestaltung der außenpolitischen Grundlinien verbleibt bei der Regierung. Den verfassungsmäßigen Institutionen obliegt die Festlegung und tatsächliche Umsetzung der einzelnen Schritte. Das Außenministerium und das Netzwerk von Auslandsvertretungen bilden das koordinierende und ausführende Rückgrat der Außenpolitik. Die weiteren Ministerien sind an der Implementierung der Außenpolitik im Rahmen ihrer spezifischen Aufgabenfelder, besonders innerhalb der Strukturen der Europäischen Union, beteiligt. Neben der traditionellen bilateralen und multilateralen Zusammenarbeit stellt die Arbeit der slowakischen Repräsentanten in EU und NATO ein wichtiges Instrument zur Erreichung der außenpolitischen Ziele der Slowakei dar.

Die wirtschaftliche Liberalisierung hat den Raum für privatwirtschaftliche internationale Aktivitäten vergrößert. Im Gegenzug legt die Slowakische Republik großen Wert auf die Beteiligung der Bürger. Nichtregierungsorganisationen sind dazu aufgerufen, sich in Zusammenarbeit mit staatlichen Institutionen an der Formulierung und der Umsetzung der Außenpolitik zu beteiligen.

Die jahrzehntelange Fremdbestimmung und Abhängigkeit von stärkeren Partnern sowie die Skepsis der Bevölkerung gegenüber der gemeinsamen föderativen Republik mit der heutigen Tschechischen Republik führten dazu, dass die Slowakei nach dem Erlangen der Unabhängigkeit zunächst eine eigene Nationalkultur zu entwickeln suchte. Nachdem slowakische Autonomiebestrebungen in der Geschichte immer wieder von verschiedenen Seiten unterdrückt worden waren, ist die Slowakei seit 1993 zum ersten Mal wirklich selbständig. Zwar war die Trennung auch auf die Souveränitätsbestrebungen der slowakischen Seite zurückzuführen. Den Ausschlag gab aber die tschechische Seite, so dass der Eindruck entstehen konnte, der größere und reichere Teil der Tschechoslowakei würde den kleineren und ärmeren Teil in Richtung Osten abstoßen. Die neue Slowakische Republik musste die Entwicklungen dennoch als Erfolg des Strebens nach Unabhängigkeit darstellen. Auch die Integration in die EU wird deshalb von der Furcht begleitet, die neue nationale Identität könne gefährdet werden. So ist beispielsweise das Verhältnis vieler Slowaken zu den Ungarn, die heute rund 10 Prozent der Bevölkerung stellen, nicht unproblematisch.

Nach ihrer Gründung musste die Slowakische Republik, die die bi- und multilateralen Dokumente der ehemaligen Tschechoslowakei übernommen hatte, zunächst eine grundlegende außenpolitische Orientierung gewinnen. Als kleines Land mit einer relativ schwachen Position im internationalen Umfeld musste die Slowakei sich starke Partner suchen, um die eigene Position sichern zu können. Neben der Westanbindung wurde die Möglichkeit einer vermittelnden Rolle zwischen Ost und West in Erwägung gezogen. In offiziellen Erklärungen stand jedoch immer das Interesse des Landes an einer Mitgliedschaft in der Europäischen Union und der NATO im Mittelpunkt. Nach einer Phase der Annäherung an die Russische Föderation, die in der Öffentlichkeit teilweise kritisch gesehen wurde, näherte sich die Slowakei besonders nach dem Regierungswechsel im Jahr 1998 den westlichen Bündnissen weiter an. Sie verfolgte die Integration aber zunächst weniger intensiv als die postkommunistischen Nachbarländer und der Prozess verlief schleppender. Ein Assoziierungsabkommen mit der EU trat im Jahr 1995 noch zeitgleich mit dem der Tschechischen Republik in Kraft. Die Slowakische Republik gehörte später aber nicht zu den ersten Kandidaten, mit denen die EU über die geplante Osterweiterung verhandelte. Im Jahr 1994 unterzeichnete die Slowakische Republik das Rahmendokument der „Partnerschaft für den Frieden" (PfP), sie gehörte aber nicht zu den Staaten der ersten Runde der NATO-Osterweiterung. Eine Hauptursache dieser Entwicklung waren politische Differenzen mit der Regierung Mečiar, die die Slowakische Republik in einer geopolitisch wichtigen Lage sah und davon ausging, der Westen müsse ein äußerst großes Interesse an einer Zusammenarbeit haben. Besonders in Mečiars Partei, der HZDS („Bewegung für eine demokratische Slowakei"), war die Westanbindung umstritten und es wurde teilweise die Forderung nach einer „Brückenfunktion" für die Slowakische Republik gestellt. Mečiars Weigerung, den Energiesektor zu privatisieren, führte zu Spannungen mit der EU und den USA.

Einer an europäischen Normen orientierten Außenpolitik stand eine autoritäre Innenpolitik gegenüber. Als grundlegendes Problem für die Zeit der Regierung Mečiar gilt zudem das Fehlen einer außenpolitischen Gesamtkonzeption. Die ungenügende Vorbereitung auf die Teilung der ČSFR, die schwache institutionelle Ausformung des Ressorts und die Knappheit an erfahrenen und tragbaren Diplomaten führten zu einer Art ad-hoc-Politik. Im Jahr 1998 erhob die neue Regierung Dzurinda die Westintegration zur höchsten außenpolitischen Priorität. Das Land stabilisierte sich politisch und wurde stärker für westliche Investoren geöffnet. Im Februar 2000 wurden offizielle Beitrittsverhandlungen mit der EU aufgenommen, die auf dem Kongress des Europäischen Rates in Kopenhagen im Dezember 2002 erfolgreich abgeschlossen wurden. Der Beitrittsvertrag wurde am 16. April 2003 in Athen unterzeichnet und die Bürger der Slowakischen Republik stimmten in einem Referendum mit 92,46 Prozent für den Beitritt. Dabei wurde die erforderliche Teilnehmerzahl von 50 Prozent jedoch nur knapp erreicht. Am 1. Mai 2004 wurde die Slowakei Mitglied der EU.

Auch in Bezug auf die NATO-Mitgliedschaft verfolgte die Regierung Dzurinda eine offensivere Politik. Die Sicherheits- und Militärpolitik wurde den Erfordernissen der NATO angepasst, es wurden weit reichende Überflugrechte eingeräumt und ein Rüstungsvertrag mit Russland wurde aufgekündigt. Das Ziel des NATO-Beitritts wurde von der Regierungskoalition betrieben und auch von den Oppositionsparteien HZDS und SMER unterstützt. Zum Beitritt eingeladen wurde die Slowakei auf dem Prager NATO-Gipfel im November 2002. Nachdem im Jahr 2003 ein Beitrittsprotokoll unterzeichnet worden war, trat die Slowakei dem Bündnis am 29. März 2004 bei.

Besonders wichtig für die Slowakische Republik sind die Beziehungen zu ihren unmittelbaren Nachbarländern. In den ersten Jahren nach der Trennung war die Zusammenarbeit mit der Tschechischen Republik zunächst problematisch. Erst 1999 konnte festgehalten werden, dass die Aufteilung des gemeinsamen Eigentums abgeschlossen sei und keine gegenseitigen Ansprüche mehr bestünden. Mit dem Wechsel der Regierungen in beiden Staaten im Jahr 1998 hat sich die Lage insgesamt deutlich entspannt. Aus der Zeit des gemeinsamen Staates sind enge Verbindungen mit der Tschechischen Republik erhalten geblieben, die sich in wirtschaftlichen, kulturellen und persönlichen Belangen manifestieren.

Die Slowakische Republik arbeitet gemeinsam mit der Tschechischen Republik, Polen und Ungarn in der so genannten Visegrád-Gruppe zur Förderung politischer Kooperation. Die Unterstützung der Slowakischen Republik auf dem Weg zu ihrem Beitritt in die NATO war ein wesentlicher Grund für die Wiederbelebung der Visegrád-Gruppe im Jahr 1998.

Die Bundesrepublik Deutschland ist ein wichtiger Partner der Slowakischen Republik. Als einflussreiches Mitglied innerhalb der Europäischen Union spielte die BRD eine wichtige Rolle bei der EU-Osterweiterung und setzte sich auch für den Beitritt der Slowakei ein. Des Weiteren ist die Bundesrepublik der wichtigste Handelspartner und der größte ausländische Investor in der Slowakischen Republik. Den Transformationsprozess des Landes zur sozialen Marktwirtschaft und Demokratie unterstützte die Bundesregierung in den Jahren von 1993 bis 2002 mit dem Transform-Programm in einem Umfang von 30 Mio. Euro. In der Slowakei leben heute noch etwa 6.000 Menschen deutscher Abstammung. Die so genannten Karpatendeutschen verloren im Jahr 1945 zusammen mit den Sudetendeutschen und den Ungarn aufgrund der Beneš-Dekrete die tschechoslowakische Staatsangehörigkeit und als Folge des Potsdamer Abkommens wurden ca. 33.000 Deutsche aus der Slowakei vertrieben. Heute arbeitet die Karpatendeutsche Landsmannschaft in Stuttgart mit dem Karpatendeutschen Verein in der Slowakei und der slowakischen Regierung zusammen und betreibt unter anderem Traditionspflege.

Das Verhältnis zu Russland ist dem Ziel der Westintegration seit 1998 deutlich untergeordnet worden. Wichtig bleibt das Land, weil die Slowakische Republik auf russische Rohstofflieferungen angewiesen ist.

Die Beziehungen zwischen der Slowakei und Ungarn sind besonders durch den Konflikt um den Bau eines Staustufenverbundes zwischen Gabčikovo nahe Bratislava und Nagymaros in Ungarn belastet. Im Budapester Vertrag von 1977 hatten die damalige Tschechoslowakei und Ungarn den Bau zur Energiegewinnung vereinbart. Auf Druck der ungarischen Umweltbewegung „Donau-Kreis" und der ungarischen Bevölkerung zog sich Ungarn im Jahr 1989 von dem Projekt zurück.

Die Tschechoslowakei bzw. ab 1993 die Slowakei betrieb jedoch den Weiterbau und verklagte Ungarn 1993 und 1997 vor dem Internationalen Gerichtshof auf die Erfüllung des Budapester Vertrages. Dieser entschied, dass der Vertrag gültig ist und die beiden Staaten zu einer Einigung kommen müssen. Eine entsprechende Einigung ist bis heute nicht zu Stande gekommen. Ein weiteres Konfliktpotential ergibt sich aus der Existenz einer ungarischen Minderheit in der Slowakei. Ungarn beobachtete bereits die Gründung einer unabhängigen Slowakei misstrauisch, da man sich von der Tschechoslowakei einen deutlicheren Minderheitenschutz versprach. Der mangelnde Schutz der Rechte der ungarischen Minderheit führte in den neunziger Jahren zu bilateralen Spannungen.

Durch den Beitritt der beiden Staaten zur EU im Jahr 2004 und die Stärkung der Minderheitenrechte in der Slowakei konnte die Gefahr eines offenen Konfliktes eingedämmt werden. Das Problem besteht jedoch fort. So reagierten verschiedene slowakische Parteien beispielsweise auf die Gründung einer Universität für die ungarische Minderheit im Jahr 2003 mit deutlicher Ablehnung. Während die HZDS vor einer „Magyarisierung“ der Südslowakei warnte, wiesen die Kommunisten darauf hin, dass es „in Ungarn auch keine slowakische Universität“ gäbe.

Die Slowakische Republik ist Mitglied des Europarates, der Organisation für Sicherheit und Zusammenarbeit in Europa (OSZE), der Organisation für Wirtschaftliche Zusammenarbeit und Entwicklung (OECD) und der Welthandelsorganisation (WTO).

Mit den Beitritten zur NATO und zur Europäischen Union wurden die wichtigsten Ziele der slowakischen Außenpolitik der letzten Jahre erreicht. Die Slowakei ist nun in eine stabile transatlantische Sicherheitsstruktur und in die institutionalisierte politische und ökonomische Kooperation in Europa eingebunden. Die gemeinsamen Interessen dieser euro-atlantischen demokratischen Staaten sind die Grundpfeiler der slowakischen Außenpolitik für die nächsten Jahre. Die slowakische Regierung hat ein offenes Dokument als Leitfaden für außenpolitische Aktivitäten verfasst. Von der Einbindung in die multilateralen Strukturen verspricht man sich sowohl die effektive Vertretung der eigenen als auch die Stärkung gemeinsamer Interessen. Dabei stehen die Erhaltung der gewonnenen Sicherheit und Stabilität im Zentrum der außenpolitischen Bemühungen. Langfristigen Gefahren wie der der organisierten Kriminalität, der illegalen Migration, des Terrorismus und der Proliferation von Massenvernichtungswaffen soll im Rahmen der Zusammenarbeit mit den Alliierten und gleich gesinnten Staaten mit den Mitteln der Diplomatie und internationalem Recht entgegengewirkt werden.

Dabei wird besonders darauf aufmerksam gemacht, dass die genannten Gefahren aus sozialer und ökonomischer Unterentwicklung bestimmter Staaten, der mangelnden Durchsetzung der Menschenrechte und demokratischer Prinzipien und fortdauernder ethnischer und religiöser Intoleranz resultieren. Eine ausschließliche Bekämpfung der negativen Phänomene reiche deshalb nicht aus, sondern die präventive Bekämpfung von Ursachen müsse im Fokus stehen. Als Grundsätze der slowakischen Außenpolitik werden der Respekt vor dem internationalen Recht, die Ausweitung des demokratischen Raumes, Freiheit, Frieden, Stabilität und Wohlstand, der Respekt vor den Menschenrechten und die Solidarität zwischen den Nationen genannt. Die Bürger der Slowakei sollen von den außenpolitischen Ergebnissen profitieren. Auch die grundlegenden und dauerhaften Interessen der Slowakischen Republik werden benannt: die Sicherung der territorialen Integrität des Staates, die Sicherheit seiner Bürger und die Schaffung von optimalen Konditionen für die nachhaltige ökonomische, soziale, ökologische und kulturelle Entwicklung der Slowakei. Um diese Entwicklung in einem stabilen internationalen Umfeld erreichen zu können steht neben der multilateralen Kooperation die Stabilität der guten nachbarschaftlichen Beziehungen in Mitteleuropa im Mittelpunkt.

Die Slowakei legt besonderen Wert auf die Arbeit im Rahmen der Vereinten Nationen. Sie beteiligt sich an den Unterorganisationen und unterstützt die angestrebten Reformen zur Verbesserung der Effektivität. Im Zentrum der Bemühungen stehen der Kampf gegen den Terrorismus, Waffenkontrolle, Respekt für Menschenrechte und Freiheiten, Entwicklungszusammenarbeit, effektive Staatlichkeit und nachhaltige Entwicklung.

Neben der Zusammenarbeit innerhalb der Europäischen Union setzt sich die Slowakei auch für die grenzüberschreitende Kooperation mit angrenzenden Regionen ein. Innerhalb der Visegrád-Gruppe und im Rahmen des multilateralen Forums der Central European Initiative soll die Kooperation hauptsächlich die Umsetzung des Schengener Abkommens befördern. Besonderen Stellenwert hat für die Slowakei auch die Stabilisierung des Balkans und anderer an die EU grenzender Regionen. In Bezug auf Russland strebt die Slowakische Republik eine enge Kooperation im Rahmen der EU an. Die Slowakei betrachtet die Vereinigten Staaten von Amerika als wichtigen strategischen Partner in Hinblick auf die weltweite Sicherheitsarchitektur. Insgesamt unterstützt sie die Bildung von transatlantischen Initiativen gegen globale Sicherheitsbedrohungen und will auch in Zukunft ein verlässlicher Partner im Kampf gegen den Terrorismus und die Proliferation von Massenvernichtungswaffen sein. Die guten Beziehungen sollen auch auf Grund kultureller Gemeinsamkeiten weiterentwickelt und gestärkt werden.

Mit dem Beitritt zur EU sei auch die Möglichkeit gewonnen worden, deren interne Entwicklung mit zu beeinflussen. Im Vordergrund müsse die Weiterentwicklung zu einer Union von Nationalstaaten stehen, beruhend auf dem Subsidiaritätsprinzip und dem Prinzip der Solidarität zwischen den Mitgliedern. Insgesamt will die Slowakei ihr Potential zur optimalen Nutzung der Strukturen der EU ausbauen und ein überdurchschnittliches Maß an ökonomischer und sozialer Entwicklung unter den Mitgliedstaaten erreichen. Dieses Ziel beinhaltet die Teilnahme an der Wirtschaft- und Währungsunion, sobald die notwendigen Kriterien erfüllt werden können, und die aktive Unterstützung der Europäischen Sicherheits- und Verteidigungspolitik. Diese wird ausdrücklich als Ergänzung zur NATO verstanden, die für die Slowakei Schlüsselinstrument zur Erhaltung von Frieden und Sicherheit ist. Deshalb werde die Slowakei Schritte gegen die Schwächung der Handlungsfähigkeit der NATO unternehmen. Innerhalb der OSZE und dem Europarat will sich die Slowakei an paneuropäischen Diskussionen über die Einhaltung der Menschenrechte und Freiheiten der Demokratie beteiligen. Außerdem unterstützt die Slowakei die Stärkung der Möglichkeiten internationaler Organisationen im Rahmen präventiver Diplomatie und beim Wiederaufbau in Konfliktregionen tätig zu werden.

Literatur (verwendete & weiterführende)

Kipke, Rüdiger/ Vodička, Karel: Slowakische Republik. Studien zur politischen Entwicklung. Münster 2000.

Kipke, Rüdiger: Die Politischen Systeme Tschechiens und der Slowakei / Eine Einführung. Wiesbaden 2002.

Samson, Ivo: Die Sicherheits- und Außenpolitik der Slowakei in den ersten Jahren der Selbständigkeit - Zu den Voraussetzungen der Integration der Slowakischen Republik in die euro-atlantischen Verteidigungsstrukturen. Baden-Baden 2000.

EU, NATO and the Slovak Republic: The National Principle Versus the Integration Principle, in: Seidelmann, Reimund (Hrsg.): EU, NATO and the Relationship Between Transformation and External Behaviour in Post-Socialist Eastern Europe. The Cases of the Slovak Republic, Bulgaria, Romania and Ukraine. Baden-Baden 2002, S. 93-152.

SLOWENIEN

Sören Reimers

Historische Grunddaten

1282	Slowenien gelangt unter Habsburger Herrschaft
1918	Vereinigung mit Bosnien-Herzegowina, Kroatien und Serbien
1929	Gründung des Königreichs Jugoslawien
1941-1944	Besetzung durch Deutschland und Italien
1945	Slowenien wird Teil der Sozialistischen Föderalen Republik Jugoslawien
1947-1954	Slowenien gewinnt Istrien und teile Triests von Italien
1989-1991	Unabhängigkeitsbestrebungen im Zuge der Auflösung des Ostblocks
1991	Zehntagekrieg mit Jugoslawien, Unabhängigkeitserklärung Sloweniens (von Jugoslawien)
1992	Beitritt OSZE, Beitritt UN
1993	Beitritt Europarat
1995	Beitritt WTO
2004	Beitritt Europäische Union, Beitritt NATO
2007	Einführung des Euro

Länderdaten

Name: Republika Slovenija/ Republik Slowenien, **Hauptstadt:** Ljubljana/ Laibach (269.970 Einwohner (2007)), **Regierungsform:** Republik (seit 1991), **Größe:** 20.253km^2, **Einwohnerzahl:** 2.009.245 (2007), **Landessprache:** Slowenisch, **BSP pro Kopf:** 23.400 USD (2006), **Mitgliedschaft in Europäischen Organisationen:** CEFTA, CEI, EAPC, EBRD, ECE, EU, Europarat, OSZE, PfP, WEU (assoziiert), WWU, **Mitgliedschaft in Internationalen Organisationen:** NATO, UN, WTO

Nach Erklärung der Unabhängigkeit am 25. Juni 1991 und einer kurzen militärischen Auseinandersetzung mit dem ehemaligen Jugoslawien wurde Slowenien am 15. Januar 1992 von den EG-Staaten und am 22. Mai 1992 durch die Aufnahme in die Vereinten Nationen international anerkannt. Ein sehr wichtiges Ziel des jungen Staates war zunächst die Integration in die EU und NATO.

Der Weg in die europäischen Gremien begann für Slowenien mit dem Beitritt zum Europarat 1993 und zur OSZE. Im Jahr 1996 wurde ein Assoziationsabkommen mit der EU abgeschlossen. Darauf folgte im November 1998 die Aufnahme von Beitrittsverhandlungen mit der Gemeinschaft, die beim Kopenhagener Gipfel 2002 ein erfolgreiches Ende fanden. Nach einem sehr deutlichen Votum (91 Prozent Zustimmung) der slowenischen Bevölkerung im Frühjahr 2003 trat Slowenien am 1. Mai 2004 zusammen mit neun weiteren Ländern der Europäischen Union bei.

Der Mitgliedschaft in die NATO im März 2004 gingen die Aufnahme in das Programm „Partnerschaft für Frieden“ (1994), ein Sitz im NATO- Kooperationsrat (1996), ein Assoziationsabkommen mit der WEU (1996), die Einladung in das Bündnis auf dem Prager NATO-Gipfel (2002) und ein erfolgreiches Referendum (66 Prozent Zustimmung) im März 2003 voraus.

Auch in der internationalen Wirtschafts-, Finanz-, und Währungspolitik ist Slowenien durch die Mitgliedschaften beim IWF, der Weltbank, der Europäischen Bank für Wiederaufbau und Entwicklung und der CEFTA sowie zahlreichen anderen Organisationen vertreten. Zudem gibt es ein Assoziationsabkommen mit der European Free Trade Association (EFTA). Slowenien gehört weiterhin zu den Gründungsmitgliedern der WTO. Zwischen 1998 und 2000 war Slowenien als nicht-ständiges Mitglied im Sicherheitsrat der Vereinten Nationen vertreten.

Sloweniens Beziehungen zu den Nachbarländern sind im Allgemeinen gut. Zu Italien bestehen nach Überwindung einiger Streitigkeiten bzgl. der Entschädigung vertriebener Italiener während des Zweiten Weltkrieges inzwischen sehr gute Beziehungen, und auch zu Österreich werden gute Beziehungen gepflegt, wobei die Frage über den Status der jeweiligen Minderheit im Land ab und zu für Diskussionen sorgt. Die Beziehung Sloweniens zu Kroatien verbessert sich stetig. Allerdings gibt es Dispute über den Grenzverlauf und dem Zugang Sloweniens zur Adria, der durch die Inanspruchnahme einer 200 Meilen Zone Kroatiens eingeengt wird. Weiterhin gibt es regelmäßig Streitigkeiten über ein von beiden Ländern betriebenes Kernkraftwerk, sowie Eigentumsrechte und Bankguthaben aus der jugoslawischen Zeit. Die Beziehungen zu Ungarn sind sehr gut. Zu Serbien und Montenegro bestehen erst seit der Entmachtung Slobodan Milošević diplomatische Beziehungen.

Slowenien engagiert sich an der IFOR- und SFOR-Mission auf dem Balkan und unterhält einen internationalen renommierten Fond zur Minenräumung und Versorgung von Minenopfern, dessen Mittel neben dem Balkan inzwischen auch in Zypern und Zentralasien eingesetzt werden. Zudem ist Slowenien Teilnehmer am Stabilitätspakt für Südosteuropa.

Die Beziehungen zu den Vereinigten Staaten von Amerika sind eng, vor allem auf militärischer Ebene. Mit dem Erlangen der Eigenstaatlichkeit wurde das Ziel „Europäisierung" Grundpfeiler der slowenischen Außenpolitik. So sahen sich Sloweniens post-kommunistische Eliten und die Mehrheit der Bevölkerung nicht als Staat des krisengeschüttelten Balkans, sondern eher als Teil des Europas westlicher Prägung und die Zugehörigkeit zur EU als Basis für Demokratie und Wohlstand an. Der Beitritt in der EU wird daher auch als der „Beginn einer neuen Ära für das slowenische Volk" gesehen. Auch die slowenische Bevölkerung scheint die kontinuierliche Europapolitik zu unterstützen. So stimmten 91 Prozent der Slowenen im Frühjahr 2003 in einem konsultativen, also nicht bindendem, Referendum für den Beitritt zur Europäischen Union. Schon 1997 hatten sich fast alle slowenischen Partein darauf geeinigt, das Europathema nicht zu politisieren und der dem Integrationsprozess höchste Priorität beizumessen.

Ein weiterer Faktor für das exportabhängige Slowenien ist die regionale Stabilität in Südosteuropa. Diesem Ziel entsprechen auch die verschiedenen Engagements Sloweniens auf dem Balkan, wie das Minenräumprogramm oder die Unterstützung von so genannten Peacekeeping Missionen, sowie die Unterstützung einer kroatischen und mazedonischen EU-Mitgliedschaft.

Auch Nachfolgethemen des ehemaligen jugoslawischen Staatenverbundes beeinflussen die Region und somit die Außenpolitik Sloweniens. Insbesondere geht es um Verbindlichkeiten und Guthaben des ehemaligen Jugoslawien und deren Aufteilung unter den Nachfolgestaaten. Diese Streitigkeiten werden aber regelmäßig sachlich geklärt. Gemäß Art. 114 der slowenischen Verfassung verfügt der Ministerpräsident über die Richtlinienkompetenz und ist daher auch für die Außenpolitik mitverantwortlich, die ansonsten vom Außenminister in eigener Ressortverantwortung getragen wird.

Eine besondere Rolle in der Europapolitik spielt das slowenische Parlament. Dessen Bedeutung wurde während der Beitrittsverhandlung durch ein Gesetz auch für die Zeit nach dem Beitritt zur EU festgeschrieben. So kann ein nun eingerichteter Ausschuss zu einem EU-Sachverhalt eine Position verabschieden, die von der Regierung zu berücksichtigen ist. Bindend wird diese Position für die Regierung, wenn das Parlament sie verabschiedet.

Slowenien ist neben der Mitgliedschaft in der NATO in zahlreichen weiteren regionalen Militärbündnissen organisiert. Mit Ungarn und Italien, sowie demnächst wohl auch Kroatien, wurde eine multinationale Brigade aufgestellt, die zur Friedensicherung in der Region eingesetzt werden kann. Weiterhin gibt es zwischen den Ländern Zusammenarbeit im Bereich der Bekämpfung der organisierten Kriminalität und des internationalen Waffenhandels. Zusammen mit Österreich, Ungarn, Rumänien, der Slowakei, Kroatien und der Schweiz bildet Slowenien die „Central European Nations Cooperation on Peacekeeping", die zur Friedensicherung Infanterieeinheiten aufgestellt hat. Als Beobachter wirkt Slowenien in der „Multinational Peacekeeping Force Southeast Europe" mit, an der Albanien, Bulgarien, Griechenland, Italien, Mazedonien, Rumänien und die Türkei teilnehmen. Slowenien stellt außerdem Truppen für die in Kopenhagen stationierte „Standby High Readiness Brigade" der Vereinten Nationen. Weiterhin pflegt Slowenien eine aktive Teilnahme an dem Südosteuropäischen Verteidigungsministertreffen. Slowenien nimmt neben regionalen Friedensicherungsmissionen wie SFOR auch an internationalen wie ISAF in Afghanistan teil. Zudem pflegt Slowenien mit 29 Ländern Militäraustauschprogramme, die engsten mit den USA.

Slowenien wird sich mittelfristig für die Aufnahme von sudosteuropäischen Ländern in die EU bemühen, um die Stabilität in der Region zu festigen, aber auch um Handelsbarrieren für die Exportwirtschaft in den Nachbarländern abzubauen. Weiterhin Slowenien hat Slowenien den Eintritt in das Europäische Währungssystem angestrebt und als erstes Mittel- und Osteruopäische Land den Euro im Jahr 2007 eingeführt.

Literatur (verwendete & weiterführende)

Fink-Hafner, Danica: Slovenia. in: European Journal of Political Research, Bd. 42, 2003, S. 1130-1137.

Slovenia. in: European Journal of Political Research, Bd. 43, 2004, S. 1078-1086.

Lajh, Damjan/ Krašovec, Alenka: Slowenien. in: Weidenfeld, Werner/ Wessels, Wolfgang (Hrsg.): Jahrbuch der Europäischen Integration 2003/ 2004. Bonn 2004, S. 389-392.

Rothacher, Albrecht: Die Transformation Mittelosteuropas: Wirtschaft, Politik und Gesellschaft in Tschechien, Polen, Ungarn, Slowenien, Kroatien und Litauen. Wien 1999.

SPANIEN

Andreas Baumer

HISTORISCHE GRUNDDATEN

1898	Spanisch-Amerikanischer Krieg, Verlust der Kolonien Kuba, Puerto Rico und der Philippinen
1931-1936	Zweite Republik
1936-1939	Bürgerkrieg zwischen Falangisten und linker Volksfront, Sieg der Falangisten
1939-1975	Diktatur unter Franco
1955	Beitritt UN
1959	Gründung der baskischen ETA
1961	Beitritt OECD
1973	Beitritt OSZE
1977	Beitritt Europarat
1978	demokratische Verfassung
1982	Beitritt NATO
1986	Beitritt Europäische Gemeinschaft
1995	Beitritt WTO
2002	Einführung des Euro
2004	Terroranschlag in Madrid durch Islamisten
2007	Kündigung der Waffenruhe von Seiten der ETA

LÄNDERDATEN

Name: Reino de España/ Königreich Spanien, **Hauptstadt:** Madrid (3.233.054 Einwohner (2007), **Regierungsform:** Parlamentarisch-demokratische Monarchie (seit 1978), **Größe:** 504.782km^2, **Einwohnerzahl:** 40.448.191 (2007), **Landessprache:** Spanisch (Kastilisch), Katalanisch, Galizisch, Baskisch, **BSP pro Kopf:** 27.000 USD (2006), **Mitgliedschaft in Europäischen Organisationen:** CERN, EAPC, EBRD, ECE, EIB, ESA, EU, Europarat, OSZE, WEU, WWU, **Mitgliedschaft in Internationalen Organisationen:** NATO, OECD, UN, WTO

***

BESTIMMUNGSFAKTOREN DER AUßENPOLITIK

Eine Betrachtung der modernen spanischen Außenpolitik muss mit den Ereignissen des Jahres 1898 einsetzen. In diesem Jahr verlor Spanien nach einer militärischen Intervention der USA mit Kuba, Puerto Rico und den Philippinen seine letzten bedeutsamen Kolonien. Die Krise von 1898 – in Spanien als *desastre* in die nationale Geschichtsschreibung eingegangen – erzwang eine internationale Neuorientierung und führte zu einer Verschiebung der außenpolitischen Projektion in Richtung westliches Mittelmeer und Nordafrika. Das spanische Engagement im Maghreb machte eine Verständigung mit Frankreich und Großbritannien unumgänglich, die in einer Reihe von Verträgen über die Aufteilung Marokkos (1904) und über Garantien des Status quo im westlichen Mittelmeer (1907) mündete. 1912 erhielt Spanien ein Protektorat über die nördlichen Teilen Marokkos zugesprochen. Gleichzeitig war das Desaster von 98 die Voraussetzung für eine langfristige Aussöhnung zwischen Spanien und seinen ehemaligen Kolonien. Von dem Stigma der Kolonialmacht befreit, bemühte sich Spanien fortan um eine aktive Politik als Repräsentant der jungen lateinamerikanischen Staaten. Das Konzept der *hispanidad* – das gemeinsame Erbe von Geschichte, Sprache und Kultur – bildet seitdem, je nach politischer Konjunktur paternalistisch-autoritär oder egalitär-demokratisch interpretiert, die Grundlage der spanischen Politik gegenüber Lateinamerika. Damit waren die bis heute gültigen strategischen Achsen der außenpolitischen Projektion Spaniens – Europa, Mittelmeer und Atlantik – in Grundzügen etabliert, auch wenn die europäische Dimension spanischer Außenbeziehungen über lange Dekaden sowohl durch die periphere Lage, vor allem aber durch die wechselnden autoritären Regime, stark eingeschränkt blieb.

Das Engagement in Nordafrika wurde in den ersten zwei Jahrzehnten des 20. Jahrhunderts zum bestimmenden Thema der spanischen Außenpolitik und hatte massive Auswirkungen auf die innenpolitischen Entwicklungen des Landes. 1909 und 1917 waren die Lasten der Militärpräsenz die Auslöser für revolutionäre Unruhen, die schwere Niederlage der spanischen Truppen in Annual gegen die rebellischen Rifstämme unter Abd el-Krim 1921 ebnete den Weg in die Diktatur Primo de Riveras (1923-1930).

Während des ersten Weltkrieges blieb Spanien neutral und profitierte durch intensive Handelsbeziehungen zu beiden Lagern in hohem Maße von dieser Situation. Der dadurch induzierte ökonomische Aufschwung schlug nach Kriegsende in eine schwere Krise um, die zu tiefen innenpolitischen Verwerfungen führte.

Als neutraler Staat war Spanien nicht in Versailles präsent und hatte so keinen Einfluss auf die europäische Nachkriegsordnung. Zwar wurde das Land in den Völkerbund aufgenommen und mit einem nichtständigen Sitz im Rat dieser Organisation ausgestattet, sein erklärtes Ziel, einen ständigen Sitz zu erhalten, konnte auch durch massive Anstrengungen nicht erreicht werden. Um die Einflusslosigkeit in Europa auszugleichen, verstärkte Spanien sein Engagement in Afrika. Der Diktator Primo de Rivera schlug gemeinsam mit Frankreich den Aufstand im Rifgebirge nieder und setzte die endgültige Okkupation der spanischen Zone durch. Primo suchte Spaniens Position im Mittelmeerraum durch eine Annäherung an das politisch affine Italien zu stärken, was 1926 in einen Freundschaftsvertrag mündete. Politische Affinität war auch die Basis für die Verbesserung der Beziehungen zu Portugal nach der Errichtung der Diktatur 1926. Einen besonderen Stellenwert erhielten die Beziehungen zu Lateinamerika unter dem Vorzeichen einer paternalistisch-autoritären Variante des *Hispanoamericanismo.* Neben der Einrichtung einer speziellen Lateinamerikaabteilung im Außenministerium, der Eröffnung von Botschaften und Konsulaten sowie der Ausrichtung der *Exposición Iberoamericana* 1929 in Sevilla war vor allem die beanspruchte Übernahme einer Stellvertreterfunktion für die lateinamerikanische Staatenwelt im Völkerbund von Bedeutung.

Mit der Ausrufung der zweiten spanischen Republik 1931 setzte auch im Bereich der Außenpolitik eine Etappe der progressiven, demokratischen Reformen ein. Das republikanische Spanien gab sich eine Verfassung, in der die pazifistischen und idealistischen Prinzipien ihrer Gründerväter festgeschrieben wurden. Die Republik engagierte sich für Frieden und kollektive Sicherheit und spielte mit ihrem Repräsentanten Salvador de Madariaga eine wichtige Rolle bei der Abrüstungskonferenz, die 1932 vom Völkerbund initiiert wurde.

In den Beziehungen zu Lateinamerika wurde der Paternalismus Primos durch eine egalitär-demokratische Variante des *Hispanoamericanismo* ersetzt, was insbesondere im Fall von Mexiko zu der Etablierung enger Beziehungen führte. Besonderen Ausdruck fand diese Neuorientierung in der Lateinamerikapolitik in der Gewährung einer doppelten Staatsbürgerschaft für Bürger der iberoamerikanischen Staaten mit Wohnsitz in Spanien. Bezüglich der spanischen Präsenz in Nordafrika versuchten insbesondere die linksliberalen Regierungen in den ersten zwei Jahren der Republik, die Kolonialpolitik durch die Betonung ihrer „zivilisatorischen Mission“ zu legitimieren und das Protektorat verstärkt unter zivile

Verwaltung zu stellen. Das Scheitern dieses Vorhabens trug wesentlich zum gewaltsamen Ende des gesamten Reformprojekts der Zweiten Republik bei: Es waren insbesondere die in Nordafrika stationierten Einheiten, unter denen General Francisco Franco die Unterstützung für den Putsch gegen die legitime republikanische Regierung im Juli 1936 sammeln konnte.

Der Aufstand der Generäle unter Francos Führung und der sich daraus entwickelnde Bürgerkrieg (1936-1939) führten im Bereich der Außenpolitik zu einer neuen Situation. Francos nationales Lager erfuhr massive Unterstützung durch die Achsenmächte Italien und Deutschland, die der Zweiten Republik von Anfang an feindselig gegenüber gestanden hatten. Die republikanische Regierung konnte lediglich auf Unterstützung durch Mexiko und die Sowjetunion zählen, wobei sich letztere ihre Hilfe teuer bezahlen ließ. Auf Drängen Großbritanniens hatten sich die westlichen Demokratien auf eine Politik der Nichteinmischung geeinigt und diese im Londoner Nichteinmischungsausschuss auch institutionalisiert. Auch die offene Unterstützung der Aufständischen durch italienische und deutsche Truppenverbände änderte nichts an dieser Haltung. Angesichts der immer deutlicher werdenden militärischen Überlegenheit des Gegners konnte die republikanische Regierung nur noch auf eine Rettung im Zuge einer gesamteuropäischen Auseinandersetzung mit den faschistischen Staaten hoffen. Das Münchner Abkommen von 1938 besiegelte so auch das Schicksal der spanischen Republik. Am 1. April 1939 endete der Bürgerkrieg mit dem Sieg der Aufständischen unter General Francisco Franco.

Dem Regime Francos gelang es, Spanien aus dem Zweiten Weltkrieg herauszuhalten. Zwar nahm mit der *División Azul* eine spanische Freiwilligenarmee an dem Krieg gegen die Sowjetunion teil, offiziell lavierte Spanien jedoch, analog zum Kriegsglück der Achsenmächte, von einer Politik der Neutralität zum Status einer „nicht Krieg führenden Macht" und wieder zurück zur Neutralität.

Trotzdem befand sich Spanien nach dem Ende des Zweiten Weltkriegs in einer beinahe vollständigen Isolation. Das Land wurde weder in die UNO noch in eine ihrer Unterorganisationen aufgenommen und blieb von der Gründung internationaler Organisationen wie der NATO und des Europarats ausgeschlossen, genauso wie von der Teilnahme am Marshall-Plan.

In dieser Situation kam der Außenpolitik die Aufgabe zu, die Isolation Spaniens zu durchbrechen. Bei der Suche nach neuen außenpolitischen Aktionsfeldern fanden die arabischen Länder und Lateinamerika besondere Beachtung. Der Versuch Spaniens, durch eine Intensivierung der außenpolitischen Aktivität gegenüber diesen Regionen die politische Isolation zu durchbrechen und in Form einer Substitutionsaußenpolitik einen Ausgleich für die versperrten außenpolitischen Aktionsbereiche zu erlangen, war bis in die Mitte der fünfziger Jahre wenig erfolgreich. Jedoch kam dem frankistischen Regime die Polarisierung der internationalen politischen Situation zugute. Im Kontext des Kalten Krieges entwickelten die westlichen Staaten, insbesondere die USA, ein starkes Interesse an der geostrategischen Position Spaniens und eröffneten dem frankistischen Regime die sukzessive Integration in die internationale Gemeinschaft. Die wichtigsten Etappen auf dem Weg aus der Isolation waren das Konkordat mit dem Vatikan (1953), die Abkommen über Stützpunkte, Wirtschafts- und Militärhilfe mit den USA im gleichen Jahr und schließlich die UNO-Vollmitgliedschaft 1955. Insbesondere das Stützpunktabkommen mit den USA kann aber auch als symptomatisch für die Beschränkungen der frankistischen Außenpolitik angesehen werden. Spanien war so sehr auf dieses Abkommen angewiesen, dass es in Geheimklauseln massive Einschränkungen seiner nationalen Souveränität akzeptierte. Erst bei Neuverhandlungen des Abkommens Ende der sechziger Jahre wurden die entsprechenden Passagen gestrichen.

1957 setzte ein tief greifender Modernisierungsprozess des frankistischen Regimes ein, der eine wirtschaftliche Modernisierung (Aufgabe der Autarkie-Politik, Stabilisierungsplan), eine sehr begrenzte innenpolitische Liberalisierung und eine weitere außenpolitische Öffnung mit sich brachte. Der neue Außenminister Fernando María Castiella führte die Reintegration Spaniens in die internationale Staatengemeinschaft fort, lancierte eine Annäherung an Europa und intensivierte die Beziehungen zu Lateinamerika und zur arabischen Welt. Spanien wurde Mitglied der OEEC, der späteren OECD, sowie von IWF und Weltbank.

Trotz aller Bemühungen und partieller Erfolge gelang es dem frankistischen Spanien nie, international als gleichberechtigter Partner anerkannt zu werden. Am deutlichsten wurde die Beschränktheit der außenpolitischen Aktionsfähigkeit in Bezug auf Europa. 1962 stellte Spanien einen Antrag auf ein Assoziierungsabkommen mit der EWG, in dem das langfristige Ziel einer vollständigen Integration formuliert wurde. Die Bewerbung blieb zwei Jahre ohne Antwort. 1964 einsetzende Verhandlungen mündeten 1970 lediglich in ein Präferenz-Handelsabkommen. Es war klar geworden, dass der autoritäre Charakter des Regimes eine weitere Annäherung an Europa dauerhaft verhindern würde. Bis zu seinem Ende war das frankistische Regime so gezwungen, auf Substitutionsaußenpolitiken vor allem in Lateinamerika und den arabischen Ländern zurückzugreifen, um diese Beschränktheit zumindest teilweise zu kompensieren. Gleichzeitig förderte die kühle Haltung Europas eine Vertiefung der „special relationship“ zu den USA, die weitaus geringere Berührungsängste gegenüber Francos Regime verspürten. 1959 besuchte Präsident Eisenhower Spanien. Bis zum Ende des Regimes bleib die abhängige Beziehung zu den USA die zentrale Säule der spanischen Außenpolitik.

Nachdem Franco in den ersten beiden Jahrzehnten seines Regimes die Gibraltarfrage vernachlässigt hatte, um eine Annäherung an Großbritannien und Frankreich nicht zu gefährden, verwandelte sich der Status des Felsens in den sechziger Jahren zu einem zentralen Thema der spanischen Außenpolitik. Als Großbritannien auch nach einem UN-Ultimatum 1969 den Rückzug aus Gibraltar verweigerte, schloss Spanien die Grenzen und unterbrach alle Verkehrs- und Kommunikationsverbindungen. Erst die sozialistische Regierung der PSOE (*Partido Socialista Obrero Español*) hob die Blockade 1982 auf. Die Gibraltarfrage ist bis heute ungeklärt.

Auch bezüglich der eigenen Kolonien war die frankistische Außenpolitik nicht besonders erfolgreich. Nachdem Frankreich die Unabhängigkeit Marokkos anerkannt hatte, musste auch Spanien seine Gebiete sukzessive an Marokko übergeben. Bis 1961 war der militärische Rückzug aus dem Protektorat abgeschlossen. Das frankistische Regime beanspruchte jedoch weiterhin die südliche Enklave Sidi Ifni und die Westsahara. Beide Gebiete wurden 1958 in den Status von Überseeprovinzen erhoben. Sidi Ifni wurde 1969 an Marokko übergeben, ein Jahr nachdem auch Spanisch-Guinea in die Unabhängigkeit entlassen worden war. Der Rückzug aus Spanisch-Sahara fiel mit dem Ende Francos zusammen. Die Agonie des Diktators nutzend, zwang König Hassan II mit dem inszenierten „Grünen Marsch“ vieler zehntausend Marokkaner Spanien zu einer überstürzten Dekolonisierung und konnte so das Gebiet faktisch annektieren, ohne dass das Selbstbestimmungsrecht der Bevölkerung Beachtung fand.

Durch die *Nelkenrevolution* in Portugal (April 1974) und dem daran anschließenden Demokratisierungsprozess hatte Franco seinen letzten engen Verbündeten verloren. Im September 1975 zogen nach der Exekution von Regimegegnern viele Staaten ihre Botschafter aus Spanien ab, die EWG unterbrach alle Verhandlungen und selbst die USA gingen auf Distanz. Als Francisco Franco am 20. November 1975 starb, war Spanien international ähnlich isoliert, wie es in den ersten Jahren seines Regimes gewesen war.

Nach dem Tod Francos setzte ein Transformationsprozess ein, der das autoritäre Regime innerhalb weniger Jahre in ein liberaldemokratisches politisches System in Form einer parlamentarischen Monarchie verwandelte. Die demokratische Transition der innenpolitischen Strukturen und Institutionen fand ihre Entsprechung auch in der Außenpolitik, allerdings in einem weitaus größeren Zeitraum. Während die innenpolitische Transition mit der Verabschiedung der Verfassung im Dezember 1978 als beendet betrachtet wird, dauerte der Transitionsprozess in der Außenpolitik zehn Jahre länger. Erst mit dem Eintritt Spaniens in die WEU 1988, der Unterzeichnung eines neuen Verteidigungsabkommens mit den USA und der endgültigen Festlegung der militärischen Rolle Spaniens in der NATO Anfang Dezember des gleichen Jahres gilt die außenpolitische Transition als abgeschlossen.

In diesem Prozess, der 1976 mit der ersten Regierung Adolfo Suárez' begann, erfolgte die schwierige Standortbestimmung Spaniens im internationalen System. Wesentliche Schritte waren hierbei der NATO-Beitritt 1982, der Beitritt zur Europäischen Gemeinschaft 1986 und die Bestätigung des Verbleibs in der

NATO durch ein Referendum im gleichen Jahr. Diese klare Hinwendung zum Atlantismus stand in einem gewissen Kontrast zu den neutralistischen Positionen der ersten Jahre der außenpolitischen Transition und bestätigte die dauerhafte Westintegration des demokratischen Spaniens.

Der Prozess der außenpolitischen Transition lässt sich in drei Phasen unterteilen: In der ersten Phase (1977-1980) fand der weitreichende innenpolitische Konsens seine Entsprechung im außenpolitischen Bereich. Hier zeigt sich, dass in dieser Phase der politischen Transition die Unterstützung des Systemwandels eine wesentliche Funktion der Außenpolitik darstellte. Umstrittene außenpolitische Themen wie etwa die Frage der NATO-Mitgliedschaft wurden offen gelassen, um die innere Stabilität nicht durch Auseinandersetzungen über außenpolitische Fragen zu gefährden. Diese Politik, zusammen mit Ereignissen wie der Teilnahme an der Blockfreien-Konferenz in Havanna 1979, erweckte vielerorts den Verdacht, Spanien ziehe ernsthaft echte Neutralität oder gar eine Eingliederung in die Blockfreien-Bewegung in Erwägung. Die zweite Phase der außenpolitischen Transition begann mit dem NATO-Beitritt 1982, der den endgültigen Bruch des außenpolitischen Konsenses markierte, und endete im März 1986 mit dem NATO-Referendum, in dem sich eine knappe Mehrheit für den Verbleib Spaniens in der atlantischen Allianz aussprach. Sie kann als konstitutiv für die Außenpolitik des demokratischen Spaniens angesehen werden, da in ihr die Leitlinien für alle Dimensionen der außenpolitischen Projektion gezogen wurden. Die letzte Phase der Transition der spanischen Außenpolitik (März 1986 bis Dezember 1988), eingegrenzt durch das NATO-Referendum einerseits und den WEU-Beitritt und die Unterzeichnung der Abkommen mit USA und NATO andererseits, ist geprägt von der Übertragung des in der vorhergegangenen Etappe entwickelten außenpolitischen Modells in die verschiedenen Aktionsbereiche spanischer Außenpolitik. Sie markiert das Ende des außenpolitischen Transitionsprozesses.

Es waren die sozialistischen Regierungen von Felipe González, die die Vollendung der außenpolitischen Transition vollzogen und damit die Leitlinien für die außenpolitische Aktion setzten. Diese Leitlinien hatten über die Regierungszeit der Sozialisten hinaus Bestand. Zumindest in der ersten Amtszeit der konservativen Regierung von José María Aznar (1996-2000) war ein hohes Maß an außenpolitischer Kontinuität feststellbar.

Die Außenpolitik des demokratischen Spaniens, so wie sie von den sozialistischen Regierungen in den achtziger Jahren konzipiert wurde, zeichnete sich weniger durch die Verschiebung der Leitlinien der außenpolitischen Aktion, sondern vielmehr durch die Neuformulierung und Demokratisierung ihrer Inhalte aus. Die PSOE von Felipe González verfolgte trotz einer NATO- und USA-kritischen Rhetorik im Wahlkampf nach ihrem Wahlsieg 1982 eine Außenpolitik, die als oberstes Ziel die umfassende Integration Spaniens in die westlicher

Staatenwelt hatte. González führte Spanien am 1. Januar 1986 in die Europäische Gemeinschaft und setzte sich mit Erfolg für den Sieg des „Ja“ im Referendum über den Verbleib in der NATO ein. Er bemühte sich von Beginn an um gute Beziehungen zu den USA, trat bei den Neuverhandlungen des Stützpunktabkommens 1988 aber auch selbstbewusst als Bündnispartner auf und markierte so den Kontrast zu dem Verhältnis der Abhängigkeit, das die Beziehungen zwischen den beiden Ländern während der Diktatur geprägt hatte. Im Golfkrieg 1991 unterstütze Spanien die USA.

Das zentrale strategische Interesse der sozialistischen Regierung bestand in der Integration Spaniens in die Europäische Gemeinschaft. Im Juli 1977, einen Monat nach den ersten freien Wahlen zum nationalen Parlament, hatte die Regierung von Adolfo Suárez einen erneuten Antrag auf Beitritt in die EG gestellt. Anders als etwa der NATO-Beitritt war der Wunsch nach Mitgliedschaft in der EG Konsens aller im Parlament vertretenen Parteien. Nach schwierigen Beitrittsverhandlungen, in denen insbesondere der Widerstand Frankreichs überwunden werden musste und sich die BRD als Hauptverbündeter Spaniens profilierte, konnte das Land zum 1. Januar 1986 gemeinsam mit Portugal der EG beitreten. Fortan wurde Spanien zu einem Motor der europäischen Integration – und zum Hauptempfänger von Mitteln aus den Struktur- und Kohäsionsfonds. Felipe González profilierte sich als überzeugter Europäer, der stets für einen integrationsvertiefenden Kurs eintrat, dabei aber auch selbstbewusst spanische Interessen durchsetzte, beispielsweise bei der Forderung eines Kohäsionsfonds für ärmere Mitglieder in den Verhandlungen zum Maastrichter Vertrag.

Spanien verstand es, die traditionellen Aktionsbereiche seiner Außenpolitik – Lateinamerika und Mittelmeerraum/Arabische Welt – geschickt mit seiner neuen Rolle in Europa zu verbinden und so eine Brückenfunktion einzunehmen. Das iberische Land übernahm eine wichtige Vermittlerfunktion in den Konflikten in Mittelamerika. Auf spanische Initiative gehen eine Vielzahl der Aktivitäten von EG und EU zur Vertiefung der Beziehungen zu den Ländern Lateinamerikas zurück.

Auch seine guten Beziehungen zur arabischen Welt konnte Spanien für eine Erhöhung seines internationalen Profils und für seine Positionierung in den Außenbeziehungen der Europäischen Gemeinschaft nutzen. 1986 nahm die Regierung von Felipe González auf europäischen Druck hin volle diplomatische Beziehungen mit Israel auf, bemühte sich aber gleichzeitig, die freundschaftlichen Beziehungen zu der arabischen Welt zu bewahren und für eine Vermittlerrolle im Nahostkonflikt zu nutzen (Nahostkonferenz 1991 in Madrid). Spaniens Hauptinteresse lag jedoch in einer Verbesserung der Beziehungen zwischen der EG und den Maghreb-Staaten. Mit den Ländern dieser Region, insbesondere mit Marokko, teilt Spanien vielfältige Interessengebiete, bei oftmals divergierender Interessenlage. Zu nennen sind hier beispielsweise die Bereiche Migration, Fischerei oder die Fragen bezüglich von Ceuta und Melilla, den beiden spanischen Exklaven in Marokko. Spanien spielte eine zentrale Rolle bei der Vorbereitung der „Euro-Mediterranean Partnership" (EMP), die 1995 auf der Konferenz von Barcelona beschlossen wurde.

Die Rückkehr des demokratischen Spaniens auf die internationale Bühne erlebte ihren Höhepunkt 1992. Die olympischen Spiele in Barcelona, die Expo in Sevilla und die Feiern zum 500. Jahrestag der „Entdeckung" Lateinamerikas, darunter auch die Iberoamerikanische Gipfelkonferenz, die die Staats- und Regierungschefs von 21 Ländern nach Madrid führte, symbolisierten das neue Selbstbewusstsein Spaniens, das sich innerhalb weniger Jahre von einem politischen Paria zu einem vollwertigen Mitglied der Weltgemeinschaft entwickelt hatte.

Die Wahlen von 1996 führten die konservative Volkspartei PP (*Partido Popular*) von José María Aznar an die Regierung. Für die außenpolitische Orientierung Spaniens brachte der Regierungswechsel zunächst nur graduelle Veränderungen.

In der Europapolitik führte Aznar weitgehend die Linien seines Vorgängers fort, obwohl er, im Gegensatz zu González, von einer eher gaullistischen Perspektive auf die Europäische Integration geprägt war. Spanien erfüllte die Konvergenzkriterien und qualifizierte sich für die Teilnahme an der Währungsunion. Eigene Akzente setzte Aznar zusammen mit Tony Blair mit der Erklärung von Chequers, in der die beiden Regierungschefs für ein neues sozioökonomisches Modell für die EU auf Basis einer weitgehenden Liberalisierung eintraten. Die in diesem Dokument formulierten Vorschläge wurden zur Grundlage für die Erklärung von Lissabon im Jahr 2000.

In den Außenpolitiken gegenüber dem Mittelmeerraum und Lateinamerika kam es allenfalls zu Akzentverschiebungen. Eine Ausnahme stellte Kuba dar, wo Aznars Politik der Konfrontation nicht nur mit der Politik des konstruktiven Dialogs seines Vorgängers, sondern mit der gesamten Kuba-Politik der frankistischen und demokratischen Regierungen brach.

Eine radikale Neuorientierung der spanischen Außenpolitik vollzog Aznar in seiner zweiten Amtszeit (2000-2004), in der er über eine absolute Mehrheit im Parlament verfügen konnte. Sein Schulterschluss mit den USA im Vorfeld des Irakkriegs 2003 und die damit einhergehende Distanzierung von den Staaten des *alten Europas* brachen mit den Leitlinien der Außenpolitik des demokratischen Spaniens.

Auch in der Europapolitik pflegte die Regierung Aznar einen neuen Stil und vertrat die spanischen Interessen, etwa bei Verteilung der Mittel aus den Struktur- und Kohäsionsfonds oder bei der Diskussion um die künftige Stimmgewichtung im Rat, mit dezidiert nationalistischen Untertönen.

Die Mittelmeerpolitik der Regierung Aznar wurde einerseits durch die säkulare Verschlechterung der Beziehung zu Marokko geprägt, die ihren Höhepunkt mit der Krise um die Petersilieninsel im Juli 2002 erfuhr, zum anderen durch eine Annäherung an Algerien, mit dem 2002 ein Freundschaftsvertrag unterzeichnet wurde. Aznar bemühte sich um eine gemeinsame Migrationspolitik der EU, da Spanien einerseits stark von der irregulären Migration betroffen ist, andererseits auch aus demographischen und ökonomischen Gründen ein Interesse an einer liberalen Migrationspolitik hat.

Die traditionelle Lateinamerikadimension der spanischen Außenpolitik, in der Aznar vor allem im Verhältnis zu Kuba neue Akzente gesetzt hatte, wurde ergänzt durch das Bemühen um eine stärkere Präsenz im asiatisch-pazifischen Raum.

Insgesamt war die Außenpolitik der zweiten Amtszeit von José María Aznar von dem Willen geprägt, Spanien ein stärkeres internationales Gewicht zu verschaffen und insbesondere auf europäischer Ebene mit den großen Staaten gleichzuziehen. Die Ergebnisse dieser Politik waren bescheiden, im europäischen Kontext führten sie sogar zu einer Marginalisierung Spaniens.

Die Anschläge auf die Madrider Vorortzüge am 11.03.2004 und der damit zusammenhängende überraschende Regierungswechsel hatten auch auf die spanische Außenpolitik enorme Auswirkungen. Die neue sozialistische Regierung von José Luis Rodríguez Zapatero zog die spanischen Truppen aus dem Irak zurück, ging auf Distanz zur Bush-Administration und bemühte sich um eine Wiederannäherung an die Staaten Kerneuropas. Spanien gab seine Blockadehaltung in den Verhandlungen über den Entwurf des europäischen Verfassungsvertrages auf und zwang so auch Polen zum Einlenken.

Die neue Regierung bemühte sich, die Beziehungen zu Marokko zu verbessern und den Barcelona-Prozess insgesamt wieder zu beleben. Auch die Lateinamerikapolitik erhielt neue Impulse. Die feindselige Politik gegenüber Kuba wurde zugunsten einer Neuauflage – auch auf europäischer Ebene – der Politik des konstruktiven Dialogs korrigiert.

Zusammenfassend lässt sich festhalten, dass die Regierung Zapatero Spaniens Rolle im internationalen Kontext bescheidener (oder realistischer) interpretiert als die Vorgängerregierung. Sie ist sich des spanischen Status einer mittleren Macht bewusst und leitet daraus das Prinzip der Interessenkonvergenz mit den zentralen Staaten Europas ab, wie es auch schon von Felipe González formuliert worden war.

AUßENPOLITISCHE ENTSCHEIDUNGSPROZESSE UND AKTEURE

Der außenpolitische Entscheidungsprozess wird vom Regierungschef (Presidente del Gobierno) dominiert. Das Außenministerium ist für die Umsetzung der außenpolitischen Entscheidungen verantwortlich. Verstärkt wurde die präsidentialistische Ausrichtung der außenpolitischen Entscheidungsprozesse durch die Einrichtung eines „Rates für Außenpolitik“ zur alleinigen Beratung des Regierungschefs in der zweiten Legislaturperiode der Regierung Aznar. Die Außenpolitik ist nach Art. 149, Abs. 1 der spanischen Verfassung alleinige Kompetenz des Zentralstaats.

Einige Autonome Gemeinschaften, insbesondere Katalonien und das Baskenland, versuchen jedoch seit geraumer Zeit, in diesen Kompetenzbereich vorzustoßen. So ernannte die katalanische Regierung einen Kommissar für Außenbeziehungen, eine Reihe weiterer Regionalregierungen unterhält Abteilungen für auswärtige Angelegenheiten.

Auch bei der Entwicklungszusammenarbeit suchen die Regierungen der Autonomen Gemeinschaften den internationalen Protagonismus, der ihnen durch die konstitutionelle Festschreibung der Außenpolitik als alleinige Kompetenz des Zentralstaats verwehrt ist.

Nachdem die Zentralregierung diese Entwicklung anfangs mit einer gewissen Skepsis betrachtete, regelt seit 1998 ein Gesetz zur Entwicklungszusammenarbeit die Einbindung der Autonomen Gemeinschaften und der Kommunen in diesen Politikbereich. Im Themenfeld der Entwicklungspolitik entfalten auch eine Vielzahl von NGOs eine beachtliche Aktivität.

SICHERHEITSPOLITIK UND TERRORISMUS

Auch unter sicherheitspolitischen Aspekten hat das demokratische Spanien durch die Integration in die NATO 1982 den Weg in die europäische Normalität gefunden. Eine Sonderstellung nimmt Spanien dagegen beim Kampf gegen den Terrorismus ein. Neben Großbritannien war kein anderes europäisches Land in solchem Maß vom Terrorismus bedroht wie Spanien. Seit der Demokratisierung stellte der separatistische Terror der baskischen Untergrundorganisation ETA (*Euskadi Ta Askatasuna* – Baskenland und Freiheit) eine zentrale Herausforderung für den spanischen Staat dar. Dabei sahen sich die spanischen Regierungen mit dem Dilemma konfrontiert, dass sich ETA im benachbarten Frankreich bis weit bin die achtziger Jahre hinein relativ ungehindert bewegen und so insbesondere die südwestfranzösischen Departements gleichsam als Etappe für ihre Terrorkampagnen in Spanien nutzen konnte. Erst Felipe González und François Mitterand legten die Basis für eine grenzüberschreitende polizeiliche und justizielle Zusammenarbeit, die im Zuge des europäischen Integrationsprozesses beständig ausgebaut wurde und insbesondere in den letzten Jahren zu wichtigen Erfolgen im Kampf gegen ETA geführt hat. Nachdem lange Zeit

ETA die zentrale Bedrohung der inneren Sicherheit des Landes dargestellt hatte, geriet Spanien in den letzten Jahren verstärkt in das Fadenkreuz des islamistischen Terrors. Die Anschläge auf spanische Einrichtungen in Marokko 2003 und die Bomben in den Madrider Vorortzügen 2004 waren die blutigen Höhepunkte dieser Entwicklung.

Auch aufgrund der eigenen Erfahrungen unterstützte die spanische Regierung nach dem 11.09.2001 die USA in dem internationalen Kampf gegen den Terror. Im europäischen Kontext konnte Spanien nun seine alten Forderungen nach einer Intensivierung der Zusammenarbeit von Polizei und Justiz – etwa bei der Einführung eines europäischen Haftbefehls – durchsetzen und sorgte dafür, dass der Europäische Rat noch im gleichen Jahr ETA auf die Liste terroristischer Vereinigungen in Europa setzte. Für die spanische EU-Ratspräsidentschaft im ersten Halbjahr 2002 hatte die Terrorbekämpfung eine zentrale Priorität.

Perspektiven der zukünftigen Außenpolitik

Die Perspektiven der spanischen Außenpolitik erschließen sich aus der Betrachtung der außenpolitischen Strategien, wie sie die spanischen Regierungen nach Abschluss der Transition der Außenpolitik formuliert haben und wie sie erst durch den brüsken Richtungswechsel von José María Aznar 2003 gebrochen wurden. Bis zu diesem Zeitpunkt hatte Spanien seine Position als fest in die Europäische Union integrierte Mittelmacht mit privilegierten Beziehungen nach Lateinamerika, in die arabische Welt und in den Mittelmeerraum dazu genutzt, seinen internationalen Aktions- und Einflussbereich beständig auszuweiten und zu vertiefen. Die Nahostkonferenz 1991, die vielfältigen internationalen Ereignisse des Jahres 1992, die Mittelmeerkonferenz 1995, die Iberoamerikanischen Gipfeltreffen, die spanische Ratspräsidentschaft 2002 und schließlich die Wahl Spaniens als nichtständiges Mitglied in den UN-Sicherheitsrat 2003 zeigten, dass das Land mit dieser Strategie seinen internationalen Protagonismus ausbauen und konsolidieren konnte. Nachdem die neue Regierung die von Aznars Politik verursachte relative Marginalisierung Spaniens in der EU überwinden konnte, liegen in der Fortführung dieser außenpolitischen Strategien die Perspektiven spanischer Außenpolitik. Spanien ist dazu prädestiniert, die Europäische Außenpolitik gegenüber Lateinamerika und dem Mittelmeerraum maßgeblich zu konzipieren und voranzutreiben. Insbesondere mit Blick auf den Mittelmeerraum und das nördliche Afrika sollte Spanien seine Position nutzen. In dieser Region liegen mit den Politikbereichen Migration und Sicherheit nicht nur zentrale Herausforderungen für die Europäische Union. Auch Spaniens ureigenste Interessen sind eng mit den politischen, ökonomischen und demographischen Entwicklungen im südlichen Bereich des Mittelmeers verbunden.

LITERATUR (VERWENDETE & WEITERFÜHRENDE)

AGUIRRE, Mariano, REY, Francisco (2005) ‚Development Co-operation and Humanitarian Action in Spanish Foreign Policy' in Richard Gillespie, Richard Young (Hg.) Spain: The European and International Challanges (London, Frank Cass), S. 190-210.

ARENAL, Celestino del (1994) La política exterior de España hacia Iberoamérica (Madrid, Editorial Complutense).

BARRIOS, Harald (2004) 'Grundzüge des politischen Systems Spaniens' in Walther L. Bernecker, Klaus Dirschel (Hg.) Spanien Heute. Politik, Wirtschaft, Kultur (Frankfurt/Main, Vervuert), S. 51-77.

BERNECKER, Walther L. (1988) Spaniens Geschichte seit dem Bürgerkrieg 2. Aufl. (München, Beck)

BÜHLER, Tina, WITTELSBÜRGER, Hartmut (2000) 'Spanien und seine neue Rolle in Europa' KAS Auslandsinformationen, Jg. 16, H. 9, S. 12-19.

FARELL, Mary (2005) 'Spain in the new Eureopean Union. In search of a new role and identity' in Sebastian Balfour (Hg.) The politics of contemporary Spain (London, New York, Routledge), S. 215-235.

GILLESPIE, Richard (2005) Between ambition and insecurity. Spanish Politics and the Mediterranean. in Sebastian Balfour (Hg.) The politics of contemporary Spain (London, New York, Routledge), S. 198-214.

GOLD, Peter (2005) Gibraltar. British or Spanish? (London, New York, Routledge)

HEYWOOD, Paul (1995) The Government and Politics of Spain (New York, St. Martin's Press)

NEILA HERNÁNDEZ, José Luis (2003) 'El proyecto internacional de la República: democracia, paz y neutralidad (1931-1936)' in Juan Carlos Pereira Castañares (Hg.) La política exterior de España (1800-2003) (Barcelona, A-riel),S. 453-474.

NIEHUS, Gerlinde Freia (1989) Außenpolitik im Wandel, Die Außenpolitik Spaniens von der Diktatur Francos zur parlamentarischen Demokratie, 2 Bde. (Frankfurt/Main, Vervuert)

NIEHUS, Gerlinde Freia, FREISINGER, Hubertus (2004) ‚Die Außenpolitik des demokratischen Spanien’ in Walther L. Bernecker, Klaus Dirschel (Hg.) Spanien Heute. Politik, Wirtschaft, Kultur (Frankfurt/Main, Vervuert), S. 79-122.

PEREIRA CASTAÑARES, Juan Carlos (2003) ‘Introducción para un cambio de rumbo de nuestra política exterior’ in Juan Carlos Pereira Castañares (Hg.) La política exterior de España (1800-2003) (Barcelona, Ariel), S. 25-27.

POWELL, Charles T. (1995) ‘Spain’s External Relations 1898-1995’ in Richard Gillespie u.a. (Hg.) Democratic Spain – Reshaping External Relations in a Changing World (London, New York, Routledge), S. 11-29.

STORY, Jonathan (1995) ‘Spain’s External Relations Redefined: 1975-89’ in Richard Gillespie u.a. (Hg.) Democratic Spain – Reshaping External Relations in a Changing World (London, Routledge), S. 30-49.

TORRE DEL RÍO, Rosario de la (2003) ‘Recogimiento, crisis del 98 y nueva orientación internacional (1875-1914)’ in Juan Carlos Pereira Castañares (Hg.) La política exterior de España (1800-2003) (Barcelona, Ariel), S. 421-435.

TORRE GÓMEZ, Hipólito de la (2003) ‘La regeneración internacional fallida (1914-1931)’ in Juan Carlos Pereira Castañares (Hg.) La política exterior de España (1800-2003) (Barcelona, Ariel), S. 437-451.

TSCHECHIEN

Daniel Steffens

Historische Grunddaten

1526	Böhmen unter Habsburger Herrschaft
1918	Gründung der Tschechoslowakei nach der Auflösung Österreich-Ungarns
1938	Münchner Abkommen, die Tschechoslowakei verliert das Sudetenland an Deutschland
1939-1945	Besetzung durch Deutschland
1945	Neugründung der Tschechoslowakei
1948	Machtübernahme der Kommunisten
1949-1991	Mitglied im RGW
1955-1991	Mitglied im Warschauer Pakt
1968	"Prager Frühling", Demokratisierungsbewegung wird mit Truppen des Warschauer Paktes niedergeschlagen
1989	"Samtene Revolution", Demokratisierung der Tschechoslowakei
1993	friedliche Trennung von der Slowakei, Beitritt Europarat, Beitritt OSZE, Beitritt UN
1995	Beitritt OECD, Beitritt WTO
1999	Beitritt NATO
2004	Beitritt Europäische Union

LÄNDERDATEN

Name: Česká Republika/ Tschechische Republik, **Hauptstadt:** Praha/ Prag (1.184.075 Einwohner (2006)), **Regierungsform:** Republik (seit 1993), **Größe:** 78.866km^2, **Einwohnerzahl:** 10.228.744 (2007), **Landessprache:**Tschechisch, **BSP pro Kopf:** 21.600 USD (2006), **Mitgliedschaft in Europäischen Organisationen:** CEFTA, CEI, CERN, EAPC, EBRD, ECE, EU, Europarat, OSZE, WEU (assoziiert), **Mitgliedschaft in Internationalen Organisationen:** NATO, OECD, UN, WTO

***

Nach dem Zerfall der österreichisch-ungarischen Monarchie erfolgte am 18. Oktober 1918 die Proklamation der ersten demokratischen Tschechoslowakischen Republik (ČSR). Im Jahr 1939 wurde die Republik von Nazi-Deutschland zerschlagen, nachdem Italien, Frankreich und Großbritannien im Münchner Abkommen von 1938 bereits dem Anschluss der ehemals von Deutschen bewohnten Gebiete (Sudetenland) an das Deutsche Reich zugestimmt hatten. Die überwiegend von Tschechen bewohnten Gebiete Böhmens und Mährens wurden besetzt und zum „Protektorat Böhmen und Mähren" erklärt. Die Slowakei erklärte ihre Autonomie und wurde in die formelle Unabhängigkeit gezwungen. Nach dem Ende des Zweiten Weltkrieges gelang es den Kommunisten im Jahr 1948 die Macht in der erneuerten Tschechoslowakei zu übernehmen und das Land geriet unter den Einfluss der UdSSR.

In der Folgezeit gab es wenig Raum für eine eigenständige Außenpolitik. Die 1960 offiziell umbenannte Tschechoslowakische Sozialistische Republik (ČSSR) wurde Mitglied des Warschauer Paktes. Bis in das Jahr 1989 folgte die Außenpolitik der ČSSR hauptsächlich den Vorgaben der UdSSR. So unterdrückte diese beispielsweise jede Annäherung an den Westen, indem sie die Teilnahme der Tschechoslowakei am European Recovery Program (ERP oder „Marshall-Plan") verhinderte. Die Beziehungen zu westlichen Staaten wurden weitgehend beendet und Handel ausschließlich mit sozialistischen Staaten betrieben. Im Jahr 1968 war die ČSSR das führende Land der Reformbemühungen um einen „Sozialismus mit menschlichem Antlitz" in Osteuropa. Die Isolation wurde teilweise gelockert, doch der „Prager Frühling" wurde am 21. August 1968 von den Truppen des Warschauer Paktes gewaltsam niedergeschlagen.

Nachdem die „Samtene Revolution" das kommunistische Regime im Jahr 1989 weitgehend friedlich beendet hatte, verfolgte die Außenpolitik der postkommunistischen, 1990 umbenannten Tschechischen und Slowakischen Föderativen Republik (ČSFR) das Ziel, die nationale Souveränität zurück zu gewinnen. Eine der ersten Herausforderungen war die Organisation des Rückzuges der sowjetischen Truppen, welcher im Jahr 1991 abgeschlossen werden konnte. Die Integration in westeuropäische Institutionen sollte den innerstaatlichen Übergang vom Kommunismus in die Souveränität auf internationaler Ebene begleiten. Prag initiierte 1990 die regionale Kooperation mit Polen und Ungarn. Ab 1991 bezeichneten sich die drei Länder als „Visegrád-Gruppe“. Diese Zusammenarbeit trug zu Anfang der neunziger Jahre zur Abkoppelung von der einseitigen wirtschaftlichen Ausrichtung bei, half später bei der Positionierung innerhalb der post-kommunistischen Staaten Mittel- und Ostmitteleuropas und bereitete die Assoziierung mit der Europäischen Gemeinschaft (EG) vor.

Aufgrund innenpolitischer Probleme entschied das Parlament der ČSFR im Jahr 1992 die Trennung des Landes. Die Tschechische Republik und die Slowakische Republik wurden 1993 als Nachfolgestaaten der ehemaligen ČSFR gegründet. Die Verfassung der Tschechischen Republik trat am 1. Januar 1993 in Kraft und legt in Hinblick auf außenpolitische Entscheidungsprozesse großen Wert auf eine breite politische Legitimation. Dem Präsidenten kommt die Aufgabe zu, den Staat international zu vertreten und internationale Verträge auszuhandeln. Der Stellung des Präsidenten im Bereich der Außenpolitik stehen einige Regelungen gegenüber, die die Entscheidungsgewalt auf die Regierung verlagern, die als „höchstes Organ der Exekutive“ ein Programm entwickelt und umsetzt, welches auch außenpolitische Fragen umfasst.

Die Regierung muss Entscheidungen und Maßnahmen, die der Präsident in seiner außenpolitischen Funktion trifft, gegen zeichnen. Außerdem sieht die Verfassung die Möglichkeit vor, dass der Präsident seine Kompetenz zu internationalen Vertragsabschlüssen auf die Regierung überträgt. Die beiden Kammern des tschechischen Parlaments spielen ebenfalls eine wichtige Rolle für den Bereich der Außenpolitik. Sie ratifizieren internationale Verträge, entscheiden über die Ausrufung des Kriegszustandes und über den Einsatz tschechischer Truppen außerhalb des tschechischen Territoriums. Seit 1999 unterstützt ein Sicherheitsrat die Koordinierung zwischen außenpolitischen Entscheidungsgremien.

Das außenpolitische Bewusstsein der tschechischen Bevölkerung ist durch verschiedene historisch gewachsene Faktoren der Selbstwahrnehmung geprägt. Eine besondere Bedeutung kommt hierbei der geopolitischen Lage des Landes im „Herzen“ Europas zu. Diese fällt aus tschechischer Perspektive zwar einerseits positiv aus, auf der anderen Seite wird sie historisch aber auch als verhängnisvoll erlebt. Gerade die Lage zwischen den „Großmächten“ Deutschland und Russland wurde in der Vergangenheit als Bedrohung angesehen. Die Annahme, dass diese Staaten ihre Einflusssphäre auf Kosten der Tschechen zu vergrößern suchten, führte zur nahezu von allen tschechischen Politikern eingenommenen Grundhaltung, die Suche nach Verbündeten habe allergrößte Priorität. Davon versprach man sich Unterstützung bei der Wahrung der Unabhängigkeit und gegebenenfalls auch bei deren Verteidigung. Auf ihre Verbündeten konnten sich die Tschechen in der Vergangenheit jedoch in entscheidenden Krisensituationen nicht verlassen. Das Münchner Abkommen von 1938 und die Niederschlagung des „Prager Frühlings“ waren schmerzhafte Erfahrungen. So wird der außenpolitische Diskurs von dem Gefühl beherrscht, dass das Land in der Vergangenheit immer wieder zum Spielball fremder Mächte geworden sei und so immer wieder die Opferrolle eingenommen habe.

Die historische Erfahrung strategischer, ökonomischer und politischer Bedeutungslosigkeit hat sich im kollektiven Gedächtnis der Tschechen manifestiert und führt zu dem Dilemma, dass man einerseits aus Gründen der Selbstachtung außenpolitisch handeln muss, dass dieses Handeln aber andererseits ohne jede Aussicht auf Erfolg zu bleiben scheint. Insgesamt fehlen der tschechischen Bevölkerung die Erfahrung von längerfristigen, konfliktfreien und beiderseitig vorteilhaften Beziehungen zu ihren Nachbarstaaten und das Vertrauen in multilaterale Instrumente der Friedenssicherung. Über die Parteigrenzen hinaus ist folglich eine gewisse Skepsis gegenüber der Belastbarkeit supranationaler Institutionen geblieben. Es zeigt sich auch, dass faktische Veränderungen in den bilateralen Beziehungen nicht unmittelbar Eingang in das eigene Selbstverständnis finden müssen. So sind beispielsweise die politischen und wirtschaftlichen Beziehungen zu Deutschland gerade nach 1992 sehr gut. In der Wahrnehmung großer Bevölkerungsteile bestehen historische Bedrohungen jedoch oft fort.

Nach dem Zerfall der Tschechoslowakei folgte für die Tschechische Republik eine Phase der Identitätssuche in den Internationalen Beziehungen. Zunächst brachte dieser Zerfall für die beiden Nachfolgestaaten einen Verlust an internationaler Reputation. Obwohl der friedliche Trennungsprozess in anderen Ländern hoch angesehen wurde, bedeutete ein verkleinertes Territorium zwangsläufig einen Bedeutungsverlust in den internationalen Beziehungen. In Folge dessen wurde die Annäherung an Westeuropa ein Eckpfeiler der tschechischen Außenpolitik. Dieses Ziel bedeutete jedoch gleichzeitig die Gefahr von Spannungen mit Russland.

Während die Mittellage der Tschechoslowakei in Europa immer wieder Raum für eine Diskussion um die Zuordnung zu West-, Ost- oder Mitteleuropa eröffnet hatte, orientierte sich die neu gegründete Tschechische Republik immer mehr nach Westen. Diese Orientierung kann neben der geographischen Lage auch mit kulturellen Verbindungen und der Übereinstimmung von tschechischen und (west-)europäischen Werten begründet werden. Die relativ unumstrittenen Hauptziele der Außenpolitik der Tschechischen Republik waren der Beitritt zur NATO und die Angliederung an die Europäische Union.

Nach den Erfahrungen von 1938 und 1968 strebte die Tschechische Republik eine beständige Sicherheitsgarantie an. Die Perspektive der engen Verbindung zu demokratischen Staaten machte die Nordatlantische Vertragsorganisation (NATO) zusätzlich attraktiv. Die sicherheitspolitischen Überlegungen sind besonders von zwei potentiellen Gefahrenquellen geprägt. Zu Beginn der neunziger Jahre führten die instabilen Verhältnisse in der UdSSR zur Angst vor einer möglichen aggressiven sowjetischen Osteuropapolitik. Ebenfalls ist die Angst vor einer expansiven Osteuropapolitik Deutschlands in der tschechischen Gesellschaft tief verwurzelt. Diese Überlegungen verstärkten die Bemühungen, den euro-atlantischen Integrationsgemeinschaften bei zu treten. Eine kollektive Verteidigung im Rahmen der NATO schien dabei geeignet, sowohl einer Aggression Russlands vorzubeugen, als auch auf dem Wege der Kooperation mit Deutschland die Sicherheit der Tschechischen Republik zu gewährleisten. Des Weiteren versprach sich Prag von der Mitgliedschaft die Unterstützung der USA. Ein wichtiges außenpolitisches Ziel wurde im Jahr 1997 erreicht, als die NATO auf einem Gipfeltreffen die Tschechische Republik neben Polen und Ungarn zum Beitritt einlud. Seit dem Jahr 1999 ist die Tschechische Republik Mitglied der NATO.

Neben der NATO-Mitgliedschaft kommt auch dem EU-Beitritt eine sicherheitspolitische Bedeutung zu. Militärische Auseinandersetzungen zwischen den Mitgliedsländern können nahezu ausgeschlossen werden. Gerade vor dem historischen Hintergrund des Münchner Abkommens verringert die EU-Mitgliedschaft für das Land die Gefahr, wieder zum Spielball der europäischen Großmächte zu werden. Die Assoziierung mit der EG war bereits ein Ziel der Tschechoslowakei gewesen. Das Leitmotiv „Back to Europe“ entsprang dem Idealismus der Samtenen Revolution. Der im Dezember des Jahres 1991 mit der ČSFR geschlossene Assoziationsvertrag mit der EG wurde auf Grund der Teilung von Seiten der EG nicht mehr ratifiziert. Mit beiden Nachfolgestaaten wurden im Jahr 1993 Assoziierungsabkommen geschlossen, die am 1. Februar 1995 in Kraft traten.

Die Beseitigung von Handelshindernissen sollte der weiteren Integration voran gehen. Einen Antrag auf EU-Mitgliedschaft stellte die Tschechische Republik im Jahr 1996, die Beitrittsverhandlungen wurden 1998 aufgenommen. Mit dem EU-Beitritt zum 01. Mai 2004 wurde ein wichtiges Ziel der Außenpolitik der Tschechischen Republik verwirklicht. Durch die Mitgliedschaft hat sich die Tschechische Republik für den Bereich der Außenpolitik verpflichtet, die intergouvernementale Zusammenarbeit der Gemeinsamen Außen- und Sicherheitspolitik (GASP) der EU zu unterstützen. Zu Spannungen innerhalb der europäischen Staaten kam es im Vorfeld des Irak-Krieges im Jahr 2003. Der damalige tschechische Präsident Václav Havel unterzeichnete den so genannten „Brief der Acht“ zur Solidarität mit den USA und Tschechien wurde als Anwärter auf eine EU-Vollmitgliedschaft für dieses Vorgehen und für die Teilnahme an der US-amerikanischen „coalition of the willing“ kritisiert.

Insgesamt kann die Außenpolitik der Tschechischen Republik seit 1992 als Weiterführung der idealistischen Außenpolitik der Tschechoslowakei verstanden werden. Sie war einerseits geprägt von dem Ziel, internationalen Regeln zu entsprechen. Die Tschechische Republik ist Mitglied der Vereinten Nationen (UN) und beteiligt sich an deren Unterorganisationen. Außerdem ist sie Mitglied der WTO (früher GATT), des Europarates und der OSZE. Auf der anderen Seite besteht auch der Anspruch, internationale Politik mit zu gestalten. Beispielsweise führte die Tschechische Republik die tschechoslowakische Mission im Irak fort und stellte der UNO-Schutztruppe UNPROFOR, die im ehemaligen Jugoslawien eingesetzt wurde, Kräfte zur Verfügung, die bereits von der Tschechoslowakei zugesagt worden waren. Im Rahmen der NATO beteiligt sich die Tschechische Republik an den Missionen SFOR und KFOR. Im Juli 2005 übernahm das Land das Oberkommando der „Multinationalen Brigade Mitte“. Auch für zahlreiche bi- und multilaterale Verträge der ČSFR wurde die Nachfolge durch die Tschechische Republik angetreten.

Die Teilung der Tschechoslowakei hatte auch Einfluss auf bilaterale Beziehungen. Besonders europäische Nachbarstaaten sind für die tschechische Außenpolitik von Interesse. Die Beziehungen zur Slowakei waren nach der friedlichen Trennung wechselhaft. Die Aufteilung des föderalen Vermögens, der Grenzverlauf und die Frage der Staatsbürgerschaft waren nur einige Faktoren, die das Nebeneinander in den ersten Jahren erschwerten. Für die Tschechische Republik hatte der Beitritt zu westlichen internationalen Organisationen Vorrang. Damit ging zunächst eine Abwendung von den östlichen Nachbarn einher. Mit dem Regierungswechsel in beiden Ländern im Jahr 1998 verbesserten sich die Beziehungen. Die Tschechische Republik setzte sich für einen Beitritt der Slowakei zur EU ein und unterstützte deren Integration in die westlichen Strukturen. Ohne einen gleichzeitigen Beitritt der Slowakei hätte die EU-Mitgliedschaft der Tschechischen Republik eine deutlich stärkere Abgrenzung erfordert, da eine gewissenhaft gesicherte EU-Außengrenze die beiden Nachfolgestaaten weiter voneinander entfernt hätte.

Die regionale Zusammenarbeit war für die Tschechische Republik hilfreich bei der Förderung der Europäischen Integration, da die Staaten der Viségrad-Gruppe ihre Außenpolitik koordinierten. Nach der Teilung der Tschechoslowakei war die politische Zusammenarbeit der Viségrad-Länder vor allem von tschechischer Seite auf die wirtschaftliche Kooperation im Rahmen des Central European Free Trade Agreement (CEFTA) beschränkt worden. Durch eine Freihandelszone sollte die ökonomische Kooperation verbessert werden. Seit dem Jahr 1998 verbesserten sich die Aussichten für eine regionale Zusammenarbeit und die mitteleuropäischen Staaten kooperierten eng bei ihrer Integration in die westlichen Institutionen. Die tschechische Regierung setzte sich für eine Reaktivierung der Viségrad-Gruppe ein und unterstützte osteuropäische Staaten die der EU beitreten wollen im Rahmen der Central European Initiative (CEI).

Die Beziehungen der Tschechischen Republik zu Deutschland sind besonders kompliziert und ambivalent. Auf der einen Seite besteht eine kulturelle Verbindung und Deutschland ist der wichtigste ausländische Investor und Handelspartner des Landes. So war auch die deutsche Unterstützung der tschechischen Beitrittsbemühungen zur EU deutlich und unverzichtbar.

Auf der anderen Seite werden die bilateralen Beziehungen noch immer von der Geschichte beeinträchtigt. Dennoch haben Vertreter beider Regierungen in den letzten Jahren durch verschiedene Abkommen und Erklärungen eine Basis für gute Beziehungen gelegt und es wurde eine deutliche Entspannung herbeigeführt. Besonders die Tschechisch-Deutsche Erklärung aus dem Jahr 1997 stellt ein Zeichen der Versöhnung dar und sollte einen Schlussstrich unter die Probleme der Vergangenheit ziehen. Ungeachtet der revisionistischen Forderungen von sudetendeutschen Heimatvertriebenenorganisationen, die die so genannten Beneš-Dekrete, welche die rechtliche Grundlage für die Vertreibung aus dem Gebiet der Tschechischen Republik nach dem Zweiten Weltkrieg bilden, kritisieren, sprechen die Regierungen beider Staaten von sehr guten Beziehungen. Prag pflegt ähnlich gute Beziehungen zu Österreich, obgleich ein anhaltender Konflikt über den Sicherheitsstandard des tschechischen Atomkraftwerkes in Temelin besteht. Ein weiterer Disput besteht mit dem Fürstentum Liechtenstein, das Anspruch auf Entschädigung für 160.000 Hektar Land erhebt, die im Jahr 1945 durch Umsetzung der Beneš-Dekrete konfisziert wurden.

Für die neu gegründete Tschechische Republik bedeutete die Annäherung an den Westen auch eine Neudefinition der Beziehungen zu Russland. Nachdem Russland nicht mehr als Gefahr angesehen werden muss und die Tschechische Republik als souveräner Staat in westliche Verteidigungsverbände eingegliedert wurde, entwickelten sich auch die Beziehungen zu Russland positiv. Im Jahr 1993 wurde ein Vertrag über Freundschaft und Zusammenarbeit unterzeichnet. Besonders in den Bemühungen um einen NATO-Beitritt war die Tschechische Republik bemüht, nicht den Anschein zu erwecken, die europäischen Sicherheitsinstitutionen seien gegen Russland gerichtet. In verstärktem Maße wird Russland auch als potentieller Markt für tschechische Produkte angesehen, da tschechische Betriebe teilweise noch Schwierigkeiten auf den westlichen Märkten haben. Die Beziehungen Tschechiens zu den USA sind ebenfalls gut. Nach den Terroranschlägen vom 11. September 2001 hat die Tschechische Republik ihre Unterstützung im von den Vereinigten Staaten geführten Kampf gegen den internationalen Terrorismus zugesagt. Im März 2003 entsandte Tschechien 150 Spezialkräfte des Militärs nach Afghanistan, von denen 120 an der Operation „Enduring Freedom“ teilnehmen. Die übrigen 30 unterstützen die ISAF. Seit dem Frühjahr 2005 unterstützt Tschechien mit ca. 40 Soldaten das von Deutschland geführte "Provincial Reconstruction Team" (PRT) in Faisabad. Darüber hinaus schickte das Land zeitweise medizinisches und technisches Personal in den Irak und nach Kuwait.

In einem Statement der Regierung vom 5. August 2002 wurden die politischen Ziele der tschechischen Außenpolitik für den Zeitraum 2003 bis 2006 formuliert. Das Konzept skizziert die Aufgaben und Ziele, auf die sich die tschechische Außenpolitik in diesem Zeitraum konzentrieren wird. Neben der Konsolidierung der Integration der Tschechischen Republik in die Europäische Union und der aktiven Teilnahme am Verteidigungsbündnis NATO steht die Unterstützung des Kampfes gegen den internationalen Terrorismus an dritter Stelle der Prioritätenliste.

Die Debatte um die Zukunft der EU wirft auch die Frage nach der Stellung der Tschechischen Republik innerhalb der Union auf. Große Uneinigkeit herrscht in Hinblick auf die Ratifizierung des Verfassungsvertrages. Ob diese per Parlamentsbeschluss oder Volksabstimmung erfolgen soll ist seit langem umstritten. Der amtierende Präsident Václav Klaus ist ein entschiedener Verfassungsgegner und forderte das Ende des gesamten Ratifizierungsprozesses. Der derzeitige Regierungschef Jiři Paroubek hat sich für ein Referendum im Jahr 2006 ausgesprochen. Darüber hinaus wird die Tschechische Republik wie jeder andere Mitgliedsstaat versuchen, auf der Grundlage des Subsidiaritätsprinzips der Union ihre eigenen Interessen zu verteidigen und in den Integrationsprozess einzubringen.

Außerdem wird es ein Ziel der Tschechischen Republik sein, durch die Aufnahme in die Wirtschafts- und Währungsunion und die Einführung der einheitlichen europäischen Währung EURO in den vollen Genuss der wirtschaftlichen Vorteile des EU-Beitritts zu kommen. Die Tschechische Regierung kündigt an, ihr militärisches Potential gemäß den Anforderungen einer transformierten NATO und der Gefahr von Massenvernichtungswaffen umzustrukturieren und in Kooperation mit der Allianz zum Einsatz zu bringen. Den Kampf gegen den Terrorismus will die Tschechische Republik besonders im Rahmen internationaler Kooperation führen und dabei ausdrücklich auch dessen Wurzeln bekämpfen.

Die Erhaltung von Frieden und Sicherheit sieht die Tschechische Republik als eine Hauptaufgabe der Vereinten Nationen an. Deshalb ist es ihr Ziel, Maßnahmen zu unterstützen, die geeignet sind die Autorität, die Effizienz und die Möglichkeiten der UN im Bereich der Konfliktprävention und -beseitigung, des Krisenmanagements, der Humanitären- und der Wiederaufbauhilfe zu stärken. Im Rahmen ihrer Möglichkeiten will sich die Tschechische Republik außerdem an UN-Friedensmissionen beteiligen und eine mögliche Reform der UN unterstützen.

Neben dem Ziel, das Land als vollwertiges EU-Mitglied zu etablieren wird auch weiterhin auf die regionale Zusammenarbeit im Rahmen der Visegrád-Gruppe und mit anderen Zentraleuropäischen Ländern Wert gelegt. Dabei werden auch Staaten unterstützt, die einen ähnlichen Transformations- und Integrationsprozess durchlaufen wie die Tschechische Republik.

LITERATUR (VERWENDETE & WEITERFÜHRENDE)

Berger, Maria/ Preuer, Susanne: Die Tschechische Republik als neuer Partner in der Europäischen Union. in: Schirm, Magda (Hrsg.): Die neuen Gesichter Europas. Tschechien, Polen und Ungarn. Frankfurt am Main 2002, S. 13-79.

Burgerstein, Jiří: Tschechien. München 1998.

Fawn, Rick: The Czech Republic. A Nation Of Velvet. Amsterdam 2000.

Hudalla, Anneke: Außenpolitik in den Zeiten der Transformation: Die Europapolitik der Tschechischen Republik 1993-2001. Münster 2003.

Ministry of Foreign Affairs of the Czech Republic: Conceptual Basis of the Foreign Policy of the Czech Republic for the 2003 - 2006 period:http://www.mzv.cz/servis/soubor.asp?id=4670, abgerufen am 30.06.2007.

Szayna, Thomas S.: The Czech Republic, A Small Contributor Or A „Free Rider"? in: Michta, Andrew A. (Hrsg.): America´s New Allies. Poland, Hungary and the Czech Republic in NATO. Seattle 1999, S. 112-148.

Weichsel, Volker: Westintegration und Rußlandpolitik der Tschechischen Republik. Münster 2000.

TÜRKEI

İsmail Dalay

Historische Grunddaten

1914-1918	Teilnahme am Ersten Weltkrieg auf Seiten der Mittelmächte
1919-1922	Griechisch-Türkischer Krieg
1923	Frieden von Lausanne, Ausrufung der Republik Türkei (Atatürk)
1923-1927	rapide Modernisierung und Säkularisierung des Landes
1945	Eintritt in den II.Weltkrieg auf Seiten der Alliierten, Beitritt UN
1949	Beitritt Europarat
1952	Beitritt NATO
1960	Militärputsch
1960-1964	zunehmende Spannungen zwischen Griechen und Türken auf Zypern
1961	Beitritt OECD
1973	Beitritt OSZE
1974	Zypern Krise, Einmarsch türkischer Truppen in Nordzypern
1978	Gründung der PKK
1989-1983	Militärputsch
1995	Beitritt WTO
1996	Zollunion mit der EU
1999	die Tükei wird Beitrittskandidat der EU

LÄNDERDATEN

Name: Türkiye Cumhuriyeti/ Republik Türkei, **Hauptstadt:** Ankara (Einwohner 3.641.931 (2007)), **Regierungsform:** Republik (seit 1923), **Größe:** 779.452km^2, **Einwohnerzahl:** 71.158.647 (2007), **Landessprache:** Türkisch, **BSP pro Kopf:** 8.900 USD (2006), **Mitgliedschaft in Europäischen Organisationen:** BSEC, CERN (Beobachter), EAPC, EBRD, ECE, Europarat, OSZE, WEAG, WEA (assoziiert), **Mitgliedschaft in Internationalen Organisationen:** NATO, OECD, UN, WTO

***

Nachdem 1923 aus dem Osmanischen Reich die Türkische Republik entstand, betrieben die neuen Machthaber der Türkei eine radikale Verwestlichungspolitik. Der Staatsgründer Atatürk und seine Gefolgsleute wollten mit ihrer Verwestlichungspolitik die alte Kultur der türkischen Bevölkerung, die überwiegend von einer Mischung der islamischen und alttürkischen Traditionen geprägt war, durch die westliche Kultur ersetzen, da sie den Islam und die alttürkische Traditionen für die wirtschaftliche Unterentwicklung des Landes verantwortlich sahen., Trotz der Radikalität dieser Verwestlichungspolitik - bis zum Zwang, sich westlich zu kleiden - wurde im außenpolitischen Bereich eher eine Gleichgewichtspolitik verfolgt. Enge Kontakte zur UdSSR wurden unterhalten, während auch zu den westeuropäischen Ländern gute außenpolitische Beziehungen entwickelte wurden. Während des Zweiten Weltkrieges wurde die neutrale Außenpolitik fortgesetzt.

Nach dem Zweiten Weltkrieg begann für die Türkei auch im außenpolitischen Bereich eine absolut prowestliche Phase. Sie konnte angesichts der in zwei feindliche Blöcke geteilten Nachkriegswelt wegen der sowjetischen Bedrohung ihre neutrale Außenpolitik nicht mehr fortsetzen. Die UdSSR beabsichtigte unter Führung von Stalin ihre starke Position nach dem Krieg dazu zu nutzen, ihren Einflussbereich über die Türkei bis zum Mittelmeer auszudehnen. So teilte sie am 19. März 1945 der Türkei mit, dass sie den Nichtangriffspakt von 1925 nicht mehr verlängern wolle. Am 7. Juni 1945 stellte dann der sowjetische Außenminister Molotow der Türkei ein Ultimatum, in dem Moskau Grenzänderungen zugunsten der UdSSR und Stützpunkte an den türkischen Meerengen verlangte. Diese sowjetischen Forderungen zeigten, dass die Souveränität der Türkei seinem mächtigen Nachbarn gegenüber in Gefahr war, und Ankara war nicht in der Lage, diese Gefahr alleine abzuwehren. Deshalb versuchte der damalige türkische Staatspräsident Inönü vom westlichen Lager der Siegermächte, also von den USA und Großbritannien, Unterstützung zu erhalten. Da die westlichen Siegermächte bereits zu dieser Zeit die UdSSR aufgrund ihrer expansionistischen Politik als Gefahr für die Weltsicherheit zu betrachten begannen, beschlossen sie, die Türkei gegen die Aggressivität Moskaus zu unterstützen.

Im Rahmen dieser Unterstützung brachte das amerikanische Schlachtschiff Missouri am 5. April 1946 den Leichnam des in Washington verstorbenen türkischen Botschafters demonstrativ nach Istanbul. Danach besuchte am 23. November 1946 auch eine amerikanische Kriegsflotte Istanbul. Am 12. März 1947 gab der amerikanische Präsident Truman bekannt, dass die USA der Türkei und Griechenland, die unmittelbar unter der sowjetischen Expansionsgefahr stünden, 400 Mio. USD Hilfe und personelle Unterstützung im militärischen Bereich gewähren würden. Diese offene Unterstützung seitens der USA wurde in der Türkei mit großer Erleichterung und Dankbarkeit aufgenommen.

Nach der Gründung der NATO wollte die Türkei durch eine Mitgliedschaft bei dieser Organisation ihre Bindung an das westliche Lager auf offizieller Ebene Rechnung tragen. Um von der NATO als Mitglied aufgenommen zu werden, gestaltete die Türkei ihre Außenpolitik gemäß den außenpolitischen Leitlinien der westlichen Länder, insbesondere der USA. Sie passte ihre Israelpolitik dem US-amerikanischen Nahostkonzept an, änderte ihre pro-arabische Haltung und erkannte am 28. März 1949 Israel als einen Staat offiziell an. Nach dem Ausbruch des Koreakrieges unterstützte sie die westlichen Länder und schickte 4.500 Soldaten auf Seiten der US-amerikanischen Truppen gegen die kommunistischen Staaten Nordkorea und China ins Feld. Nachdem die USA und Großbritannien das grüne Licht für die türkische NATO-Mitgliedschaft gegeben hatten, wurde die Türkei am 18. Februar 1952 mit Griechenland offiziell von der NATO als neue Mitglieder aufgenommen.

Nach der türkischen NATO-Mitgliedschaft bemühten sich die USA und Großbritannien, die Bindungen der Türkei zum westlichen Verteidigungssystem zu intensivieren. Im Rahmen ihrer Containment-Politik gegenüber der UdSSR wollten die USA die Verteidigungslücke zwischen der NATO und der am 6. September 1954 gegründeten SEATO (Southeast Asia Treaty Organization - Südostasiatische Allianz) durch eine regionale Militärallianz im Nahen Osten füllen. Damit konnte den britischen Sicherheitsinteressen in dieser Region entsprochen werden. Am 24. Februar 1955 wurde mit Unterstützung der USA der Bagdad-Pakt zwischen der Türkei und dem Irak gegründet. Großbritannien, Iran und Pakistan traten im Laufe des gleichen Jahres dem Pakt bei. Zudem bildete die Türkei wiederum mit US-amerikanischem Beistand gemeinsam mit Griechenland und Jugoslawien eine weitere regionale Anti-Sowjet-Allianz, den Balkanpakt.

Mit diesen Schritten konnten einerseits die sowjetischen Drohungen abgewehrt werden, andererseits geriet das Land zusehends in US-amerikanische Abhängigkeit. Die USA waren bestrebt, neben den multilateralen Verteidigungsorganisationen auch mit bilateralen Kontakten Ankaras Bindungen an Washington zu stärken. Beide Länder unterzeichneten am 23. Juni 1954 und am 25. April 1955 zwei Militärabkommen, die den Status US-amerikanischer Stützpunkte in der

Türkei und US-amerikanische Militärhilfe regelten. Mit einem weiteren Abkommen vom 28. Oktober 1959 vereinbarten beide Länder, US-amerikanische Jupiter-Raketen mit Atomsprengköpfen in der Türkei zu stationieren.

Die Türkei hat nach dem Zweiten Weltkrieg nicht nur im Sicherheitsbereich eine prowestliche Außenpolitik betrieben, sondern auch versucht, sich in wirtschaftlichen und politischen Bereichen der westlichen Welt anzuschließen. So wurde sie am 16. April 1948 eines der Gründungsmitglieder der im Rahmen des Marshall-Plans gegründeten OEEC (Organization for European Economic Cooperation). Sie war auch von Anfang an bei der Schaffung des am 5. Mai 1949 gegründeten Europarates beteiligt. Am 12. September 1963 unterzeichnete sie mit der EWG ein Assoziationsabkommen, nach dem die Türkei eine Perspektive zur Vollmitgliedschaft in der Gemeinschaft (EWG/EG/EU) erhielt.

Diese in wirtschaftlichen, politischen und insbesondere militärischen Bereichen verfolgte prowestliche Außenpolitik brachte eine Verschlechterung ihrer Beziehungen zu den nichtpaktgebundenen Ländern und einigen Ländern des Nahen Ostens mit sich. Ägypten und Syrien kämpften energisch gegen die Gründung des Bagdad-Paktes und beschuldigten die Türkei und andere nahöstliche Mitglieder dieses Paktes, den Interessen der „Imperialisten“ zu dienen. Insbesondere Ägypten betrachtete die Gründung dieses Paktes als einen US-amerikanischen und britischen Versuch zur Teilung und Schwächung der arabischen Welt.

Bei der Umsetzung ihrer prowestlichen Außenpolitik haben die türkischen Politiker zuweilen maßlos übertrieben und große Fehler gemacht, die sie bis heute nicht gutmachen konnten. Sie haben bei der UNO nicht die Unabhängigkeit Algeriens, sondern die Position Frankreichs unterstützt. Sie rechtfertigten dies mit der Erklärung, dass Frankreich NATO-Partner der Türkei sei. Aber Griechenland hat im Gegensatz zur Türkei die algerische Unabhängigkeit gegenüber Frankreich gefördert, obwohl es auch ein NATO-Partner Frankreichs war. Dies ist ein Grund für arabische Staaten bei den UN-Abstimmungen über die Zypernfrage die griechische und nicht die türkische Position zu unterstützen.

Die türkischen Vertreter kritisierten auf der Bandung-Konferenz von 1955 die blockfreien Länder wegen ihrer neutralen Außenpolitik und riefen sie gegen die sowjetische Gefahr zum Anschluss an das antikommunistische Lager auf. Die blockfreien Länder, insbesondere Indien und Ägypten, warfen dagegen der Türkei vor, ein Sprachrohr des westlichen Kolonialismus zu sein. Durch diese einseitige Außenpolitik hatte die Türkei alternative außenpolitische Möglichkeiten vertan und sich in große Abhängigkeit zu den USA begeben. Wie gefährlich diese einseitige Orientierung werden konnte, erfuhren die türkischen Politiker mit dem berühmten Johnson-Brief vom 5. Juni 1964, der in der Geschichte der türkischen Außenpolitik als ein wichtiger Eckpfeiler bekannt wurde. Der US-amerikanische Präsident Johnson warnte in diesem Brief die türkische Regierung vor einer Intervention auf Zypern und drohte, dass die Türkei auf keine

Unterstützung ihrer NATO-Partner hoffen könne, wenn sie nach einer solchen Intervention von der UdSSR angegriffen werden würde. Dieser Brief, mit dem die USA der Türkei bei einer möglichen Intervention auch die Benutzung der NATO-Waffen verbot, versetzte die türkischen Politiker in Entrüstung. Nach dieser bitteren Erfahrung versuchte die türkische Führung, das Übergewicht der USA in ihrer Außenpolitik zu reduzieren und sie zu diversifizieren.

Im Rahmen dieser Politik erweiterte die Türkei ihre wirtschaftlichen Beziehungen zur UdSSR und zu den anderen Ländern des Ostblocks. In der zweiten Hälfte der 1960er Jahre fanden insbesondere mit der UdSSR zahlreiche gegenseitige Staatsbesuche statt. Bei diesen Kontakten wurden die wirtschaftlichen Beziehungen zwischen den beiden Ländern intensiviert, und Moskau gewährte Ankara Kredite für den Aufbau ihrer industriellen Infrastruktur. Um den Aktionsradius ihrer Außenpolitik zu vergrößern, verbesserte die Türkei auch ihr Verhältnis zu den arabischen und den blockfreien Ländern. Während des israelisch-arabischen Krieges von 1967 unterstützte sie die arabische Seite und untersagte den USA, den Luftwaffenstützpunkt Incirlik bei ihrer Hilfe für Israel zu benutzen. Sie unterstützte auch den Beschluss 242 des UN-Sicherheitsrates, der Israel aufforderte, sich von den besetzten Gebieten zurückzuziehen. Die türkische Unterstützung für die arabische Seite setzte sich auch während des israelisch-arabischen Krieges von 1973 fort.

Diese Diversifizierungsversuche der türkischen Außenpolitik setzten sich auch in den 1980er Jahren, während der Regierungszeit von Özal, fort. Özal pflegte einerseits die guten türkisch-amerikanischen Beziehungen, versuchte jedoch andererseits, auch die bis zu seiner Zeit vernachlässigten Beziehungen zu den islamischen Ländern und den (ehemaligen) Ost-Block-Ländern zu erweitern. Die Türkei intensivierte ihre Kontakte mit diesen Ländern sowohl im Rahmen der bilateralen Beziehungen als auch im Rahmen der regionalen Organisationen, Economic Cooperation Organisation (ECO) und Schwarzmeerwirtschaftskooperation (BSEC). In der Regierungszeit von Özal verbesserte die Türkei auch ihr Verhältnis zur EU. Özal bemühte sich besonders um die türkische EU-Mitgliedschaft und stellte 1987 einen Beitrittsantrag. Obwohl er von der EU abgelehnt wurde, blieb die EU-Mitgliedschaft das wichtigste Ziel der türkischen Außenpolitik. Dank dieser diversifizierteren Außenpolitik Özals konnte sich die türkische Wirtschaft in die Weltmärkte integrieren, und dank einer stärkeren Wirtschaft wiederum konnte sich die Außenpolitik von der amerikanischen Abhängigkeit etwas ablösen

Mit ihrem sich von Europa bis Asien erstreckenden Territorium gehört die Türkei zu den Ländern, deren geographische Lage eine entscheidende Rolle bei der Gestaltung ihrer Außenpolitik spielt. Vor allem die nach dem Zweiten Weltkrieg betriebene deutlich proamerikanische Außenpolitik hat ihre Ursachen in der geopolitischen Struktur des Landes. Die Meerengen zwischen dem Ägäischen Meer und dem Schwarzmeer (Bosporus und Dardanellen) und die unmittelbare Nachbarschaft mit der UdSSR waren die eigentlichen Gründe, warum Ankara damals die USA als Beschützer brauchte. Denn die UdSSR, die sich nach dem Zweiten Weltkrieg als eine Weltmacht etabliert hatte, wollte diese Macht dazu verwenden, ihre expansionistischen Pläne in Bezug auf die Türkei in die Tat umzusetzen.

Auch die Tatsache, dass sich die Türkei geographisch zwischen drei konfliktreichen Regionen befindet, hat die Richtung ihrer Außenpolitik stark beeinflusst. Diese Regionen sind der Nahe Osten, das Kaukasus-Gebiet und der Balkan. Die Türkei liegt am Rande dieser Regionen als ihr wichtiger Bestandteil. Aber wenn man diese Regionen zusammen betrachtet, liegt sie auch in ihrem Zentrum. Seit ihrer Gründung versuchte die Türkei, sich aus den ständigen Konflikten dieser drei Regionen herauszuhalten. Dies war einer der wichtigsten Gründe für die passive türkische Außenpolitik, die in dem Prinzip des Staatsgründers Atatürk „Friede daheim, Friede in der Welt“ formuliert war. Die geographische Lage hat auch bei ihren Beziehungen zur Europäischen Union eine große Rolle gespielt. Die Türkei wies auf die europäischen Teile ihres Territoriums und auf ihren Beitrag zur europäischen Verteidigung hin, die sie nach dem Zweiten Weltkrieg geleistet hat, und fordert eine Aufnahme in die EU. Sie behauptet, dass die Türkei nicht nur sicherheitspolitisch, sondern auch geographisch ein Teil des europäischen Kontinents sei.

Das Erbe des Osmanischen Reiches bleibt bis heute einer der wichtigsten Einflussfaktoren auf die türkische Außenpolitik. Vor allem hat die prowestliche außenpolitische Konzeption von Atatürk ihre Wurzeln in der osmanischen Zeit, und seine Verwestlichungspolitik hatte bereits im 19. Jahrhundert begonnen. Die westlich orientierten Gruppierungen wie die „Jungtürken“ befürworteten eine Verwestlichung des Osmanischen Reiches in politischen, kulturellen und wirtschaftlichen Bereichen. Atatürk sympathisierte mit diesen prowestlichen Gruppierungen und gehörte zum politischen Arm der Jungtürken, d.h. zur Einheits- und Fortschrittspartei. Seine prowestliche Politik nach der Gründung der Türkischen Republik hat ihre Wurzeln in den ideologischen Bewegungen der letzten Jahre des Osmanischen Reiches. Um den Einfluss der Geschichte auf die türkische Außenpolitik darzustellen, können die Probleme der türkischen Außenpolitik als Beispiele erwähnt werden. Denn fast alle außenpolitischen Probleme der Türkei, die das Land nach seiner Gründung zu bewältigen hatte, oder noch zu bewältigen hat, haben mit der osmanischen Vergangenheit zu tun.

Die Probleme mit Griechenland beispielsweise, die jahrzehntelang den größten Problembereich der türkischen Außenpolitik bildeten, haben grundsätzlich historische Gründe. Die langwierige Feindschaft zwischen dem Osmanischen Reich und dem Byzantinischen Reich und später die Unterwerfung der Griechen durch das Osmanische Reich, die Rivalität zwischen der Türkei und Griechenland um

Westanatolien, ägäische Inseln und Zypern und die Minderheiten, die als das Erbe des Osmanischen Reiches in beiden Ländern angesiedelt sind, bilden Hauptprobleme zwischen Ankara und Athen. Der Hauptgrund dieser Probleme ist jedoch das gegenseitige Mißtrauen, das auch ein Erbe der osmanischen Zeit ist.

Die Geschichte als ein Einflussfaktor auf die türkische Außenpolitik spielt auch in den Beziehungen zu ihren nahöstlichen Nachbarn eine wesentliche Rolle. So betrachten, wie fast alle anderen Araber, die irakischen Araber die Türken wegen der osmanischen Vergangenheit als Imperialisten während die Türkei stärkeren Einfluss auf die mehrheitlich von Kurden und turkstämmigen Turkomanen bewohnten nördlichen Provinzen des Iraks ausüben möchte, die sie nach dem Ersten Weltkrieg zwangsweise an das britische Mandatsgebiet abtrennen musste. In ihrem Verhältnis zum Iran dagegen hat die Türkei kulturelle und religiöse Streitigkeiten aus der Vergangenheitgeerbt. So setzen die Nachfolgerstaaten des Osmanischen- und Safawiden Reiches die religiöse Rivalität ihrer Vorgänger fort. Während damals die Safawiden mit der schiitischen und die Osmanen mit der sunnitischen Prägung des Islams aufeinander prallten, kämpfen heute der Iran für eine radikale und die Türkei für eine gemäßigte Version des Islams. Die historischen Faktoren haben bis heute bei der Gestaltung und Durchführung der türkischen Außenpolitik eine sehr große Bedeutung. Das Osmanische Reich, das mit seinen über 20 Millionen Quadratkilometer Fläche auf drei Kontinenten über zahlreiche Völker herrschte, wird auch in Zukunft mit seinem gewaltigen Erbe weiterhin die türkische Außenpolitik beeinflussen.

Neben Geographie und Geschichte sind die kulturellen Gegebenheiten wichtige Einflussfaktoren auf die türkische Außenpolitik. Unter diesem Gesichtspunkt kann festgestellt werden, dass die Zugehörigkeit der Türkei zum islamischen Kulturkreis oft ein wesentlicher Grund für die problematischen Beziehungen zu ihren christlichen Nachbarn und zur Europäischen Union war, obwohl sie ein streng laizistisches Staatsmodell hat. Die kulturellen Unterschiede sind beim Verhältnis zwischen der Türkei und der Europäischen Union nicht zu übersehen. Zahlreiche konservative Politiker der europäischen Länder lehnen eine türkische EU-Mitgliedschaft ab, weil sie die Europäische Union als eine christlich-europäische Organisation betrachten und die Türkei nicht zu dieser Kultur gehört. Aber die Gegner der türkischen EU-Mitgliedschaft waren nicht nur in europäischen Ländern zu finden - es gab auch türkische Politiker, die aufgrund kultureller und religiöser Differenzen strikt dagegen waren, die Türkei als Mitglied der EU zu akzeptieren.

Die Rolle der kulturellen Faktoren in der türkischen Außenpolitik hat sich nach dem Zusammenbruch der UdSSR entscheidend vergrößert. Die kulturelle, sprachliche und ethnische Verwandtschaft der Türkei mit den mittelasiatischen Nachfolgerstaaten der UdSSR war in den 1990er Jahren einer der wichtigsten

Orientierungspunkte der türkischen Außenpolitik. So wurde die Türkei aufgrund dieser Verwandtschaft als eine Brücke zwischen den westlichen Ländern und den Turkrepubliken im Kaspischen Raum gesehen.

Das internationale System und die Struktur des Machtgleichgewichts in diesem internationalen System beeinflussen die Außenpolitik jedes Landes in unterschiedlicher Weise. Hauptsächlich bestimmen die Machtpotentiale der Länder, wie weit sie bei der Gestaltung ihrer Außenpolitik auf die Strukturen der internationalen Politik achten müssen. Während die Länder mit großem Machtpotential auf die internationale Politik mehr Einfluss ausüben und von ihr weniger beeinflusst werden, sind die Auswirkungen des internationalen Systems auf die schwächeren Länder sehr groß.

Die Türkei gehört zu den Ländern, die wegen ihrer strategisch wichtigen geopolitischen Lage von den Mächtekonstellationen der internationalen Politik besonders stark abhängig sind. Das Land war sowohl während des Kalten Krieges als auch nach dem Kalten Krieg ein wichtiger Teil des westlichen Verteidigungssystems. Deshalb versuchten und versuchen die Führungsländer dieses Verteidigungsbündnisses, auf die außenpolitischen Entscheidungen der Türkei Einfluss zu nehmen. Die Türkei ist aufgrund der im Vergleich zu westlichen Ländern schlechten wirtschaftlichen Struktur stark von der finanziellen Hilfe der Industrieländer abhängig. Ihre relativ schwache wirtschaftliche Lage und instabile innenpolitische Struktur macht die Türkei für den Einfluss der USA und anderer westlicher Länder offen.

Neben den USA spielen die europäischen Länder eine gewichtige Rolle bei der Gestaltung der Türkischen Außenpolitik. Der Einfluss der Europäischen Union auf die türkische Außenpolitik hat sich in den letzten Jahren erheblich vergrößert. Während der amerikanische Einfluss ausschließlich für die überwiegend antidemokratische Staatselite von Nutzen war, unterstützte die Europäische Union mehr die demokratischen Kräfte und hat sich für die Einhaltung von Demokratie und Menschenrechten in der Türkei engagiert. Im außenpolitischen Bereich hat die EU am meisten auf die türkisch-griechischen Beziehungen eingewirkt. Die EU zwingt die Türkei, die seit Jahren in die EU aufgenommen werden will, ihre Beziehungen zu Griechenland zu verbessern. Ankara lehnte zuerst einen Zusammenhang zwischen seiner EU-Kandidatur und seinen Problemen mit Griechenland entschieden ab. Aber nachdem im Dezember 1999 auf dem EU-Gipfel in Helsinki eine Perspektive zur EU-Kandidatur gewährt wurde, änderte es seine Haltung und nahm mit Griechenland Gespräche zur Lösung der Probleme beider Länder auf.

Die durch den Zusammenbruch der UdSSR entstandenen Veränderungen im geopolitischen Umfeld der Türkei wurden in der Türkei mehrheitlich als positive Entwicklungen wahrgenommen. Vor allem Staatspräsident Özal, der bis zu seinem Tod im Jahr 1993 die Richtung der türkischen Außenpolitik wesentlich selbst bestimmte, betrachtete die geostrategische Lage der Türkei nicht mehr als einen Nachteil für die Sicherheit des Landes, sondern als eine Chance in ihrem Weg zu einer Regionalmacht. Er verließ die vom Atatürk geerbte passive Außenpolitik und verkündete die These „Die türkische Welt vom Adriatischen Meer bis zur chinesischen Mauer“ als eine Doktrin der türkischen Außenpolitik. Damit beabsichtigten Özal keine aggressive oder expansionistische Politik, sondern eine Zusammenarbeit mit den neugegründeten Turkrepubliken vor allem im wirtschaftlichen Bereich, aber auch in kulturellen und politischen Bereichen. Die bis dahin schutzsuchende und passive türkische Außenpolitik sollte durch eine aktive Außenpolitik ersetzt werden, die Türkei als einen „großen Bruder“ für die neuen Turkstaaten im Kaspischen Raum und als ein politisches Mekka für die Nahost-, Kaukasus-, und Balkangebiete etablieren. Deshalb sah Özal das neue geostrategische Umfeld nach dem Kalten Krieg als eine Chance, um seine Vision zu verwirklichen. Diese Vision wird heute auch von vielen seiner damaligen politischen Gegner und von zahlreichen hochrangigen Bürokraten in Ankara geteilt.

Die Bedeutung der Türkei hat sich nach dem Ende des Kalten Krieges für das westliche Verteidigungssystem, insbesondere für die USA, vergrößert. Das Land befindet sich in einer Region, von der nach US-amerikanischen Vorstellungen die größten Gefahren für die „neue Weltordnung“ ausgehen. Diese Gefahren, die Washington für die Rechtfertigung der NATO und für seine Führungsrolle in der NATO präsentierte, waren der internationale Terrorismus, der politische Islam und die Verbreitung der Massenvernichtungswaffen. Da der Nahe Osten nach der Ansicht der USA einen idealen Nährboden für diese gefährliche Strömungen liefere, war die Türkei für sie ein unverzichtbarer Partner bei ihrem Kampf gegen diese Strömungen.

Washington brauchte Ankara auch für ihre Interessen im Nahen Osten, da die Türkei im nahöstlichen Teil der „Pax Americana“ eine sehr große Rolle spielte. Sie bot den USA in vielen Bereichen Möglichkeiten zu einer strategischen Partnerschaft. Diese Partnerschaft war vor allem im militärischen Bereich zu sehen. Ankara erwies sich auch in den 1990er Jahren im Nahen Osten, im Balkangebiet und im Kaspischen Raum als ein verlässlicher Militärpartner für Washington. Der amerikanische NATO-Stützpunkt Incirlik im Süden der Türkei wurde in den 1990er Jahren häufig bei der Durchsetzung der US-amerikanischen Nahostinteressen gebraucht. Die US-Flugzeuge benutzten während beider Golfkriege bei ihren Angriffen gegen den Irak diesen Stützpunkt. Die Türkei zeigte sich in den 1990er Jahren auch bezüglich der Unterstützung der israelischen Sicherheit, als ein wichtiger Partner für die USA. Die seit Anfang der 1990er Jahre in politischen und wirtschaftlichen Bereichen erweiterten türkisch-israelischen Beziehungen wurden mit dem Militärabkommen vom Februar 1996 im Sicherheitsbereich intensiviert. Beide Länder bildeten eine strategische Allianz gegen die antiisraelischen und antiamerikanischen Kräfte in der Region. Diese Allianz wurde in den folgenden Jahren durch zahlreiche neue Militärverträge, Rüstungsgeschäfte und durch gemeinsame Militärmanöver ständig ausgebaut.

Im Kaspischen Raum, der über reiche Bodenschätze verfügte, war die Unterstützung der Türkei für die USA sehr wichtig. Obwohl ein bewaffneter Konflikt zwischen Russland und den Vereinigten Staaten in nächster Zukunft eher unwahrscheinlich ist, brauchen die USA die Türkei als einen militärischen Verbündeten, um Russland von möglichen Gewaltanwendungen in der Kaspischen Region abzuschrecken. Denn um den Bau der von den USA unterstützten Erdölpipeline über die Türkei zu verhindern, drohte Russland mehrmals, durch die Anwendung ihrer militärischen Macht die Stabilität in Aserbaidschan und Georgien zu stören.

Die USA betrachteten die Türkei auch als einen wichtigen Partner im Hinblick auf die Bekämpfung des islamischen Fundamentalismus. Mit ihrer muslimischen Bevölkerung und mit ihrem laizistischen Staatsmodell stellt die Türkei ein Beispiel für den gemäßigten Islam und gegen seine fundamentalistischen Formen wie im Iran oder im Sudan dar. So war die Türkei sowohl als ein ideologisches Beispiel des laizistischen Staatsmodells als auch als eine Barriere zwischen der westlichen Zivilisation und den islamistischen Strömungen ein wichtiger Faktor. Aufgrund dieser zentralen Bedeutung der Türkei setzten sich die Vereinigten Staaten gegen eine Ausgrenzung der Türkei aus der westlichen Welt ein und verstärkten ihre Beziehungen zur Türkei.

Mit der Änderung der europäischen sicherheitspolitischen Architektur veränderte sich auch die Haltung der EU der Türkei gegenüber. Nach dem Ende des Kalten Krieges war für zahlreiche europäische Länder, die Türkei für eine neue Sicherheitsarchitektur in Europa nicht mehr so bedeutend wie während des Kalten Krieges. Im Gegensatz zu den USA hatten die meisten europäischen Staaten im Nahen Osten und im Kaspischen Raum keine großen sicherheitspolitischen Interessen und somit waren sie in diesen Gebieten nicht auf Unterstützung der Türkei angewiesen. Die außenpolitischen Prioritäten der europäischen Länder änderten sich jedoch trotzdem. Die von der sowjetischen Herrschaft befreiten Länder Mittelosteuropas waren für die EU in geographischer und kultureller Hinsicht viel näher als die Türkei. Insbesondere Deutschland, das als Motor der europäischen Integration gesehen wird, betrachtete diese Länder als eine Barriere zwischen sich und Russland. Deshalb hatten diese Länder im Hinblick auf die Erweiterung der Europäischen Union bessere Chancen als die Türkei.

Ein weiterer Grund für die ablehnende europäische Haltung der Türkei gegenüber war die türkische Politik selbst. Denn die Demokratiedefizite und die systematischen Menschenrechtsverletzungen waren in den 1990er Jahren häufig benutzte Argumente für die Ablehnung einer türkischen EU-Mitgliedschaft. Auf ihrem Gipfel in Helsinki vom Dezember 1999 änderte die Europäische Union ihre ablehnende Haltung gegenüber der Türkei und akzeptierte sie als einen offiziellen EU-Mitgliedskandidaten. Dabei spielten sowohl innenpolitische Entwicklungen in der EU als auch Ankaras verbesserte Beziehungen zu einigen EU-Ländern eine wichtige Rolle.

Vor allem kann der in Deutschland stattgefundene Regierungswechsel vom Oktober 1998 als ein großer Meilenstein in den türkisch-europäischen Beziehungen bezeichnet werden. Denn nach diesem Regierungswechsel änderte Deutschland seine abweisende Politik der Türkei gegenüber. Die rot-grüne Regierung unter Bundeskanzler Gerhard Schröder wollte im Gegensatz zur Kohl-Regierung der Türkei bei der Lösung ihrer Probleme in den Bereichen der Menschenrechte, der Demokratie und der türkisch-griechischen Beziehungen helfen, indem sie ihr eine Perspektive zur EU-Mitgliedschaft gab.

Auch das sicherheitspolitische Umdenken in Europa spielte bei der Verbesserung der türkisch-europäischen Beziehungen eine entscheidende Rolle. Nach einer gewissen Zeit seit 1990 setzte sich in Europa eher die Gruppe der Sicherheitsexperten durch, die den Islam als eine Gefahr für die westliche Zivilisation betrachtete. Mit ihrem laizistischen Staatsmodell war die türkische Führung für sie ein strategischer Partner bei ihrem Kampf gegen die Gefahren des politischen Islams. Schließlich erleichterte auch die nach dem Erdbeben vom 1999 stattgefundene Annäherung zwischen der Türkei und Griechenland die Anerkennung der türkischen EU-Kandidatur. Die Erdbebenkatastrophen in beiden Ländern und die darauf folgenden Entwicklungen erleichterten eine Verbesserung ihrer Beziehungen. So war die Verbesserung der türkisch-griechischen Beziehungen wiederum eine der Gründe für den Politikwandel der EU gegenüber der Türkei.

Durch diese Entwicklungen gewannen die Beziehungen zwischen der Türkei und der EU einen positiven Aufwind. Nach der Anerkennung der türkischen EU-Kandidatur im Dezember 1999 intensivierte Ankara seine Zusammenarbeit mit Brüssel. Die 1990er Jahre können im Hinblick auf die Beziehungen zwischen der Türkei und ihren nahöstlichen Nachbarn als Verslustjahre bezeichnet werden. Während Ankara, insbesondere in der zweiten Hälfte der 1990er Jahre seine Beziehungen mit den USA und ihrem wichtigen Verbündeten Israel vertiefte, verschärfte es seine Politik dem Iran, Irak und Syrien gegenüber. Dass die Türkei ihre Beziehungen zu Israel durch die Unterzeichnung zahlreicher Militärverträge ausbaute, verärgerte diese Länder, die Israel als eine große Bedrohung für ihre Sicherheit und für die Stabilität im Nahen Osten sahen. Insbesondere der Iran und Syrien betrachteten die türkisch-israelische Kooperation im Sicherheitsbereich als eine militärische Allianz, die mit der Unterstützung der USA gegen die islamischen Länder der Region gerichtet sei. Gegen „die Bedrohung dieser Allianz“ versuchten sie einerseits ihre Position in der Region durch eine Zusammenarbeit mit Russland und China zu verstärken und andererseits die islamischen Organisationen wie die Organisation der Islamischen Konferenz

(OIK) und die Arabische Liga dazu zu bewegen, auf die Türkei Druck auszuüben.

In der Tat hatte die Türkei nach der Unterzeichnung eines Rahmenabkommens im Februar 1996 ihre militärischen Beziehungen zu Israel stark ausgebaut. Das Militär und die vom Militär beeinflussten Regierungen in der zweiten Hälfte der 1990er Jahre betrieben mit der Unterstützung der USA und Israels gegenüber Syrien und dem Iran eine harte Politik. Sie warfen diesen beiden Ländern die Unterstützung der kurdischen Terrororganisation PKK vor und drohten mit Vergeltungsmassnahmen. Im Oktober 1998 wies schließlich die Regierung in Damaskus den PKK-Chef Öcalan und Hunderte von seinen bewaffneten Anhängern aus Syrien, nachdem die Türkei ihr mit dem Krieg drohte. Obwohl sich das Verhältnis zwischen Ankara und Damaskus nach der Unterzeichnung eines Sicherheitsabkommens allmählich verbessert hat, verhinderten andere Streitpunkte, wie die Verteilung des Euphratwassers und Grenzprobleme, eine grundlegende Normalisierung ihrer Beziehungen.

Die Beziehungen zwischen der Türkei und dem Iran waren neben der PKK-Frage auch von den gegenseitigen Beschuldigungen angesichts der Einmischungen in die inneren Angelegenheiten belastet. Während Ankara behauptete, dass die iranischen Mullahs ihr islamistisches Regime in die Türkei exportierten und an etlichen politischen Morden in der Türkei beteiligt seien, kritisierte Teheran, dass die türkischen Machthaber den bewaffneten iranischen Regimegegnern Unterschlupf gewährten und die feindliche amerikanische Politik dem Iran gegenüber unterstützten. Die insbesondere im wirtschaftlichen Bereich erfolgten Annäherungsversuche während der kurzen Regierungszeit Erbakans (Unterzeichnung eines umfangreichen Erdgasabkommens und die Gründung der D-8) wurden von der militärischen und zivilen Staatselite blockiert, da sie enge Kontakte zu den USA und Israel befürworteten.

Ankaras Beziehungen zu Bagdad waren auch von der seitens der USA unterstützten militärischen Kooperation zwischen der Türkei und Israel stark beeinträchtigt. Obwohl die Türkei wegen des Golfkriegs und der darauf folgenden Sanktionen gegen den Irak großen wirtschaftlichen Schaden erlitten hatte (30 bis 50 Milliarden Dollar werden beziffert), unterstützte sie die US-amerikanische Irakpolitik, indem sie den USA ermöglichte, im Rahmen der Northern Watch die im Nordirak errichtete Flugverbotszone vom türkischen Luftwaffenstützpunkt Incirlik aus zu überwachen. Sie unterstützte auch die von den USA befürworteten Sanktionen gegen den Irak und haben den USA und Großbritannien erlaubt, während der im Dezember 1998 durchgeführten Operation Wüstenfuchs Incirlik zu benutzen.

Diese einseitig US- und israelorientierte Außenpolitik in den 1990er Jahren hatte zur Folge, das sich fast alle Nachbarländer wegen dieser Politik von distanzierten. Dies beeinträchtigte die wirtschaftlichen Beziehungen der Türkei zu diesen Nachbarländern, was einer starken Verringerung ihrer Exporteinnahmen zur Folge hatte. Das war wiederum einer der wichtigsten Gründe für die wirtschaftliche Krise vom Jahr 2001, von der sich die Türkei heute noch zu erholen bemüht.

Wie andere Verbündete der USA, hat die Türkei nach den Anschlägen vom 11. September 2001 den USA ihre volle Unterstützung zugesagt. Etwa bei ihrem Kampf gegen den internationalen Terrorismus und um die Bekämpfung von Al-Kaida. In Fragen eines Krieges im Irak war sie jedoch nicht mehr bereit, diese Unterstützung fortzusetzen. Denn anders als in den 1990er Jahren war die türkische Außenpolitik, insbesondere nach den Wahlen vom 5. November 2002, nicht mehr so stark us-amerikaorientiert und zwischen Ankara und Jerusalem existierte längst keine militärische Allianz mehr. Die neue türkische Regierung unter dem Ministerpräsidenten Erdogan wollte die Außenpolitik ihres Landes möglichst diversifizieren und somit den Einfluss der USA auf ihre außenpolitischen Entscheidungen verringern.

Zwar waren die Vereinigten Staaten immer noch ein wichtiger sicherheitspolitischer Partner der Türkei, aber die jahrzehntelange strategische Allianz wurde erstmals in Frage gestellt, als Ankara den von den völkerrechtswidrigen Irakkrieg seine Unterstützung verweigerte. Mit dieser Politik konnte sich die Türkei bisher gegen die aggressive US-amerikanische Nahostpolitik durchsetzen und ihre eigenen Interessen wahren. Dabei spielten der seit 2002 intensiv durchgeführte Demokratisierungsprozess und die von der EU für diesen Prozess und für die Mitgliedschaft gewährte Unterstützung eine sehr große Rolle. Auch die seit ihrer Errichtung durch den Vertrag von Maastricht mit großen Schritten vorangekommene GASP und die Perspektive der Türkei, durch ihre eventuelle Mitgliedschaft ein Teil dieser europäischen Sicherheitsidentität zu werden, verstärkte ihre Position den USA gegenüber.

Nachdem die Türkei durch ihre Zusammenarbeit mit der EU den US-amerikanischen Einfluss auf ihre Außenpolitik verringert hatte, konnte sie ihre Beziehungen zu den nahöstlichen Staaten verbessern, da sie ihre eigene Politik diesen Ländern gegenüber gestalten konnte. Dabei spielte auch die Reduzierung der militärischen Kooperation mit Israel eine bedeutende Rolle. Anders als die Regierungen in den 1990er Jahren betrachtete die neue Regierung ihre Nachbarländer nicht als Rivalen oder Feinde, sondern als wirtschaftliche und politische Partner, mit denen sie für die Stabilität im Nahen Osten zusammenarbeiten wollte. Denn die Stabilität war die Grundvoraussetzung für eine wirtschaftliche Entwicklung und den dauerhaften Frieden in der Region.

Die türkische Außenpolitik ist in den letzten Jahren unabhängiger geworden, und somit hat sich die Bedeutung der Türkei sowohl für die europäische als auch für die US-amerikanische Nahostpolitik enorm vergrößert. Eine demokratische Türkei ist auch für das sich nach dem Streit angesichts des Irakkrieges herauskristallisierte „Kerneuropa“ um Deutschland und Frankreich wichtig, das in der Gestaltung der Weltpolitik eine größere Rolle als bisher spielen will. Um ihren Einfluss auf die Politik des Nahen Ostens erhöhen zu können, braucht die EU die Unterstützung der Türkei. Durch die Mitgliedschaft der Türkei würde Brüssel auch beweisen, dass die EU den Nahen Osten und die islamischen Länder in dieser Region als Partner und nicht als Feind betrachtet. Die EU sollte den Demokratisierungsprozess in der Türkei weiter unterstützen, indem sie Ankaras Bemühungen zur Erfüllung der Kopenhagener Beitrittskriterien belohnt und mit den Beitrittsverhandlungen beginnt. Denn eine demokratische Türkei ist für einen demokratischen und stabilen Nahen Osten unabdingbare Voraussetzung.

LITERATUR (VERWENDETE & WEITERFÜHRENDE)

Barkey, H. J. : Iran and Turkey: Confrontations across an ideological divide. in: Rubinstein, A. Z./ Smolansky, O. M. (Hrsg.): Regional power rivalries in the new Eurasia. New York 1995.

Birand, M. A.: Das Abenteuer der türkischen Zollunion. Istanbul 1996.

Buhbe, M.: Türkei: Politik und Zeitgeschichte. Opladen 1996.

Carnevale, R. et al. (Hrsg.): Europa am Bosporus (er-)finden: Die Diskussion um den Beitritt der Türkei zur Europäischen Union in den britischen, deutschen, französischen und italienischen Zeitungen; eine Presseanalyse. Frankfurt 2005.

Fuller, Graham E./ Lesser, Ian O.: Turkey`s new geopolitics: from the Balkans to Western China. Boulder 1993.

Galtung, Johan: Golfkrieg, US-Politik und ein Friedensplan für den Nahen und Mittleren Osten. in: Stein, G. (Hrsg.): Nachgedanken zum Golfkrieg. Heidelberg 1991, S. 58-72.

Gerges, F. A.: America and Political Islam. Clash of Cultures or Clash of Interests? Cambridge 1999.

Giannakopoulus, A. et al. (Hrsg.): Die Türkei-Debatte in Europa- ein Vergleich. Wiesbaden 2005.

Gönlübol, M.: Außenpolitik der Türkei. Ankara 1989.

Gumpel, Werner: An der Nahtstelle von Europa und Asien. Die Vermittlerrolle der türkischen Regionalmacht. in: Internationale Politik, Bd. 53, Januar 1998, S. 17-22

Gürbey, G.: Außenpolitik in defekten Demokratien: gesellschaftliche Anforderungen und Entscheidungsprozesse in der Türkei 1983-1993. Frankfurt am Main 2005.

Kirisci, K.: Die Veränderungen im internationalen System und die neuen Tendenzen in der türkischen Außenpolitik. in: Sönmezoglu, F. (Hrsg.): Analyse der türkischen Außenpolitik. Istanbul 1994.

Kramer, Heinz: Die Türkei: Eine Regionalmacht mit Zukunft?. in: Zunker, A. (Hrsg.): Weltordnung oder Chaos? Baden-Baden 1993, S. 109-125.

Die Assoziierungsabkommen der EU: Die Türkei und Mittelosteuropa in einem Boot? Bonn 1995.

Turkey and the European Union: a multi-dimensional relationship with hazy perspectives. in: Mastny, V/ Nation, R. C. (Hrsg.): Turkey between East and West: new challenges for a rising regional power. Oxford 1996, S. 203-232.

Krech, H.: Vom Zweiten Golfkrieg zur Golffriedenskonferenz. Bremen 1996.

Kuniholm, Bruce R.: Turkey and the West since World War II. in: Mastny, V./ Nation, R. C. N (Hrsg.): Turkey between East and West: new challenges for a rising regional power. Oxford 1996, S. 45-70.

Makovsky, A.: The new activism in Turkish foreign policy. in: Insight Turkey, Bd. 1 Nr. 2, April-Juni 1999, S. 92-113.

Nachmani, Amikam: Turkey in the wake of the Gulf War: recent history and its implications. in: Insight Turkey, Bd. 1 Nr. 3, Juli-September 1999, S. 135-153.

NZZ: Besorgnis in der Türkei über die Entwicklungen im Nachbarland. in: NZZ, 18. Dezember 1998.

Olcay, B.: Turkey and the regional balance. in: Insight Turkey, Bd. 1 Nr. 1, Januar-März 1999, S. 109-125.

Rüstow, D. A.: Die Türkei: Brücke zwischen Orient und Okzident. Bonn 1990.

Şen, Faruk: Draußen vor der Tür? in: Internationale Politik, Bd. 53, Januar 1998, S. 45-47.

Sezer, Duygu. B.: Turkey in the new security environment in the Balkan and Black Sea Region. in: Mastny, V./ Nation, R. C. (Hrsg.): Turkey between East and West: new challenges for a rising regional power, Oxford 1996, S. 71-96

Steinbach, Udo: Außenpolitik am Wendepunkt? Ankara sucht seinen Standort im internationalen System. in: Aus Politik und Zeitgeschichte, Bd. 47 Nr. 11-12, 7. März 1997, S. 24-32.

Die Türkei im 20. Jahrhundert. Bergisch Gladbach 1998.

Der EU-Beitritt der Türkei. Pro: Sicherheitspolitischer Stabilitätsfaktor. in: Internationale Politik, Bd. 55 Nr. 3, März 2000, S. 55-59.

UKRAINE

Maria Quent

Historische Grunddaten

1922	die Ukraine wird in die UdSSR integriert
1939	die Ukraine gewinnt Gebiete in Ostgalizien von Polen
1941-1944	Besetzung durch Deutschland
1944-1947	Partisanenkrieg gegen die UdSSR
1945	die Ukraine gewinnt Transkarpatien von der Tschechoslowakei, Beitritt UN
1954	die Krimhalbinsel wird der Ukraine zugesprochen
1986	Reaktorkatastrophe von Tschernobyl
1991	Unabhängigkeitserklärung der Ukraine (von der UdSSR), Beitritt GUS
1992	Beitritt OSZE
1995	Beitritt Europarat
2004	"Revolution in Orange"

Länderdaten

Name: Respublika Ukraïna/ Republik Ukraine, **Hauptstadt:** Kyïv/ Kiew (2.455.900 Einwohner (2006)), **Regierungsform:** Präsidialrepublik (seit 1991), **Größe:** 603.700km^2, **Einwohnerzahl:** 46.299.862 (2007), **Landessprache:** Ukrainisch, **BSP pro Kopf:** 7.600 USD (2006), **Mitgliedschaft in Europäischen Organisationen:** BSEC, CEI, CIS, EAPC, EBRD, ECE, Europarat, OSZE, PfP, **Mitgliedschaft in Internationalen Organisationen:** Bewegung blockfreier Staaten (Beobachter), UN, WTO (Beobachter)

HISTORISCHE GRUNDDATEN ZUR AUßENPOLITIK UND JEWEILIGEN INTERNATIONALEN UMWELT SEIT DER UNABHÄNGIGKEIT

Im Zuge des Zusammenbruchs der sozialistischen Systeme in Osteuropa erklärte die Ukraine am 16. Juli 1990 ihre Souveränität innerhalb der UdSSR, und am 24.August 1991 proklamierte das ukrainische Parlament (Verchovna Rada) die Unabhängigkeit des Staates. Die Ukraine gründete neben Weißrussland und Russland am 08. Dezember 1990 die Gemeinschaft Unabhängiger Staaten (GUS), welche die Nachfolge der aufgelösten UdSSR antrat. Die Ukraine sah in der GUS ein Mittel zu einer „zivilisierten" Trennung der sowjetischen Teilrepubliken. Für Russland dagegen stellte die GUS, wie auch heute noch, ein Mittel dar, um ihren Einfluss auf die ehemaligen Teilrepubliken der UdSSR zu erhalten. Russland strebte eine enge wirtschaftliche, politische und militärische Integration der GUS-Staaten an. Diesen Bestrebungen stand die Ukraine zurückhaltend gegenüber. Sie lehnte die Unterzeichungen des Vertrages der kollektiven Sicherheit der GUS vom 15. Mai 1992, sowie der Satzung der GUS vom 22. Januar 1993 ab. Die Ukraine sieht sich deswegen bis heute nicht als ein Mitgliedsstaat der GUS, sondern lediglich als ein Teilnehmerstaat

In ihren Bemühungen um Anbindung an den Westen trat die Ukraine als erstes GUS-Land am 08. Februar 1994 dem NATO-Programm „Partnerschaft für Frieden" (PfP) bei. Dieses Programm erlaubt den Partnerländern eine individuelle Beziehung zur NATO aufzubauen, wobei das jeweilige Partnerland das Ausmaß der Zusammenarbeit selbst bestimmen kann. Die Ukraine unterzeichnete au0erdem am 14. Juni 1994 das Partnerschafts- und Kooperationsabkommen mit der EU, welches am 01. März 1998 in Kraft trat. Das Abkommen läuft im Februar 2008 aus und soll durch ein neues umfassenderes Rahmenabkommen ersetzt werden. Dieses Abkommen wird der Ukraine zwar keinen Beitritt in Aussicht stellen, obwohl sie diesen forciert, allerdings soll das Land durch die Übertragung der EU-Standards in dessen Gesetzgebung allmählich an die EU herangeführt werden. Am 09. November 1995 wurde die Ukraine in den Europarat aufgenommen. Allerdings wurde diese Beziehung während der Präsidentschaft Kutschmas (1994-2005) durch die Kritik an Mängeln der demokratischen und rechtsstaatlichen Entwicklung des Landes getrübt.

Am 31. Mai 1997 schlossen die Ukraine und Russland einen Vertrag über Freundschaft, Zusammenarbeit und Partnerschaft ab, welcher die territoriale Integrität beider Länder bestätigte. Am 09. Juli 1997 wurde die NATO-Ukraine-Charta über eine Vertiefung der Zusammenarbeit unterzeichnet. Diese und der NATO-Ukraine-Aktionsplan vom November 2002 bilden die Basis der Zusammenarbeit zwischen dem Land und der NATO. Am 10. Oktober 1997 gründeten die vier GUS-Staaten Ukraine, Georgien, Aserbaidschan und Moldau die zwischenstaatliche Vereinigung GUAM. Ziel war es, ein Gegengewicht zum Einfluss Russlands in dieser Region zu schaffen. Auch wenn die Gründung der

GUAM von den USA unterstützt wurde, verlor sie aufgrund der unterschiedlichen außenpolitischen Orientierung seiner Mitgliedstaaten zunehmend an Bedeutung. Die EU und die Ukraine verabschiedeten am 11. Dezember 1999 eine Gemeinsame Ukraine-Strategie. Sie beinhaltet neben der Unterstützung zur weiteren Demokratisierung der Ukraine und Kooperation der Bewahrung von Sicherheit und Stabilität in Europa, auch eine stärkere Kooperation in Politik, Kultur und Wirtschaft, sowie im Bereich Justiz und Inneres. Auf dem Gipfeltreffen von Jalta vom 06. und 07. Juni 2001 unterzeichneten die GUAM-Staaten eine Charta über die Ziele, Prinzipien und Richtungen der Zusammenarbeit, sowie der Organisationststruktur der GUAM.

Die Ukraine beteiligte sich 2003 mit eigenen Truppen, in der von den USA geführten „Koalition der Willigen" am Irak-Krieg. Der frühere ukrainische Präsident Kutschma hatte, obwohl die Ukraine nur Teilnehmerstaat der GUS ist, von Januar 2003 bis September 2004 den Vorsitz in der Staatengemeinde inne. Dem am 19. September 2003 vereinbarten „Einheitlichen Wirtschaftsraum" (Russland, Weißrussland, Kasachstan und Ukraine) stand die Ukraine distanziert gegenüber. Für sie käme nur eine Freihandelszone ohne supranationale Entscheidungsverfahren in Frage. Die Ukraine und die EU vereinbarten am 13. Dezember 2004 einen Aktionsplan, der 14 Aufgabenstellungen beinhaltet, wie z.B. Stärkung demokratischer und rechtlicher Institutionen, Medien- und Meinungsfreiheit, Beitritt zur WTO und Kooperation in nachbarschaftlicher Zusammenarbeit. Entsprechend den Fortschritten der Ukraine bei der Erfüllung dieser Aufgaben, wird die EU ihre Angebote ausweiten.

Bestimmungsfaktoren der Außenpolitik

Das Hauptziel der ukrainischen Außenpolitik ist die Sicherstellung seiner Unabhängigkeit und seiner Sicherheit. Dabei werden die Grundsätze der Außenpolitik durch fünf Faktoren bestimmt, welche durch die schwierige geopolitische Lage des Landes, dass zwischen Europa, dem „Westen" und Russland, dem „Osten" liegt, beeinflusst werden:

1. Die Verbesserung der innenpolitischen und wirtschaftlichen Situation des Landes um die Ukraine als politischen und wirtschaftlichen Partner für andere Länder interessant zu machen.

2. Durch den starken politischen und wirtschaftlichen Einfluss Russlands auf die Ukraine, stellt die Beziehung zu Russland einen wesentlichen Faktor der Außenpolitik dar.

3. Verbesserung der Beziehungen zu den anderen mittel- und osteuropäischen Staaten, mit dem Ziel der Annährung an die EU und der Stabilisierung in diesem Raum.

4. Ein weiterer wichtiger Faktor ist die Beziehung zur USA, welche für die Ukraine ein wichtiger Partner in grundlegenden Fragen, aber auch in Problemfragen mit Russland ist.

5. Von großer Bedeutung ist auch, welche Politik der Westen gegenüber der Ukraine verfolgt. Die Schwierigkeit besteht darin, dass die Ukraine in ihren Bemühungen um Anbindung an den Westen auf dessen guten Willen angewiesen ist. Russland bemüht sich darum, diese Bemühungen, bzw. deren Erfolg zu unterminieren. Das führt unter anderem auch dazu, dass der Westen in seiner Ukraine-Politik auf die Interessen Russlands Rücksicht nehmen muss.

Die Grundstrategien der Außen- und Sicherheitspolitik der Ukraine sind in verschiedenen Dokumenten und seiner Gesetzgebung verankert. Es lassen sich fünf Grundstrategien ausmachen:

1. Die Sicherheit der Ukraine ist Teil der internationalen Stabilität, welche wiederum ein Garant für die Sicherheit der Ukraine ist.

2. Die innere Sicherheit der Ukraine beinhaltet militärische, „politische, wirtschaftliche, soziale, humanitäre, ökologische, wissenschaftlich-technologische und Informationsaspekte“. (Alexandrova 2001)

3. Die Ukraine lehnt Krieg oder den Einsatz von Gewalt als Mittel der Politik oder zur Lösung von internationalen Konflikten ab.

4. Die Ukraine erhebt weder territoriale Ansprüche an Nachbarstaaten, noch erkennt sie Ansprüche anderer Staaten auf ukrainische Territorien an.

5. Die Ukraine hat nur regionale Interessen und keine globalen Ambitionen. Sie ist gegen eine Aufteilung der Welt in Einflusssphären.

Außenpolitische Entscheidungsprozesse

Die Ukraine ist eine Republik mit einem parlamentarisch-präsidialem Regierungssystem. Das Staatsoberhaupt ist der Präsident, derzeit Viktor Juschtschenko. Der Präsident verfügt in der Außen- und Sicherheitspolitik über weitreichende Kompetenzen. Er vertritt das Land in internationalen Beziehungen, führt Verhandlungen und schließt Verträge ab, außerdem obliegt ihm die Führung in den Bereichen der nationalen Sicherheit und der Verteidigung. Das Parlament bestimmt per Gesetzentschluss die Grundlagen der Außenpolitik. Außerdem hat es die Aufgabe internationale Verträge zu ratifizieren. Bei der Umsetzung der Außenpolitik spielt das Außenministerium die wichtigste Rolle. Eine weitere wichtige Institution ist der Rat der nationalen Sicherheit und Verteidigung (RNSV). Er hat die Funktion, die Sicherheitskonzeption, die Militärdoktrin, sowie innen- und außenpolitische Vorschläge für den Bereich nationale Sicherheit und Verteidigung auszuarbeiten und diese dem Präsidenten vorzulegen

In der Ausrichtung der ukrainischen Außenpolitik seit der Unabhängigkeit des Landes lässt sich eine Umorientierung feststellen. Bei den Präsidentschaftswahlen siegten 1991 Krawtschuk und 1994 Kutschma, die eine russlandfreundliche Außenpolitik vertraten. In der Wahl von 1999 konnte wiederum Kutschma die meisten Stimmen auf sich vereinen, der jedoch darauf hin für eine westlich orientierte Außenpolitik eintrat. In der letzten Präsidentschaftswahl 2004 gewann Juschtschenko, der sich deutlich für eine westliche Orientierung aussprach.

Die Bevölkerung der Ukraine ist in ihrer Einstellung, in welche Richtung sich die Außenpolitik des Landes orientieren soll, gespalten. Dies liegt zum einen an einer relativ hohen Zahl russischer Bevölkerung (17 Prozent) wie auch an ihrer geopolitischen Lage. Die meisten Anhänger einer westlich orientierten Außenpolitik finden sich im westlichen Teil des Landes (Nordwesten, Westen und Süden) und die meisten „Russlandfreundlichen" dagegen mehr in den an Russland grenzenden Regionen (Nordosten, Osten, Südosten und Zentrum). Der Anteil derer, die sowohl an guten Beziehungen zu Russland, wie auch zum Westen interessiert sind, überwiegt und ist in allen Teilen des Landes stark vertreten. Auch der Elite der ukrainischen Oberschicht kommt eine besondere Bedeutung für die außenpolitische Orientierung zu. Die meisten Bereiche, in denen sie tätig ist, wie z.B. Energie, Rüstung und Medien, sind von Russland abhängig. Hinzu kommt, dass sie mit ihren russischen Partnern viele Gemeinsamkeiten hat (z.B. gleiche Werte oder Mentalität). Bei der politischen Beeinflussung der Bevölkerung spielen auch die Medien eine wichtige Rolle. Zwar befindet sich nur rund 1/3 der Medien in staatlichem Besitz, da aber die Führung der privaten Medien gute Kontakte zum Präsidenten haben, hat dieser die Möglichkeit die Berichterstattung für seine Zwecke zu beeinflussen. Eine staatliche Zensur der Medien findet nicht statt, da diese sich in Hinblick auf den staatlichen oder wirtschaftlichen Druck einer Selbstzensur unterziehen.

Sicherheitspolitik und Politik im Rahmen internationaler Organisationen

Auch wenn sich die Ukraine durch die Anschläge auf die USA vom 11. September 2001 nicht direkt vom Terrorismus bedroht sah, verschärfte sie doch ihre Sicherheitspolitik. Wichtige staatliche und wirtschaftliche Einrichtungen sowie Anlagen wurden verstärkt gesichert. Auch hielten der ukrainische Sicherheitsdienst SBU und das Ministerium für außerordentliche Situation Terrorabwehrübungen ab. Im internationalen Kampf gegen den Terrorismus spielt die Ukraine keine aktive Rolle. Das Land sprach sich dagegen aus, an Kampfhandlungen in Afghanistan teilzunehmen. Auf Anfrage Washingtons entschied aber der RNSV, den Luftraum der Ukraine für amerikanische Transportflugzeuge zu öffnen. Allerdings beteiligte sie sich in der „Koalition der Willigen“ unter Führung der USA am Irak-Krieg.

Für die ukrainische Außenpolitik spielt die Einbindung des Landes in internationale Organisationen eine wichtige Rolle. Dahinter steht vor allem das Interesse, sich aus der Abhängigkeit von Russland zu befreien. Die Ukraine ist Mitglied in den Vereinten Nationen, sowie in der OSZE, dem Europarat, dem internationalen Währungsfond und der GUAM.

Die Ukraine ist der treibende Motor der GUAM. Dies liegt u.a. an ihrem Bestreben, ihre Energie-Abhängigkeit von Russland zu vermindern, sowie an dem Interesse, an der Wirtschafts-, Energie- und Transportzusammenarbeit der GUAM-Staaten und dem damit verbundenen Zugang zum kaspischen Öl und Gas. Allerdings gelang es den GUAM-Staaten nicht, ihre gemeinsamen außenpolitische Positionen nach außen zu vertreten oder in gemeinschaftliche Handlungen umzusetzten. Auch die wirtschaftliche Zusammenarbeit der Mitgliedsstaaten untereinander fiel eher gering aus.

Das Bemühen der ukrainischen Regierung um einen NATO-Beitritt ist in der Bevölkerung weniger beliebt als die Bemühungen um eine EU-Mitgliedschaft. Dennoch trat die Ukraine 1994 dem NATO-Programm PfP bei. Sie zeigte sich als eines der aktivsten Mitglieder in diesem Programm. Die gemeinsamen Aktivitäten zwischen der NATO und der Ukraine übertrafen weit die Russlands. So nahm das Land zwischen 1994 und 2000 an über 80 Truppenübungen im Rahmen dieser Partnerschaft teil. Weiterhin ist das Land Mitglied des Euroatlantischen Partnerschaftsrates (EAPC), dem „politischen Dach“ der PfP. Die Zusammenarbeit mit der NATO beinhaltet neben der PfP auch Peacekeeping-Aktionen, indem sie sich mit eigenen Truppen an den NATO geführten Friedenstruppen (SFOR in Bosnien-Herzegowina, KFOR im Kosovo) beteiligt, sowie u.a. „Planning and Review Process“ zur „Verbesserung der Interoperabilität der Ukraine mit der NATO“ (Schneider 2005) bezüglich gemeinsamer Operationen, Rüstungstechnik, Information und Wirtschaft. Das ukrainische Parlament räumte der NATO am 12. April 2004 das Recht ein, schnellen Zugang zum Territorium des Landes zu erhalten, wenn dies für die Erfüllung der gemeinsamen Politik nötig sei.

Perspektiven der zukünftigen Außenpolitik

Russland ist nach wie vor der wichtigste Faktor der ukrainischen Außen- und Sicherheitspolitik. Deswegen ist die Wahrscheinlichkeit, dass sich die Ukraine von Russland und der GUS distanzieren und sich auf seine „Westanschluss“ konzentrieren wird, sehr gering. Hinzu kommt dass relativ geringe Interesse des Westens bezüglich der Probleme und Anliegen des Landes. Auch wenn eine

NATO-Mitgliedschaft möglich erscheint, so sind die Chancen einer EU-Mitgliedschaft derzeit doch äußerst gering. Allerdings ist auch nicht zu erwarten, dass sich die Ukraine vom „Westen" distanzieren wird und sich vollkommen nach Osten orientiert. Denn das würde ihren Bestrebungen sich von Russland unabhängig zu machen zuwiderlaufen. Die Ukraine wird auch weiterhin an ihrer „Politik der Balance" festhalten müssen und sich auf diesem Weg Schritt für Schritt an ihre vollständige Unabhängigkeit von der ehemaligen UdSSR heranzuarbeiten.

LITERATUR (VERWENDETE UND WEITERFÜHRENDE)

Alexandrova, Olga: Ukraine. in: Bellers, Jürgen/ Benner, thorsten/ Gerke, Ines M. (Hrsg.), Handbuch der Außenpolitik: von Afghanistan bis Zypern. München 2001, S. 281-287.

Ceylan, Cengiz: Ukraine in: Neu, Michael/ Gieler, Wolfgang/ Bellers, Jürgen (Hrsg.): Handbuch der Außenwirtschaftspolitiken, Staaten und Organisationen. Münster 2004, Teilband 1.S. 834-838.

European Council: Common Strategy of 11 December 1999 on Ukraine, http://ec.europa.eu/external_relations/ceeca/com_strat/ukraine_99.pdf, abgerufen am 30.06.2007.

Freitag-Wirminghaus, Rainer: Zentralasien und der Kaukasus nach dem 11.September: Geopolitische Interessen und der Kampf gegen den Terrorismus. in: Aus Politik und Zeitgeschichte (B 8/ 2002), http://www.bpb.de/publikationen/PRTGN0,0,Zentralasien_und_der_Kaukasus_nach_dem_11_September:_Geopolitische_Interessen_und_der_Kampf_gegen_den_Terrorismus.html, abgerufen am, 30.06.2007.

Malek, Martin: Sicherheitspolitische Probleme der Ukraine, Berlin 2002, http://www.swp-berlin.org/de/common/get_document.php?asset_id=769, abgerufen am 30.06.2007.

NATO: Partnership for Peace. www.nato.int/issues/pfp/index.html, abgerufen am 30.06.2007.

Brockhaus: Im Blickpunkt: Die Ukraine, in: Brockhaus Enzyklopädie in 24 Bänden, www.brockhaus.de, abgerufen am 30.06.2007.

Schneider, Eberhard: Das Politische System der Ukraine. Eine Einführung. Wiesbaden 2005.

UNGARN

Felix Krause

Historische Grunddaten

1918	Unabhängigkeit Ungarns (von Österreich-Ungarn)
1920	Friedensvertrag von Trianon, Ungarn verliert circa 70 Prozent des Territoriums an die neuen Staaten Mitteleuropas
1938-1940	Revision der Grenzen
1941-1944	Teilnahme am Zweiten Weltkrieg auf Seiten der Achsenmächte
1947-1948	Machtübernahme der Kommunisten
1949-1991	Mitglied im RGW
1955-1991	Mitglied Warschauer Pakt
1955	Beitritt UN
1956	Volksaufstand wird von sowjetischen Truppen niedergeschlagen
1973	Beitritt OSZE
1987-1989	Demokratisierung Ungarns
1989	Öffnung der Grenzen zu Österreich, Massenflucht von DDR Bürgern über Ungarn in den Westen
1990	Beitritt Europarat
1991	endgültiger Abzug russischer Truppen
1995	Beitritt WTO
1996	Beitritt OECD
1999	Beitritt NATO
2004	Beitritt Europäische Union

LÄNDERDATEN

Name: Magyar Köztársaság/ Republik Ungarn, **Hauptstadt:** Budapest (1.610.000 Einwohner (2007)), **Regierungsform:** Parlamentarische Republik (seit 1989), **Größe:** 93.030km^2, **Einwohnerzahl:** 9.956.108 (2007), **Landessprache:** Ungarisch, **BSP pro Kopf:** 17.300 USD (2006), **Mitgliedschaft in Europäischen Organisationen:** CEI, CEFTA, CERN, EAPC, EBRD, ECE, EU, Europarat, OSZE, WEU (assoziiert), **Mitgliedschaft in Internationalen Organisationen:** NATO, OECD, UN, WTO

***

Ungarn war ab 1867 in Folge des österreichisch-ungarischen Ausgleichs durch die Doppelmonarchie zwar eng mit Österreich verbunden, aber trotzdem nahezu unabhängig. Bis auf die Außen- und Militärpolitik (die vom österreichischen Kaiser geprägt wurde) wurden alle Politikfelder in Ungarn eigenverantwortlich bearbeitet. Ungarische Truppen beteiligten sich in der österreichischen Armee am Ersten Weltkrieg. Nach Österreichs Niederlage hielt der Vielvölkerstaat den inneren Unruhen nicht mehr stand und spaltete sich in seine nationalen Bestandteil auf. Ungarn erklärte im Oktober 1918 den Austritt aus der österreichisch-ungarischen Monarchie und weniger als einen Monat später wurde die Republik ausgerufen, deren erster Präsident Graf Mihály Károlyi wurde. Dieser führte das Land aber auch nur relativ kurz, da seine Regierung bereits im März 1919 in Folge von sozialen Missständen durch ein von kommunistischen und sozialistischen Gruppen dominiertes Regime abgelöst wurde, das eine Räterepublik proklamierte. Jedoch hatte auch diese Räterepublik keinen langen Bestand, da sie nach nur vier Monaten bereits durch tschechoslowakische, serbische und rumänische Truppen gestürzt wurde.

1920 kam der antikommunistische Miklós Horthy an die Macht, der Ungarn zu einer parlamentarischen Monarchie erklärte. Gleichzeitig wurde der Friedensvertrag von Trianon anerkannt, woraufhin Ungarn mehr als zwei Drittel seines Staatsgebiets abtreten musste und dadurch fast 60 Prozent seiner Bevölkerung verlor. Trotz der Anerkennung der neuen Grenzen stellte sich Horthy an die Spitze einer revisionistischen Politik, die die Herstellung der historischen Grenzen zum Ziel hatte. Obwohl das Land militärisch ziemlich schwach war, gelang es ihm 1921 zwei Versuche König Karl IV. abzuwehren, nach Ungarn zurück zu kehren. Eine Wiedervereinigung hätten die Mächte der „kleinen Entente“ (Rumänien, Jugoslawien, Tschechoslowakei) wahrscheinlich als Kriegsgrund angesehen, was letzten Endes zu einem totalen Zusammenbruch Ungarn geführt hätte. Ungarn, zu schwach um seine angestrebte revisionistische Politik selbst in die Tat umzusetzten und gleichzeitig durch wirtschaftliche Krisen beeinträchtigt, musste Gleichgesinnte und Partner für sich gewinnen. Daher näherte es sich im Laufe der 1930er Jahre stark an das faschistische Österreich an. Ein Freundschaftsvertrag mit dem ebenfalls faschistischen Italien hatte bereits 1927 einen Aufbruch der internationalen Isolierung Ungarns bedeutet. Diese Annäherungen brachten jedoch nicht die Ergebnisse, die man sich erhofft hatte (v.a. Gebietserstattungen). Erst eine Annäherung an Deutschland, als stärkste revisionistische Macht, führte nach dem Münchener Abkommen von 1938 zu Veränderungen, da dabei eine Revision des Vertrags von Trianon erreicht wurde. 1939 trat Ungarn dem Antikominternpakt bei.

Zu Beginn des Zweiten Weltkriegs erklärte Ungarn zwar zunächst seine Neutralität, doch eine Akzeptanz der Ziele der Achsenmächte war deutlich erkennbar. Als Konsequenz davon trat Ungarn im Juni 1941 auf Seiten der Achsenmächte in den Krieg ein, marschierte in den ehemaligen ungarischen Gebieten ein und nahm am Angriff auf die UdSSR teil. In Folge der dort erlittenen hohen Verluste bot die Regierung den Alliierten im August 1943 einen Friedensvertrag an, woraufhin das Land im März 1944 von deutschen Soldaten besetzt wurde. Anfang 1945 unterzeichneten Vertreter einer der UdSSR nahestehenden Übergangsregierung die Waffenstillstandbedingungen der Alliierten und die Rote Armee besetzte schrittweise das Land (bis April 1945 war ganz Ungarn unter sowjetischer Kontrolle).

Nach dem Krieg kam Ungarn unter sowjetischen Einfluss und ein moskaufreundliches Regime übernahm die Regierungsarbeit. Ungarn war 1949 eines der Gründungsmitglieder des RGW (Rat für gegenseitige Wirtschaftshilfe) und des Warschauer Pakts. 1955 trat Ungarn den Vereinten Nationen bei. Aufgrund der engen Anlehnung an die UdSSR waren diplomatische Beziehungen zum Westen nicht möglich.

Nach dem von sowjetischen Truppen niedergeschlagenen Volksaufstand in Ungarn 1956 verfolgte János Kádár eine Politik der langsamen Liberalisierung. Dessen Vorgänger hatten bereits den Austritt aus dem Warschauer Pakt erklärt (welcher jedoch wieder rückgängig gemacht wurde) und die Neutralität Ungarn ausgerufen. Obwohl noch im folgenden Jahr ein Abkommen mit der UdSSR über die Stationierung von Truppen in Ungarn abgeschlossen wurde, hielt die Politik der Liberalisierung an und das Land öffnete sich wirtschaftspolitisch dem Westen. Kádár machte diese Politik, ohne die Loyalität zu Moskau in Frage zu stellen, und nutzte lediglich die gegebenen politischen Spielräume und Lücken sehr gut aus. So beteiligte sich das Land an der Arbeit im RGW und dem Warschauer Pakt, ungarischen Truppen beteiligten sich auch an der Niederschlagung des „Prager Frühlings“ und die außenpolitische Linie Moskaus wurde zumeist unterstützt. Trotz der Dominanz der Wirtschaftsbeziehungen zu den anderen Staaten des Ostblocks, gewährte der Westen Ungarn bereits vor dem Fall des „Eisernen Vorhangs“ Kredite. Auch war Ungarn bereits seit 1982 Mitglied der Weltbank und des Internationalen Währungsfonds.

Ab der Mitte der 1980er Jahre bildeten sich jedoch nach und nach Oppositionsgruppen, die den Abzug der sowjetischen Truppen und einen Systemwechsel forderten. Ungarn steuerte einen entscheidenden Betrag zum Fall des „Eisernen Vorhangs" bei, als es im Jahre 1989 die Öffnung der Grenzen nach Österreich beschloss.

Nach dem Ende des Kalten Kriegs wurde die Politik der Westorientierung verstärkt weitergeführt. Die Hauptziele der 1989 ausgerufenen parlamentarischen Republik, die nun erstmals eine eigenständige Außenpolitik formulieren konnte, waren zunächst die Pflege der Beziehungen zu den Nachbarstaaten, eine Interessenvertretung der im Ausland lebenden Ungarn sowie einen vor allem wirtschaftlichen und sicherheitspolitischen Anschluss an die westeuropäischen Strukturen, wobei vor allem die NATO und die EU zu nennen sind. Diese angestrebten guten Beziehungen nahmen einen Anfang in bilateralen Verträgen, die Ungarn Anfang der 1990er Jahre mit verschiedenen Ländern abschloss.

1991 verließen die letzten sowjetischen Truppen das Land. Gleichzeitig wurde ein Assoziationsabkommen mit der Europäischen Union unterzeichnet (das allerdings erst am 1. Februar 1994 in Kraft trat), welches auch die Voraussetzungen für einen späteren Beitritt des Landes regelte. Außerdem beteiligte sich Ungarn an der mit Polen und der Tschechoslowakei gegründeten Visegrád-Gruppe, die sich zum einen als eine Art militärpolitisches Gewicht in Mittel- und Ostmitteleuropa verstand und so auf eine Sonderbehandlung der EU hoffte. Zum anderen wurde in Gesprächen die Problematik der ungarischen Minderheiten in den umliegenden Ländern thematisiert und eine Kommunikationsbasis für weitere Kooperationen geschaffen. Die Zusammenarbeit nahm jedoch nach der Spaltung der Tschechoslowakei ein jähes Ende, erst seit wenigen Jahren haben vor allem Polen und Ungarn Interesse an einer Wiederaufnahe der Gespräche dieser Gruppe signalisiert.

In den Jahren 1995 und 1996 schloss Ungarn Grundlagenverträge mit der Slowakei und Rumänien ab, die sich auch wieder intensiv mit der Frage der ungarischen Minderheiten beschäftigten. Da Ungarn noch 1996 Unabhängigkeitsbestrebungen in Rumänien unterstützt hatte, stellt sich die Frage, ob dies nicht nur ein symbolischer Akt war, um die ins Stocken geratenen Verhandlungen mit der NATO wieder in Schwung zu bringen. Diese hatten sich zum Einen auf Grund des Golfkrieges von 1991 verzögert, weil die NATO zunächst ihr Hauptaugenmerk auf diesen Konflikt richten musste. Zum Anderen hatte Ungarn, was die innere und äußere Sicherheit sowie die Stabilität des eigenen Landes betrifft, noch nicht so weitgehende Fortschritte erreicht, dass es sich für die NATO wirklich lohnte, das Land aufzunehmen. Mit dem Abschluss der Grundlagenverträge waren zumindest die bilateralen Beziehungen deutlich formuliert, so dass es 1997 in Madrid zu offiziellen Gesprächen über eine Aufnahme in die NATO kam. Bei einem Referendum stimmte dann eine große Mehrheit für den Beitritt zur NATO, so dass der Beitritt am 12. März 1999 zusammen mit Polen und Tschechien erfolgte. Schon vor dem Beitritt hatten ungarische Truppen an

IFOR- und SFOR-Einsätzen teilgenommen sowie den NATO-Truppen Flugplätze und logistische Hilfe für die Luftschläge gegen das ehemalige Jugoslawien zur Verfügung gestellt. Mit der Aufnahme erreichte Ungarn knapp 10 Jahre nach dem Fall des „Eisernen Vorhangs" das erklärte außenpolitische Ziel, in das westliche Sicherheitsbündnis eingebunden zu werden.

Der angestrebte politische und ökonomische Anschluss an den Westen musste jedoch noch einige Jahre warten. Im Assoziationsabkommen von 1994 waren die Kriterien für eine Aufnahme festgelegt. 1997 erfolgte eine Stellungnahme der EU-Kommission, nach der das Land diese Voraussetzungen offiziell erfüllt hatte und so Beitrittsverhandlungen nichts mehr im Weg stand. Diese wurden im März 1998 aufgenommen. Es war vorgesehen diese Verhandlungen bis Mitte 2002 zu einem Ende zu bringen, jedoch verzögerte sich dies bis Ende 2002, weil Ungarn in einigen Punkten weitere Reformen auf den Weg bringen musste (unter anderen Korruptionsbekämpfung, Unabhängigkeit der Medien, Minderheitenregelungen).

Im Mai 2004 trat Ungarn neben anderen Staaten Mittel- und Ostmitteleuropas der Europäischen Union bei und besiegelte so endgültig die Integration in die euro-atlantische Wertegemeinschaft. Damit wurde die politische, militärische und wirtschaftliche Stabilität in der Region weiter ausgebaut und gefestigt.

Der Beitritt zur EU und die damit erreichten Gestaltungsspielräume sind die Faktoren, die zurzeit die höchste Priorität der ungarischen Außenpolitik genießen. Dabei orientiert sich das Land an der gemeinsamen Außen- und Sicherheitspolitik der EU (GASP), will jedoch gleichzeitig durch eigene Initiativen ungarische Interessen so weit wie möglich in den Vordergrund rücken. Ungarn wurden durch den Beitritt zur EU neue Möglichkeiten auf der internationalen Bühne eröffnet, die es auch auf globaler Ebene effektiv nutzen will. Vor allem in Sicherheitsfragen sieht Ungarn die EU als wichtigen Akteur, der neben der NATO auf dem europäischen Kontinent für Stabilität sorgt.

Innerhalb der EU strebt Ungarn eine Vertiefung der politischen und ökonomischen Zusammenarbeit an. Es will in den Prozessen der Entscheidungsfindung und Umsetzung eine aktive Rolle spielen, um die ungarischen Interessen so gut wie möglich zu vertreten. Dabei sieht sich das Land etwas in einem Zwiespalt zwischen den Vorgaben der EU und den eigenen Interessen. Trotzdem bekennt sich das Land uneingeschränkt zu den „europäischen Werten", die bei Verhandlungen mit Ländern, die nicht in der EU sind, als Grundlage dienen. Außerdem setzt sich Ungarn stark für eine Fortsetzung der EU-Erweiterung in Osteuropa und auf dem Balkan ein, weil sich das Land davon eine Verbesserung der wirtschaftlichen Beziehungen sowie der Situation der im Ausland lebenden ungarischen Minderheiten erhofft. Um dies zu erreichen hat Ungarn diesen Ländern enge Zusammenarbeit angeboten und beteiligt sich bereits an der militärischen

Stabilisierung des Balkans mit Truppen und Projekten der bilateralen Zusammenarbeit.

Als weiterer die ungarische Außenpolitik beeinflussender Faktor ist die NATO zu nennen. Das nordatlantische Verteidigungsbündnisbündnis ist für Ungarn das Forum, das an erster Stelle steht, wenn es um Sicherheits- und Stabilitätsfragen geht. Ungarn anerkennt die Wichtigkeit der NATO als den entscheidenden Faktor transatlantischer Zusammenarbeit und Sicherheitspolitik und will sich auch hier aktiv einbringen, um so die Ziele des Bündnisses zu unterstützen und umzusetzen. Hierbei ist vor allem das militärische Engagement im ehemaligen Jugoslawien zu erwähnen. Weiter setzt sich Ungarn stark für eine Erweiterung, und dadurch weitere Stärkung, des Bündnisses ein.

Die Vereinten Nationen stellen für Ungarn eine der wichtigsten Organisationen dar, die für Frieden und Sicherheit sorgen sollen. Mehr jedoch stellt Ungarn den Schutz der Menschenrechte, ökonomische Entwicklung, zwischenstaatliche Kooperation und Umweltpolitik als die bedeutsamsten Politikfelder der UN in den Vordergrund. Nach den Wünschen der ungarischen Regierung sollten die UN stärkeren Einfluss auf die internationale politische und finanzielle Kooperation sowie die länderübergreifende Strafverfolgung ausüben, damit so Terrorismus, organisiertes Verbrechen, die Verbreitung von Massenvernichtungswaffen und andere kriminelle Aktivitäten besser bekämpft werden können. Um eine effektivere Arbeit der Vereinten Nationen zu erreichen, setzt sich Ungarn für eine Reform der Organisation ein und möchte einen Beitrag dazu leisten, die UN für künftige Aufgaben und Probleme vorzubereiten.

Die Anschläge des 11. Septembers 2001 in den USA zeigten nach der Meinung der ungarischen Regierung, dass globaler Terrorismus sich zu einer strategischen Gefahr für die euro-atlantische Region entwickelt hat. Sie befürchtete und befürchtet, dass durch den Terrorismus das bestehende Staatensystem und die Beziehungen zwischen den Staaten unterminiert und so die globale Stabilität gefährdet wird. Als eine Folge davon werden auch globale politische, ökonomische, Migrations- und Gesundheitskrisen gesehen.

Um dieser Gefahr zu begegnen, plädiert Ungarn für bilaterale und regionale Zusammenarbeit in Kooperation mit den internationalen Organisationen. Dabei sollen alle Staaten an einem Strang ziehen und nicht nur reagieren, sondern vor allem auch Prävention leisten, um dem Terrorismus von Anfang an seine Handlungsbasis und Infrastruktur zu entziehen. Die Vereinten Nationen stellen dabei die wichtigste Organisation für diplomatische Verhandlungen dar. In der EU sieht Ungarn ein größeres Potential um konkretere Pläne auszuarbeiten, weil hier ein größerer Wertekonsens besteht. Zur Umsetzung sollen danach dann die Kapazitäten der NATO herangezogen werden. Ungarn sieht in der Zusammenarbeit dieser drei Organisationen die besten Handlungs- und Reaktionsmöglichkeiten und setzt sicher daher für eine möglichst enge Kooperation ein. Ungarn plädiert für personell und materiell gut ausgestattete und trainierte Organisationen, die schnell und flexibel auf die Gefahr des Terrorismus reagieren können.

Um diese sicherheitspolitischen Ziele zu erreichen, beteiligt sich Ungarn bereits heute an diversen militärischen Interventionen und Stabilisierungsbemühungen in der ganzen Welt. Die ersten Bemühungen dieser Art begannen bereits vor der Einbeziehung in NATO und EU mit der Unterstützung der von der NATO geführten Friedensmission auf dem Balkan 1992. So wurden zum Beispiel Flughäfen und logistische Mittel zur Verfügung gestellt. Später beteiligte sich das Land auch mit eigenen Truppen in den Balkanländern, um eine Stabilisierung der dortigen Situation zu erreichen.

Auch an den ISAF-Truppen in Afghanistan beteiligt sich Ungarn mit einem kleinen Kontingent, das vor allem zur Festigung der öffentlichen Sicherheit eingesetzt wird, aber auch administrative und humanitäre Aufgaben erfüllt. Außerdem hat Ungarn Polizisten zur Aus- und Weiterbildung der örtlichen Sicherheitskräfte nach Kabul geschickt.

Nach dem Sturz des Regimes im Irak hat Ungarn die Ausbildung von Angehörigen der irakischen Armee angeboten. Diese Kooperation findet sowohl auf irakischen Boden, als auch außerhalb des Landes statt. Weiter leistet das Land vor allem finanzielle Unterstützung und hat zudem die Ausrüstung der irakischen Armee mit Panzern und Material aus ungarischen Beständen angeboten.

Mit der Mitgliedschaft in NATO und EU wurde das Bedürfnis der Ungarn nach politischer, wirtschaftlicher und militärischer Stabilität weitestgehend gedeckt. Mit einer aktiven Mitarbeit in diesen und verschiedenen anderen internationalen Organisationen wird das Land versuchen, diese Stabilität weiter zu festigen. Dabei muss es von ungarischem Interesse sein, diese Organisationen vor allem durch die Länder zu erweitern, in denen ungarischstämmige Minderheiten leben (Rumänien, Ukraine, Staaten des ehemaligen Jugoslawiens). Die Sorge und Interessenvertretung für diese Minderheiten hat in der Vergangenheit bereits häufiger zu Kontroversen mit anderen Ländern geführt. Eine Einbeziehung aller dieser Länder würde die Zusammenarbeit und somit auch den Minderheitenschutz entsprechend vereinfachen.

Allerdings darf man den unmittelbaren Erfolg dieser aktiven Mitarbeit auch nicht überbewerten, da Ungarn aufgrund seiner geographischen Lage und mangelnden Größe eher als „Policy Taker“ und nicht als „Policy Maker“ anzusehen ist. Die Außenpolitik des Landes ist mehr von direkten und indirekten Gegebenheiten und Umständen geprägt, als dass sie selbst bestimmend auf sie einwirkt. Trotzdem kann Ungarn nach einem erreichen der oben genannten Ziele als eine Brücke zwischen Ost- und Westeuropa dienen und so größeren Einfluss erhalten.

Die zukünftigen Schwierigkeiten werden für Ungarn also darin bestehen, ein Balance zwischen nationalen und internationalen bzw. EU-europäischen Interessen zu finden und dadurch einen Platz in einem vereinten Gesamt-Europa finden.

Literatur (verwendete & weiterführende)

Fischer, Holger: Kleine Geschichte Ungarns. Frankfurt am Main 1999.

Hefty, G. P.: Schwerpunkte der Außenpolitik Ungarns 1945-73. München 1980.

Hauszmann, Janosz: Ungarn: Vom Mittelalter bis zur Gegenwart, Regensburg 2004.

Kipke, Rüdiger: Ungarn. in: Bellers, Jürgen/ Benner, Thorsten/ Gerke, Ines M. (Hrsg.): Handbuch der Außenpolitik - Von Afghanistan bis Zypern. München 2001, S. 288-292.

Kristò, Gyulia: Die Geburt der ungarischen Nation. Herne 2000.

Richter, Sandor: Ungarn in: Neu, Michael/ Gieler, Wolfgang/ Bellers, Jürgen (Hrsg.): Handbuch der Außenwirtschaftspolitiken, Staaten und Organisationen. Münster 2004, Teilband 1.S. 838-842.

Orgonas, Gerhard: Mittendrin statt nur dabei? Die Außenpolitik der Republik Ungarn zwischen Westintegration und Minderheitenfrage: http://www.weltpolitik.net/Regionen/Europa/Ungarn/Analysen/Mittendrin%20statt%20nur%20dabei%3F.html, abgerufen am 30.06.2007.

VATIKAN

Sebastian Klappert

Historische Grunddaten	
1929	Lateranverträge mit Italien sichern Unabhängigkeit
1973	Beitritt OSZE
2002	Einführung des Euro (außerhalb der WWU)

Länderdaten

Name: Stato della Città del Vaticano/ Staat der Vatikanstadt, **Hauptstadt:** Città del Vaticano/ Vatikanstadt, **Regierungsform:** Souveränes Bistum (seit 1929), **Größe:** 0,44km^2, **Einwohnerzahl:** 821 (2007), **Landessprache:** Lateinisch, Italienisch, **BSP pro Kopf:** k.Ang., **Mitgliedschaft in Europäischen Organisationen:** Europarat (Beobachter), OSZE, **Mitgliedschaft in Internationalen Organisationen:** WTO (Beobachter)

***

Die Päpste als Operhäupter der katholischen Kirche haben die europäische und später die Weltpolitik seit mehr als 1500 Jahren geprägt. Spätestes mit dem Schiedsspruch Papst Zacharias im Jahre 751 über die Frage nach der königlichen Macht zugunsten des fränkischen Hausmeiers Pippins beginnt der politische Einfluss der Päpste durch die Verleihung des christlichen Königsheils als Herrschaftslegitimation. Im Gegenzug erhielt das Papsttum vom neu inthronisierten Herrscher 754 die "Pippinische Schenkung" und damit die territoriale Grundlage des späteren Kirchenstaates, der schließlich ganz Mittel- und Süditalien sowie Sizilien umfasste. Papst und Kaiser wurden die beiden universalen Ordnungsmächte des Mittelalters.

Der Einfluss des Papsttums schwand jedoch im ausgehenden Mittelalter erheblich, insbesondere unter dem Eindruck der Reformation, und kam spätestens 1870 durch die Eingliederung des Kirchenstaates in das neu entstandende italienische Königreich zum Erliegen. Die Päpste sahen sich seitdem als "Gefangene" im Vatikan und erst 1929 wurde dem Papst in den Lateranverträgen die Souveränität über den noch heute bestehenden Staat der Vatikanstadt zugesprochen.

Wenn nun von der Außenpolitik des Vatikans gesprochen wird, so muss hinsichtlich der Staatlichkeit und Völkerrechtssubjektivität des Vatikans auf eine Besonderheit hingewiesen werden: So ist der Papst zum einen staatliches Oberhaupt über den 1929 gegründeten "Staat der Vatikanstadt", der mit dem Gebiet um den Petersplatz und einigen innerhalb Roms liegenden exterritorialen Kirchen mit seinen 44 ha den kleinsten Staat der Welt bildet. Davon zu unterscheiden ist das Völkerrechtssubjekt "Heiliger Stuhl" als innerkirchliches Leitungsorgan, welches der Papst als religiöses Oberhaupt über die mehr als eine Milliarde Katholiken mithilfe der Kurie als päpstliche Verwaltungsinstitution lenkt. Demzufolge kann der Papst insbesondere bei der Wahrnehmung seiner politischen Aufgaben und bei der Teilnahme am diplomatischen Verkehr auf beide Völkerrechtssubjekte zugreifen, jedoch ist zu konstatieren, dass der Vatikanstaat selbst, abgesehen von der Regelung weniger Angelegenheiten mit dem italienischen Staat oder der Stadt Rom, praktisch keine Außenpolitik verfolgt. Der Vatikanstaat dient lediglich dem Schutz der Souveränität des Heiligen Stuhls, welcher der eigentliche Akteur der in der Weltpolitik ist, auch wenn es sich dabei um kein territorial-staatliches Völkerrechtssubjekt handelt.

Die Päpste des 19. Jahrhunderts waren über die wachsende Säkularisierung in Europa zutiefst besorgt. Angesichts der durchgreifenden Trennung von Staat und Kirche, dem Verlust politischer Privilegien und des gesellschaftlichen Einflusses, z.B. durch Einführung der Zivilehe und der staatlichen Schulaufsicht, gipfelt die päpstliche Gegnerschaft zu den modernen Zeitströmungen im Jahre 1864 in der die Irrtümer der modernen Zeit wie Liberalismus und Rationalismus verurteilenden Bulle "Quanta Cura" sowie 1870 mit der Verkündung der päpstlichen Unfehlbarkeit in Glaubensfragen auf dem Ersten Vatikanischen Konzil. So kam es auch zum Abbruch diplomatischen Beziehungen, beispielsweise 1904 mit Frankreich angesichts der Einführung staatlichen Schulunterrichts und 1910 angesichts des von allen Geistlichen zu schwörenden Antimodernisteneides.

Während des Ersten Weltkrieges scheiterten die Friedensmissionen Papst Benedikt XV. und sein umfassender Friedensplan wurde 1917 von den kriegsführenden Mächten ignoriert. Bedeutung erlangten jedoch die von der Kurie mit 82 Mio. Goldlira ausgestatteten Hilfswerke zur Linderung des Leids der Kriegsversehrten. In der Zwischenkriegszeit sah der Heilige Stuhl den Kommunismus wegen seiner Religions- und Kirchenfeindlichkeit als die gefährlichste Bedrohung für Welt und Kirche. Konsequenterweise unterstützte die Kurie antikommunistische Bewegungen und zeigt gewisse Sympathie für faschistische und damit die kirchliche Position zumindest anscheinend bewahrende Regime. Andererseits verschlechtern sich die diplomatischen Beziehungen zwischen dem Heiligen Stuhl und den faschistischen Staaten noch vor dem Ausbruch des

Zweiten Weltkrieges. So beispielsweise 1937 durch die Enzyklika “Mit brennender Sorge”, in der die religiöse Verfolgung von Katholiken und die Nichteinhaltung des 1933 mit Hitler geschlossenen Konkordats durch das deutsche Naziregime von der Kurie verurteilt werden. Die Rolle des Heiligen Stuhls, insbesondere Papst Pius XII., während des Zweiten Weltkrieges und seine Haltung zum Holocaust ist immer noch Gegenstand lebhafter Diskussion: Es ist zu betonen, dass der Heilige Stuhl diplomatisch gegen die Verfolgung der Juden protestierte, diesen Protest jedoch nie öffentlich formulierte. Ursächlich sind dafür neben der Persönlichkeit des asketischen Pius XII. und seinen Erfahrungen als apostolischer Nuntius in Berlin insbesondere die Angst, dass ein öffentlicher Protest die Interessen der leidenden Menschen verschlechtern könnte.

In der Nachkriegszeit leitete der Heilige Stuhl unter Johannes XXIII. einen innerkirchlichen Reformprozess ein, der seinen Höhepunkt 1965 im Abschluss des Zweiten Vatikanischen Konzils erreicht. Außenpolitisch betont das Konzilsdokument “Gaudium et Spes” die Bereitschaft der Kirche, sich aktiv an der Lösung der dringenden Menschheitsfragen in der Welt zu beteiligen und führt zu verstärktem weltpolitischem Engagement des Heiligen Stuhls. Während des Kalten Krieges ergreift der Heilige Stuhl zwar ideologisch Partei für den Westen, bemüht sich jedoch entschieden, den Frieden zwischen den feindlichen Blöcken zu wahren, so beispielsweise durch die Enzyklika “Pacem in terris” von 1963 mit der Forderung nach einem Ende des Rüstungswettlaufes.

Der Vatikan ist die letzte höfische absolutistische Monarchie Europas. Nach Artikel 1 der Verfassung des Staates der Vatikanstadt vereinigt der Papst alle legislative, exekutive und judikative Gewalt in einer Hand. So gehört die Außenpolitik, insbesondere die Beziehungen zu ausländischen Staaten und die Aufnahme diplomatischer Beziehung, zu den angestammten Kompetenzen des Heiligen Vaters, der diese an das Staatssekretariat delegiert.

Das Staatssekretariat ist die Institution der Römischen Kurie, die als Schaltzentrale mit insgesamt 250 Mitarbeitern am Nähesten mit dem Papst in Angelegenheiten der weltweiten Mission tätig wird. Das Staatssekretariat wird vom Kardinalstaatssekretär geleitet, welcher nach dem Papst die höchste Entscheidungskompetenz besitzt. Er empfängt im päpstlichen Namen die Staatsgäste, konferiert mit dem diplomatischen Personal, handelt Verträge aus und vertritt den Papst höchstpersönlich. Das Staatssekretariat ist in zwei Abteilungen gegliedert: Die Sektion für allgemeine Angelegenheiten und die Sektion für die Beziehungen mit den Staaten. Die erste Sektion unterstützt den Papst in Fragen seines täglichen Dienstes, insbesondere bezüglich der Sorge um die universale Kirche und die Dikasterien der Römischen Kurie. Darüber hinaus regelt sie die Aufgaben und Tätigkeiten der Vertreter des Heiligen Stuhls, vor allem gegenüber den Ortskirchen und kümmert sich um alle die diplomatischen Vertreter beim Heiligen Stuhl betreffenden Angelegenheiten. Ferner obliegt der ersten

Sektion die Redaktion der ihr vom Papst anvertrauten Dokumente, die Bearbeitung der Unterlagen für die Ernennungen der Römischen Kurie und die Aufbewahrung von Bleisiegel und Fischerring. Schließlich beaufsichtigt sie die offiziellen Mitteilungsorgane des Heiligen Stuhls.

Der Sektion für die Beziehungen mit den Staaten kommt die eigene Aufgabe zu, die Angelegenheiten zu erledigen, die mit den Regierungen verhandelt werden müssen. So gehören zu den Kompetenzen der Zweiten Sektion insbesondere die Aufnahme diplomatischer Beziehungen des Heiligen Stuhls mit ausländischen Staaten, die Vertretung des Heiligen Stuhls bei internationalen Organisationen und Konferenzen, der Abschluss von völkerrechtlichen Verträgen mit dem Heiligen Stuhl, die als Konkordate bezeichnet werden. Der Heilige Stuhl verfügt über ein umfangreiches Netz an diplomatischen Vertretungen (Nuntiaturen genannt), Bischöfen, Priestern und Ordensleuten in der ganzen Welt, so dass ohne Zweifel behauptet werden kann, es handle sich um den best informiertesten Palast in der Welt.

Der Heilige Stuhl unterhält diplomatische Vertretungen zu 174 Staaten, darunter Israel, die USA, arabische Staaten und andere islamische Länder. Diplomatische Beziehungen bestehen darüber hinaus zur Europäischen Union und dem Souveränen Malteser Ritterorden. Ferner gibt es besondere Beziehungen zur Russischen Föderation und sogar der PLO. Der Heilige Stuhl ist darüber hinaus besonders in internationalen Organisationen engagiert und hat einen Beobachterstatus bei der UNO, da die selbst gewählte Neutralitätsverpflichtung des Heiligen Stuhls eine volle Mitgliedschaft bei den Vereinten Nationen verhindert. Dennoch ist der Heilige Stuhl Mitglied in zahlreichen internationalen und regionalen Organisationen, beispielsweise in der IAEA, OPCW, UNHCR. Der Heilige Stuhl ist ständiger Beobachter beim Europarat, bei der Afrikanischen Union, der Organisation Amerikanischer Staaten, hat eine Delegation in der Arabischen Liga und partizipiert als Mitglied in der OSZE.

Zu den Hauptzielen des Heiligen Stuhls bei seinem Engagement in der Welt gehört der Kampf für die Wahrung und Verteidigung des Frieden unter Betonung der Notwendigkeit strikter Einhaltung internationaler Verträge und des allgemeinen Völkerrechts sowie die bedingungslose Einhaltung der Menschenrechte, insbesondere gegenüber den Schwächsten - Kinder, Frauen, Flüchtlingen. Ferner setzt sich der Heilige Stuhl mit Nachdruck für die Überwindung der sozialen Ungleichheit durch den Abbau von sozialer Ungerechtigkeit, durch Anerkennung natürlicher Gleichheit und Freiheit der Menschen sowie durch die Überwindung von Hunger und Not ein. Darüber hinaus bemüht sich der Heilige Stuhl international um den Rüstungsabbau und Ausgabenreduzierungen beim Waffenhandel armer Staaten, ferner um die Konsolidierung des Friedens und die Armutsbekämpfung durch Bemühungen um die Reduzierung der Auslandschulden, sowie die Öffnung des Welthandels und Unterstützung der innerstaatlichen Wirtschaftsentwicklung. Diese Zielsetzungen erklären die Beteiligung des Heiligen Stuhls und seine Anstrengungen in ausgewählten internationalen Organisationen. Doch gerade angesichts des Fehlens realpolitischer und militärischer Macht und angesichts mangelnder finanzieller oder politsicher Druckmittel ist der Heilige Stuhl, repräsentiert durch den Heiligen Vater, auf die Kraft des Wortes angewiesen: der Papst kann seinen Einfluss nur aufgrund seiner Person als charismatischer und glaubwürdiger Verteidiger für Frieden, Gerechtigkeit und Menschenrechte behaupten. Somit erklären sich auch die Mittel, deren sich der Heilige Vater zur Durchsetzung seiner Ziele bedient: Neben den diplomatischen Bemühungen ist insbesondere seit dem Pontifikat Johannes Paul II. eine Reisepolitik anzuführen, die den Heiligen Vater auf über hundert Auslandsreisen als Pontifex, als Brückenbauer zwischen dem Evangelium und den Menschen in die Welt geführt hat, um durch seine Präsenz den Menschen Mut und Kraft zu spenden und gleichzeitig durch seine Ausstrahlungswirkung auf die politisch Verantwortlichen einzuwirken und die Weltöffentlichkeit auf die Probleme und Anliegen der bereisten Länder zu lenken.

Der Heilige Stuhl im Allgemeinen und Papst Johannes Paul II. im Besonderen haben mit Nachdruck den Fall des Eisernen Vorhangs und das Ende des Kalten Krieges unterstützt. Diplomatische Anstrengungen fruchteten insbesondere durch Verhandlungen im Rahmen der OSZE, vor allem jedoch gsb die Reise Papst Johannes Paul II. in sein Heimatland Polen im Jahre 1979 und seine Rede, in welcher er deutlich die moralische Legitimation des totalitären sozialistischen Regimes in Polen infragestellte, den Menschen hinter dem Eisernen Vorhang Mut und unterstützte die Entwicklung der politischen Opposition Solidarność.

Nach dem Ende des Kalten Krieges mahnte der Heilige Stuhl gegenüber dem siegreichen Westen, sein kapitalistischen System nicht in ein zügelloses Freiheits- und Konsumdenken pervertieren zu lassen und betonte die Notwendigkeit zur Schaffung weltweiter Sozialsysteme zum Schutz der Armen. Der Heilige Vater setzt sich mit Nachdruck für die Überwindung der europäischen Spaltung ein und unterstützt die europäische Integration und Erweiterung unter Wahrung des christlich-abendländischen Erbes.

Für den Heiligen Stuhl besteht die Zeit nach dem Kalten Krieg aus der Notwendigkeit zur Integration der Staatengemeinschaft in das kollektive Friedenssystem der Vereinten Nationen, um ein neues Verständnis von internationaler Politik in Form eines gemeinsamen Bemühens um eine friedliche und freiheitlich-gerechte Weltordnung zu schaffen. Johannes Paul II. unternahm daher zahlreiche apostolische Auslandsreisen, insbesondere in Länder, in denen Freiheit und Würde der Menschen bedroht waren: So beispielsweise der Besuch des philippinischen Diktators 1981, die Reise in das Sandinisten-Regime Nicaraguas 1983, zu Chiles Diktator Pinochet 1987, in den von islamischen Radikalen regierten Sudan 1993 und in Kuba unter Fidel Castro 1998. Diese Reisepolitik des

Heiligen Vaters und sein unermüdlicher Einsatz für die unantastbare Würde des menschlichen Lebens in den unterdrückten Ländern sowie das entschiedene diplomatische Werben für eine Annäherung der Nationen und die friedliche Beilegung internationaler Konflikte gehören zu den Säulen der vatikanischen Außenpolitik in der Ära nach dem Kalten Krieg.

Angesichts moderner terroristischer Bedrohungen sieht der Heilige Stuhl eine besondere Verpflichtung zur Stellungnahme: Terroristische Gewalt steht im Widerspruch zum Glauben und ist eine gefährliche und falsche Profanisierung von Religion - das Töten von Menschen im Namen Gottes gilt als blasphemischer Akt und eine Pervertierung der Religion. Daher unterstreicht der Heilige Stuhl die Legitimität des Kampfes gegen den Terrorismus. Gerade die Existenz des internationalen Terrorismus zeigt die Notwendigkeit zur Bildung eines effektiveren kollektiven Sicherheitsnetzes unter dem Dach der Vereinten Nationen. Gleichzeitig lehnt der Heilige Stuhl jedoch eine militärische und gewaltvolle Lösung ab. Daher opponierte Papst Johannes Paul II. 2003 mehrmals und entschieden gegen die amerikanisch geführte Invasion in den Irak und entsandte eine Delegation nach Washington, um die Regierung zum Abbruch des Krieges zu bewegen. Nach Ansicht des Heiligen Stuhls kann Terrorismus nicht mit Gewalt bekämpft werden, da diese nur erneute Wellen der Gewalt verursacht. Daher kann die internationale Staatengemeinschaft die terroristische Bedrohung nur durch die Untersuchung der Ursachen und durch den Eintritt in einen konstruktiven Dialog überwinden. Gute diplomatische Beziehungen, die Akzeptanz kultureller, politischer und ideologischer Unterschiede und die Reduzierung des Waffenhandels sind nach der Haltung des Heiligen Stuhls unverzichtbare Voraussetzungen für diese existenziellen Anstrengungen.

Der Heilige Vater unterstreicht die Bedeutung des Glaubens als einen Garant für die Schaffung von Frieden. Auch wenn der Papst als Vertreter der katholischen Kirche spricht, so bestätigt und unterstützt er die Bemühungen anderer christlicher Religionsgemeinschaften und der Gläubigen anderer Religionen als Zeugen der Gerechtigkeit und der Freiheit. Für den Heiligen Stuhl gehört es zu den wichtigsten Zielen, die Perspektive von einer friedlichen Welt zu zeigen, und als Repräsentant der Christenheit betont er seine Verantwortung für Frieden und die Einheit der „Menschenfamilie“. So erinnert der Heilige Vater die internationale Gemeinschaft an die Notwendigkeit des Respekts des menschlichen Lebens, an die Verteidigung der unveräußerlichen Menschenwürde, die Akzeptanz internationalen Rechts, die Durchsetzung sozialer Gerechtigkeit und an den Schutz der Umwelt.

2004 wurde Papst Johannes Paul II. mit dem Außerordentlichen Internationalen Karlspreis in Würdigung seiner Anstrengungen für die Einigung Europas, für den Frieden und die Verteidigung der europäischen Werte ausgezeichnet. Als Pontifex möchte der Papst als Brücke und Vermittler zwischen der säkularen und spirituellen Welt gesehen werden. Auch nach seinem Tode im April 2005 und der Wahl Kardinal Ratzingers zum Papst Benedikt XVI. wird an diesem außenpolitischen Anspruch festgehalten werden. Nicht umsonst betonte Benedikt XVI. in seiner ersten Ansprache an das beim Heiligen Stuhl akkreditierte Diplomatische Corps im Mai 2005, an dem Bau einer Welt des Friedens und der Brüderlichkeit beitragen zu wollen. So wird die Außenpolitik des Heiligen Stuhles auch in Zukunft fortgesetzt werden, um der Menschenfamilie zu dienen und um Frieden, Gerechtigkeit und Freiheit in der Welt zu fördern.

Literatur (weiterführende & verwendete)

Brechenmacher, Thomas: Der Vatikan und die Juden. München 2005.

Besier, Gerhar: Der Heilige Stuhl und Hitler Deutschland. München 2004.

Casaroli, Agostino: Der Vatikan und die Völkergemeinschaft. Berlin 1981.

Godman, Peter: Der Vatikan und Hitler. München 2005.

Riemeck, Renate: Moskau und der Vatikan von 988 bis zur Gegenwart. Berlin 1988.

Ring-Eifel, Ludwig: Weltmacht Vatikan. München 2004.

Rossi, Fabrizio: Der Vatikan. München 2004.

WEIßRUSSLAND

Henning Wirtz

HISTORISCHE GRUNDDATEN

1795	Weißrussland fällt unter russische Herrschaft
1915-1918	Besetzung durch Deutschland
1919	Gründung der Weißrussichen Sowjetrepublik
1939	Weißrussland gewinnt Gebiete von Polen
1941-1944	Besetzung durch Deutschland
1945	Beitritt UN
1990	Unabhängigkeitserklärung Weißrusslands (von UdSSR)
1991	faktische Unabhängigkeit, Beitritt GUS
1992	Beitritt OSZE
1992-1995	Sondergast des Europarats
1994	demokratische Verfassung
1996	Zollunion mit Russland, Kasachstan, Kirgistan, Tadschikistan, Staatsstreich Lukaschenkos
1998	Beitritt Bewegung Blockfreier Staaten, Drosdy-Skandal, Ausgrenzung westlicher Botschafter
2004	erneute Verfassungsänderung zugunsten des Präsidenten

LÄNDERDATEN

Name: Respublíka Belarus'/ Republik Weißrussland, **Hauptstadt:** Minsk (1.741.371 Einwohner (2004)), **Regierungsform:** Präsidialrepublik (seit 1994), **Größe:** 207.595km^2, **Einwohnerzahl:** 9.724.723 (2007), **Landessprache:** Russisch, Weißrussisch, **BSP pro Kopf:** 7.800 USD (2006), **Mitgliedschaft in Europäischen Organisationen:** CEI, EAPC, ECE, PfP, OSZE, **Mitgliedschaft in Internationalen Organisationen:** Bewegung blockfreier Staaten, GUS, UN, WTO (Beobachter)

Die Republik Weißrussland, wie sie völkerrechtlich offiziell bezeichnet wird, ist allerdings in Realität durch die autoritäre Amtsführung des amtierenden Präsidenten Aleksandr Lukaschenko mehr als Diktatur denn als Republik anzusehen - auch weil der amtierende Präsident in der Vergangenheit mehrfach durch gefälschte Referenden die Verfassung zu seinem persönlichen Vorteil ändern lassen hat. In den heutigen Grenzen ist das Land ein Staat ohne eine einzige Meeresanbindung in Mittel- bzw. Osteuropa, östlich von Polen gelegen.Diese zentral-kontinentale Lage bringt es mit sich, dass die Republik Weißrussland auch ein sehr multinationaler Staat mit vielen unterschiedlichen Ethnien und Bevölkerugnsgruppen sowie einem hohen Ausländeranteil ist. Gemäß einer weißrussichen Erhebung betrug der Ausländeranteil im Jahre 1999 18,8%. Dies ist unter anderem auch darauf zurückzuführen, dass das Staatsgebiet der heutigen Republik Weißrussland in den vergangenen Jahrhunderten mehmals den jeweiligen Zugehörigkeitsbereich gewechselt hat.

Dieses Gebiet gehörte in der Vergangenheit bereits zu Polen, dem Großherzogtum Litauen, dem russischen Zarenreich und zuletzt zur UdSSR. Die Bevölkerung der Republik Weißrussland hat daher zum einen keine staatsbürgerliche Tradition entwickeln können und zum anderen ist dies auch bis heute nicht gelungen, da die Bevölkerung trotz zweier dominierender Sprachen in sich doch als heterogen anzusehen ist und daher auch eine einheitliche Position der verschiedenen Bevölkerungsgruppen nur schwer zu erreichen sein wird.

Die Unabhängigkeit konnte erst 1991 endgültig erlangt werden, weshalb die Politik und die Bevölkerung in Weißrussland in den letzten 1½ Jahrzehnten vor allem damit beschäftigt war, das meist schwierige Erbe der Vergangenheit einvernehmlich zu bewältigen. Hierzu zählten vor allem die Schaffung einer einheitlichen Verfassung mit Minderheitenrechten, Ausländerrechten und die Einführung der Landessprachen Russisch (wird von mehr als 67% der Bevölkerung gesprochen) und Weißrussisch. Bis heute werden alle politischen Veranstaltungen auf russisch abgehalten und die Medien müssen russisch als Sprache verwenden - dies gilt ebenso für den Schulunterricht und für die Hochschulen des Landes.

Die Heterogenität der Bevölkerung und die damit verbundene politische Uneinigkeit ermöglichten es dem Populisten Lukaschenko, sich in das Amt des Präsidenten putschen zu können. Ein weiterer Grund für den Erfolg von Lukaschenko ist darin zu sehen, dass auch die Republik Weißrussland nach dem Zusammenbruch der UdSSR mit massiven wirtschaftlichen Schwierigkeiten und Transformationsprozessen zu kämpfen hatte. Hinzu kommt außerdem, dass die jeweiligen Angehörigen der Minderheiten nicht in die weißrussische Gesellschaft integriert sind, sondern sie vielmehr in ihren eigenen Vierteln innerhalb der Städte leben und sich somit nicht nur untereinander sondern auch gegenüber der weißrussischen Gesellschaft abschotten, wodurch ebenfalls kein einheitliches Nationalgefühl entstehen kann. Dies ist jedoch eine Tendenz, die auch in den westlichen Staaten Europas deutlich zu beobachten ist - vor allem in der Bundesrepublik Deutschland wurde darüber in der jüngsten Vergangenheit auf politischer Ebene ausgiebig debattiert und gestritten.

Die Minderheitenrechte werden in der Republik Weißrussland durch die allgemein gültigen Richtlinien des Völkerrechts bestimmt und durch die Verfassung der Republik Weißrussland vertieft. So hat z.B. jeder Angehöriger einer Minderheit das Recht auf freie Entfaltung seiner Kultur und der Staat ist verpflichtet darauf zu achten, dass dies auch tatsächlich gelingen kann. Die republik Weißrussland ist auch einer Vielzahl an Verträgen und Abkommen beigetreten, die die Problematik von Ausländern und Minderheiten behandeln; vor allem solchen Abkommen, die Personengruppen zum Gegenstand haben, die in beträchtlicher Zahl in der Republik Weißrussland leben. Hierzu zählen vor allem Polen, Litauen, der Ukrainer, Usbeken, Russen, Kasachen. Kirgisen sowie Deutsche, da es ebenfalls eine relativ starke deutsche Minderheit in Weißrussland gibt - dies sind also vor allem Menschen aus den unmittelbaren und mittelbaren Nachbartaaten der Republik Weißrussland.

Obwohl die Heterogenität der Gesellschaft auffallend ist und auch die Abgrenzungstendenzen klar sichtbar sind bzw. diese Abgrenzungen auch offen vollzogen werden, ist es dennoch bis zum heutigen Tage nicht zu einem offenen Konflikt zwischen einzelnen oder mehreren Minderheitengruppen in Weißrussland gekommen. Dies mag man auch darauf zurückführen, dass das quasi-diktatorische Regime Lukaschenkos einen solchen Konflikt bereits im Keim, notfalls auch mit der Anwendung von exzessiver Gewalt, verhindern würde. Man kann wohl auch sagen, dass die jeweiligen Minderheiten sehr gut „aneinandervorbeileben" können und dabei trotzdem in der Lage sind, eine Gesellschaft zu bilden, die freidlich und ohne Konflikte zusammenleben kann. Die Politik der Republik Weißrussland hat sich in der Vergangenheit vor allem mit den notwendigen Transformationsprozessen in der Wirtschaft befassen müssen. Auch wenn die Republik Weißrussland nach dem Ende des Zweiten Weltkrieges durch die Wirtschaftspolitik der UdSSR, vor allem durch die Ansiedlung von metallverarbeitender Industrie und Militärindustrie, als für den Osten sehr modern galt, wurde der Anschluss an ein marktwirtschaftlich orientiertes System nach 1991 verpasst. Hinzu kommen allerdings noch einige weitere Probleme: Erstens muss es Lukaschenko gelingen, sein System auf die ein oder andere Art am Leben zu halten, ohne das es zu einem größeren Koflikt oder gar einer Revolution kommt. Dies benötigt jedoch Ressourcen, die besser in andere Bereiche investiert werden könnten. Zum anderen muss die Außenwirtschaftspolitik weiter auf die Bedürfnisse der EU-Staaten abgestimmt werden. Bereits heute ist die EU sowohl der Hauptimporteur für Waren aus Weißrussland als auch der wichtigste Exporteur für Waren die Weißrussland einführt.

Die Beziehungen mit Russland dagegen werden trotz eines Unionsvertrages immer wieder auf eine harte Probe gestellt, denn auch wenn man die beiden politischen Systeme mit einigem Zynismus beinahe gleichsetzen kann und darf, so ist doch auffallend, dass Russland mit einiger Regelmäßigkeit den wirtschaftlichen Druck auf Weißrussland massiv erhöht. Dies geschah in der Vergangenheit vor allem durch eine drastische Anhebung der Preise für Erdgas und Erdöl, auf deren Import Weißrussland für seine Wirtschaft existentiell angewiesen ist. Die Preise für die übrigen Importgüter erhöht Russland ebenfalls von Zeit zu Zeit um teils drastische prozentuale Steigerungen.

Allerdigns bringt die weißrussiche Wirtschaft bis heute nicht die nötigen Voraussetzungen mit, die nötig wären, um zu einem Wandel innerhalb der Wirtschaftspolitik führen zu können, denn bis heute beschreitet das Land eine Wirtschaftspolitik, die sich sehr nah an den alten überholten Vorstellungen des gelenkten Marktes der kommunistischen Regime orientiert. Weißrussland auch in Zukunft auf Importe von russischen Rohstoffen angewiesen, was allerdings geographisch bedingt ist, da es in Weißrussland nicht genügend große Rohstoffvorkommen gibt. Auf der anderen Seite ist Weißrussland aber auch auf den Import von hochwertigen technologischen Erzeugnissen, hauptsächlich aus den EU-Staaten, angewiesen, da die eigene Industrie auch heute noch, gemäß der alten kommunitischen Doktrin, mehrheitlich auf die Produktion von Schwerindustrieerzeugnissen ausgerichtet ist. Die metallverarbeitende Industrie ist der dominierende Wirtschaftsfaktor in Weißrussland. Hochwertigere und höher technologisierte Produkte wurden in Weißrussland erst in letzter Zeit vermehrt produziert, so dass es möglich ist, dass das Land auf wirtschaftlicher Ebene die richtige Entwicklung nimmt.

Das System Lukaschenko, das erst mit der Zeit autoritär- oder gar diktatorisch wurde, wurde erst durch die Wahl Lukaschenkos zum Präsidenten Weißrusslands im Juli 1994 ermöglicht. Aus dieser Wahl ging Lukashenko, der rund 82% aller Stimmen erhielt als der klare Sieger hervor. Dies konnte gelingen, weil sich Lukaschenko in dem von Krisen geplagten Land als Populist von seiner besten Seite gezeigt hatte und der Bevölkerung versprochen hatte, mit harter Hand für Recht und Ordnung zu sorgen.

Die hohen Wahlsiege Lukaschenkos bei der ersten Präsidentenwahl und auch beim ersten Referendum über eine Verfassungsänderung bewegten ihn dazu, dass er mehr und mehr Machtbefugnisse auf seine Person bzw. das Amt des Präsidenten übertrug. Das Referendum, das dann schließlich im November 1996 über eine neuerliche Verfassungsänderung abstimmte, wurde von der Mehrheit des weißrussichen Parlaments, des Verfassungsgerichts und auch von zahlreichen Oppositionsgruppen als gefälscht angesehen. Die EU sieht dieses Referendum ebenfalls als gefälscht an.

Lukaschenko gelang es dennoch, an der Macht zu bleiben und diese sogar in der Folge weiter auszubauen und das heutige quasi-diktatorische System zu installieren, in dem die demokratischen Institutionen, die formell immer noch bestehen, nur noch als ein schönes Beiwerk anzusehen sind.Gleiches gilt für die Bevölkerung, die auch nur noch auf dem Papier die Macht hat, durch Wahlen Veränderungen zu bewirken. Weißrussland ist aus diesem Grund trotz seiner Mitgliedschaft in zahlreichen internationalen Organisationen international weitgehend isoliert und nur auf dem Gebiet der Wirtschaft findet so etwas wie ein geregelter Austausch staat, wenn man einmal von den etwas besseren Beziehungen zu Russland absieht, dem sich Lukaschenko zumindest ideologisch nahe fühlen wird.

Ein weiterer Machtfaktor Lukaschenkos ist zum einen die Macht, die er über die Medien in Weißrussland ausübt und die aus diesem Grund auch stark zensiert sind, sowie auch die massive Einschränkung der Meinungsfreiheit in Weißrussland. Hier ist es möglich, nur für geringfügige Kritik am Präsidenten für zwei Jahre in ein Straflager geschickt zu werden.

Für die Zukunft ist aber dennoch zu erwarten, dass bei aller noch immer bestehender Machtfülle des „letzten Diktators Europas",das System der Autokratie in Weißrussland überwunden werden kann. Mag der Präsident auch noch die uneingeschränkte Kontrolle über die Justiz, die Medien, die Wirtschaft und den ohnehin loyalen Sicherheitsapparat innehaben und auch noch immer über eine Stammwählerschaft von ungefähr 20-30% der Bevölkerung verfügen, so sind in der letzten Zeit dennoch wiederholt Bestrebungen sichtbar, die das autoritäre quasi-diktatorische System in ernsthafte Gefahr bringen oder es sogar komplett obsolet machen können.

Diese Faktoren sind unter anderem der weitere Verfall der weißrussischen Wirtschaft und die dadurch auch immer weiter wachsende Unzufriedenheit der Bevölkerung, was letztlich auch der Hauptgrund für das Scheitern der kommunistischen Systeme im übrigen Europa etwas mehr als 15 Jahre zuvor war. Dazu kommt weiterhin noch, dass sich immer wieder trotz Verbotes und schwerster zu befürchtender Repressalien neue Oppositionsgruppen bilden, die das System kritisieren, sowie der immer weiter schwelende Konflikt mit Russland und die steigende Einflußnahme der EU.

Deshalb haben sich auch die Möglichkeiten Lukaschenkos in den vergangenen Jahren immer weiter eingeengt und Weißrussland wurde immer weiter isoliert. So verfügte die EU eine „Kontaktsperre", die aber zwischenzeitlich wieder weitgehend aufgehoben wurde, weil sie ohnehin in der EU keinerlei Auswirkungen hatte. Darüber hinaus bildet sich selbst innerhalb der loyalen weißrussischen Führungselite mittlerweile eine Fraktion, die nach dem Ende des Regimes Lukaschenkos entweder dessen Regime rasch beseitigen und die nötigen demokratischen und wirtschaftlichen Reformen durchführen könnte oder sogar in der

Lage wäre, das Ende Lukaschenkos selbst in die Hand zu nehmen und Lukaschenko seines Amtes zu entheben. Ein weiterer Faktor hierbei ist der Einfluss Russlands: durch die ideologische Nähe Weißrusslands zu Russland ist es nahezu unmöglich, Veränderungen in Weißrussland zu beginnen, wenn sie den Interessen Russlands entgegenstünden. Somit muss Russland selbst eine zentrale Rolle in diesem Wandlungsprozess übernehmen, was aber wiederum das Problem birgt, dass sich in jüngster Zeit auch Russland weiter in Richtung eines autoritären System zu entwickeln scheint.

Die Prognosen für Weißrussland sind daher auch zum einen recht schwierig, zum anderen ist es auch mit großen Schwieirgkeiten verbunden, einen Systemwechsel in Weißrussland durchführen zu können - die hierfür entscheidenden Faktoren wurden soeben aufgezählt. Von den Gefahren, die ein solches Vorhaben mit sich bringt braucht man an dieser Stelle überhaupt nicht zu sprechen.

LITERATUR (VERWENDETE & WEITERFÜHRENDE)

Beyrauch, D./ Lindner, R.: Handbuch der Geschichte Weißrusslands. Göttingen 2001.

CIA World Fact Book: Belarus. https://www.cia.gov/library/publications/the-world-factbook/geos/bo.html, abgerufen am 18. September 2007.

Fischer, S.: Die russische Politik gegenüber der Ukraine und Weißrussland. Bonn 2007.

Gojczyk, G.: Übergang zur Demokratie?: transformationstheoretische und praktische Entwicklungsmöglichkeiten post-autoritärer Staaten im überregionalen Vergleich Lateinamerika (Chile) und Osteuropa (Belarus und Ukraine). Giessen 2007.

Hofbauer, H.: Mitten in Europa. Wien 2006.

Holtbrügge, D.: Weißrussland. München 2002.

Hutter, F.-J./ Speer, H./ Tessmer, C. (Hrsg.), Das gemeinsame Haus Europa-Menschenrechte zwischen Atlantik und Ural. Baden-Baden 2005.

Kosenok, I.: Transaktionskosten und ökonomische Effizienz im Agrarsektor Weißrussalnds unter besonderer Berücksichtigung eines möglichen WTO-Beitritts- eine quantitative Analyse. Göttingen 2006.

Lindner, R.: „Präsidentschaftswahl" in Belarus- autoritäres Regime, abhängige Staatswirtschaft, internationale Isolation. Berlin 2006.

Scharff, R.: Belarus zwischen Europa und Russland. Osnabrück 2001.

Silitski, V.: Sonderfall Lukaschenko. Bonn 2007.

Spiegel-Online: Weissrussland: Kritik am Präsidenten- zwei Jahre Straflager. http://www.spiegel.de/politik/ausland/0,1518,504726,00.html, abgerufen am 9. September 2007.

Steinsdorff, S.v.: Das politische System Weißrusslands (Belarus). in: Ismayr, W. (Hrsg.): Die politischen Systeme Osteuropas. 2. Auflage. Opladen 2004, S. 429-468.

Timmermann, H.: Belarus. in: Petri, M./ Schnier, U./ Bellers, J. (Hrsg.), Handbuch der transitorischen Systeme, Diktaturen und autoritären Regime der Gegenwart. Berlin 2006, S. 133-140.

ZYPERN

Kyriako Demetrio & Jörg Noldin

HISTORISCHE GRUNDDATEN

1571-1878	Osmanische Herrschaft
1878-1960	Britische Herrschaft
1955-1959	griechischer Guerillakampf gegen die Britische Herrschaft
1960	Unabhängigkeitserklärung (von Großbritannien), Beitritt UN
1961	Beitritt Europarat, Beitritt Bewegung Blockfreier Staaten
1963-1964	Spannungen zwischen griechischen und türkischen Zyprioten eskalieren, Stationierung einer UN Mission
1973	Beitritt OSZE
1974	Militärputsch, Besetzung des Nordens durch türkische Truppen, Teilung Zyperns
1983	Unabhängigkeitserklärung der international nicht anerkannten Türkischen Republik Nordzypern
1995	Beitritt WTO
2003	Grenzöffnung zwischen Norden und Süden
2004	Südzypern stimmt gegen und Nordzypern für die Wiedervereinigung, Beitritt Europäische Union, Austritt Bewegung Blockfreier Staaten

LÄNDERDATEN

Name: Kypriakí Dimokratía (Kıbırs Cumhuriyeti)/ Republik Zypern, **Hauptstadt:** Levkosía/ Nikosia (275.000 Einwohner (2007)), **Regierungsform:** Präsidialrepublik (seit 1960), **Größe:** 9.251km^2, **Einwohnerzahl:** 788.457 (2007), **Landessprache:** Griechisch/ Türkisch, **BSP pro Kopf:** 22.700 (2006), **Mitgliedschaft in Europäischen Organisationen:** Commonwealth, EBRD, ECE, EU, Europarat, OSZE, **Mitgliedschaft in Internationalen Organisationen:** UN, WTO

Zypern ist eine Insel und liegt im östlichen Mittelmeer, keine 100 km vom türkischen Festland entfernt. Die Geschichte der Insel ist von den vielfältigen Besetzungen durch Groß- und Regionalmächte geprägt. Seit ca. 300 Jahren vor unserer Zeitrechnung war sie ein Teil des hellenischen Raums, danach des Römische Reiches und, des Oströmischen Reiches bzw. Byzantinischen Reiches. Im Mittelalter wurde die Insel im Rahmen der Kreuzzüge besetzt und stand lange Zeit unter der Kontrolle der Republik Venedig. Diese Epoche endete mit der Eroberung durch die Osmanen im 16. Jahrhundert. Aus dem Kern des Osmanischen Reiches entstand zu Beginn des 20. Jahrhunderts die Türkische Republik. Im Rahmen des Berliner Kongresses von 1878 musste das Osmanische Reich Zypern an das Britische Empire abtreten. Jedoch galt die Insel formell noch als Teil des Osmanischen Reich. Dies änderte sich am 10. März 1925, die Insel auch offiziell dem Britischen Empirezugesprochen wurde.

Nach dem Zweiten Weltkrieg wurde auf Zypern die Unabhängigkeitsbewegung aktiv. Jedoch waren sich die beiden großen Volksgruppen, griechische und türkische Zyprioten, nicht einig, wie die Unabhängigkeit von Großbritannien aussehen sollte. Die hellenische „Nationale Organisation der zypriotischen Kämpfer “ (EOKA) wollte den Anschluss an Griechenland. Die „Türkische Verteidigungsorganisation“ (TMT) wollte als Reaktion auf das Ziel der griechischen Zyprioten, die Teilung der Insel in einen griechischen und türkischen Teil. Das Vereinigte Königreich reagierte auf den Unabhängigkeitskrieg mit dem Motto „Teile und Herrsche“. Besonders die TMT wurden vom Vereinigten Königreich gegen die EOKA ausgespielt. Am 10. Oktober 1959 kam es zum Zürich-London-Abkommen mit den Garantiemächten, dem Vereinigten Königreich, Griechenland und der Türkei. In diesem Rahmen wurde ein kompliziertes Verfassungskonstrukt entwickelt, dessen Ziel die Partnerschaft der ethnischen Gruppen war. Gleichzeitig bedeutete das Zürich-London-Abkommen die Einschränkung der zypriotischen Souveränität, da die „Aufrechterhaltung der vertraglichen Ordnung“, die von den Garantiemächten erarbeitet worden war, im Vordergrund stand.

Die Insel war und ist für alle Garantiemächte auf Grund ihrer geostrategischen Lage von besonderer Bedeutung. Sie ist das Bindeglied zwischen Asien und Europa, liegt in der Nähe der Krisengebiete im Nahen Osten und gilt als eine Art stationärer „Flugzeugträger“. Am 16. August 1960 erfolgte die Unabhängigkeit vom Vereinigten Königreich.

Die nachfolgende Zeit ist von den Ereignissen des Kalten Krieges geprägt. Die USA waren für verschiedene Optionen offen, um das „Zypernproblem“ zu lösen, wobei Stabilität der NATO und des östlichen Mittelmeerraum Vorrang hatten. Die UdSSR war bestrebt, den Konflikt am Leben zu erhalten, damit die Südostflanke der Nato geschwächt bliebe. Im Fall Zyperns wurde der Ost-West-Konflikt jedoch von der Zypernfrage und dem griechisch-türkischen Konflikt überlagert. In den folgenden drei Jahren erfolgte zunächst eine Politik der allseitigen Freundschaft, deren Ziel es war, freundschaftliche Beziehungen zu allen unmittelbaren Nachbarstaaten aufzubauen. In dieser Zeit trat die Republik Zypern mehreren internationalen Organisationen bei: am 21. September 1960 den Vereinigten Nationen, am 14. März 1961 dem Commonwealth und am 14. Mai 1961 dem Europarat.

Athen beanspruchte für die hellenische Peripherie, somit auch für Zypern, außenpolitische Richtlinienkompetenzund erkannte zwar die Souveränität des Staates offiziell an, forderte aber die Abwicklung der zypriotischen Außenpolitik über Athen. Dem widersprach aber die damalige zypriotische Administration, woraufhin es am 09. September 1961 sogar zu einem Militärhilfe-Abkommen mit der UdSSR kam. Im Jahr 1961 erfolgte der Beitritt in die Bewegung der blockfreien Staaten. Die Vertretung des türkischen Bevölkerungsteils war gegen diesen Beitritt, wodurch deutlich wird,, dass die Außenpolitik vom griechischen Teil dominiert wurde, da das Vetorecht des türkischen Vizepräsidenten in außenpolitischen Fragenoft unterlaufen wurde.

Diese Praktik wurde von der EOKA gefördert. Im Dezember 1963 versuchte der damalige Präsident, Erzbischof Makarios, das verfassungsrechtliche Vetorecht der türkischen Zyprioten aufzuheben. Dies führte zu Unruhen, die bis in einen Bürgerkrieg ausuferten. Dies veranlasste die Vereinten Nationen am 04.März 1964 Peacekeepertruppen (UNFICYP) nach Zypern zu entsenden. Diese UN-Mission läuft noch heute. Die Generalversammlung der UN hatte in diesem Rahmen beschlossen, dass als einzige legitimierte Nachfolgevertretung für die ganze Insel Zypern die Republik Zypern anerkannt wird. Die Differenzen Makarios mit Athen verstärkten sich und die Putschgefahr der zypriotischen Nationalgarde stieg. So wandte sich die Außenpolitik Zyperns mehr der UdSSR zu. Nichts desto trotz erfolgte am 19.Dezember 1972 ein Assoziierungsabkommen mit der EWG, welches aufgrund der Ereignisse von 1974 weitgehend eingefroren wurde. Der bürgerkriegsähnliche Zustand verstärkte die Gefahr einer türkischen Intervention, was zu erneuten Ersuchen um militärischer Hilfe bei der UdSSR führte. Am 15. Juli 1974 erfolgte der Putsch gegen Makarios durch die Nationalgarde, angezettelt von Athen. Der vorläufige Präsident galt als ein „Türkenhasser“, wodurch sich Ankara veranlasst sah, einzugreifen, um eine Vereinigungsbestrebung mit Griechenland zu verhindern. Im August 1974 besetzten die Türken den Nordteil der Insel (36 Prozent) und die Attila-Linie wurde eine Pufferzone, die seitdem von UN- Soldaten überwacht wird.

Das nördliche Gebilde nannt sich ab 1975 „Türkischer Föderativstaat von Zypern“ und rief in den 80ern einseitig die Unabhängigkeit als „Türkische Republik Nordzypern“ (TRNZ) aus. Bisher wurde dieses nördliche Gebilde jedoch nur von der Türkei anerkannt. Die UN-Resolution 541 aus dem Jahre 1983, die eine Errichtung eines türkischen Staates auf Zypern für nichtig erklärt, und die

UN-Resolution 550 von 1984, die besagt, dass andere Staaten die Türkische Republik Nordzypern nicht anerkennen sollen, haben die Isolation des Nordteils verfestigt. Der Boykott durch die Republik Zypern, unterstützt durch Griechenland, verstärkt die Isolation des Nordens. Andere Staaten haben ebenfalls eine Embargopolitik gegenüber dem Nordteil. Auch wenn der nördliche Teil völkerrechtlich kein eigener Staat ist, kann man doch berechtigt davon ausgehen, dass es ein eigenes politisches System unabhängig vom Süden ist und mehr in einer Abhängigkeit zur Türkei steht.

Deshalb wird im Weiteren für den nördlichen teil der Insel der Begriff „Türkische Republik Nordzypern" verwendet. Der südliche Teil, die Republik Zypern, ist seit den 80ern bestrebt, sich der EG, später der EU, anzunähern und ihr beizutreten, was ihr mit der Unterstützung Griechenlands am 1. Mai 2004 auch gelang. Das vorherige Referendum über die Umsetzung des Annan-Plans zu einer Vereinigung der Insel ist durch die Ablehnung des Südteils gescheitert. De jure ist die ganze Insel der Europäischen Union beigetreten, de facto kann nur für den Südteil, die Republik Zypern, das „acquis communautaire" angewandt werden. Dies hat zu der obskuren Situation geführt, dass ein Teil eines Mitgliedslandes der EU von einem Beitrittskandidaten zur EU völkerrechtswidrig besetzt gehalten wird.

Die entscheidenden außenpolitischen Bestimmungsfaktoren sind zum einem das Verhältnis zu den Mutterländern, Griechenland und der Türkei, bzw. die Beziehungen zwischen den Mutterländern. Die wirtschaftliche Dimension hat in den letzen Jahren deutlich zugenommen. Im Vordergrund steht aber die Lösung des Problems der Zypernfrage. Hier ist die separate Betrachtung der beiden Teilgebiete hilfreich. Der von griechischen Zyprioten bewohnte Südteil hat als außenpolitische Doktrin den Alleinvertretungsanspruch für die gesamte Insel. Unterstützt wird diese Position von Griechenland. Aber auch die meisten anderen Staaten, mit Ausnahme der Türkei, pflichten dem bei. In den 60ern vertrat die griechische politische Elite von Zypern noch die Vorstellung der Angliederung an Griechenland. Jedoch wurde diese Haltung aufgegeben, als erkannt wurde, dass dies die Teilung der Insel begünstige. Seitdem wurde die Unabhängigkeit betont. Das außenpolitische Handeln ist von dem Vermeiden jeglicher politischen Aktivität, die den Unabhängigkeitsanspruch der TRNZ bestätigen würde, geprägt. Der Fürsprecher der Republik Zypern ist, besonders in der NATO und der EU, Griechenland. Griechenland brachte immer wieder das Zypernproblem als Verhandlungssache, besonders gegen den EU-Beitritt der Türkei, ein. Verstärkt wurde diese Tendenz in den Gesprächen zur Osterweiterung. Die griechische Fürsprache hat sich inzwischen jedoch durch die znehmende türkisch-griechische Annäherung abgeschwächt.

Ein Ziel für die Republik Zypern war die Aufnahme in die Europäische Union. Dies hatte zwei Beweggründe. Zum einem wird dadurch die Verhandlungsbasis gegenüber dem Nordteil und der Türkei gestärkt. Der andere Grund ist wirtschaftlicher Natur. Zypern hat aufgrund der Verbindung, die aus dem Commonwealth bestand, besondere wirtschaftliche Beziehungen zu Großbritannien. Mittlerweile gehen 40 - 50 Prozent des Exports in den EU-Raum

Unter dem nordzypriotischen Präsidenten Rauf Denktaş war das außenpolitische Hauptziel dagegen, die Anerkennung der Zweistaatlichkeit von Zypern und somit die Anerkennung der TRNZ zu erreichen. Das ganze außenpolitische Streben wurde diesem Ziel unterstellt. Das Mutterland Türkei ist zugleich Schutzmacht der Nordzyprioten. Die Türkei ist auf Zypern militärisch dominant. Es wurde auch bewusst die Abhängigkeit gegenüber der Türkei erhalten. Zum einem wird ein Großteil des Haushaltes der TRNZ durch Ankara finanziert, zum anderen verzichtet Nordzypern auf eine eigene Währungspolitik. Die Türkei, das als einziges Land die TRNZ anerkannt hat - selbst andere islamische Länder verweigern dies - ist der Fürsprecher Nordzyperns in internationalen Organisationen, in denen die TRNZ selber mangels Anerkennung nicht vertreten sein kann. Jedoch hat die Türkei einen gewichtigen Nachteil gegenüber Griechenland da sie nicht in der EU sind und erst seit kurzen den Status eines Beitrittskandidaten haben.

In den letzten 3 Jahren hat sich die Situation jedoch gewandelt. 2003 konnte die Opposition im Parlament eine Regierungsmitarbeit als größte Fraktion erreichen und 2005 wurde Denktaş von dem EU- Befürworter Mehmet Ali Talat beerbt. Seitdem hat sich die außenpolitische Rhetorik geändert und man rückt von der Zweistaaten-Theorie ab und verkündet, dass eine Verreinigung auf dem Annan Plan gewünscht wird. Die Beweggründe sind verschieden. Ein wichtiger Punkt dürfte die Wirtschaftslage sein. Der Norden hofft an dem wirtschaftlichen Fortschritt, den der Süden hatte, teilhaben zu können und von den EU-Geldern zu profitieren. Gleichzeitig hat sich die Einstellung der türkischen Regierung gewandelt. Sie ist seit 2002 bereit, einer Lösung zuzustimmen die auf dem Annan-Plan basiert und hat sich somit gegen die eigene militärische Administration durchgesetzt. Man hofft so, einen Stolperstein auf den Weg in die EU zu beseitigen und Griechenland weiter als Befürworter für einen EU- Beitritt zu festigen.

Nach dem Referendum im April 2004 sind nun außerdem mehrere Staaten bereit, mit der TRNZ unterhalb der staatlichen Ebene in Kontakt zu treten oder weiter auszubauen.

In der alten Republik Zypern Anfang der 60er Jahre, als der griechische und türkische Teil noch zusammen lebten, lag die außenpolitische Führung beim Präsidenten. Zum Schutze der türkischen Minderheit stand ihm ein Vizepräsident aus der Bevölkerungsgruppe der türkischen Zyprioten zur Seite, der ein Vetorecht in außenpolitische Fragen besaß. Auch der Annan-Plan sieht ein ähnliches Konstrukt vor. Jedoch war diese Zusammensetzung mit der Teilung der

Insel gescheitert. Nun versucht jede einzelne Gruppe Außenpolitik zu „betreiben", wobei man sagen kann, dass dies nur den griechischen Zyprioten gelang.

De jure existiert die komplizierte Verfassung noch, die von den Garantiemächten ausgearbeitet wurde. Aber aufgrund der Nichtbesetzung der Ämter durch die türkische Seite ist dies hinfällig. De facto wird die Regierung von der griechischen Seite alleine gestellt. Die Plätze, die für die Türken frei gehalten werden sind nur symbolisch. Die Republik Zypern ist eine Präsidialrepublik. Der Präsident, momentan Tasso Papadopoulos, stellt die Regierung. Er verfügt über ein absolutes Vetorecht gegen alle außenpolitischen, verteidigungs- und sicherheitspolitischen Gesetze, die das Repräsentantenhaus verabschiedet hat. Der Präsident wird alle 5 Jahre, getrennt nach Bevölkerungsgruppen, gewählt. Nach der Teilung bedeutet dies, dass die griechischen Zyprioten den Präsidenten allein wählen. Das Parlament kann allein über die Möglichkeit der Haushaltskontrolle Einfluss auf die Regierung bzw. den Präsidenten nehmen. Somit kann man mit gutem Recht davon ausgehen, dass die Außenpolitik in der Hand des Präsidenten liegt.

Erwähnenswert sind noch die Stellungen der Parteien. Das Parteiensystem ist von drei Parteien geprägt. Die beiden rechten Parteien, die konservative Demokratische Partei (DIKO) und die rechte Demokratische Sammlung (DISY) tragen im Großen und Ganzen die außenpolitische Position des Präsidenten, welche vom Alleinvertretungsanspruch geprägt ist. Die heute eher sozialdemokratisch ausgerichtete Arbeiterbewegung (AKEL) hat lange Zeit Kontakt zum linken oppositionellen Lager in Nordzypern gepflegt. Aber auch sie unterstützte 2002 die Wahl von Papadopoulos und hat somit für eine Verschlechterung der Beziehungen zu den nordzypriotischen Parteien gesorgt. Die Bevölkerung war sehr offen für den Beitritt zur Europäischen Union. Sie wollen von der „Wohlstands- und Sicherheitsgemeinschaft" profitieren.

Die Position des Präsidenten ist in Nordzypern dagegen mehr auf repräsentative Aufgaben begrenzt. Aber mit der gleichzeitigen Position als „Volksgruppenführer" (griechische Sichtweise) hat er die Führung in der Verhandlung im Zypernkonflikt. Diese Aufgabe hat ihm das Parlament zugeteilt. So kam es, dass der damalige Premierminister Talat dem Präsident Denktaş die Verhandlungsführung in der Zypernfrage absprach. Präsident ist seit 2005 Mehmet Ali Talat, der den langjährigen Präsidenten Rauf Denktaş abgelöst hat. Dies wird voraussichtlich zu einer Wende in den Außenbeziehungen führen. Das Amt des Premierministers übernahm Ferdi Sabit Soyer. Anders als Südzypern ist die „Regierungsvertretung" Nordzyperns parlamentarisch organisiert. Die Regierung ist vom Parlament abhängig, wodurch auchdie Außenpolitik stark vom Parlament und dem dortigen Parteienverhältnis abhängt.

Die wichtigsten Parteien sind die sozialdemokratische CTP und das Friedensbündnis BDH, die für eine Lösung des Zypernproblems jenseits der Zweistaaten-Theorie eintreten und so eine Eingliederung in die EU erreichen wollen. Die Demokratische Partei DP, Partei des Sohnes des ehemaliges Präsidenten Denktaş, ist momentan in einer Koalition mit der CTP, da anders keine regierungsfähige Mehrheit zustande gekommen wäre. Sie ist bei den Fragen der Lösung des Zypernproblems und des Beitritts zur EU reservierter, man tendiert in Teilen in Richtung UBP. Die oppositionelle konservative UBP hält am Konzept der zwei Staaten fest und will einen EU-Beitritt nur gemeinsam mit der Türkei.

Die Bevölkerung ist mehrheitlich für eine Vereinigung mit der Republik Zypern, um so Teil der EU zu werden. Dies kann man an dem Ergebnis des Referendums vom April 2004 sehen. Man erhofft sich einen wirtschaftlichen Aufschwung. Aber die Gruppe der Siedler, die meist aus Anatolien stammt, hat Vorbehalte beim Thema Vereinigung. Sie befürchten, dass sie ihr Land verlieren könnten und Zypern verlassen müssen. Hier haben Präsident Talat und die Regierung mitgeteilt, dass dies bei Verhandlungen nicht zur Disposition stehen werde und so Vertrauen bei den Siedlern erlangt.

Die Sicherheitspolitik der beiden Staaten bzw. politischen Gebilde ist stark gegenseitig abhängig. Man hat eine antagonistische Haltung zur Lösung des Zypernproblems. Die gegensätzlichen Sicherheitsbedürfnisse machten Verständigung bisher unmöglich. Das größte Sicherheitsproblem aus Sicht der Republik Zypern sind die stationierten Soldaten der Türkei im Nordteil der Insel. Dies sind ca. 30.000 Mann, hinzu kommen eigene Truppenverbände der TRNZ mit 5.000 Mann. Der Süden stellt ca. 10.000 Mann in Form der Nationalgarde.

Beide Teile sind jeweils in eine Militärdoktrin eingebunden. Seit 1963 existiert auf Initiative Griechenlands ein „Panhellenisches Konzept". Dies umfasst die Vorstellung eines gemeinsamen Verteidigungsraums, bestehend aus Griechenland und Zypern. Dieser ist mehr symbolisch gemeint, da Griechenland im Falle eines Krieges nicht rechtzeitig militärisch auf Zypern eingreifen könnte. Trotzdem nutzt das griechische Militär seit 1993 griechisch-zypriotische Militärbasen. Im Falle eines Konfliktes wird die zypriotische Nationalgarde außerdem unter griechischem Oberbefehl gestellt.

Die Soldaten Nordzyperns stehen unter türkischem Oberbefehl, hinzu kommen zusätzliche türkische Einheiten. Die Verteidigungsausgaben der TRNZ werden von der Türkei getragen. Die nahe Lage Zyperns zum türkischen Festland macht eine schnelle Verlegung türkischer Soldaten auf die Insel möglich, weshalb Zypern im sicherheitspolitischen Konzept der Türkei auch so wichtig ist. Eine mögliche feindliche Macht, die von Zypern aus agieren kann, würde die territoriale Integrität der Türkei erheblich gefährden. Aber auch für andere Mächte ist Zypern interessant. Großbritannien hält noch immer zwei Militärbasen auf der Insel. Wie schon erwähnt, kann die Insel als eine Art „Flugzeugträger" für die Region dienen. Von hier aus kann man die Krisenherde des Nahen

Ostens wie des Mittleren Ostens erreichen. Deutlich wird dies, wenn man die Suez-Krise betrachtet, als die Briten von Zypern aus operierten.

Zypern hat im Rahmen der EU-Aufnahme viele Bestimmungen zur Sicherheitspolitik übernommen. Dazu zählen auch Bestimmungen zum Kampf gegen den Terrorismus und von Korruption. Da jedoch der Norden de facto nicht aufgenommen wurde, wurden diese Maßnahmen dort in dieser Form nicht vorgenommen. Mit der Aufnahme der Republik Zypern zur EU hat Südzypern mehr Möglichkeiten, um Druck auf den Nordteil der Insel und die Türkei auszuüben. Denn es besitzt nun die Möglichkeit, ein Veto in bestimmten Bereichen einzulegen, vor allem wenn es sich um Beitrittsverhandlungen handelt. Die Republik Zypern hat schon mehrfach ein Veto angedroht, zum Beispiel beim Thema finanzielle Unterstützung von Nordzypern und bei der Anerkennungsproblematik der Türkei gegenüber der Republik Zypern.

Mit dem Beitritt der Republik Zypern in die EU hat Südzypern die besseren Chancen, den Vereinigungsprozess nach ihren Vorstellungen zu gestalten, da sie nun sowohl gegenüber dem Norden wie der Türkei im Vorteil sind. Die EU hat durch die Aufnahme eines geteilten Landes einen externen Konflikt, in dem sie als neutraler Akteur agieren konnte, zu einem innereuropäischen Konflikt gemacht. Nun ist es ausgeschlossen, dass die EU noch neutral agieren kann, weil die Republik Zypern versuchen wird, die EU in ihrem Sinne zu nutzen - was auch legitim ist. Hier kommt es auf das Engagement und das Wollen der Mitgliedsstaaten an, das Zypernproblem zu lösen. Damit eng verbunden ist die Bereitschaft, die Türkei in die EU aufzunehmen. Denn nur wer bereit ist, das Zypernproblem zu lösen, kann auch bereit sein, die Türkei aufzunehmen, da ansonsten Zypern immer wieder als Grund vorgeschoben werden kann, um die Türkei aus der EU herauszuhalten. Auf der Ebene der Vereinten Nationen ist zu vermerken, dass ein neuer Anlauf des Annan-Plans möglich ist, wenn es Modifikationen für die Interessen der Republik Zypern gibt. Dies hat sich beim Treffen zwischen Kofi Annan und Papadopoulos Ende Februar 2006 verdeutlicht. Durch die Ablehnung des letzten Annan-Plans 2004 wurde der Druck auf die Republik Zypern erhöht. Vor allem die USA und Großbritannien verlangen von dem Präsidenten der Republik Zypern Bewegung. Solange jedoch Russland sich weiter nach dem Spielplan des Kaltes Krieges richtet und die Destabilisierung des östlichen Mittelmeerraum im Auge hat, sind die Bemühungen der USA und Großbritanniens im UN Rahmen vergebens.

Für die TRNZ hatte das Referendum die Konsequenz, dass sie den „Schwarzen Peter" in den Süden der Insel abschieben konnte. Dies hatte zwar nicht zur Folge, dass der Nordteil jetzt völkerrechtlich anerkannt wird, jedoch können Beziehungen unterhalb dieser Ebene entstehen. So wurden EU-Gelder für den Norden bewilligt, diese sind aber durch die Intervention der Republik Zypern niedriger ausgefallen als im April 2004 verkündet wurde. Auch haben andere internationale Organisationen zur Zusammenarbeit mit der TRNZ aufgefordert.

LITERATUR (VERWENDETE & WEITERFÜHRENDE)

Axt, Heinz-Jürgen: Zypern: der Annan-Friedensplan und sein Scheitern. in: Südosteuropa Mitteilungen, Ausgabe 44 (2004) 2-3, S. 48-66.

Bauer, Oliver: Zypern. in: Bellers, Jürgen/ Benner, Thorsten/ Gerke, Ines M. (Hrsg.): Handbuch der Außenpolitik - Von Afghanistan bis Zypern, München 2001, S. 293-300.

Gürbey, Gülistan: Zyperns Teilung zementiert? in: Blätter für deutsche und internationale Politik, Ausgabe 49 (2004) 6, S. 663-666.

Gustenau, Gustav E. (Hrsg.): Die Mittelmeerdimension der europäischen Sicherheits- und Verteidigungspolitik. http://www.bundesheer.at/pdf_pool/publikationen/stran143.pdf, abgerufen am 30.06.2007.

Kadritzke, Niels: Die Chance für eine europäische Lösung des Zypernkonfliktes. http://library.fes.de/fulltext/id/01685.htm, 2003, abgerufen am 30.06.2007.

Kramer, Heinz: Zypern, ein Silberstreifen am Horizont. http://www.swp-berlin.org/common/get_document.php?id=798&PHPSESSID=474342afbef4726b98cfae19d3997644. 2004, abgerufen am 30.06.2007.

Kramer, Heinz/ Hein, Kristin: Ein neuer Präsident in Nordzypern. Das Ende einer Ära, keine Lösung in Sicht. http://www.swp-berlin.org/common/get_document.php?id=1254&PHPSESSID=474342afbef4726b98cfae19d3997644 . 2005, abgerufen am 30.06.2007.

Ramm, Christoph: Ankara in der Zypernfalle, in: Blätter für deutsche und internationale Politik. Ausgabe48 (2003) 5, S. 530-534.

Reuter, Jürgen: Schwierige Gespräche auf Zypern; in: Die Politische Meinung, Nummer 47, März 2002, Nr. 388, S. 26-39.

Schoch, Bruno: Zypern wird EU-Mitglied - und der Konflikt? http://www.hsfk.de/downloads/report1403.pdf. 2003, abgerufen am 30.06.2007.

Vararoussis, Paris: Der Beitritt Zyperns zu Europäischen Union und die Sicherheit der Region. in: Südosteuropa Mitteilungen, Ausgabe 43 (2003) 3, S. 60-72.

Zervakis, Peter A.: Das politische System Zyperns. in: Ismayr, Wolfgang (Hrsg.): Die politischen Systeme Osteuropas. Wiesbaden 2004, S. 847-892.

ABKÜRZUNGSVERZEICHNIS

ABC-Waffen	Atomare, Biologische, Chemische Waffen
ACP	African, Caribbean and Pacific Group of States
AKEL	Anorthotiko Komma Ergazomenou Laou (Fortschrittspartei des werktätigen Volkes, Zypriotische Partei)
ATA	Albanian Telegraphic Agency (albanische Nachrichtenagentur)
BDH	Bariş ve Demokrası Hareketi (Friedens und Demokratiebewegung, Nordzypriotische Partei)
BdI	Bundesverband der Deutschen Industrie
BiH	Bosna i Hercegovina (Bosnien und Herzegowina)
BIP	Bruttoinlandsprodukt
BLEU	Belgisch-Luxemburgse Economische Unie (Belgisch Luxemburgische Wirtschaftsunion)
BNP	Bruttonationalprodukt
BRD	Bundesrepublik Deutschland
BRJ	Bundesrepublik Jugoslawien
BSEC	Black Sea Economic Cooperation
BSPSh	Bashkimi i Sindikatave të Pavarura të Shqipërisë (Union unabhängiger Gewerkschaften Albaniens)
BSP	Bălgarska Socialističeska Partija (Bulgarische Sozialistische Partei, Bulgarische Partei)
B-VG	Bundes-Verfassungsgesetz (Österreich)
CBSS	Council of the Baltic Sea States
CDU	Christlich Demokratische Union (Deutsche Partei)
CEFTA	Central European Free Trade Agreement
CEI	Central European Initiative

CERN	Europäische Initiative für Kernforschung
CIA	Central Intelligence Agency
CIESM	International Scientific Exploration of the Mediterranean
CIS	Commonwealth of Independent States [=GUS]
CPLP	Comunidade dos Países de Língua Portuguesa (Gemeinschaft der Staaten mit portugiesischer Sprache)
CSU	Christliche Soziale Union (Deutsche Partei)
ČSSR	Československá Socialistická Republika (Tschechoslowakische Sozialistische Republik)
CTP	Cumhüriyeçi Türk Partisi (Republikanische türkische Partei, Nordzypriotische Partei)
DA	Partia Aleanca Demokratike (Demokratische Allianz, Albanische Partei)
DDR	Deutsche Demokratische Republik
DGB	Deutscher Gewerkschaftsbund
DIKO	Dimokratiko Komma (Demokratische Partei, Zypriotische Partei)
DISY	Dimokratikos Sinagermos (Demokratische Sammlung, Zypriotische Partei)
DM	Deutsche Mark
DOM	Départment d'outre-mer (Überseedepartement)
DP	Demokratische Partei 1. Partia Demokratika e Shqipërisë (Albanische Partei) 2. Demokrat Partisi (Nordzypriotische Partei)
DPS	Dviženie za Prava i Svobodi (Bewegung für Rechte und Freiheiten, bulgarische Partei)
EAG	Europäische Atomgemeinschaft [=EURATOM]
EAPC	Euro-Atlantic Partnership Council
EAPR	Euro-Atlantischer Partnerschaftsrat

EBRD	European Bank for Reconstruction and Development (Europäische Bank für Wiederaufbau und Entwicklung)
ECE	Economic Commission for Europe
ECO	Economic Cooperation Organisation
EEA	Einheitliche Europäische Akte
EFTA	European Free Trade Association
EG	Europäische Gemeinschaft
EGKS	Europäische Gemeinschaft für Kohle und Stahl
EIB	Europäische Investitionsbank
EMP	Euro-Mediterranean Partnership
EMU	European Monetary Union [=EWU]
EOKA	Ethnike Organosis Kypriakon Agoniston (Nationale Organisation der zypriotischen Kämpfer)
EP	Europäisches Parlament
EPZ	Europäische Politische Zusammenarbeit
ERP	European Recovery Programm
ESA	European Space Agency
ESDP	European Security and Defense Policy [= ESP]
ESVP	Europäische Sicherheits- und Verteidigungspolitik
ETA	Euskadi Ta Askatasuna (Baskenland und Freiheit)
EU	Europäische Union
EUFOR	European Union Force
EURATOM	Europäische Atomgemeinschaft [=EAG]
Europol	Europäisches Polizeiamt
EUV	EU-Vertrag
EVG	Europäische Verteidigungsgemeinschaft
EVP	Europäische Volkspartei

EWG	Europäische Wirtschaftsgemeinschaft
EWR	Europäischer Wirtschaftsraum
EWU	Europäische Währungsunion
FAZ	Frankfurter Allgemeine Zeitung
FBiH	Föderation Bosna i Hercegovina
FDP	Freie Demokratische Partei (Deutsche Partei)
FF	Frjálslyndi flokkurinn (Liberale Partei, Isländische Partei)
FP	Framsóknarflokkurinn (Fortschrittspartei, Isländische Partei)
FPÖ	Freiheitliche Partei Österreich (Österreichische Partei)
FYROM	Former Yugoslav Republic of Macedonia
GASP	Gemeinsame Außen- und Sicherheitspolitik
GATT	General Agreement on Tariffs and Trade
GNR	Guarda Nacional Republicana (portugiesische Polizei)
GUAM	Georgien/ Ukraine/ Aserbaidschan/ Moldau
GUS	Gemeinschaft Unabhängiger Staaten
HDZ	Hrvatska Demokratika Zajednica (Kroatische Demokratische Union, Kroatische Partei)
HNS	Hrvatska Narodna Stranka (Kroatische Volkspartei, Kroatische Partei)
HZDS	Hnutie za demokratické Slovensko (Bewegung für eine demokratische Slowakei, Slowakische Partei)
IAEA	International Atomic Energy Agency
ICTY	International Criminal Tribunal for the former Yugoslavia
IFOR	Implementation Force
INF	Intermediate Range Nuclear Forces
ISAF	International Security Assistance Force
KAS	Konrad Adenauer Stiftung

KFOR	Kosovo Force
KP	Kommunistische Partei
KPdSU	Kommunistische Partei der Sowjetunion
KSSh	Konfederata e Sindikatave të Shqipërisë (Konföderation der Gewerkschaften Albaniens)
KSZE	Konferenz für Sicherheit und Zusammenarbeit in Europa (Heute OSZE)
KVA	Konferenz für Vertrauens- und Sicherheitsbildende Maßnahmen und Abrüstung in Europa
LB	Lëvizja Përtë Drejtat dhe Lirtë e Njeriut/ Partei der Legalitätsbewegung (Albanische Partei)
LTF	Latvijas Tautas Fronte (Volksfront Lettland, Lettische Partei)
LU	Bashkimi Liberal Demokrat (Liberale Union, Albanische Partei)
MAP	Membership Action Plan
MDSS	Multilaterally Developed Socialist Society
MFA	Movimento das Forças Armadas (Bewegung der Streitkräfte, Portugiesische Organisation)
MFN	Most Favoured Nation
MLF	Multilateral Force
NACC	North Atlantic Cooperation Council
NAM	Non-Aligned Movement
NATO	North Atlantic Treaty Organization (Nordatlantik Pakt)
NC	Nordic Council
NDP	New Democratic Party/ Partia Demokrate e Re (Neue Demokratische Partei, Albanische Partei)
NDSV	Nacionalno Dviženie Simeon Vtori (Nationale Bewegung Simeon II., Bulgarische Partei)
NGO	Non Government Organization

NIB	Nordische Investitionsbank
NIEO	New International Economic Order
NS	Nationalsozialismus/ nationalsozialistisch
NSDAP	Nationalsozialistische deutsche Arbeiterpartei (Deutsche Partei)
NSF	National Salvation Front/ Frontul Salvarii Na□ionale (Rumänische Partei)
NZZ	Neue Zürcher Zeitung
OECD	Organization for Economic Cooperation and Development (Organisation für Wirtschaftliche Zusammenarbeit und Entwicklung)
OEEC	Organization for European Economic Cooperation
OIC	Organisation of the Islamic Conference
OIF	1. Operation Iraqi Freedom 2. Organisation Internationale de la Francophonie
OIK	Organisation der Islamischen Konferenz
OPC	Operation Provide Comfort
OPCW	Organization for the Prohibition of Chemical Wepons
OPEC	Organisation of Oil Exporting Countries
OSZE	Organisation für Sicherheit und Zusammenarbeit in Europa
ÖVP	Österreichische Volkspartei (Österreichische Partei)
PALOP	Países Africanos de Língua Oficial Portuguesa (Afrikanische Staaten portugiesischer Sprache)
PASOK	Panellinio Sosialistiko Kinima (Panhellenische Sozialistische Bewegung, Griechische Partei)
PBDNJ	Partia Bashkimi për të Drejtat e Njeriut (Partei zum Schutz der Menschenrechte, Albanische Partei)
PD	Progressive Democrats (Irische Partei)
PDSR	Partidul Demodra□iei Sociale din România (Sozialdemokratische Partei Rumäniens, Rumänische Partei)

PfP	Partnership for Peace
PFS	Partito Fascista Sammarinese (San Marinesische Faschistische Partei/ San Marinesische Partei)
PHARE	Poland and Hungary Assistance for Reconstructing of their Economies
PKK	Partiya Karkeran Kurdistan (Arbeiterpartei Kurdistans)
PLA	Partit Liberal d'Andorra (Liberale Partei Andorras, Andorranische Partei)
PLO	Palestinian Liberation Organisation
PP	Partido Popular (Spanische Partei)
PRP	Partido Republicano Português (Portugisische Partei)
PRT	Provincial Reconstruction Team
PS	Partido Socialista (Sozialistische Partei, Portugiesische Partei)
PSD	Partido Social-Democrata (Sozialdemokratische Partei, Portugiesische Partei)
PSOE	Partido Socialista Obrero Español (Sozialistische Arbeiterpartei Spaniens, Spanische Partei)
REZ	Raad voor Europese Angelegenheiden
RF	Russische Föderation
RGW	Rat für Gegenseitige Wirtschaftshilfe
RH	Republika Hrvatska (Republik Kroatien)
RNSV	Rat für nationale Sicherheit und Verteidigung
RP	Partia Republikane e Shqipërisë/ Republikanische Partei (Albanische Partei)
RTVSH	Radiotelevizioni Shqiptar (Albanischer Rundfunk)
SAA	Stabilitäts- und Assoziierungssabkommen
SALT	Strategic Arms Limitation Talks
SAP	Stabilisierungs- und Assoziierungsprozess

SBU Sluzhba Bezpeky Ukrayiny (Sicherheitsdienst der Ukraine)

SCADPlus EU Zusammenfassungen der Gesetzgebungen

SDP Sozialdemokratische Partei

1. Socjaldemokratska partija Hrvatska (Kroatische Partei)
2. Partia Socialdemokrate e Shqipërisë (Albanische Partei)

SDS Săjuz na demokratičnite Sili (Union der demokratschen Kräfte, Bulgarische Partei)

SDAP Sozialdemokratische Arbeiterpartei (Österreichische Partei)

SEATO Southeast Asia Treaty Organization

SECI Southeast European Cooperation Initative

SEECP Southeastern European Cooperation Process

SED Sozialistische Einheitspartei Deutschland (DDR Partei)

SFOR Stabilization Force

SFRJ Sozialistische Föderale Republik Jugoslawien

SiCG Srbija i Crna Gora (Serbien und Montenegro)

SMER Smer - Tretia Cesta (Bewegung - Sozialdemokratie, Slowakische Partei)

SMI Socialist Movement for Integration

SP

1. Sjálfstæðisflokkurinn (Unabhängigkeitspartei, Isländische Partei)
2. Partia Socialiste e Shqipërisë (Sozialistische Partei Albaniens, Albanische Partei)

SPD Sozialdemokratische Partei Deutschlands (Deutsche Partei)

SPÖ Sozialdemokratische Partei Österreichs (Österreichische Partei)

SPS Sozialistische Partei Serbiens

SRJ Savezna Republika Jugoslavija (Bundesrepublik Jugoslawien) [=BRJ]

START	Strategic Arms Reduction Treaty
StGB	Strafgesetzbuch
TACIS	Technical Aid to Commonwealth of Independent States
TMT	Türk Müdafaa Teşkilate (Türkische Verteidigungsorganisation)
TOM	Territoire d'outre-mer (Überseeterritorium)
TRNZ	Türkische Republik Nordzypern
TVA	albanischer Fernsehsender
UBP	Ulusul Birlik Partisi (Partei der Nationalen Einheit, Nordzypriotische Partei)
UÇK	Ushtria Çlirimtare e Kosovës (Kosovo Befreiungsarmee)
UdSSR	Union der Sozialistischen Sowjetrepubliken
UN	United Nations
UNCTAD	United Nations Conference on Trade and Development
UNDP	United Nations Programme
UNESCO	United Nations Educational, Scientific and Cultural Organisation
UNFICYP	United Nations Peace-keeping Force in Cyprus
UNHCR	United Nations High Commissioner for Refugees
UNICEF	United Nations International Children's Emergency Fund
UNMIK	United Nations Mission in Kosovo
UNPROFOR	United Nations Protection Force
UNSC	United Nations Security Council
UNU	United Nations University
US	United States
USA	United States of America
USD	US-Dollar
VA	Alþýðubandalagið (Volksallianz, Isländische Partei)

VG	Vinstrihreyfingin-Grænt framboð (Links-Grüne Bewegung, Isländische Partei)
VR	Volksrepublik
WEAG	Western European Armaments Group
WEU	Westeuropäische Union
WHO	World Health Organization
WTC	World Trade Center
WTO	World Trade Organization
WWU	Wirtschafts- und Währungsunion
ZEI	Zentrum für Europäische Integrationsforschung
ZK	Zentralkomitee

KARTEN

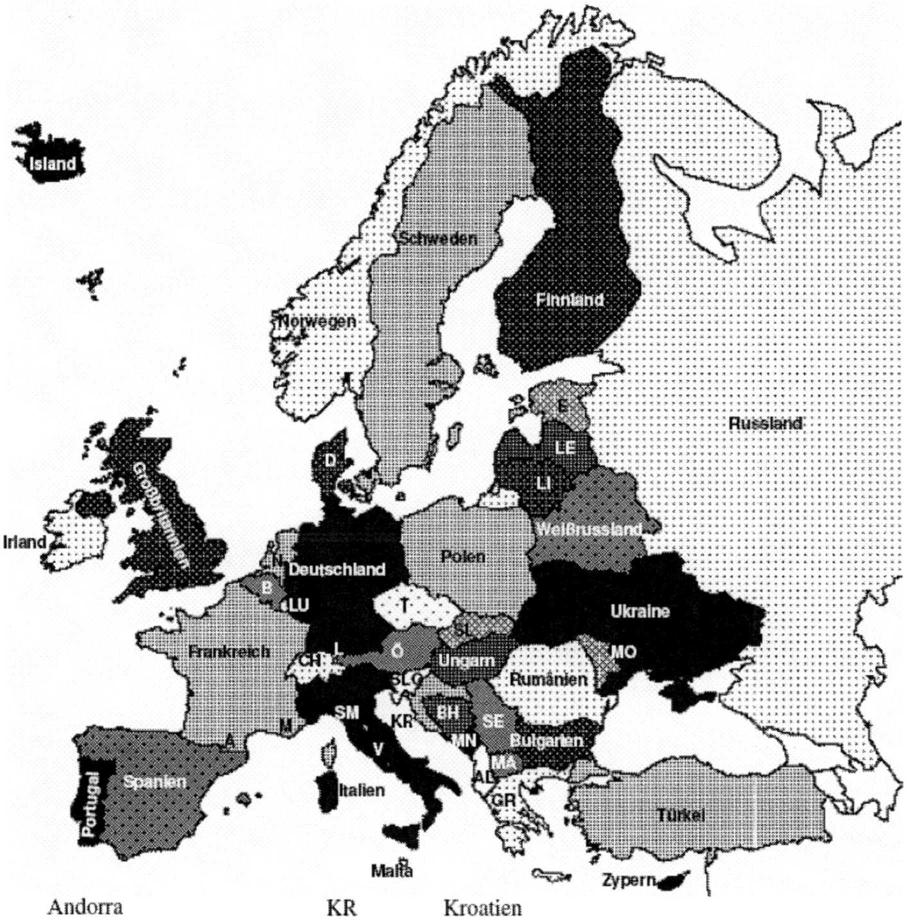

A	Andorra	KR	Kroatien		
AL	Albanien	L	Liechtenstein	N	Niederlande
B	Belgien	LE	Lettland	Ö	Österreich
BH	Bosnien-Herzegowina	LI	Litauen	SE	Serbien
		LU	Luxemburg	SL	Slowakei
CH	Schweiz	M	Monaco	SLO	Slowenien
D	Dänemark	MA	Mazedonien	SM	San Marino
E	Estland	MO	Moldau	T	Tschechien
GR	Griechenland	MN	Montenegro	V	Vatikanstadt

Abb. 1: Die Staaten Europas

Abb. 2: Mitgliedsstaaten der Europäischen Union

Abb. 3: Mitgliedsstaaten des Europarates

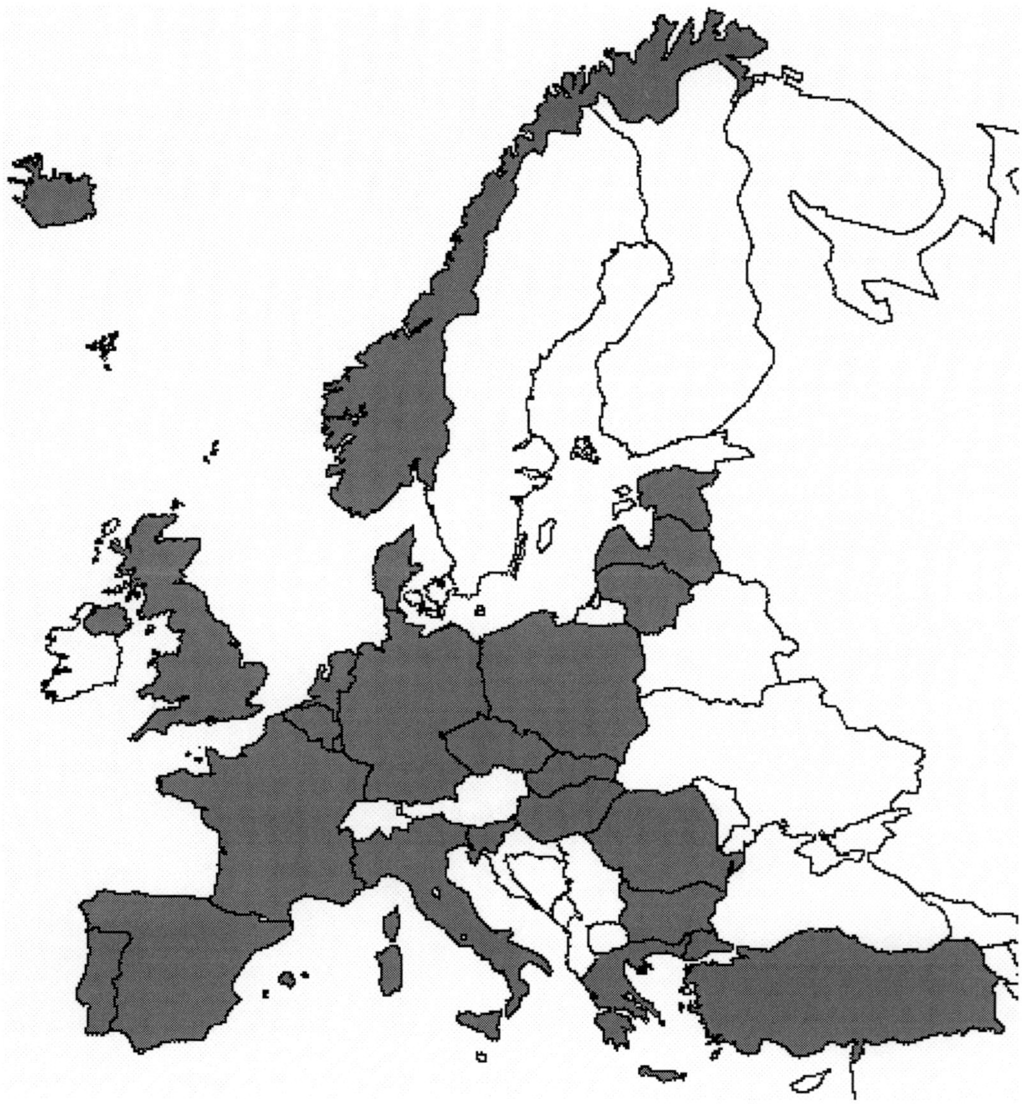

Abb. 4: Mitgliedsstaaten der NATO

Abb. 5: Mitgliedsstaaten der OSZE

TABELLARISCHE ÜBERSICHT

Staat	Einwohner-zahl	Größe (in km²)	BSP pro Kopf in USD	Wachs-tum des BIP	Arbeits-losenquote	Militärausga-ben in % des BIP
Albanien	3.600.523	28.748	5.600	5,0	13,8	1,49
Andorra	71.822	467,76	38.800	3,5	0,0	k. Ang.
Belgien	10.392.226	32.545	31.800	3,0	8,1	1,30
Bosnien-Herzegowina	4.552.198	51.129	5.500	6,2	45,5	4,50
Bulgarien	7.332.858	110.994	10.400	6,1	9,6	2,60
Dänemark	5.468.120	43.096	37.000	3,5	3,8	1,50
Deutschland	82.400.996	357.027	31.400	2,8	7,1	1,50
Estland	1.315.912	45.227	19.600	11,4	4,5	2,00
Finnland	5.238.460	338.144	32.800	4,9	7,0	2,00
Frankreich	63.713.926	543.965	30.100	2,2	8,7	2,60
Griechenland	10.706.290	131.957	23.500	4,3	9,2	4,30
Großbritannien	60.776.238	242.910	31.400	2,8	2,9	2,40
Irland	4.109.086	70.273	43.600	5,7	4,3	0,90
Island	301.931	103.000	38.100	2,6	1,3	0,00
Italien	58.147.733	301.336	29.700	1,9	7,0	1,80
Kroatien	4.493.312	56.542	13.200	4,8	17,2	2,39
Lettland	2.259.810	64.589	15.400	11,9	6,5	1,20
Liechtenstein	34.247	160	25.000	11,0	1,3	0,00
Litauen	3.575.439	65.301	15.100	7,5	3,7	1,20
Luxemburg	480.222	2586	68.800	6,2	4,1	0,90
Malta	401.880	315,6	20.300	2,9	6,8	0,70
Mazedonien	2.055.915	25.713	8.200	3,1	36,0	6,00
Moldau	4.320.490	33.800	2.000	4,0	7,30	0,40
Monaco	32.671	1,95	30.000	0,9	0,0	k. Ang.
Montenegro	684.736	13.821	3.800	k. Ang.	27,7	k. Ang.
Niederlande	16.570.613	41.526	31.700	3,0	5,5	1,60
Norwegen	4.627.926	323.759	47.800	4,6	3,5	1,90
Österreich	8.199.783	83.871	35.500	3,3	4,9	0,90
Polen	38.518.241	312.685	14.100	6,1	14,9	1,71
Portugal	10.642.836	92.345	19.100	1,3	7,6	2,30
Rumänien	22.276.056	238.391	8.800	7,7	6,1	2,47
Russland	141.377.752	17.075.400	12.100	6,7	6,6	3,70
San Marino	29.615	60,5	34.100	4,6	3,8	k. Ang.
Schweden	9.031.088	449.964	31.600	4,5	5,6	1,50
Schweiz	7.554.661	41.284,5	33.600	2,7	3,3	1,00
Serbien	10.150.265	88.361	4.400	5,9	31,6	2,70
Slowakei	5.447.502	49.034	17.700	8,3	10,2	1,87
Slowenien	2.009.245	20.253	23.400	5,2	9,6	1,70
Spanien	40.448.191	504.782	27.000	3,9	8,1	1,20
Tschechische Republik	10.228.744	78.866	21.600	6,4	8,4	1,81
Türkei	71.158.647	779.452	8.900	6,1	10,2	5,30
Ukraine	46.299.862	603.700	7.600	7,1	2,7	1,40
Ungarn	9.956.108	93.030	17.300	3,9	7,4	1,75
Vatikan	821	0,44	k. Ang.	k. Ang	k. Ang.	k. Ang.
Weißrussland	9.724.723	207.595	7.800	9,9	1,6	1,40
Zypern	788.457	9.251	22.700	10,6	5,5	3,80

PERSONEN- UND SCHLAGWORTVERZEICHNIS

AUTORENVERZEICHNIS

ASMUS, MARIE JOSEPHIN; Universität Jena

BAUER, STEFAN; Universität Hannover

BAUMER, ANDREAS, DR.; Universität Rostock

BELLERS, JÜRGEN, PROF., DR.; Universität Siegen

BODE INGVILD; Universität Hannover

BOTTS, MORITZ M.; Universität Hannover

DALAY, ISMAIL, PROF. DR.; Universität Aydin Istanbul/Türkei

DEMETRIO, KYRIAKO, PROF. DR.; Universität Nikosia/Zypern

DUMBRAVA, VASILE, DR.; Universität Leipzig

FEIGS, FLORIAN; Universität Münster

FIENHOLD, CONSTANZE; Universität Jena

GIELER, WOLFGANG, PROF. DR.; Okan Univerität Istanbul und Universität Siegen

GUBENIS, JAN-EGIL; Universität Hannover

GÜNTHER, LISA; Universität Jena

HENRICH, CHRISTIAN JOHANNES, M.A.; Universität Gießen und Universität Siegen

HENRICH, FRIEDRICH JÖRG, LLM, RA DIPL.-JUR.; Universität Stellenbosch/Südafrika

HENRICH, JESSICA CAROLIN, M.A.; Universität Strathclyde/Schottland

KECOVIĆ, JELENA; Universität Hannover

KLAPPERT, SEBASTIAN, M.A.; Universität Bonn

KOCIOLEK, ANIA, M.A.; Universität Magdeburg

KRAHFORST, HERIBERT, RA.; Universität Bonn

KRAUSE, FELIX, M.A.; Universität Hannover

KOMAC, MIRAN, PROF. DR.; Universität Ljublana/Slowenien

KÜHN, ROMAN; Universität Jena

LÖFFLER, KONSTANZE; Universität Jena

MEINGAST, NICOLE; Universität Jena

MILTSCH, REBECCA, M.A.; Universität Jena

NOLDIN, JÖRG; Universität Jena

PÖPPEL, NICOLE, B.A.; Universität Siegen

ÖKSEL, DAVID; Universität Siegen

QUENT, MARIA; Universität Jena

REIMERS, SÖREN; Universität Hannover

RIES, FRANK, RA.; Universität Trier

RUSSAKOWITSCH, ANDREI, PROF. DR.; Universität Minsk/Weißrussland

SCHINDLER, NORA; Universität Jena

SEIDEL, RENÉ; Universität Jena

SOLLE, STEFAN, M.A.; Universität Jena

STEFFENS, DANIEL, M.A.; Universität Hannover

SZEMJONNECK, JAN; Universität Rostock

TUDYKA, KURT P., PROF.(EM.), DR.; Universität Nijmegen/Niederlande

WIRTZ, HENNING, B.A.; Universität Siegen

WODRICH, AXEL, B.A.; Universität Rostock

St